Eine Arbeitsgemeinschaft der Verlage

Böhlau Verlag · Wien · Köln · Weimar
Verlag Barbara Budrich · Opladen · Toronto
facultas.wuv · Wien
Wilhelm Fink · München
A. Francke Verlag · Tübingen und Basel
Haupt Verlag · Bern · Stuttgart · Wien
Julius Klinkhardt Verlagsbuchhandlung · Bad Heilbrunn
Mohr Siebeck · Tübingen
Nomos Verlagsgesellschaft · Baden-Baden
Ernst Reinhardt Verlag · München · Basel
Ferdinand Schöningh · Paderborn · München · Wien · Zürich
Eugen Ulmer Verlag · Stuttgart
UVK Verlagsgesellschaft · Konstanz, mit UVK / Lucius · München
Vandenhoeck & Ruprecht · Göttingen · Bristol
vdf Hochschulverlag AG an der ETH Zürich

VOLKER KRUSE

Geschichte der Soziologie

2. Auflage

UVK Verlagsgesellschaft · Konstanz
mit UVK/Lucius · München

Zum Autor:
Prof. Dr. Volker Kruse lehrt Geschichte der Soziologie und Soziologische Theorien an der Fakultät für Soziologie der Universität Bielefeld.

– *Für Simon* –

Online-Angebote oder elektronische Angaben sind erhältlich unter www.utb-shop.de.

Bibliografische Information der Deutschen Nationalbibliothek
Die Deutsche Nationalbibliothek verzeichnet diese Publikation in der Deutschen Nationalbibliografie; detaillierte bibliografische Daten sind im Internet über http://dnb.d-nb.de abrufbar.

Das Werk einschließlich aller seiner Teile ist urheberrechtlich geschützt. Jede Verwertung außerhalb der engen Grenzen des Urheberrechtsgesetzes ist ohne Zustimmung des Verlages unzulässig und strafbar. Das gilt insbesondere für Vervielfältigungen, Übersetzungen, Mikroverfilmungen und die Einspeicherung und Verarbeitung in elektronischen Systemen.

1. Auflage 2008
2. Auflage 2012

© UVK Verlagsgesellschaft mbH, Konstanz und München 2012

Einbandgestaltung: Atelier Reichert, Stuttgart
Coverbild: Collage, Porträt Georg Simmel © Bildarchiv Preußischer Kulturbesitz
Lektorat: Verena Artz, Bonn; Marit Borcherding, Göttingen
Satz und Layout: PTP-Berlin Protago-TEX-Production GmbH, Berlin
Druck: fbg · freiburger graphische Betriebe, Freiburg

UVK Verlagsgesellschaft mbH
Schützenstr. 24 · D-78462 Konstanz
Tel.: 07531-9053-0 · Fax: 07531-9053-98
www.uvk.de
UTB-Band Nr. 3063
ISBN 978-3-8252-3833-9

Inhalt

Vorwort 11

1 Einführung – Zwei Jahrhunderte Geschichte der Soziologie ... 13

1.1 Was ist Geschichte der Soziologie? 13
1.2 Warum beschäftigen sich Soziologen mit der Geschichte ihrer Disziplin? 15
1.3 Wann beginnt die Soziologie? 17
1.4 Die Anfänge der Soziologie im 19. Jahrhundert (1820–1890) 18
1.5 Soziologie während der industriellen Moderne und der Krisenjahre um den Ersten Weltkrieg (1890–1933) ... 20
1.6 Soziologie während des Faschismus, des Dritten Reichs und des Zweiten Weltkriegs (1933–1950) 21
1.7 Soziologie während der Nachkriegsprosperität (1950–1975) 23
1.8 Soziologie seit Mitte der 1970er Jahre 24

2 Soziologie im 19. Jahrhundert 29

2.1. Auguste Comte – Die Begründung einer positivistischen Gesellschaftswissenschaft 29
    2.1.1 Zur Biografie von Auguste Comte 30
    2.1.2 Das Dreistadiengesetz 33
    2.1.3 Theorie der industriellen Gesellschaft 35
    2.1.4 Positivismus als geistige Grundlage der industriellen Gesellschaft 36
    2.1.5 Versöhnung von Ordnung und Fortschritt 37
    2.1.6 Positivismus als Religion 38
    2.1.7 Auguste Comte heute 39
2.2. Herbert Spencer – Gesellschaft und Evolution 40
    2.2.1 Zur Biografie von Herbert Spencer 41
    2.2.2 Was ist Gesellschaft? 41
    2.2.3 Fortschritt als soziale Evolution 44

	2.2.4	Gesellschaftstypen nach Spencer 46
	2.2.5	Herbert Spencer heute 49
2.3	Karl Marx und Friedrich Engels – Der »wissenschaftliche Sozialismus« 51	
	2.3.1	Zur Biografie von Karl Marx und Friedrich Engels 51
	2.3.2	Utopischer Sozialismus und wissenschaftlicher Sozialismus 53
	2.3.3	Die Grundprinzipien der Marxschen Gesellschaftslehre – Historischer Materialismus ... 55
		2.3.3.1 Materialistische Geschichtsauffassung I – Die Anthropologie 55
		2.3.3.2 Materialistische Geschichtsauffassung II – Klassen als Akteure der Geschichte 57
		2.3.3.3 Materialistische Geschichtsauffassung III – Das Basis-Überbau-Modell 59
		2.3.3.4 Materialistische Geschichtsauffassung IV – Die Epochen der geschichtlichen Entwicklung 61
	2.3.4	Marx' Analyse der modernen kapitalistischen Gesellschaft – Das Kapital 62
	2.3.5	Zur Rezeption der Lehren von Marx und Engels in den Sozialwissenschaften 70

3 Soziologie zwischen 1890 und 1933 74

3.1	Die französische Soziologie – Emile Durkheim und seine Schule 75	
	3.1.1	Zur Biografie von Emile Durkheim 76
	3.1.2	Durkheim und die Dritte Republik 76
	3.1.3	Durkheims Grundlegung der Soziologie als Wissenschaft 78
	3.1.4	Der Selbstmord als sozialer Tatbestand 81
	3.1.5	Das Gedächtnis als sozialer Tatbestand – Maurice Halbwachs 83
	3.1.6	Durkheims Theorie der Arbeitsteilung 84
	3.1.7	Solidarität in der modernen Gesellschaft 86
	3.1.8	Die Durkheim-Schule und der Solidarismus 88
3.2	Die italienische Elitensoziologie – Robert Michels, Gaetano Mosca, Vilfredo Pareto 91	
	3.2.1	Zur italienischen Elitensoziologie allgemein 91

	3.2.2	Robert Michels' Theorie der Oligarchisierung 92
	3.2.3	Vilfredo Paretos Elitensoziologie 94
		3.2.3.1 Zur Biografie von Vilfredo Pareto 94
		3.2.3.2 Paretos Handlungstheorie 94
		3.2.3.3 Paretos Elitentheorie 97
		3.2.3.4 Pareto und der italienische Faschismus... 99
	3.2.4	Die italienische Elitensoziologie aus heutiger Sicht 100
3.3	Frühe amerikanische Soziologie – Die Chicago-Schule und George Herbert Mead 103
	3.3.1	Historische Bedingungen der amerikanischen Soziologie 103
	3.3.2	Die Anfänge amerikanischer Soziologie 105
	3.3.3	Die Chicago-Schule........................... 107
	3.3.4	Der »Sozialbehaviorismus« von George H. Mead ... 110
		3.3.4.1 Zur Biografie von George H. Mead 110
		3.3.4.2 Die anthropologischen und philosophischen Prämissen von Meads Theorie 110
		3.3.4.3 Was ist ein Symbol? 112
		3.3.4.4 Bewusstsein, Geist, Denken 114
		3.3.4.5 Identität 115
3.4	Die Anfänge der deutschen Soziologie – Ferdinand Tönnies und Georg Simmel 119
	3.4.1	Was heißt eigentlich »deutsche Soziologie«? Der österreichische Beitrag 120
	3.4.2	Wann beginnt Soziologie in Deutschland? 121
	3.4.3	Ferdinand Tönnies 122
		3.4.3.1 Zur Biografie von Ferdinand Tönnies 122
		3.4.3.2 Gemeinschaft und Gesellschaft 123
		3.4.3.3 »Bund« als dritter Typus neben Gemeinschaft und Gesellschaft 125
	3.4.4	Georg Simmel 127
		3.4.4.1 Zur Biografie von Georg Simmel 127
		3.4.4.2 Formale Soziologie 129
		3.4.4.3 Der Fremde 131
		3.4.4.4 Simmels Diagnose der modernen Gesellschaft 132
3.5	Max Weber... 138
	3.5.1	Zur Biografie von Max Weber 138
	3.5.2	Historische Nationalökonomie und Methodenstreit 140

	3.5.3	Max Webers Konzept einer »historischen Sozialwissenschaft« 143
	3.5.4	Begriffe und Idealtypen 147
	3.5.5	Protestantische Ethik und der »Geist« des Kapitalismus 149
	3.5.6	Soziologische Grundbegriffe – Theorie sozialen Handelns............................. 155
	3.5.7	War Max Weber ein Soziologe? 160
	3.5.8	Zur Weber-Rezeption 161
3.6	Deutsche Soziologie der 1920er Jahre 164
	3.6.1	Allgemeine Lage der deutschen Soziologie in den 1920er Jahren 164
	3.6.2	Franz Oppenheimer – Die Gegenwartskrise als Gesellschaftskrise 168
	3.6.3	Alfred Weber – Die Gegenwartskrise als Kulturkrise 173
	3.6.4	Emil Lederer – Neue sozialstrukturelle Tendenzen 178
	3.6.5	Theodor Geiger – Von der Klassengesellschaft zur geschichteten Gesellschaft 180
	3.6.6	Eduard Heimann – Sozialpolitik und Kapitalismus 183
3.7	Die deutsche Wissenssoziologie – Karl Mannheim und Max Scheler 187
	3.7.1	Zur Biografie von Max Scheler und Karl Mannheim 187
	3.7.2	Der Problemhorizont der Wissenssoziologie – Die geistige Krise der 1920er Jahre 189
	3.7.3	Max Schelers Lehre der Wissensformen 191
	3.7.4	Mannheims Wissenssoziologie als Revolution im menschlichen Denken 192
		3.7.4.1 Was ist Wissenssoziologie? 192
		3.7.4.2 Wie wirken Ideen auf die gesellschaftliche Entwicklung? 193
		3.7.4.3 Die drei Analyseebenen der Wissenssoziologie Mannheims 194
	3.7.5	Ideologie und Utopie 195
		3.7.5.1 Die historischen Gestalten der Utopie in der europäischen Neuzeit 196
		3.7.5.2 Utopisches Bewusstsein oder amerikanisches Bewusstsein? 198

	3.7.6	Die Wissenssoziologie und die »geistige Synthese« – Mannheims Lehre von der »freischwebenden Intelligenz« 200
	3.7.7	Die Konsequenzen der Wissenssoziologie für das wissenschaftliche Erkennen 203
	3.7.8	Zur Wirkungsgeschichte der Wissenssoziologie . . 205

4 Soziologie zwischen 1933 und 1950 208

4.1	Soziologie im Dritten Reich 209	
	4.1.1.	»Innere Emigration« 209
	4.1.2	»Deutsche Soziologie« 211
	4.1.3	Nationalsozialistische Soziologie 213
4.2	Soziologie im Exil – Das Beispiel Norbert Elias 217	
	4.2.1	Was bedeutete das Exil für die Emigranten? 217
	4.2.2	Die Exil-Biografie von Norbert Elias 218
	4.2.3	»Die höfische Gesellschaft« 220
	4.2.4	»Der Prozess der Zivilisation« 223
4.3	Talcott Parsons und der Funktionalismus 227	
	4.3.1	Zur Biografie von Talcott Parsons 228
	4.3.2	Wie ist soziale Ordnung möglich? – Das Hobbes'sche Problem 229
	4.3.3	Parsons' Handlungstheorie I – Der Handlungsakt 231
	4.3.4	Parsons' Handlungstheorie II – Die Pattern Variables 233
	4.3.5	Der Funktionalismus 235
	4.3.6	Parsons' Theorie sozialer Systeme 238
	4.3.7	Zur Rezeption von Talcott Parsons in der Soziologie 241
	4.3.8	Robert K. Mertons Weiterentwicklung des Funktionalismus 244
4.4	Talcott Parsons und die Deutschlandpolitik der USA gegen Ende des Zweiten Weltkriegs 247	

5 Soziologie in der Nachkriegszeit 252

5.1	Empirische Soziologie in Deutschland – René König, Helmut Schelsky, Ralf Dahrendorf 252

	5.1.1	Neuanfang und Traditionsbruch – Empirische Soziologie als Wissenschaftskonzept 253
	5.1.2	Empirische Soziologen der Nachkriegszeit 257
	5.1.3	Soziologie und »Vergangenheitsbewältigung« 262
	5.1.4	Diagnosen zur Entstehung des Dritten Reichs.... 263
	5.1.5	Ralf Dahrendorfs Konfliktsoziologie 266
	5.1.6	Ist die Nachkriegsgesellschaft noch eine Klassengesellschaft? 267
		5.1.6.1 Theodor Geiger 269
		5.1.6.2 René König 270
		5.3.6.3 Helmut Schelsky 271
		5.1.6.4 Untersuchungen zum Gesellschaftsbild der Arbeiter 272
	5.1.7	Die gesellschaftspolitische Bedeutung der Empirischen Soziologie in der Nachkriegszeit 273
5.2	Die Kritische Theorie 275	
	5.2.1	Die Anfänge des Instituts für Sozialforschung.... 276
	5.2.2	Vertreter des Instituts für Sozialforschung....... 277
	5.2.3	Das Institut für Sozialforschung im Exil 279
	5.2.4	Traditionelle und Kritische Theorie 281
	5.2.5	Dialektik der Aufklärung 284
	5.2.6	Rückkehr nach Frankfurt 287
	5.2.7	Die Frankfurter Schule in den 1950er und 1960er Jahren 287
	5.2.8	Der »Positivismusstreit« 289
	5.2.9	Herbert Marcuse, Der eindimensionale Mensch .. 290
	5.2.10	Die Kritische Theorie und die Studentenbewegung 292
5.3	Entwicklungstendenzen der Soziologie seit den 1970er Jahren 296	
	5.3.1	Soziologie und Gesellschaft 297
	5.3.2	Die institutionelle Entwicklung der Soziologie ... 298
	5.3.3	Alfred Schütz und die kulturwissenschaftliche Wende in der Soziologie 299
	5.3.4	Die antipositivistische Wende in der Wissenschaftstheorie......................... 302
	5.3.5	Zur Entwicklung soziologischer Theorie seit den 1970er Jahren............................ 304

Personenindex 310

Sachindex 314

Vorwort zur Zweitauflage

Die positive Resonanz, auf welche dieser Band bei Studierenden gestoßen ist, zeigt, dass es einen Bedarf nach einer leicht verständlichen Einführung in die Geschichte der Soziologie gibt. Auch mit der Neuauflage verbindet sich der Wunsch, bei Studierenden und anderen Interessierten Lust auf theoretisches Denken zu wecken und zu weiterführendem Lesen anzuregen. Zu diesem Zweck wurden die Literaturhinweise aktualisiert. Ansonsten bleibt der Band inhaltlich unverändert.

Bielefeld, im Juli 2012   Volker Kruse

Vorwort zur Erstauflage

Die neuen Bachelor-Studiengänge haben zu einer verstärkten Nachfrage nach leicht verständlichen Einführungstexten geführt. Diesem Bedürfnis will der vorliegende Band für die Geschichte der Soziologie nachkommen. Viele soziologische Texte sind ohne ein soziologiegeschichtliches Grundwissen nicht zu verstehen. Man kann den Band auch als historisch angelegte Einführung in die Soziologie lesen. Er richtet sich insbesondere an Studienanfänger und Studierende der Soziologie sowie an interessierte Nichtsoziologen.

In der universitären Wissenschaft Soziologie werden üblicherweise soziologische Theorie und empirische Forschung unterschieden, auch wenn beide in der Praxis oftmals eng verwoben sind oder sein sollten. In unserem Band ist, entsprechend der Lehrpraxis im Fach Geschichte der Soziologie, der Akzent auf die soziologische Theorie gesetzt. Die dabei ausgewählten soziologischen Theorien sind allesamt hintergründiger und komplexer als hier dargestellt. Eine etwas holzschnittartige Reduktion erschien jedoch aus didaktischen wie räumlichen Gründen geboten. Immerhin kann sie dazu verhelfen, die Kerngedanken einer Theorie hervortreten zu lassen. Im Übrigen verbindet sich mit diesem Band ja die Hoffnung, zu weiterführender und intensiverer Beschäftigung mit den hier behandelten Theorien anzuregen.

Geschichte der Soziologie erscheint oft als eine Galerie berühmter Klassiker. Daraus kann der Eindruck entstehen, Wissenschaft bzw. Soziologie sei das Werk einsam forschender und denkender Geistesgrößen. Daran ist richtig, dass z. B. Karl Marx und Max Weber in der Tat grandiose und geniale Denker waren. Richtig ist aber auch, dass sie wie alle anderen von ihren Vorgängern und Zeitgenossen profitiert haben. Nicht selten wurde das, was wir heute »Klassikern« zurechnen, vorher von anderen, inzwischen weitgehend unbekannten Wissenschaftlern erdacht. Wissenschaft ist immer auch ein Kommunikationsprozess, ohne den das Genie Einzelner nichts wäre. Aus Darstellungsgründen wird dieser Kommunikationsprozess jedoch auch hier auf bestimmte herausragende Theoretiker hin verdichtet.

Soziologie ist nicht einfach eine universitäre Disziplin, sondern Teil der modernen Kultur. Soziologisches Denken entstand immer in einem bestimmten historisch-kulturellen Kontext; umgekehrt hat es das intellektuelle Denken und auch das Alltagsdenken beeinflusst. Diese historisch-kulturelle Einbettung deutlich zu machen ist ein wesentliches Anliegen des vorliegenden Bandes. Aus dem historischen Kontext heraus lässt sich soziologisches Denken auch leichter verstehen.

Der Band untergliedert zwei Jahrhunderte Geschichte der Soziologie in fünf Perioden. Die Einteilung orientiert sich an Wendepunkten der europäischen Kultur. Diese war im 19. Jahrhundert überwiegend optimistisch gestimmt und interpretierte im Glauben an die menschliche Vernunft Geschichte als einen aufsteigenden Fortschrittsprozess. Seit etwa 1890 gewinnt eine wesentlich pessimistischere Sichtweise von Mensch und Gesellschaft die Oberhand. Dafür stehen Namen wie Friedrich Nietzsche, Sigmund Freud, Gustave Le Bon, Wladimir I. Lenin, in der Soziologie Max Weber und Emile Durkheim. Unter dem Eindruck der fortschreitenden Industrialisierung erscheint nun Gesellschaft als Masse, der Mensch als triebhaftes, als zivilisatorisch verkümmertes oder als durch moderne gesellschaftliche Institutionen unfreies und deformiertes Wesen. Diese Tendenz wird durch die Erfahrung des Ersten Weltkriegs verstärkt. Nach dem Zweiten Weltkrieg, im Zuge der Nachkriegsprosperität der 1950er und 1960er Jahre, setzt sich wieder eine optimistische Aufbruchsstimmung durch, welche den Glauben an wissenschaftliche Plan- und Steuerbarkeit gesellschaftlicher Prozesse einschließt. Die Ernüchterung erfolgt dann Mitte der 1970er Jahre, ausgelöst durch Ölkrise, Wirtschaftskrise und Massenarbeitslosigkeit. Dazwischen liegt die Epoche 1933 bis 1950, die maßgeblich durch die nationalsozialistische Gewaltherrschaft und den Zweiten Weltkrieg geprägt wurde – Ereignisse, die auch in der Soziologie tiefe Spuren hinterließen. Es wird in diesem Band versucht, jede dieser fünf Epochen idealtypisch mit bestimmten Merkmalen zu charakterisieren.

Bedanken möchte ich mich bei Uwe Barrelmeyer, Marita Gelbe-Kruse, Jens Greve und Marion Müller. Sie haben Teile des Manuskripts gelesen und mit kritischen Hinweisen und Alternativvorschlägen zur Verbesserung des Textes beigetragen. Verbleibende Unzulänglichkeiten sind dem Verfasser zuzurechnen. Frau Rothländer vom UVK-Verlag danke ich für ihre geduldige und verständnisvolle Kooperation. Besonderen Dank schulde ich Verena Artz, Bonn, und Marit Borcherding, Göttingen, für ihre engagierte lektorale Betreuung.

Bielefeld, im Januar 2008   Volker Kruse

Einführung – Zwei Jahrhunderte Geschichte der Soziologie | 1

Inhalt

Wir möchten in diesem Kapitel zum leichteren Verständnis einen Überblick über die Geschichte der Soziologie geben, indem wir fünf Perioden mit charakteristischen inhaltlichen, institutionellen und historischen Merkmalen unterscheiden. Zunächst aber werden wir einige grundsätzliche Fragen zur Geschichte der Soziologie erörtern.

1.1 Was ist Geschichte der Soziologie?
1.2 Warum beschäftigen sich Soziologen mit der Geschichte ihrer Disziplin?
1.3 Wann beginnt die Soziologie?
1.4 Die Anfänge der Soziologie im 19. Jahrhundert (1820–1890)
1.5 Soziologie während der industriellen Moderne und der Krisenjahre um den Ersten Weltkrieg (1890–1933)
1.6 Soziologie während des Faschismus, des Dritten Reichs und des Zweiten Weltkriegs (1933–1950)
1.7 Soziologie während der Nachkriegsprosperität (1950–1975)
1.8 Soziologie seit Mitte der 1970er Jahre

Was ist Geschichte der Soziologie? | 1.1

Geschichte der Soziologie ist zunächst einmal ein Lehrgebiet innerhalb der Soziologie und als solches Bestandteil der Allgemeinen Soziologie. In der *Allgemeinen Soziologie* geht es um die theoretischen, begrifflichen und historischen Grundlagen der Wissenschaft Soziologie. Entsprechend wird Allgemeine Soziologie oft in die Bereiche *Soziologische Theorien*, *Soziologische Grundbegriffe* und *Geschichte der Soziologie* untergliedert. Was

Bestandteil der Allgemeinen Soziologie

unterscheidet nun Geschichte der Soziologie von ihren Schwesterdisziplinen?

Auf den ersten Blick hat Geschichte der Soziologie mit Vergangenheit zu tun, während sich die Schwesterdisziplinen der Gegenwart widmen. Aber das ist keine sinnvolle Differenzierung. Zum einen lässt sich schwer eine logisch begründete Grenze zwischen Vergangenheit und Gegenwart ziehen. Zum anderen werden auch in Theorie- und Grundbegriffe-Veranstaltungen Theoretiker behandelt, die nicht der heutigen Zeit zuzurechnen sind, etwa Karl Marx und Max Weber.

Unterscheidungsmerkmal Erkenntnisinteresse

Was unterscheidet dann Geschichte der Soziologie von den Grundbegriffen und den Theorien? Das *Erfahrungsobjekt,* die Soziologie in Raum und Zeit, ist gleich, aber die *Erkenntnisinteressen* sind unterschiedlich. Das Erkenntnisinteresse der Nachbardisziplinen ist *systematischer* Natur. Sie unterscheiden verschiedene Begriffe und Theorieansätze. Dabei abstrahieren sie weitgehend vom geschichtlichen Gewordensein wie von dem jeweiligen historischen, sozialstrukturellen und kulturellen Kontext. Bei der Geschichte der Soziologie ist es dagegen genau umgekehrt. Sie interessiert das *geschichtliche Gewordensein* und der *konkrete historische Kontext,* in dem Soziologie jeweils entstanden ist. Dieser Band ist daher nicht primär systematisch, sondern zeitlich, periodisch gegliedert. Weil uns das geschichtliche Gewordensein interessiert, beschäftigen wir uns mit der weiter zurück liegenden Vergangenheit auch ausführlicher als die beiden Nachbardisziplinen. Natürlich gibt es trotzdem erhebliche gemeinsame Schnittmengen.

Beschreibung historischer Kontexte

In diesem Sinn möchte der vorliegende Band eine Art Landkarte bieten, auf der soziologisches Wissen historisch eingeordnet werden kann. Er beschreibt die historischen Kontexte, in denen Soziologie entstanden ist – was im Übrigen nicht im wissenschaftlichen Elfenbeinturm geschah, sondern durch vielfältige zeitspezifische Erfahrungen bedingt war. Zudem will dieses Buch ein leichteres Verständnis der begrifflichen und theoretischen Grundlagen ermöglichen, indem es sie in ihrem historischen Gewordensein verfolgt. Dabei geht es um folgende Leitfragen:

- In welchem historischen Kontext entstanden die jeweiligen Soziologien?
- Wie diagnostizierten die Soziologen die Gesellschaft ihrer Zeit?
- Mit welchen zentralen Begriffen und Theoremen operierten sie?
- Worin besteht ihre Bedeutung über ihre Zeit hinaus?

Warum beschäftigen sich Soziologen mit der Geschichte ihrer Disziplin?

> **Zusammenfassung**
>
> **Geschichte der Soziologie**
> - Sie ist eine Subdisziplin (Unterdisziplin) der Allgemeinen Soziologie
> - Sie betrachtet Soziologie in ihrem geschichtlichen Gewordensein und ihrem historischen Kontext

Warum beschäftigen sich Soziologen mit der Geschichte ihrer Disziplin? | 1.2

Manche Soziologen halten es für überflüssig, sich mit ihrer eigenen Geschichte zu beschäftigen. Der US-Amerikaner William Ogburn stichelte, dass in Universitätsveranstaltungen im Fach Chemie doch auch nicht die Alchimisten behandelt würden, und der Großtheoretiker des späten 20. Jahrhunderts, Niklas Luhmann, verglich soziologische Klassiker mit »abgenagten Knochen«.

Hinter solchen Ansichten steckt die Vorstellung, dass es sich bei dem Wissenschaftsprozess der Soziologie um einen Fortschrittsprozess handelt, ähnlich wie in den Naturwissenschaften – hier sieht man etwa das Weltbild von Albert Einstein als einen Fortschritt gegenüber dem Weltbild von Isaac Newton. Wenn der soziologische Wissenschaftsprozess tatsächlich ein Fortschrittsprozess ist, dann ist es offenkundig eher sinnlos, sich mit der eigenen Geschichte zu befassen. Denn in dieser finden sich dann nur überholte Vorstufen des heutigen Erkenntnisstandes oder illegitime Abweichungen vom Pfad wissenschaftlicher Tugend.

Die Vorstellung von Soziologie als einem Fortschrittsprozess hat insofern einen wahren Kern, als sich viele Entwicklungen als Fortschritt denken lassen, was beispielsweise empirische Forschungsmethoden oder auch bestimmte begrifflich-theoretische Konzepte anbetrifft. Dennoch ist es falsch und irreführend, Soziologie vorbehaltlos und unreflektiert als einen Fortschrittsprozess zu interpretieren. Eine solche Sichtweise widerspricht grundlegenden soziologischen Einsichten. Alles Wissen und Denken ist, wie Karl Mannheim festgestellt hat, »seinsgebunden« (→ Kapitel 3.7.4). Demnach hängt das, was wir denken und wie wir erkennen, untrennbar mit den spezifischen historischen Umständen zusammen, in denen wir leben. Das ist in der Wissenschaft nicht grundsätzlich anders als im Alltagsdenken. Diese Seinsgebundenheit von Wissenschaft bringt es mit sich, dass es immer wieder Brüche in der soziologischen Entwicklung gibt, die wissenschaftsimmanent nicht erklärt werden können. So fand nach dem Zweiten Weltkrieg in der deutschen Soziologie ein Bruch

Seinsgebundenheit der Wissenschaft

mit der eigenen Tradition statt; man orientierte sich in allen möglichen Lebensfragen an der Siegermacht USA – auch in der Soziologie. Es begann der Siegeszug der strukturfunktionalen Theorie von Talcott Parsons. Diese verlor wiederum Ende der 1960er Jahre unter dem Eindruck der studentischen Protestbewegung stark an Boden, weil sie als statisch und systemstabilisierend erschien. Dafür begann die große Zeit der Kritischen Theorie mit ihren Protagonisten Adorno, Horkheimer und Habermas. Parallel zum Niedergang der Protestbewegung verschwand auch die Kritische Theorie wieder von der Bildfläche. Ganz besonders deutlich wurde die Seinsgebundenheit von Soziologie, als nach der nationalsozialistischen Machtergreifung zwei Drittel der deutschen Sozialwissenschaftler emigrieren mussten – mit gravierenden und nachhaltigen Konsequenzen für die wissenschaftliche Entwicklung. Im Dritten Reich entstand dafür eine ganz andere Soziologie als in demokratischen Staaten üblich (→ Kapitel 4.1).

Erste Aufgabe einer Geschichte der Soziologie

Die erste Aufgabe einer Geschichte der Soziologie ist es also, die wissenschaftliche Entwicklung dieser Disziplin aus dem historischen Kontext heraus verständlich zu machen. Sie ist gewissermaßen eine Wissenssoziologie der Soziologie oder, mit anderen Worten, *soziologische Selbstaufklärung mit den Mitteln wissenschaftshistorischer Forschung und wissenssoziologischer Interpretation.*

Späte Klassiker

Weil Soziologie eine seins- bzw. zeitgebundene Wissenschaft ist, werden manchmal gute Theorien nicht als solche erkannt oder verworfen, weil sie nicht in die Zeit »passen«. Es ist aufschlussreich, dass mancher Soziologe, der heute als Klassiker gilt, in seiner Zeit weitgehend unbekannt geblieben ist. So veröffentlichte Alfred Schütz 1932 »*Der sinnhafte Aufbau der sozialen Welt*« – eine Alltagstheorie, für die sich in der Zeit der großen Weltwirtschaftskrise begreiflicherweise kaum jemand interessierte. Erst nach seinem Tod 1959 machte Schütz in der Fachwelt rasch Furore. Norbert Elias publizierte 1939 in der Schweiz den »*Prozess der Zivilisation*« – am Vorabend des Zweiten Weltkriegs nahm natürlich niemand davon Notiz, wie sich Schamgefühl oder höfische Etikette seit dem Mittelalter entwickelt hatten. Immerhin hatte Elias, was die Resonanz anging, mehr Glück als Schütz. Er lebte noch, als in den 1970er Jahren seinem wissenschaftliches Werk die verdiente Würdigung zuteil wurde. Heute gelten Schütz und Elias als Klassiker der Soziologie. Andere berühmte Soziologen werden immer wieder neu interpretiert. Max Weber galt in den 1920er Jahren als historischer Soziologe, in den 1950er Jahren als vorbildlicher Methodologe und Wissenschaftler, seit den 1970er Jahren wurde er als kulturwissenschaftlicher Soziologe neu entdeckt. Da mit den Zeitumständen auch die Perspektiven wechseln, mit denen wir unsere Welt wahrnehmen, gibt es in der Geschichte der

Soziologie, wie in der Geschichte überhaupt, immer wieder Neues zu entdecken. Insofern wird Geschichte der Soziologie, wie Geschichte überhaupt, nie ausgeforscht sein.

Vergangene Soziologie enthält *Potenzial für theoretische Innovationen*, vor allem, indem sie Perspektiven auf die soziale Welt eröffnet, die aktuell herrschende Theorieansätze nicht bieten können. Derartige Ansatzpunkte für theoretische Innovationen aus ihrer Vergangenheit herauszuarbeiten, ist die zweite große Aufgabe der Geschichte der Soziologie.

Zweite Aufgabe einer Geschichte der Soziologie

Soziologie ist aber nicht nur eine universitäre Wissenschaft, sondern Teil der modernen Kultur. Soziologische Theorien und Begriffe haben das intellektuelle Denken und auch das Alltagsdenken in der modernen Gesellschaft beeinflusst. Soziologen vergangener Zeiten, deren Werken heute noch Aktualität zugesprochen wird, werden oft als *Klassiker* bezeichnet. Eine dritte Aufgabe der Geschichte der Soziologie besteht darin, »klassisch« gewordene Wissensbestände des Fachs zu kommunizieren, auch für andere Wissenschaften und die intellektuelle Öffentlichkeit.

Dritte Aufgabe einer Geschichte der Soziologie

Zusammenfassung

Aufgaben der Geschichte der Soziologie
- Entwicklung der Soziologie aus ihrem jeweiligen historischen Kontext heraus verständlich machen
- Ungenutzte wissenschaftliche, insbesondere theoretische Potenziale erschließen
- »Klassische« Wissensbestände der Soziologie kommunizieren, auch für andere Wissenschaften und die intellektuelle Öffentlichkeit

Wann beginnt die Soziologie? | 1.3

Wann Soziologie beginnt, ist nicht zuletzt eine Frage der Definition. Wählt man als Kriterium einzelne gesellschaftstheoretische Ideen, dann kann man bis in die Antike zurückgehen. Beziehen wir uns auf die Existenz als universitäre Disziplin, dann beginnt Soziologie nicht vor Ende des 19. Jahrhunderts. Geht man hingegen von der Idee und dem Konzept einer Gesellschaftswissenschaft aus, so ist der Beginn der Soziologie mit Auguste Comte im frühen 19. Jahrhundert anzusetzen.

Auguste Comte als Gründervater der Soziologie

Bis in die Neuzeit wurde im Allgemeinen der bestehende gesellschaftliche Zustand als natürlich und gottgegeben, d.h. als prinzipiell unveränderbar angesehen. So hat man in der Antike die Sklaverei als Institution kaum in Frage gestellt. Selbst der Philosoph Aristoteles – er gilt bis heute als der klügste Kopf des Altertums – sah die Sklaverei als natürliche Institution an – so wie übrigens auch die Ungleichheit der Geschlechter. Im Mittelalter und in der frühen Neuzeit galt dann die Ständegesellschaft als natürlich und gottgegeben. Eine grundlegende Wende brachte die Philosophie der Aufklärung im 18. Jahrhundert, welche die Vernunft zur entscheidenden Instanz zur Beurteilung bestehender Zustände erklärte. Philosophen wie Voltaire, Jean-Jacques Rousseau oder Immanuel Kant kritisierten direkt oder indirekt die bestehenden gesellschaftlichen Verhältnisse.

Auguste Comte ging noch einen entscheidenden Schritt weiter. *Er machte die Gesellschaft zum Objekt wissenschaftlicher Untersuchung, mit den Methoden der Naturwissenschaft.* So wie die Naturwissenschaften nach Gesetzen in der Natur fragen, so fragt die Soziologie aus Sicht von Comte nach Gesetzen in der Gesellschaft. Deswegen gilt er mit Recht als Begründer der Soziologie.

1.4 | Die Anfänge der Soziologie im 19. Jahrhundert (1820 – 1890)

Grundlegend für die Soziologie im 19. Jahrhundert waren der bereits genannte Auguste Comte sowie Herbert Spencer und Karl Marx. Letzterer verstand sich allerdings selbst nicht als Soziologe, sondern hatte für die Wissenschaft von Comte nur Hohn und Spott übrig. Aber seine Theorien waren im soziologischen Diskurs des 20. Jahrhunderts von überragender Bedeutung, und so zählt man ihn inzwischen zu den Soziologen.

Soziologie kein eigenständiges Universitätsfach

Keiner dieser bedeutenden Denker lehrte an einer Universität. Es gab noch keine eigentlichen soziologischen Forschungseinrichtungen, und bis Ende des 19. Jahrhunderts konnte man dieses Fach nicht studieren. Comte mühte sich als Repetitor und hielt private Vorlesungen ab, er lebte hauptsächlich von Spenden vermögender Gönner. Herbert Spencer war zunächst Eisenbahningenieur. Auch er profitierte von einer Erbschaft und von Zuwendungen wohlmeinender Zeitgenossen, die übrigens vor allem aus den USA kamen. Karl Marx schrieb Zeitungsartikel und verbachte seine Tage in unbezahltem Selbststudium in einer Londoner Bibliothek. Überleben konnte er nur dank der materiellen Unterstützung seines kongenialen Freundes Friedrich Engels, der, allen weltanschaulichen Widerborstigkeiten zum Trotz, als kapitalistischer Unternehmer sein Geld verdiente.

Bis Ende des 19. Jahrhunderts wurde Soziologie mit dem Werk Comtes und Spencers gleichgesetzt. Soziologie galt als eine Art *Naturwissenschaft*

Die Anfänge der Soziologie im 19. Jahrhundert (1820–1890)

der Geschichte. Als solche war sie umstritten und zog vor allem den Unmut von Historikern auf sich. Comte und Spencer meinten, dass man Geschichte und Gesellschaft mit den Methoden der erfolgreichen Naturwissenschaft erforschen sollte. Die Gegenposition der historischen Wissenschaften besagte hingegen, dass zwischen den Erscheinungen der Natur und der Kultur bzw. Geschichte ein Wesensunterschied bestehe, der für die Sozial- und Kulturwissenschaften (»Geisteswissenschaften«) eine prinzipiell andere Methode als für die Naturwissenschaften erfordere. Demnach sei die Natur der Schauplatz ewig wiederkehrender, sich ihrer Zwecke nicht bewussten Erscheinungen, die Geschichte dagegen setze sich aus einmaligen und unwiederholbaren menschlichen Handlungen zusammen, die von Wille und Absicht erfüllt seien. Diese Gegenposition nennt man *Historismus* (→ Kapitel 3.5.3). Der Historismus war im 19. Jahrhundert der Gegenspieler der Soziologie.

Historismus versus Soziologie

Geschichte wurde von den Soziologen als Fortschrittsprozess begriffen, der nach objektiven Gesetzen abläuft. Comtes *Dreistadiengesetz* unterscheidet das theologische, das metaphysische und das positive Stadium (→ Kapitel 2.1.2). Spencer differenziert zwischen einfachem, militärischem und industriellem Gesellschaftstypus (→ Kapitel 2.2.4) und erwartete, dass sich Gesellschaft zu einem friedlichen und freiheitlichen Zustand bewegen werde. Bei Marx folgen aufeinander Urgesellschaft, Sklavenhaltergesellschaft, Feudalgesellschaft, Kapitalismus, Sozialismus, Kommunismus (→ Kapitel 2.3.4). Bei allen inhaltlichen Unterschieden waren sich also die führenden soziologischen Theoretiker des 19. Jahrhunderts einig, dass Geschichte als ein teleologischer (zielgerichteter) Fortschrittsprozess zu verstehen ist.

Verständnis von Geschichte als Fortschrittsprozess

Hinter den theoretischen Anstrengungen der frühen Soziologen stand die folgende Frage: Welche Art von Gesellschaft bildet sich neu heraus, nachdem sich seit den 1820er Jahren abzeichnete, dass die alte Gesellschaft endgültig und unwiderruflich zerbrochen war? Comte und Spencer bezeichneten sie als *industrielle Gesellschaft*, Marx und Engels als *kapitalistische Gesellschaft*.

Zusammenfassung

Soziologie 1820–1890
- Historischer Kontext: Ende des Feudalzeitalters, frühe Industrialisierung, soziale Frage
- Wichtigste Gesellschaftstheoretiker: Henri de Saint-Simon (1760–1825), Auguste Comte (1798–1857), Herbert Spencer (1820–1903), Lorenz von Stein (1815–1890), Karl Marx (1818–1883)

- Institutionalisierung: Soziologie ist noch kein universitäres Fach, sondern Sache intellektueller Pioniere und Privatgelehrter
- Methodologischer Status: Soziologie ist eine Naturwissenschaft der Geschichte, die nach den Gesetzen des geschichtlichen Ablaufs sucht
- Grundstimmung: Fortschrittsoptimismus, teleologisches Geschichtsverständnis, d. h. der Fortschrittsprozess der Geschichte bewegt sich auf einen Endzustand, ein »Ziel« zu
- Leitthema: Welche Art von Gesellschaft entsteht nach der industriellen Revolution und der Französischen Revolution neu?

1.5 | Soziologie während der industriellen Moderne und der Krisenjahre um den Ersten Weltkrieg (1890–1933)

Eine Art Wendepunkt in der Geschichte der Soziologie ist im späten 19. Jahrhundert zu verzeichnen, und zwar gleich in mehrfacher Hinsicht.

Zu dieser Zeit setzte, weit über die Soziologie hinaus, eine Neuorientierung des europäischen Denkens ein. Das Fortschrittsbewusstsein verblasste, ein Krisenbewusstsein machte sich breit, entstanden aus der Einsicht, dass die industrielle Moderne unentrinnbar ist und nicht nur Gutes bringt. Die Menschen wurden nicht mehr im Sinne der Aufklärung als vernunftbegabte Akteure begriffen, sondern zunehmend als triebhafte Wesen (Sigmund Freud), als Masse, die von Führern manipuliert werden kann und wird (Gustave Le Bon, Vilfredo Pareto, Ortega y Gasset, Wladimir I. Lenin). Das Krisenbewusstsein wurde durch den Ersten Weltkrieg verstärkt und mündete vielerorts in diverse Faschismen oder autoritäre Regimes.

Jahrhundertwende geprägt durch Krisenbewusstsein

Etablierung der Soziologie als (Krisen-)Wissenschaft

Die Soziologie konnte sich als eigene Wissenschaft und als akademisches Lehrfach konstituieren. Sie gründete Fachvereinigungen, etwa 1909 in Deutschland die heute noch bestehende Deutsche Gesellschaft für Soziologie (DGS). Die ersten exklusiv soziologischen Lehrstühle wurden eingerichtet, in Frankreich 1896 für Emile Durkheim in Bordeaux, in Deutschland 1925 für Hans Freyer in Leipzig. Meistens aber wurde Soziologie in Kombination mit anderen Fächern (Nationalökonomie, Philosophie, Erziehungswissenschaften) gelehrt.

In dieser Phase entstanden unterschiedliche nationale Soziologien. In Frankreich etablierte sich die Durkheim-Schule; sie gründete auf Comte, war theoretisch orientiert und unterstützte den gesellschaftlichen Fortschritt. In den USA führte die Philosophie des Pragmatismus zu empirischer Orientierung und praxisnahen Problemstellungen (Chicago-Schule). In Italien operierte die Elitensoziologie mit den Hauptbegriffen Elite und Masse (Vilfredo Pareto, Gaetano Mosca, Robert Michels). In Deutschland formierte sich eine geisteswissenschaftliche Soziologie, die am sinnhaft handelnden Menschen ansetzte (Georg Simmel, Max Weber, Werner Sombart, Alfred Weber, Karl Mannheim; → Kapitel 3.1–3.7).

Als führende Länder in der Soziologie kristallisierten sich Frankreich, USA, besonders aber Deutschland heraus. Die Soziologie verstand sich in den 1920er Jahren in Frankreich und vor allem in Deutschland als eine Krisenwissenschaft. Sie fragte nach den Ursachen der gesellschaftlichen und geistigen Krise und suchte nach Wegen, diese zu überwinden.

Zusammenfassung

Soziologie 1890–1933
- Historischer Kontext: Herausbildung der kapitalistischen Industriegesellschaft, Kampf zwischen alten Eliten und demokratischen Bewegungen; Erster Weltkrieg
- Wichtigste Soziologen: Emile Durkheim (1858–1917), Ferdinand Tönnies (1855–1936), Georg Simmel (1858–1918), Max Weber (1864–1920), Vilfredo Pareto (1848–1923), Karl Mannheim (1893–1947), George Herbert Mead (1863–1931), Alfred Schütz (1899–1959)
- Führende Länder: Deutschland, Frankreich, USA
- Institutionalisierung: Soziologie wird universitäre Disziplin, zuerst in Frankreich und den USA, erst später in Deutschland
- Methodologischer Status: Soziologie wird von einer rein naturwissenschaftlichen auch zu einer historischen und kulturwissenschaftlichen Disziplin
- Grundstimmung: Neuorientierung des europäischen Denkens, Krisenbewusstsein, Soziologie als Krisenwissenschaft

Soziologie während des Faschismus, des Dritten Reichs und des Zweiten Weltkriegs (1933–1950) | 1.6

In den 1920er und 1930er Jahren setzten sich in weiten Teilen Europas faschistische und autoritäre Regimes durch, insbesondere in Italien und Deutschland. In der Zeit zwischen 1940 und 1944 war der Kontinent überwiegend von deutschen Truppen besetzt. Was bedeutete diese Entwicklung für die Soziologie?

Exodus deutscher Soziologen

In den von faschistischen Regimes beherrschten Staaten war die Soziologie über Jahre stark eingeschränkt, das galt vor allem für Deutschland. Zwei Drittel der deutschen Wirtschafts- und Sozialwissenschaftler wurden aus rassistischen und politischen Gründen ins Exil getrieben. Ein Drittel der deutschen Soziologen war jüdischer Herkunft. Viele Soziologen hatten sich politisch engagiert, die meisten waren liberal bis sozialdemokratisch eingestellt und sympathisierten mit der Weimarer Republik. Nach 1933 verblieben drei Gruppen von Soziologen in Deutschland: Erstens diejenigen, die sich ohne offenen Protest in die »innere Emigration« zurückzogen. Das waren vorwiegend ältere, liberal und demokratisch eingestellte Soziologen wie Ferdinand Tönnies, Alfred Weber, Leopold von Wiese und Alfred von Martin – führende Gelehrte der 1920er Jahre. Die zweite Gruppe bestand aus Rechtsintellektuellen, die zwar keine Nazis waren, aber mit vielen ihrer Ziele sympathisierten und sich von ihnen eine Förderung ihrer Karriere erhofften, dazu gehörte etwa Hans Freyer. Die dritte Gruppe schließlich waren lupenreine Nazis, die bedingungslos zu den Grundsätzen der NSDAP standen und Sozialforschung zugunsten des Regimes betrieben (→ Kapitel 4.1).

Unter diesen Umständen sank das Niveau der Soziologie in Deutschland rapide. Gerade die besten und jüngeren Soziologen waren ins Exil gegangen, was für die deutsche Soziologie einen schweren Aderlass bedeutete. Auf der anderen Seite profitierten besonders die USA vom wissenschaftlichen Potential der Emigranten.

USA in wissenschaftlicher Führungsposition

Die Folge von all dem war, dass sich in der Soziologie, international gesehen, ein Hegemoniewechsel vollzog. Spätestens seit den 1950er Jahren nehmen die USA die Führungsposition ein. Die europäischen Staaten orientieren sich seitdem mehr oder weniger stark an der Großmacht jenseits des Atlantiks.

Zusammenfassung

Soziologie 1933–1950
- Historischer Kontext: Weltwirtschaftskrise, Faschismus, Nationalsozialismus, Drittes Reich, Zweiter Weltkrieg
- Wichtigste Soziologen: Hans Freyer (1887–1969), Norbert Elias (1897–1990), Karl Polanyi (1886–1966), Talcott Parsons (1902–1979), Robert K. Merton (1910–2003), Paul Lazarsfeld (1901–1976), Max Horkheimer (1895–1973)
- Institutionalisierung: Soziologie ist in Deutschland und Europa nur eingeschränkt möglich

- Methodologischer Status: In den USA Tendenz zu einer naturwissenschaftlichen Soziologie, in Deutschland völkische Soziologie (»Volk«, »Rasse«, »Gemeinschaft«)
- Die Mehrzahl der deutschen Soziologen geht ins Exil
- Grundstimmung: ambivalent und wechselhaft
- Hegemoniewechsel in der Soziologie – von Deutschland zu den USA

Soziologie während der Nachkriegsprosperität (1950 – 1975) | 1.7

Der starke Einfluss der USA, der sich in der Soziologie Deutschlands und Europas in den 1950er Jahren durchsetzte, hatte sowohl materielle als auch ideelle Hintergründe. Die USA gründeten nach dem Zweiten Weltkrieg vor allem im deutschsprachigen Raum etliche soziologische Forschungsinstitute. Das Kalkül dabei war auch ein politisches. Die neue Soziologie sollte zur demokratischen Umerziehung Deutschlands beitragen. Wissenschaftler, die an den neu eingerichteten Instituten arbeiteten, wurden im Sinne der US-amerikanischen Soziologie wissenschaftlich sozialisiert. Viele junge Soziologen bekamen Stipendien für die USA. Aus dem kriegszerstörten Deutschland kommend, waren sie begeistert und überwältigt vom amerikanischen Wohlstand und der amerikanischen Kultur. Die USA galten – nicht nur in der Soziologie – als Meister der Modernität und des Fortschritts.

Demokratisierungsbestrebungen

In der Theorie dominierte der *Strukturfunktionalismus* von Talcott Parsons und Robert K. Merton (→ Kapitel 4.3, 4.4). Damit ging ein Bruch mit der für Deutschland charakteristischen geisteswissenschaftlich und historisch orientierten Soziologie nach der Art Max Webers, Werner Sombarts und Karl Mannheims einher. Die historische Soziologie, die in den 1920er und 1930er Jahren auch Parsons und Merton betrieben hatten, galt nun als unwissenschaftliche Geschichts- und Sozialphilosophie und Kulturkritik. Soziologie sollte sich jetzt wieder einer dezidiert an den Naturwissenschaften orientierten Methode bedienen.

Wunsch nach krisenfreier Steuerung der Gesellschaft

Hinter alledem stand die Hoffnung und Erwartung, dass Soziologie eine krisenfreie Steuerung der Gesellschaft ermöglichen könne. Daher wurde das Fach an den Universitäten rasch ausgebaut, rascher als alle anderen Fächer. Die Fachtradition der Zeit vor 1933 geriet zeitweise weitgehend in Vergessenheit. Zur führenden Richtung avancierte die *Empirische Soziologie* (René König, Helmut Schelsky, Ralf Dahrendorf → Kapitel 5.1), die insbesondere über Familie, Jugend, Industrie und Arbei-

Siegeszug der empirischen Sozialforschung

terbewusstsein forschte. Spätestens in den 1950er und 1960er Jahren hat sich die empirische Sozialforschung als primäres Forschungshandeln endgültig durchgesetzt und wurde von den meisten Soziologen, die wissenschaftlich tätig sind, betrieben. Im Zuge der Protestbewegung der 1960er Jahre erlangte kurzzeitig die *Kritische Theorie* (Max Horkheimer, Theodor W. Adorno, Herbert Marcuse, Jürgen Habermas → Kapitel 5.2) große Bedeutung.

Zusammenfassung

Soziologie 1950–1975

- Historischer Kontext: Politische Neuordnung, Vergangenheitsbewältigung, Kalter Krieg, Nachkriegsprosperität
- Wichtigste Soziologen: Talcott Parsons (1902–1979), Robert K. Merton (1910–2003), George Caspar Homans (1910–1989), Raymond Aron (1905–1983), René König (1906–1992), Helmut Schelsky (1912–1984), Theodor W. Adorno (1903–1969)
- Institutionalisierung: Rasche Expansion der Soziologie an den Hochschulen
- Methodologischer Status: Vorherrschend naturalistisch, seit den 60er Jahren zunehmender Einfluss des Marxismus
- Vorherrschende Grundstimmung: Fortschrittsoptimismus
- Führendes Land: USA

1.8 | Soziologie seit Mitte der 1970er Jahre

Wissenschafts- und Fortschrittsglaube in der Krise

Die 1970er Jahre stellten eine wichtige Zäsur für die Wissenschaften dar: Mit der Ölkrise 1973/74 endete die Nachkriegsprosperität. Gleichzeitig entstand ein Bewusstsein für die »Grenzen des Wachstums« bei schwindendem Fortschrittsoptimismus. Der Glaube an die Wissenschaften und an ihre Fähigkeiten, die Probleme der Menschen zu lösen, nahm ab. Man beurteilte alle Wissenschaften kritischer, auch die Naturwissenschaften und die Medizin.

Besonders krass verlief die Umwertung der Soziologie. Noch in den 1950er und 1960er Jahren galt sie oft als »Schlüsselwissenschaft« des 20. Jahrhunderts (Helmut Schelsky). Als die Protestbewegung der sechziger Jahre auch in der Soziologie Spuren hinterließ, erschien sie dem bürgerlichen Establishment als revolutionär, weltfremd und unsolide. Da die Zahl soziologischer Studenten besonders rasch expandierte und ihr Berufsfeld unklar war, befürchtete man das Aufkommen eines akademischen Proletariats, hauptsächlich bestehend aus Sozialwissenschaftlern. Dies sollte sich jedoch nicht bestätigen.

Der Glaube an die Steuerbarkeit der Gesellschaft durch den Staat ließ nach. In der Soziologie war die Systemtheorie daran maßgeblich beteiligt. Sie zeigte, dass Gesellschaften mit wachsender Komplexität schwerer steuerbar sind (→ Kapitel 5.3). Auch in den Wirtschaftswissenschaften setzte sich die Überzeugung durch, dass die Wirtschaft den Kräften des Marktes überlassen werden sollte und staatliche Eingriffe zu reduzieren seien. Damit erledigte sich die Vorstellung von der Soziologie als Schlüsselwissenschaft, die dem Staat Konzepte zur wissenschaftlichen Steuerung der Gesellschaft liefert.

Systemtheorie als neues Erklärungsmodell

Innerhalb der Soziologie entwickelte sich ein Zustand, den Jürgen Habermas als »neue Unübersichtlichkeit« gekennzeichnet hat. So musste die Soziologie von Talcott Parsons, die in den 1950er und frühen 1960er Jahren auf dem Weg zu einem Theoriemonopol schien, in den 1970er Jahren einen eminenten Niedergang hinnehmen. Dagegen gewann die systemtheoretische Soziologie von Niklas Luhmann rasch an Bedeutung. Andere systemtheoretisch orientierte Soziologen wie Jeffrey C. Alexander und Richard Münch knüpften aber wieder an Parsons an.

Als charakteristisch für die Zeit seit den 1970er Jahren lässt sich die *kulturwissenschaftliche Wende* bestimmen (→ Kapitel 5.3.). Unter Rückgriff auf George Herbert Mead, Max Weber und Alfred Schütz wurde jetzt Gesellschaft von Soziologen wie Peter Berger, Thomas Luckmann oder Harold Garfinkel als ein Raum verstanden, in dem Akteure Institutionen konstruieren und interpretieren. Damit einher ging die Rückkehr qualitativer Sozialforschung, die in den 1920er Jahren die Chicago-Schule geprägt hatte. Parallel dazu vollzog sich der Aufstieg der *Rational-Choice-Theorie*, die das vom nutzenmaximierenden Akteur ausgehende ökonomische Denkmodell auf nichtökonomische Bereiche übertrug (Gary Becker, James S. Coleman, Hartmut Esser). Aber auch die *historische Soziologie* in der Tradition von Karl Marx und Max Weber erlangte neue Bedeutung, allerdings vor allem in den USA (Immanuel Wallerstein, Reinhard Bendix, Barrington Moore). Die deutsche soziologische Tradition, die in den 1950er Jahren ins Hintertreffen geraten war, wurde rehabilitiert und stieß auf wiedererwachtes Interesse; dies gilt besonders für Max Weber und Georg Simmel.

Interesse an traditionellen Richtungen erwacht neu

In der Empirischen Soziologie, speziell in Deutschland, schwand der politische Gestaltungswille, der in den 1950er Jahren René König, Helmut Schelsky, Ralf Dahrendorf und andere beseelt hatte. Das Ableben von Theodor W. Adorno (1969) und Max Horkheimer (1973) markierte das Ende der Frankfurter Schule. Die Auseinandersetzung mit dem Dritten Reich, welche die verschiedenen soziologischen Schulen im Nachkriegsdeutschland untergründig geprägt hatte, verlor ihre sinnstiftende Bedeutung.

Abkehr von den USA

In der soziologischen Theorie hat sich der Schwerpunkt seit einiger Zeit wieder stärker nach Europa verlagert (Niklas Luhmann, Jürgen Habermas, Ulrich Beck, Pierre Bourdieu, Anthony Giddens). In asiatischen Ländern gibt es außerdem Bestrebungen, sich nicht nur an der US-amerikanischen Soziologie zu orientieren, sondern verstärkt auf eigene kulturelle Quellen zurückzugreifen, was mit dem Schlagwort *Indigenisierung* benannt wird.

Zusammenfassung

Soziologie seit Mitte der 1970er Jahre
- Mit der Ölkrise 1973/74 endet die Nachkriegsprosperität
- Es entsteht ein Bewusstsein für die »Grenzen des Wachstums«. Der Fortschrittsoptimismus schwindet
- Der Glaube an die Wissenschaften und die wissenschaftliche Machbarkeit der Welt nimmt ab. Dies gilt insbesondere auch für die Steuerbarkeit von Gesellschaft durch die Sozialwissenschaften
- »Neue Unübersichtlichkeit« in der soziologischen Theorie. Die »Kritische Theorie« kommt mit dem Tod Adornos und Horkheimers zu ihrem Ende. Zu den aufstrebenden Ansätzen zählen die Luhmannsche Systemtheorie, der Neofunktionalismus, die Theorie von Bourdieu, die kulturwissenschaftliche Theorie (Berger/Luckmann, Goffman, Garfinkel), die Rational-Choice-Theorie (Coleman) und die historische Soziologie in den USA
- Die Führungsrolle der USA in der Soziologie wird relativiert durch europäische Großtheoretiker und durch Indigenisierungsbestrebungen in asiatischen Ländern

Tab. 1		
	Henri de Saint Simon (1760–1825)	Früher Theoretiker der industriellen Gesellschaft
		Theoretiker des französischen Frühsozialismus
Bedeutende Soziologen	Auguste Comte (1798–1857)	Begründer der Wissenschaft Soziologie
		Begründer der positiven Methode
	Herbert Spencer (1820–1903)	Begründer der soziologischen Evolutionstheorie
		Gesellschaftsbegriff in Analogie zum biologischen Organismus

Lorenz von Stein (1815–1890)	Begründer der deutschen Soziologie, verwendet den Gesellschaftsbegriff
	Vordenker des deutschen Sozialstaates
Karl Marx (1818–1883) / Friedrich Engels (1820–1895)	Begründer der materialistischen Geschichtsauffassung
	Theoretiker der kapitalistischen Gesellschaft
Emilie Durkheim (1858–1917)	Definiert das spezifische Erkenntnisobjekt der Soziologie (sozialer Tatbestand)
	Methodisch und theoretisch bahnbrechende Untersuchungen, z. B. über den Selbstmord
Vilfredo Pareto (1848–1923)	Entwirft eine Handlungstheorie, die vor allem irrationale Elemente einbezieht
	Hauptvertreter der klassischen Elitentheorie
George Herbert Mead (1863–1931)	Begründer des »symbolischen Interaktionismus«
	Zeigt, dass Geist, Bewusstsein und Identität nicht individueller, sondern gesellschaftlicher Natur sind
Max Weber (1864–1920)	Begründer einer historischen Soziologie auf den methodologischen Grundlagen des Historismus
	Begründer einer handlungstheoretischen Soziologie
Karl Mannheim (1893–1947)	Klassischer Theoretiker der Wissenssoziologie
	Zeigt, dass alles Wissen, Denken und Erkennen mit unserem gesellschaftlichen Sein zusammenhängt (also mit Klassen-, Schichten-, Generationen-, Geschlechterzugehörigkeit usw.)
Alfred Schütz (1899–1959)	Begründer der phänomenologischen Soziologie
	Vertieft und erweitert die Handlungstheorie Max Webers
Norbert Elias (1897–1990)	Heute bekanntester Soziologe des Exils
	Entwirft eine Theorie des Zivilisationsprozesses
Talcott Parsons (1902–1979)	Begründer einer normativistischen Handlungstheorie, die auf Entwürfen europäischer Denker aufbaut
	Hauptvertreter des Strukturfunktionalismus
Robert K. Merton (1910–2003)	Zweiter Hauptvertreter des Strukturfunktionalismus
	Propagiert – anstelle universalistischer Theorien – »Theorien mittlerer Reichweite«
Max Horkheimer (1895–1973) / Theodor W. Adorno (1903–1969)	Begründer und Protagonisten der »Kritischen Theorie«
	Häupter der »Frankfurter Schule« in den 1950er und 1960er Jahren

René König (1906–1992)	Begründer und Hauptvertreter der Empirischen Soziologie in Deutschland in den 1950er und 1960er Jahren
	Arbeiten zur sozialen Schichtung, zur Soziologie der Familie, Soziologie der Mode u. a. m.
Helmut Schelsky (1912–1984)	Neben König die zweite Führungspersönlichkeit der Empirischen Soziologie in Deutschland in den 1950er und 1960er Jahren
	Arbeiten zur sozialen Schichtung (»nivellierte Mittelstandsgesellschaft«), zur Soziologie der Familie und zur Soziologie der Jugend (»skeptische Generation«)
Ralf Dahrendorf (geb. 1929)	Widerpart des Funktionalismus, Vertreter einer soziologischen Konflikttheorie, kritischer liberaler Intellektueller
	Verbreitet die Rollentheorie in Deutschland (»Homo Sociologicus«)
Jürgen Habermas (geb. 1929)	Vertreter der Kritischen Theorie, u. a. mit Arbeiten zur Erkenntnistheorie und zur Soziologie der Öffentlichkeit
	Theorie des kommunikativen Handelns
Niklas Luhmann (1927–1998)	Entwirft eine soziologische Systemtheorie in kritischer Auseinandersetzung mit Talcott Parsons
	Konzipiert seit den 1980er Jahren die Systemtheorie als Kommunikationstheorie
Pierre Bourdieu (1930–2002)	Entwickelt eine neue, stärker kulturell orientierte Klassentheorie,
	Theorie der sozialen Felder

Soziologie im 19. Jahrhundert | 2

Dieses Kapitel befasst sich mit den wichtigsten Gesellschaftstheoretikern des 19. Jahrhunderts: Auguste Comte (1798–1857), Herbert Spencer (1820–1902) und Karl Marx (1818–1883). Sie stehen für die Anfänge der Soziologie, die mit den Anfängen der modernen Gesellschaft zusammenfallen. Zwei Ereignisse markieren den Beginn dieser modernen Gesellschaft: die Erfindung der Dampfmaschine 1776 und die Französische Revolution 1789. Letztere versetzte der Monarchie von Gottes Gnaden den entscheidenden historischen Schlag, von dem sie sich – allen Restaurationsversuchen nach 1815 zum Trotz – nie mehr erholen sollte. Das war in der ersten Hälfte des 19. Jahrhunderts keineswegs klar. Die reaktionären Monarchen Europas, die das Rad der Geschichte zurückdrehen wollten, schienen alle Trümpfe in der Hand zu haben. Die Industrialisierung steckte noch in den Anfängen und war zunächst auf wenige Regionen beschränkt. Comte und Marx erkannten jedoch früh, dass sich tiefgreifende historische Umwälzungen vollzogen und ein neuer Gesellschaftstypus im Entstehen war. Comte nannte ihn *industrielle Gesellschaft*, Marx *kapitalistische Gesellschaft*.

Entstehung eines neuen Gesellschaftstypus

Auguste Comte – Die Begründung einer positivistischen Gesellschaftswissenschaft | 2.1

Inhalt

Auguste Comte gilt als Begründer der Soziologie und der positiven Methode. Auf ihn und seinen Lehrer Henri de Saint-Simon geht auch das Konzept der industriellen Gesellschaft zurück.

2.1.1 Zur Biografie von Auguste Comte

2.1.2 Das Dreistadiengesetz

2.1.3 Theorie der industriellen Gesellschaft

2.1.4 Positivismus als geistige Grundlage der industriellen Gesellschaft

2.1.5 Versöhnung von Ordnung und Fortschritt

2.1.6 Positivismus als Religion

2.1.7 Auguste Comte heute

2.1.1 | Zur Biografie von Auguste Comte

Auguste Comte, 1798 als Sohn des Finanzbeamten Louis-Auguste Comte und seiner Frau Felicité-Rosalie Boyer geboren, wuchs als Kind im napoleonischen Frankreich auf. 1814 bis 1816 besuchte er die École Polytechnique, eine naturwissenschaftlich ausgerichtete Eliteschule zur technischen Ausbildung von Offizieren (Artillerie, Brücken- und Schiffsbau etc.). Hier erfuhr Comte eine ausgezeichnete mathematische und naturwissenschaftliche Ausbildung, die sein späteres Wissenschaftsverständnis prägte.

Comte – Anhänger Napoleons

Der junge Auguste Comte war Anhänger Napoleons und Gegner der bourbonischen Königsfamilie, die 1814/1815 in Frankreich wieder die Herrschaft übernahm. Wegen der pronapoleonischen Einstellung ihrer meisten Lehrer und Schüler wurde die École Polytechnique 1816 vorübergehend geschlossen. Comte verließ die Schule. Die Hoffnung auf ein Engagement in den Vereinigten Staaten von Amerika zerschlug sich. 1818 schloss er sich Henri de Saint-Simon an, für den er als Sekretär arbeitete und mit dem ihm ein schülerhaftes und freundschaftliches Verhältnis verband.

Hintergrund

Henri de Saint-Simon (1760–1825)
Henri de Saint-Simon, Sohn einer verarmten Adelsfamilie, war zunächst französischer Offizier und kämpfte von 1779 bis 1782 als Hauptmann im amerikanischen Unabhängigkeitskrieg auf Seiten der Rebellen gegen England. Er unterstützte die Französische Revolution. Während und nach der Revolutionszeit war Saint-Simon zunächst erfolgreicher Bodenspekulant, verlor aber später sein gesamtes Vermögen. 1798 beschloss er, sein weiteres Leben den Wissenschaften und der Philosophie zu widmen. Saint-Simon kann als wichtiger Inspirator von Ideen gelten, die später von Comte systematisch ausgearbeitet wurden. Von Saint-Simon stammt der Begriff der industriellen Gesellschaft. Er verstand sie als eine Leistungsgesellschaft ohne unproduktive Klassen (wie insbesondere den Feudaladel), an deren Spitze Wissenschaftler und Industrielle stehen. Aufgabe der Wissenschaften war nach Saint-Simon die Reorganisation der Gesellschaft.

Wegen eines Streits endete 1824 die Zusammenarbeit von Saint-Simon und Comte. Comtes Schrift »*Plan der wissenschaftlichen Arbeiten, die für eine Reform der Gesellschaft notwendig sind*« war 1822 im Rahmen eines Buches von Saint-Simon veröffentlicht worden, ohne seinen Urheber auszuweisen. Auch konnten sich beide nicht einigen, ob den Industriellen oder den Wissenschaftlern der führende Platz in der neuen Gesellschaft gebühre. Comte verstand sich fortan als eigenständiger Theoretiker, wobei er sich in eine Reihe mit den größten Denkern der Weltgeschichte wie Aristoteles, Galilei oder Descartes stellte. Die besagte Frühschrift wird grundlegend für Comtes weiteres Werk.

Wegweisende Frühschrift

Comtes Schriften und Vorlesungen fanden Beachtung und Anerkennung bei berühmten Geistesgrößen seiner Zeit, etwa dem deutschen Ethnologen Alexander von Humboldt und dem englischen Philosophen John Stuart Mill. Doch erlangte er nie eine Professorenstelle an der Universität. Stattdessen verdingte er sich als Repetitor, Schriftsteller und Privatgelehrter. In seinen letzten Lebensjahren erhielt er von Freunden eine Pension. Seine Arbeit wurde durch Nervenzusammenbrüche, finanzielle Probleme und Ehekrisen beeinträchtigt.

Comte war seit 1825 mit der ehemaligen Prostituierten Caroline Massin verheiratet, die sich 1842 von ihm trennte. 1844 lernte Comte die 17 Jahre jüngere angehende Schriftstellerin Clotilde de Vaux kennen, mit der ihn bald eine tiefe platonische Liebe verband. Sie erlag 1846 einem Tuberkuloseleiden. Comte verstand den Positivismus (→ Kapitel 2.1.4) nunmehr vermehrt als Religion der Menschheit, in der die verstorbene Geliebte eine kultische, marienartige Verehrung genoss. Er selbst sah sich als Hohepriester dieser neuen Religion. In den letzten Lebensjahren versuchte er, dem Zar Nikolaus I. von Russland und dem Großwesir des Osmanischen Reiches eine positivistische Gesellschaftsreform nahe zu bringen. 1857 starb Comte an Magenkrebs.

Mit 24 Jahren schrieb Comte also sein erstes Werk »*Plan der wissenschaftlichen Arbeiten, die für eine Reform der Gesellschaft notwendig sind*«. Es entstand unter dem Eindruck der Nachwirkungen der Französischen Revolution 1789 und der napoleonischen Kriege.

Vor 1789 waren die gesellschaftlichen Verhältnisse in Frankreich vergleichsweise ruhig und geordnet gewesen. Zwar gab es immer wieder lokale Unruhen sowie Konflikte zwischen den Ständen und dem König, wobei sich die Machtbalance zugunsten des Letzteren verschob. Doch alles, was sich in Jahrhunderten an Konflikten und Unruhen zugetragen hatte, wurde durch die Französische Revolution von 1789 in den Schatten gestellt: Der König »von Gottes Gnaden« wurde entmachtet und schließlich enthauptet, man rief die Volkssouveränität aus. Der revolutionäre Prozess wandelte sich in eine Schreckensherrschaft, sie endete

Umwälzungen im Zuge der Französischen Revolution

erst mit dem Sturz des Revolutionsführers Maximilien de Robespierre im Jahr 1794. Doch das Land fand auch danach keine Ruhe. Nach wenigen Jahren erlangte Napoleon Bonaparte die Alleinherrschaft (1799/1804) und trug die Errungenschaft der Französischen Revolution durch ganz Europa. Nach bald 20 Jahren Krieg besiegten die vereinigten europäischen Großmächte den korsischen Emporkömmling und setzten 1814/15 wieder einen Bourbonen als König ein. Aus der Sicht der Herrschenden schien die Geschichte wieder ihren normalen Gang zu nehmen, die Wirren der Revolutionszeit schienen nur noch wie ein böser Traum.

Der junge Auguste Comte hatte nun eine geniale Einsicht. Danach war die Französische Revolution nicht einfach ein Aufruhr des Pöbels gewesen und die Napoleonischen Kriege stellten mehr da als einen gewöhnlichen militärischen Konflikt. *Die Ereignisse seit 1789 waren vielmehr ein Symptom dafür, dass ein alter Gesellschaftstypus, gekennzeichnet durch die Vorherrschaft von Kirche und Militär, im Sterben lag und sich ein neuer abzeichnete – die »industrielle Gesellschaft«.*

Wechsel des Gesellschaftstypus

Comte hatte nicht nur diese geniale Einsicht, er hatte auch eine geniale Vision: Der gesellschaftliche Prozess sollte wissenschaftlich gesteuert werden. Warum konnte für die gesellschaftliche Entwicklung nicht das geleistet werden, was die Naturwissenschaften für die technische Entwicklung geleistet hatten? Dazu war allerdings eine ganz neue Wissenschaft vonnöten. Comte wollte sie *soziale Physik* nennen – ein Ausdruck dafür, dass die neue Disziplin mit der bewährten naturwissenschaftlichen Methode betrieben werden sollte. Aber das Wort hatte schon der belgische Statistiker Lambert Adolphe Jaques Quetelet für seine Zwecke besetzt, und so nannte Comte die neue Wissenschaft *Soziologie*.

Steuerung des gesellschaftlichen Prozesses mithilfe der neuen Wissenschaft Soziologie

Zusammenfassung

Die beiden grundlegenden Einsichten von Auguste Comte

- Die Wirren der Französischen Revolution und der napoleonischen Zeit zeigen an, dass ein alter Gesellschaftstypus im Sterben liegt und ein neuer Gesellschaftstypus, die »industrielle Gesellschaft« entsteht.
- Der gesellschaftliche Prozess der industriellen Gesellschaft wird wissenschaftlich gesteuert werden, und zwar durch eine neue Gesellschaftswissenschaft (»Soziale Physik«, »Soziologie«) mittels der naturwissenschaftlichen Wissenschaftsmethode (»Positivismus«).

Das Dreistadiengesetz | 2.1.2

Nach der materialistischen Geschichtsauffassung von Karl Marx bestimmt das gesellschaftliche Sein das Bewusstsein, die ökonomische Basis den politischen und geistigen Überbau (→ Kapitel 2.3.3.1). Ganz anders verhält es sich bei Comte. Für ihn ist die geistige Entwicklung die Basis. *Die geistige Entwicklung verläuft laut Comte in drei Stadien: theologisches Stadium, metaphysisches Stadium und positives Stadium.*

Im *theologischen Stadium* führt der menschliche Geist die Erscheinungen der Welt auf das Wirken übernatürlicher Wesen zurück. In der ersten Phase, dem so genannten Fetischismus, sieht er in natürlichen Erscheinungen, etwa in Himmelskörpern, übernatürliche Kräfte. In der zweiten, polytheistischen Phase erklärt er die Welt durch das Wirken göttlicher Gestalten, die äußerlich den Menschen nachempfunden sind – Beispiele sind die Figuren der griechischen Mythologie. Schließlich erfolgt der Übergang zum Monotheismus, also zum Glauben an einen Gott.

Theologisches Stadium

Das theologische Stadium repräsentiert die Kinderphase des menschlichen Geistes. Er befindet sich auf einem vergleichsweise niedrigen Niveau, aber seine Kräfte werden geschult und für spätere Entwicklungsstadien vorbereitet. So ist das Wahrsagen eine Vorform wissenschaftlicher Prognose, die Astrologie bereitet in gewisser Weise die Astronomie vor, wie auch die Opferschau die Anatomie.

Das theologische Stadium des menschlichen Geistes korrespondiert mit zwei gesellschaftlichen Institutionen. Zum einen bildet sich eine Priesterschaft heraus und damit eine Sozialgruppe, die sich ganz der geistigen Dimension des Lebens widmen kann und sich mit philosophischen und wissenschaftlichen Fragen zu beschäftigen beginnt. Die zweite Institution ist eine Kriegerkaste. Comte spricht daher auch vom theologisch-militärischen Gesellschaftstypus. Die Religion ist dabei eine wichtige Kraft gesellschaftlicher Integration.

Das zweite Stadium in der Entwicklung des menschlichen Geistes, das *metaphysische Stadium*, ist eigentlich nur eine – wenn auch mehrere Jahrhunderte währende – Übergangserscheinung. Das entscheidende Ereignis hier ist die Reformation. Sie zerstört die geistige Einheit der mittelalterlichen Welt und wird zum Ausgangspunkt philosophischer Strömungen, die das theologische Weltbild weiter zersetzen und auflösen. Die Aufklärungsphilosophie mit ihren Protagonisten Diderot, Voltaire, Rousseau und Kant zieht, indem sie die Vernunft zur Richtschnur menschlichen Handelns macht, das Wissen des theologischen Stadiums in Zweifel, bringt jedoch keine neue geistige Grundlage hervor. Konsequenz ist die Französische Revolution, welche die alte Gesellschaftsordnung zerstört, ohne eine neue aufbauen zu können. Die Ideen

Metaphysisches Stadium

der Gedankenfreiheit, der Gleichheit und der Volkssouveränität, die später grundlegend für die moderne europäische Gesellschaft werden, betrachtet Comte als destruktive, zersetzende Kräfte.

Positives Stadium

Im *positiven Stadium* verzichtet der menschliche Geist laut Comte auf Spekulation. Er versucht nicht mehr, das, was ist, aus letzten Ursachen – seien es göttliche Kräfte, seien es abstrakte Wesenheiten – zu erklären. Die menschliche Einbildungskraft wird der Beobachtung von Tatsachen untergeordnet. Man erkennt, dass die natürliche und gesellschaftliche Wirklichkeit unveränderlichen Naturgesetzen unterworfen ist, die zu entdecken Aufgabe der Wissenschaften ist. Im positiven Stadium wird die Gesellschaft auf wissenschaftlicher Grundlage organisiert. Die wichtigste Schicht in diesem Stadium sind daher die Wissenschaftler, insbesondere die Soziologen. Das positive Stadium ist das letzte und endgültige Stadium in der Geschichte.

Universelle Geltung des Dreistadiengesetzes

Die drei Stadien des menschlichen Geistes werden, so Comte, von der gesamten Menschheit durchlaufen. Die einzelnen Regionen der Erde befinden sich in einem sehr unterschiedlichen Entwicklungsstand, aber letztendlich werden alle im positiven Stadium ankommen. Das Dreistadiengesetz gilt ebenso für die einzelnen Wissenschaften, wobei die Naturwissenschaften nach Comtes Überzeugung schneller das positive Stadium erreichen als die Geisteswissenschaften. Folgt man Comte weiter, verläuft selbst die geistige Entwicklung des einzelnen Menschen nach dem Dreistadiengesetz: So denkt der Mensch in seiner Kindheit theologisch, er fürchtet sich vor Geistern und glaubt an Gott. In der Pubertät zerbricht die theologische Denkweise, bei dem erwachsenen Menschen dominieren schließlich Vernunft und Beobachtung.

Zusammenfassung

Dreistadiengesetz

- Im theologischen Stadium werden die Phänomene und das Geschehen durch das Eingreifen übernatürlicher göttlicher Kräfte erklärt.
- Im metaphysischen Stadium werden die Phänomene nicht mehr durch göttliche Kräfte erklärt, sondern durch abstrakte Wesenheiten wie Vernunft und Eigennutz.
- Im positiven Stadium verzichtet der menschliche Geist auf spekulative Erklärungen und beschränkt sich auf Beobachtung von Tatsachen sowie auf die Entdeckung von Gesetzen.

Diese Stadien müssen sowohl vom Individuum als auch von der Menschheit wie von den einzelnen Wissenschaften notwendig durchlaufen werden. Man spricht daher vom Dreistadien*gesetz*. Zielpunkt der geistigen Entwicklung ist die endgültige Herrschaft der menschlichen Vernunft.

Theorie der industriellen Gesellschaft | 2.1.3

Parallel zur Entwicklung des menschlichen Geistes vollziehen sich grundlegende Veränderungen der gesellschaftlichen Organisation.

Comte sieht die geistige Entwicklung seiner Zeit im Übergang zum positiven Stadium. Damit einher geht, wie bereits erwähnt, der Untergang eines Gesellschaftstyps, den Comte mit den Attributen »theologisch« und »militärisch« charakterisiert. Er war bestimmt durch die geistige Vorherrschaft der katholischen Kirche, und, bedingt durch hohe Konflikthaftigkeit, die gesellschaftliche Vorherrschaft des kriegführenden Adels. Mit dem Niedergang der alten Gesellschaft entsteht ein neuer Gesellschaftstyp – die von Comte so bezeichnete *industrielle Gesellschaft*. Comte charakterisiert diesen Typ folgendermaßen:

Charakteristika der industriellen Gesellschaft

1. Die Bedeutung der Theologie nimmt ab, die der Wissenschaften zu. Entsprechend ersetzt der Wissenschaftler den Theologen und Priester als Instanz, welche für die intellektuelle und moralische Ordnung der Gesellschaft zuständig ist.
2. Die charakteristische Wirtschaftsform der modernen Gesellschaft ist die Industrie, d.h. der gewerblich-industrielle Sektor bzw. der sekundäre Sektor. Die Industrie gründet auf der wissenschaftlichen Organisation der Arbeit.
3. Die führenden Schichten der industriellen Gesellschaft sind die Wissenschaftler und die Industrieunternehmer.
4. Es gibt keine feste Rangordnung in der industriellen Gesellschaft. Jeder kann im Prinzip jede Stellung erwerben, unabhängig von seiner Geburt. Nicht die Geburt, sondern die individuelle Fähigkeit bestimmt die Position des einzelnen Menschen. Die industrielle Gesellschaft ist eine mobile Gesellschaft.
5. Die industrielle Gesellschaft ist eine an materiellen Gütern wachsende Gesellschaft.
6. Es gibt keinen grundlegenden Interessengegensatz zwischen Arbeitnehmern und Arbeitgebern. Zwar kann es zeitweise Konflikte geben, doch das gemeinsame Interesse an einer Steigerung der Produktion ist stärker als der Konflikt um die Verteilung.

7. Die industrielle Gesellschaft ist eine friedliche Gesellschaft. Krieg ist letztendlich eine irrationale Handlungsweise, welcher durch das positive Denken die Grundlage entzogen wird. Kriege werden mit der industriellen Gesellschaft anachronistisch.

2.1.4 | Positivismus als geistige Grundlage der industriellen Gesellschaft

Grundlage der industriellen Gesellschaft ist nach Comte das *positive Denken*. Das positive Denken hat einerseits instrumentelle Funktion, d.h. es führt zu einer optimalen Organisation der Gesellschaft. Es hat aber andererseits auch Integrationsfunktion und ist insofern Religionsersatz. Was heißt »positiv«, »positive Wissenschaft« und »positives Denken« im Sinne Comtes nun genau?

Positiv ist in einem dreifachen Sinn gemeint: (a) tatsächlich, wirklich; (b) nützlich, sinnvoll; (c) sicher bestimmbar.

Positive Wissenschaft stützt sich auf beobachtbare Tatsachen

Die positive Wissenschaft ist eine Wissenschaft, die sich ausschließlich auf *Beobachtung der Tatsachen* stützt, nicht jedoch auf »Einbildungskraft«. Ihre Aufgabe ist die Entdeckung von *Gesetzen*, also von »konstanten Beziehungen, die zwischen den beobachteten Phänomenen bestehen«. Comte geht davon aus, dass in der Gesellschaft ebenso natürliche Gesetze walten wie in der Natur. *Die positiven Methoden sind: Beobachtung, Experiment, Vergleich*. Die positive Wissenschaft von der Gesellschaft ist die Soziologie. Die positivistische Soziologie hat laut Comte eine eminent praktische Aufgabe. Sie soll die *Reorganisation der Gesellschaft* bewerkstelligen helfen und, indem sie die Gesetze der Gesellschaft erkennt, eine möglichst reibungslose und konfliktfreie gesellschaftliche Entwicklung zum Wohle aller ermöglichen: *Voir pour prévoir pour agir* – sehen, um vorauszusehen, um zu handeln.

Soziologie – die positive Wissenschaft von der Gesellschaft

Der Positivismus im Sinne Comtes ist also zunächst eine Denkweise, eine Methode. Er ist aber auch eine Weltanschauung, die Comte zur Integration der modernen Gesellschaft für unerlässlich hält. In dieser Integrationsfunktion ersetzt der Positivismus die herkömmliche Religion.

Zusammenfassung

Der Positivismus
- Positiv = (a) tatsächlich, wirklich; (b) nützlich, sinnvoll; (c) sicher bestimmbar
- Das positive Denken richtet sich gegen Spekulation und Einbildung und besteht auf vorurteilsfreier Beobachtung der Tatsachen.

- Aufgabe der positiven Wissenschaften ist die Entdeckung von Gesetzen in Natur und Gesellschaft. Gesetze versteht Comte als »konstante Beziehungen, die zwischen den beobachteten Phänomenen bestehen« (Auguste Comte, *Rede über den Geist des Positivismus*. Hamburg 1956, S. 118).
- Die Methoden des Positivismus sind Beobachtung, Vergleich, Experiment.
- Aufgaben der Soziologie als positiver Wissenschaft: Reorganisation der Gesellschaft, Integration in die moderne Gesellschaft, Religionsersatz

Versöhnung von Ordnung und Fortschritt | 2.1.5

Zur Zeit Comtes waren »Ordnung« und »Fortschritt« gegensätzliche politische Prinzipien, wobei »Ordnung« für das alte feudalabsolutistische Regime, »Fortschritt« für die revolutionäre Bewegung stand. Für Comte hingegen bedingen sich Ordnung und Fortschritt gegenseitig. Ordnung ist etwas historisch Gewachsenes, hat also auch eine dynamische Seite, umgekehrt ist Fortschritt nur unter bestimmten strukturellen Voraussetzungen möglich.

Sowohl Ordnung als auch Fortschritt werden durch natürliche Gesetze bestimmt, die lediglich innerhalb bestimmter Grenzen modifizierbar sind. Da Fortschritt gesetzmäßig stattfindet, kann man nicht auf die Dauer den Status quo aufrechterhalten. Aufgabe des positiven Geistes ist es, aus der Geschichte heraus die Gesetze von Ordnung und Fortschritt zu entdecken, um eine den natürlichen Gesetzen angemessene geistige und gesellschaftliche Reorganisation zu ermöglichen.

<small>Ordnung und Fortschritt bedingen sich</small>

Die grundlegende Einsicht Comtes besteht darin, dass sich moderne Gesellschaften aufgrund der dynamischen Entwicklung ihre Institutionen immer wieder reformieren müssen. So wandelte sich die Institution der – ursprünglich absolutistischen – Monarchie zunächst zu einem konstitutionellen Königtum mit Gewaltenteilung, in der Folge zu einer rein repräsentativen Institution im Rahmen einer demokratischen Verfassung wie in England oder Skandinavien. Der französische König Ludwig XVI. hingegen obstruierte nach 1790 die ihm auferlegten konstitutionellen Beschränkungen. Das kostete ihn nicht nur seinen Kopf, sondern beraubte die französische Monarchie auch ihrer Legitimation und damit ihrer Zukunft als Institution in der modernen Gesellschaft.

2.1.6 | Positivismus als Religion

1844 traf Auguste Comte Clotilde de Vaux, die Schwester eines seiner Schüler. Clotilde war noch verheiratet – ihr Ehemann verschwand einige Jahre zuvor wegen Spielschulden – und liebte einen anderen Mann. Sie versprach sich von der Bekanntschaft mit dem berühmten Gelehrten geistige Anregung für ihre schriftstellerischen Ambitionen, nicht mehr. Für Comte war sie die (unerfüllte) Liebe seines Lebens, die sein Dasein veränderte.

Comte wollte nun den Positivismus nicht mehr nur als rein rationale Lehre verstehen, sondern auch dem Gefühl und der Dichtung ihren gebührenden Platz einräumen. Vor allem verstand er nach dem frühen Tod von Clotilde 1847 Positivismus als Religion der Menschheit. Ihre Gottheit war die Humanität, ihre symbolische Gestalt, analog zu Maria im katholischen Glauben, wurde Clotilde de Vaux. Comte selbst sah sich als Hohepriester der neuen Religion. Sie beanspruchte, die Nachfolge des Katholizismus anzutreten.

Positivismus als Nachfolger des Katholizismus

Wie ist Comtes späte Wendung zum Positivismus als Religion zu verstehen? Manche Beobachter meinten schlicht, Comte sei wegen der unglücklichen Liebe zu Clotilde de Vaux verrückt geworden. Eine solche Deutung greift vielleicht zu kurz.

Comte erwartete, dass die Religion in der modernen Gesellschaft verschwinden würde. Das erscheint aus seiner Zeit heraus durchaus einsichtig. Viele, ja fast alle alten Institutionen lösten sich in der neuen Gesellschaft auf. Warum sollte ausgerechnet die Religion des theologischen Zeitalters überleben?

Zugleich war sich Comte aber auch bewusst, dass Religion eine wichtige Kraft zur gesellschaftlichen Integration der Individuen darstellte. Doch wie konnte gesellschaftliche Integration in der modernen Gesellschaft stattfinden, wenn es die alte Religion nicht mehr gab? Da lag es nahe, eine neue, säkulare Religion zu erfinden, die als Kitt in der neuen Gesellschaft fungieren konnte. So gesehen, ist Comtes Lösung, den Positivismus nicht nur als wissenschaftliche Methode, sondern auch als Religion zu verstehen, theoretisch konsequent.

Notwendige Integrationsleistung

Comtes Versuch einer Religionsgründung war im Übrigen nicht der einzige. Während und nach der Französischen Revolution gab es diverse Anläufe der Institutionalisierung einer Säkularreligion. Auch andere Schüler Saint-Simons hatten sich als Religionsstifter versucht. Derartige Unternehmen mögen aus heutiger Perspektive skurril erscheinen, aber ist es nicht vielmehr erstaunlich, wie sich traditionelle Religionen – teilweise fundamentalistisch überhöht – in der modernen Gesellschaft bis heute behauptet haben?

Auguste Comte heute | 2.1.7

Comte begreift die moderne Gesellschaft als industrielle Gesellschaft. Ihre beiden Hauptmerkmale sind der gewerblich-industrielle Sektor und die positiven Wissenschaften. Der Kern der modernen Gesellschaft liegt in der positiven Denkweise, aus der alle anderen Eigenschaften der modernen Gesellschaft folgen. Die positive Wissenschaft ist Triebkraft der modernen Gesellschaft, indem sie ihre Technik und Organisation stetig verbessert. Die moderne Gesellschaft treibt auf einen Endzustand technischer und organisatorischer Perfektion zu.

Die bleibende Bedeutung von Auguste Comte liegt in seiner Begründung der Soziologie und seinem positivistischen Wissenschaftsverständnis.

Kern der modernen Gesellschaft ist die positive Denkweise

Seine Vision einer Soziologie, welche die Gesellschaft reorganisiert, hat noch zeitweise im 20. Jahrhundert das Selbstverständnis des Fachs geprägt, insbesondere in den 1950er und 1960er Jahren. Inzwischen gilt sie aber als überholt. Kritisiert wurden an Comte auch totalitäre Züge seiner Konzeption von moderner Gesellschaft. Seine späten Lehren – Positivismus als Religion – beeinflussten jedoch die intellektuelle Rechte Frankreichs im späten 19. Jahrhundert.

Lernkontrollfragen

1 Beschreiben Sie den historischen Entstehungskontext der Comteschen Soziologie. Wie hat er sich in Fragestellungen und Theoremen von Comtes Soziologie niedergeschlagen?
2 Beschreiben Sie das Dreistadiengesetz und seine Bedeutung für die Soziologie Auguste Comtes.
3 Beschreiben Sie Comtes Theorie der industriellen Gesellschaft.
4 Welche theoretischen und praktischen Erwartungen verband Comte mit der Soziologie?
5 Was meinte Comte mit »positiver Methode«?
6 Wie lässt sich das Dreistadiengesetz mit der Tatsache vereinbaren, dass Religion noch eine wichtige, ja gesteigerte Bedeutung in der modernen Gesellschaft hat (z. B. islamischer Fundamentalismus)?

Literatur

Auguste Comte, **Plan der wissenschaftlichen Arbeiten, die für eine Reform der Gesellschaft notwendig sind.** München 1973 (1822) → Ein Frühwerk Comtes, in dem seine grundlegenden Ideen bereits enthalten sind.

Auguste Comte, **Rede über den Geist des Positivismus.** Hamburg 1956 → Deutsch-französische Ausgabe, in der die weltanschaulichen und wissenschaftlichen Grundlagen des Positivismus vorgestellt werden, mit einer guten Übersetzung und Einleitung von Iring Fetscher.

Auguste Comte, **Soziologie.** Stuttgart 1974 → Deutschsprachiger Auszug aus dem »Cours de philosophie positive«, 1830–1842.

Raymond Aron, **Hauptströmungen des soziologischen Denkens, Bd. 1.** Köln 1971, S. 71–130 → Eingehende Analyse der Comteschen Soziologie, mit einer Zusammenstellung biografischer Daten.

Werner Fuchs-Heinritz, **Auguste Comte. Einführung in Leben und Werk.** Opladen/Wiesbaden 1998 → Eine umfassende, leicht verständlich geschriebene Einführung.

Wolf Lepenies, **Auguste Comte. Die Macht der Zeichen.** München 2010 → Studie, welche die Modernität Comtes hervorhebt.

Wolf Lepenies, **Die drei Kulturen. Soziologie zwischen Literatur und Wissenschaft.** München 1985 → Glänzend gestaltete biografische Bilder über den Wissenschaftler und Menschen Auguste Comte, insbesondere über seine Beziehung zu Clothilde de Vaux.

Mary Pickering, **Auguste Comte. An Intellectual Biography, Volume 1.** New York 1993 → Die beste Biografie zu Comte, reicht leider nur bis zum Jahr 1842.

2.2 | Herbert Spencer – Gesellschaft und Evolution

Inhalt

Herbert Spencer ist neben Auguste Comte die zweite große Gründergestalt der Soziologie im 19. Jahrhundert. Wichtig für die Soziologie wurden sein organizistischer Gesellschaftsbegriff, seine Evolutionstheorie und seine Theorie der Gesellschaftstypen (einfacher, militärischer und industrieller Gesellschaftstypus).

2.2.1 Zur Biografie von Herbert Spencer

2.2.2 Was ist Gesellschaft?

2.2.3 Fortschritt als soziale Evolution

2.2.4 Gesellschaftstypen nach Spencer

2.2.5 Herbert Spencer heute

Zur Biografie von Herbert Spencer

| 2.2.1

Herbert Spencer (1820–1903), Sohn einer Lehrerfamilie, absolvierte kein Studium, sondern war wissenschaftlicher Autodidakt. Nach einem kurzen Intermezzo als Hilfslehrer in Derby arbeitete er von 1837 bis 1841 und von 1846 bis 1848 als Eisenbahningenieur. In den Jahren 1848 bis 1853 war Spencer Redakteur beim »*Economist*«, der angesehensten ökonomischen Wochenzeitung Englands. Diese Tätigkeit ließ ihm, wie vorher die zwischenzeitliche Arbeitslosigkeit, Raum für wissenschaftliche Studien. Erste Erfolge seiner Aufsätze und eine Erbschaft 1853 ermutigten ihn, fortan als Privatgelehrter ohne regelmäßigen Brotberuf zu leben. Freunde und Bewunderer unterstützten ihn finanziell. Ähnlich wie Comte erlangte er keine universitäre Position und lebte zeitweise unter prekären finanziellen Verhältnissen. Er entfaltete aber eine umfassende wissenschaftliche Tätigkeit, die weit über die Sozialwissenschaften hinausreichte. Sein Hauptwerk wurde das zehnbändige »*A System of Synthetic Philosophy*«, das drei Bände »*Principles of Sociology*« enthält, in denen Spencer seine Theorien über Gesellschaft und Evolution darlegte. Spencer machte sich in der zeitgenössischen Wissenschaft vor allem als Evolutionstheoretiker einen Namen. Noch aufmerksamer als in England wurde sein Werk in den USA rezipiert. Mehrere Universitäten in Europa und den USA trugen ihm Ehrendoktortitel und Mitgliedschaften in wissenschaftlichen Gesellschaften an. Noch zu seinen Lebzeiten wurden Werke von ihm in vierzehn Fremdsprachen übersetzt.

Anerkannter Evolutionstheoretiker

Spencer beschrieb, unabhängig von dem Naturforscher und Evolutionstheoretiker Charles Darwin, Natur und Gesellschaft als »Kampf ums Dasein«, in dem sich die Tüchtigsten durchsetzen. Entsprechend vertrat er politisch eine liberale Position und lehnte staatliche Intervention, etwa zu sozialpolitischen Zwecken, ab.

Was ist Gesellschaft?

| 2.2.2

Was ist eigentlich Gesellschaft? Was haben wir uns darunter vorzustellen? Diese Frage war für die Soziologen des 19. Jahrhunderts noch schwieriger zu beantworten als für uns heute.

Während Comte sich Gesellschaft wie einen Mechanismus dachte, kam Spencer eine neue Idee. Er verglich Gesellschaft mit einem *Organismus*. Das war eine große und folgenreiche Entdeckung in der Geschichte der Soziologie.

Gesellschaft ähnelt einem Organismus

Spencer ging bei seinen Überlegungen von folgender evidenter Annahme aus: Gesellschaft ist mehr als ein Sammelname für eine

Anzahl von Einzelnen, denn Gesellschaft ist ein dauerhaftes und strukturiertes Phänomen, d.h. es gibt konstante Beziehungen zwischen den Teilen. Die Frage für Spencer war, ob diese konstanten Beziehungen zwischen den Teilen mit vergleichbaren Beziehungen in anderen Erscheinungen verwandt sind. Eine solche Verwandtschaft sah er im *Organismus.*

Originalzitat

Analogie von Organismus und Gesellschaft bei Spencer

»Die Gesellschaft ist einem fortwährenden Wachstum unterworfen. Indem sie wächst, werden ihre Teile ungleich: sie zeigt also auch eine Zunahme der Verschiedenheiten des inneren Baues. Die ungleichen Teile übernehmen zugleich Tätigkeiten verschiedener Art. Diese Tätigkeiten weichen nicht einfach von einander ab, sondern ihre Verschiedenheiten stehen in der Beziehung zu einander, daß die eine erst die andere möglich macht. Die wechselseitige Unterstützung, welche sie sich auf diese Weise gewähren, verursacht dann wieder eine wechselseitige Abhängigkeit der Teile, und indem die wechselseitig abhängigen Teile so durch und für einander leben, bilden sie ein Aggregat, das nach demselben allgemeinen Grundsatze aufgebaut ist wie ein einzelner Organismus.« (Herbert Spencer, *Die Prinzipien der Soziologie*, Band 2. Stuttgart 1887, S. 21).

Wachstum und Differenzierung

Eine erste Analogie erblickte Spencer im Wachstum: Organismen wachsen, und Gesellschaften wachsen ebenfalls. Wenn ein Organismus wächst, dann vermehren und differenzieren sich seine Teile. So verhält es sich auch bei einer Gesellschaft. Wenn eine Gesellschaft wächst, dann differenzieren sich ihre Strukturen. So bilden sich verschiedene soziale Klassen oder verschiedene Berufe heraus.

Diese Differenzierung gesellschaftlicher Strukturen wird von fortschreitender Differenzierung der Funktionen begleitet. Im Organismus übernimmt jedes Organ einen bestimmten Beitrag zu seiner Erhaltung – die Augen das Sehen, die Ohren das Hören, die Lungen das Atmen usw. Ein vergleichbares gesellschaftliches Phänomen findet sich etwa in der Arbeitsteilung. Die physiologische Arbeitsteilung hier, die soziale Arbeitsteilung dort machen sowohl den menschlichen Organismus wie die Gesellschaft zu einem lebenden Ganzen.

Abhängigkeit der Teile

Ein weiterer gemeinsamer Charakterzug von Organismus und Gesellschaft ist die gegenseitige Abhängigkeit der Teile. Funktioniert die Lunge nicht mehr, so steht sehr bald auch das Herz still. Ebenso müssen die Eisenbahnarbeiter ihre Tätigkeit einstellen, wenn die Bergwerksarbeiter keine Rohstoffe mehr liefern.

Einzelne Teile – beispielsweise Zellen eines Körpers – sterben ab, aber der Organismus als Ganzes lebt weiter. Einzelne Bürger der Gesellschaft sterben physisch, aber der soziale Organismus als Ganzes bleibt bestehen.

Aber auch das Umgekehrte gilt. Einzelne Körperteile können noch nach dem Tod des Organismus beschränkt funktionsfähig sein. Desgleichen können, selbst wenn eine Gesellschaft als staatlich organisierte Einheit aufgehört hat zu existieren, einzelne Teile der Bevölkerung weiterleben wie bisher, insbesondere auf dem Land.

Das alles bedeutet nicht, dass Spencer Gesellschaft und Organismus gleichsetzt. Er weist auch auf beträchtliche Unterschiede hin. So stellen die einzelnen Teile eines Organismus, z. B. eines Tieres, ein konkretes Ganzes dar. Die Teile der Gesellschaft treten uns hingegen als einzelne zerstreute Einheiten gegenüber. Dieser Unterschied sollte aber nicht überschätzt werden, denn die einzelnen Teile der Gesellschaft beeinflussen sich doch gegenseitig; sie kommunizieren miteinander, wie wir heute sagen würden.

Spencer sieht Gesellschaft in drei *Organsysteme* differenziert. Mit der Spaltung der Gesellschaft in einen herrschenden und beherrschten Teil gibt es auf der einen Seite das *regulierende System*, das die Ordnungsfunktionen übernimmt (Regierung, Militär, Verwaltung). Auf der anderen Seite steht das *erhaltende System*, das aus den arbeitenden, produzierenden Akteuren einer Gesellschaft besteht. Neben beiden bildet sich ein *verteilendes System* heraus, das den Bereich Handel und Transport umfasst.

Regulierendes, erhaltendes und verteilendes System

Mit seiner Idee, dass Gesellschaft aus Teilen besteht, von denen jedes eine bestimmte Funktion zur Erhaltung des gesellschaftlichen Ganzen übernimmt, wurde Spencer zu einem Gründervater des Funktionalismus. Dieser sollte Mitte des 20. Jahrhunderts zur einflussreichsten Theorieströmung in der Soziologie werden (→ Kapitel 4.3).

Gründervater des Funktionalismus

Zusammenfassung

Gesellschaft als Organismus
- Gesellschaft ist einem beständigen Wachstum unterworfen.
- In dem Maße, wie eine Gesellschaft wächst, werden ihre Teile ungleich.
- Die einzelnen Teile der Gesellschaft haben unterschiedliche Funktionen. Sie stehen in einem Verhältnis gegenseitiger Abhängigkeit.
- Durch eine Katastrophe kann ein natürlicher Organismus wie auch eine Gesellschaft zerstört werden.
- Die Teile eines individuellen Organismus bilden ein konkretes Ganzes, die Gesellschaft hingegen nur ein funktionales Ganzes.

- Bei einem natürlichen Organismus ist das Bewusstsein auf einen Teil konzentriert, bei einem gesellschaftlichen ist es über alle Teile verteilt.
- Eine Gesellschaft als Organismus verfügt über »Organsysteme«: das »erhaltende System« (Produktion), das »verteilende System« (Transport, Handel) und das »regulierende System« (Regierung, Militär).

2.2.3 | Fortschritt als soziale Evolution

Aufsteigender Fortschrittsprozess

In der frühen Soziologie spielte der Fortschrittsbegriff eine zentrale Rolle. Geschichte wurde als aufsteigender Fortschrittsprozess begriffen – etwa von Auguste Comte, der Geschichte wie bereits dargelegt als einen universalen Fortschrittsprozess vom theologischen über das metaphysische bis zum positivem Stadium auffasste. Die Idee, dass sich die Menschheit in einem aufsteigenden Fortschrittsprozess in Richtung zunehmender Vernunft, Naturbeherrschung und Selbstbestimmung befindet, war bereits im 18. Jahrhundert, im Zeitalter der Aufklärung verbreitet, so z. B. bei den französischen Philosophen Anne Robert Turgot und Antoine Condorcet. Ursprünglich geht die Fortschrittsidee in theologischer Verkleidung auf den im Jahr 354 geborenen Kirchenvater Augustin zurück. Er begriff Geschichte als einen nach dem Martyrium Christi unumkehrbaren Heilsprozess, der in das Reich Gottes mündet. Aber auch in den Sozialwissenschaften des 20. Jahrhunderts, vor allem in den 1950er und 1960er Jahren, war der Fortschrittsbegriff noch von großer Bedeutung, z. B. in der Modernisierungs- und Entwicklungstheorie sowie in der Unterscheidung von *unter*entwickelten und entwickelten Gesellschaften.

Formale Auffassung des Fortschrittbegriffs

Herbert Spencer bringt in der soziologischen Theorie gesellschaftlichen Wandels eine ganz neue Wendung ins Spiel. Er begreift Fortschritt nicht inhaltlich wie Comte im Dreistadiengesetz, sondern formal. Dabei greift Spencer wie beim Gesellschaftskonzept auf die Analogie zum Organismus zurück. *Fortschritt ist der Wandel vom Homogenen zum Heterogenen*, genauer: von unzusammenhängender Homogenität zu zusammenhängender Heterogenität. Gesellschaft besteht also zunächst aus kleinen Einheiten, beispielsweise aus Stämmen, bei denen jeder alles macht. Später bilden sich großräumige Gesellschaften heraus, in denen die Menschen im weiten Sinn arbeitsteilig zusammenleben. In der gesellschaftlichen Evolution kommt es mit anderen Worten zu *sozialer Differenzierung*.

> **Definitionen**

Soziale Differenzierung
Soziale Differenzierung bedeutet bei Spencer die Entwicklung von unzusammenhängender Homogenität zu zusammenhängender Heterogenität, also von kleinräumigen Stämmen, in denen jeder alles macht, zu großräumigen Gesellschaften, in denen die Menschen arbeitsteilig (im weitesten Sinn) zusammenleben. Die heutige soziologische Theorie unterscheidet nach Niklas Luhmann drei Differenzierungsformen: (a) *segmentäre Differenzierung*, also die Gliederung von Gesellschaft in gleichartige Teilsysteme, etwa Stämme, Familien, Dörfer; (b) *stratifikatorische Differenzierung*, das ist die (vertikale) Gliederung der Gesellschaft von oben nach unten in Stände, Klassen oder Schichten; (c) *funktionale Differenzierung*, d. h. die (horizontale) Gliederung des Gesellschaftssystems in ungleiche Teilsysteme mit jeweils eigener abgegrenzter Kommunikation, die sich durch ihren Funktionsbezug zum Gesamtsystem unterscheiden, z. B. Wirtschaft, Politik, Recht, Wissenschaft, Erziehung und Religion.

Auf der ersten Stufe gesellschaftlicher Evolution ist Gesellschaft noch eine »homogene Zusammenballung« von einzelnen, die die gleichen Kräfte und Funktionen besitzen. Jeder Mann ist Krieger, Jäger, Fischer, Werkzeugmacher, Baumeister. Die erste Differenzierung, die stattfindet, ist die zwischen der Sphäre des Mannes und der Frau. Letztere ist mehr für den häuslichen Bereich zuständig. Anschließend kommt es zu einer Differenzierung zwischen Herrschern und Beherrschten. Schon in nomadischen Stämmen findet sich die Institution der Häuptlingschaft. Sie ist zunächst an besondere persönliche Fähigkeiten wie Stärke und Klugheit gebunden, wird aber mit der Zeit in einer Familie erblich. Erst mit der Zeit differenziert sich Herrschaft als exklusive und erbliche Institution aus.

Vielfältige Differenzierung

Der nächste Schritt besteht in der Differenzierung von weltlicher und religiöser Herrschaft. Ursprünglich war der Häuptling beides – weltliches und religiöses Oberhaupt. Im weiteren Verlauf der Evolution erfolgt die Trennung dieses Amtes, es entstehen Staat und Kirche. Beide differenzieren sich wiederum intern aus und bilden komplexe interne Strukturen – beispielsweise Regierungen mit Fachministerien, die jeweils über einen in sich gegliederten Verwaltungsapparat verfügen. Gleichzeitig nimmt im Bereich der Wirtschaft die Arbeitsteilung zu. Mit der Verbesserung der Verkehrswege entwickelt sich auch eine regionale Arbeitsteilung. Schließlich spezialisieren sich ganze Länder auf bestimmte Industrien.

Hinter diesem Prozess gesellschaftlicher Evolution sieht Spencer ein einheitliches Prinzip: Jede aktive Kraft erzeugt mehr als eine Veränderung, jede Ursache erzeugt mehr als eine Wirkung.

Spencers Theorie des Fortschritts als Entwicklung von unzusammenhängender Homogenität zu zusammenhängender Heterogenität bildet den Anfang der soziologischen Differenzierungstheorie, die später insbesondere von Emile Durkheim, Talcott Parsons und Niklas Luhmann angewandt und weiterentwickelt wird.

2.2.4 | Gesellschaftstypen nach Spencer

Herbert Spencer unterscheidet theoretisch drei Gesellschaftstypen: den *einfachen*, *den militärischen* und *den industriellen Gesellschaftstypus*. Dies erinnert an Comtes Dreistadiengesetz und wird auch häufig so interpretiert. Das ist insoweit richtig, als Spencer ein Anhänger des industriellen Gesellschaftstypus war, in der europäischen Geschichte seit dem Mittelalter eine relative Tendenz zum industriellen Gesellschaftstypus sah und wünschte, dass sich der industrielle Gesellschaftstypus, also eine freiheitliche, zivilgesellschaftliche Gesellschaftsordnung durchsetzen würde. Aber das war für ihn eher eine begründete Hoffnung als ein zwingendes Gesetz. Bislang hatte aus seiner Sicht historisch der militärische Gesellschaftstypus dominiert. Vor allem in seinen späteren Jahren bezweifelte er, dass sich die Welt wirklich auf dem Weg zivilgesellschaftlicher Entwicklung befände. Er betrachtete den militärischen und industriellen Typus nicht einfach als aufeinander aufbauende Stadien gesellschaftlicher Entwicklung. Vielmehr tendiert laut Spencer Gesellschaft unter friedlichen Bedingungen zum industriellen Gesellschaftstypus, unter kriegerischen hingegen zum militärischen Gesellschaftstypus. Mit anderen Worten: Unter Kriegsbedingungen kann ein Wandel gesellschaftlicher Strukturen, eine gesellschaftliche Transformation stattfinden.

Einfacher Gesellschaftstypus

Der *einfache Gesellschaftstypus* beschreibt ein frühes Niveau gesellschaftlicher Entwicklung, gekennzeichnet durch sehr geringe Arbeitsteilung, kaum vorhandene berufliche Differenzierung, lose Herrschaft, Zusammenhalt durch traditionell vorgegebene Normen und durch selbstverständliche Konformität. Eine Gesellschaft auf diesem Entwicklungsstand ist eine homogene Zusammenballung von einzelnen, welche die gleichen Kräfte und Funktionen besitzen. Jeder Mann ist Krieger, Jäger, Fischer und Werkzeugmacher in einer Person.

Auf einem höheren Entwicklungsniveau können zwei unterschiedliche Gesellschaftstypen entstehen: Unter den Bedingungen von Krieg

bzw. kriegerischer Bedrohung entwickelt sich der *militärische Gesellschafts-*   Militärischer
typus. Unter den Bedingungen von Frieden entwickelt sich der *industrielle*   Gesellschaftstypus
Gesellschaftstypus. »Industriell« definiert sich also nicht über Industrie im Sinne von Maschinen und rauchenden Schornsteinen oder Arbeitsgesellschaft im Sinne von Saint-Simon und Comte, sondern über die Abwesenheit von Krieg und kriegerischer Bedrohung. Diese beiden Typen sind in der Theorie polar entgegengesetzt, in der historischen Realität finden sich Elemente beider Typen vermischt.

Spencers Konzept des militärischen Gesellschaftstypus beginnt mit einer theoretischen Überlegung: Welche von zwei gleichen Gesellschaften, die gegeneinander Krieg führen, wird gewinnen? Die Antwort lautet gemäß Spencer wie folgt: Es ist die Gesellschaft, die (a) den größeren Teil ihrer Mitglieder als Krieger mobilisiert, die (b) diese Krieger effektiver organisiert, die (c) in größerem Umfang die nichtkämpfende Bevölkerung zur Versorgung der kämpfenden Krieger einsetzt und die (d) die Verbindung zwischen kämpfender und versorgender Bevölkerung besser organisiert. Es geht in einer Kriegsgesellschaft also um die *totale Mobilisierung* und *optimale Organisation* von militärischen, ökonomischen und auch psychischen Ressourcen.

Mobilisierung setzt erstens einen *starken, tendenziell despotischen Staat* voraus. Nur ein despotischer Staat kann, so Spencer, das Gemeininteresse gegenüber dem Individualinteresse durchsetzen. Häufig tritt im Krieg ein Militär an die Spitze des Staates. Zweitens erfordert eine effektive Mobilisierung eine *zentrale Steuerung*. Nur eine solche ermöglicht die rasche und koordinierte Mobilisierung militärischer und ökonomischer Ressourcen. Gesellschaft unter Kriegsbedingungen wird von der Spitze her gesteuert.

Despotische Herrschaft und zentrale Steuerung bedingen eine *hierarchische Struktur* der Gesellschaft. Das Muster für die gesellschaftliche Struktur gibt das Militär vor. Jedes Heer ist differenziert in verschiedene Hierarchiestufen, wobei von oben nach unten das Prinzip Befehl und Gehorsam wirksam ist. Was für das Militär gilt, gilt auch für die arbeitende Bevölkerung. Nur wenn die Arbeitenden einer militärischen Disziplin unterstehen, kann, so Spencer, die Versorgung in optimalem Umfang und größtmöglicher Schnelligkeit gewährleistet sein.

Ein freies und selbstbestimmtes Individuum existiert nicht, denn Kriegsgesellschaft bedeutet *Vergesellschaftung durch Zwang*. Das Individuum ist dem Kollektiv strikt untergeordnet. Entsprechend gibt es beim militärischen Gesellschaftstypus keine gegen das Zentrum gerichtete Selbstorganisation. Die würde der Unterordnung aller Kräfte unter den Erhalt der Gesellschaft gegen äußere Feinde widersprechen.

Das *Wertesystem* des militärischen Gesellschaftstypus ist durch Tapferkeit als höchstem Wert geprägt. Auch Patriotismus, Vertrauen, Ehre,

Rache, Gehorsam, altruistischer Selbstmord sind wichtige Tugenden. Dagegen werden Werte wie privater Unternehmergeist und Freiheit eher verachtet.

Schließlich ist der militärische Gesellschaftstypus durch *Streben nach Autarkie* gekennzeichnet, da Kriege zum Rückgang oder zum Zusammenbruch internationaler Beziehungen führen. Eine Welt im Kriegszustand bringt einzelne Imperien hervor, die Autarkie, also vollkommene Selbstversorgung erreichen wollen.

Für Spencer als Zeitgenosse des späten 19. Jahrhunderts war der militärische Gesellschaftstypus eher der Normalfall. Dessen Gegenstück ist *der industrielle Gesellschaftstypus*. Dieses Konzept beschreibt eine Gesellschaft, die völlig frei von Krieg und kriegerischer Bedrohung ist. Unter absolut friedlichen Bedingungen, so Spencer, ist im Kampf ums Dasein diejenige Gesellschaft am erfolgreichsten, die dem Individuum den meisten Spielraum gibt. Ohne äußere Bedrohung gibt es keinen Grund und keine Legitimation für den Staat, in die Sphäre des Individuums einzugreifen. Die Individuen regeln ihre Angelegenheit selbst, und zwar über das Medium des Vertrags. Kooperation findet nicht mehr zwangsweise, sondern ausschließlich freiwillig statt. Der Staat als gemeinschaftliche Institution muss lediglich die Konflikte schlichten, deren Regelung den beteiligten Personen von sich aus nicht gelungen ist. Staatliche Sozialpolitik ist für den internationalen Wettbewerb unter Staaten kontraproduktiv. Soziale Probleme werden durch privates Engagement gelöst. Die Verwaltung wird bedeutend reduziert und dezentralisiert. Die industrielle Gesellschaft tendiert zu internationalen Zusammenschlüssen und letztendlich zur Weltgesellschaft.

Industrieller Gesellschaftstypus

Spencer sah den industriellen Typus auf dem Vormarsch. Im Gegensatz zu Comte mit seinem Dreistadiengesetz sprach er von keiner gesetzesmäßigen Entwicklung, sondern von einer empirisch zu beobachtenden Tendenz, die allerdings durch Kriege wieder in ihr Gegenteil verkehrt werden konnte. Die industrielle Gesellschaft musste aus seiner Sicht nicht Endpunkt der gesellschaftlichen Entwicklung sein.

Historische Erfahrung bestätigt Vormarsch der industriellen Gesellschaft

| Tab. 2 Gesellschaftstypen nach Spencer

Einfacher Gesellschaftstypus	Sehr geringe Arbeitsteilung
	Kleinräumige Herrschaftsverhältnisse
	Zusammenhalt durch traditionell vorgegebene Normen
	Selbstverständliche Konformität
Militärischer Gesellschaftstypus	Militärische, ökonomische und psychische Mobilisierung für den Krieg
	Starker, despotischer Staat
	Zentrale Steuerung
	Hierarchische Differenzierung
	Vergesellschaftung durch Zwang
	Keine individuelle Freiheit, strikte Unterordnung des Individuums
	Militärische Werte (Tapferkeit, Heldenkult, Härte, Gehorsam), Ablehnung bürgerlicher Werte
	Tendenz zu autarken (selbstgenügsamen) Imperien
Industrieller Gesellschaftstypus	Hohe Berufsdifferenzierung und Arbeitsteilung
	Abnehmende Herrschaftsintensität / Abbau staatlicher Kontrollen
	Abbau, Dezentralisierung und Demokratisierung staatlicher Institutionen
	Vergesellschaftung auf freiwilliger Basis
	Gesellschaftliche Integration über Recht und Verträge
	Zunehmender Individualismus und Nonkonformismus
	Tendenz zu internationalen Zusammenschlüssen

Herbert Spencer heute

| 2.2.5

Struktur, Funktion, Differenzierung – diese für die heutige Systemtheorie zentralen Begriffe finden sich bereits bei Herbert Spencer, dem Soziologen des 19. Jahrhunderts. Die moderne Soziologie hat den Begriff des Organismus durch den Begriff des Systems ersetzt. Spencer ist der geistige Vater der funktionalistischen Denkweise (→ Kapitel 4.3). Seine Entdeckung, dass Fortschritt soziale Evolution und als solche die Entwicklung von unzusammenhängender Homogenität zu zusammenhängender Heterogenität darstellt, beschreibt das Grundprinzip soziologischer Differenzierungstheorie, wie sie später etwa von Emile Durkheim, Talcott

Spencer prägt Begriffe der heutigen Systemtheorie

Parsons und Niklas Luhmann vertreten wird. Hingegen ist Spencers Unterscheidung zwischen militärischem und industriellem Gesellschaftstypus in der späteren Soziologie kaum genutzt worden, obwohl die beiden Weltkriege dazu Anlass genug geboten hätten.

Lernkontrollfragen

1. Wie unterscheiden sich die Gesellschaftsbegriffe von Comte und Spencer?
2. Was bedeutet soziale Differenzierung?
3. Können Sie Beispiele für soziale Differenzierungsprozesse anführen?
4. Nennen Sie historische oder aktuelle Beispiele von Gesellschaften, die zum militärischen oder industriellen Gesellschaftstypus Spencers passen.

Literatur

The Works of Herbert Spencer. Osnabrück 1966. Gesamtausgabe in 21 Bänden, Bd. 6–8 Principles of Sociology, Bd. 20 und 21 Autobiografie.

Herbert Spencer, **Die Prinzipien der Soziologie**, vier Bände. Stuttgart 1887 → Eine von Spencer autorisierte Übersetzung in heute gelegentlich altertümlich wirkendem Deutsch.

Herbert Spencer, **Die Evolutionstheorie**, in: Sozialer Wandel, hg. von Hans Peter Dreitzel. Neuwied 1967, S. 121–133 → Übersetzung eines gekürzten Spencer-Aufsatzes von 1861, der pointiert die Evolutionstheorie darlegt.

Michael Beetz, **Das unliebsame System. Herbert Spencers Werk als Prototyp einer Universaltheorie**, in: Zeitschrift für Soziologie 39 (2010), S. 22–37. → beschreibt Spencers Theorie als dritte große soziologische Universaltheorie neben Parsons und Luhmann.

Paul Kellermann, **Herbert Spencer**, in: Dirk Käsler (Hg.), Klassiker des soziologischen Denkens, Bd. 1. München 1976, S. 159–200, 374–381 → Eine immer noch empfehlenswerte deutschsprachige Einführung zur Soziologie Spencers.

Michael. W. Taylor, **Man versus the State. Herbert Spencer and Late Victorian Individualism.** Oxford 1992 → Ein Versuch, Spencers Werk im Kontext des zeitgenössischen Denkens zu interpretieren.

David Wiltshire, **The Social and Political Thought of Herbert Spencer.** Oxford 1978 → Studie zur Biografie und zum politischen und soziologischen Denken Spencers.

Karl Marx und Friedrich Engels – Der »wissenschaftliche Sozialismus« | 2.3

Inhalt

Marx und Engels sahen sich nicht als Soziologen im Sinne von Comte und Spencer, die eine neue Gesellschaftswissenschaft begründen und voran bringen wollten. Comtes positivistische Soziologie galt ihnen als eine bürgerliche Ideologie, für die sie, wie für andere Ideensysteme ihrer Zeit, nur Spott übrig hatten. Sie verstanden sich vielmehr als theoretische Köpfe der entstehenden Arbeiterbewegung. Als solche stellten sie einen wissenschaftlichen Anspruch. Entsprechend bezeichneten sie ihre Lehre als *wissenschaftlichen Sozialismus*. Mit der *materialistischen Geschichtsauffassung* entdeckten sie einen grundlegend neuen Ansatz der Gesellschaftsanalyse. Marx' Hauptwerk *Das Kapital* kann als beste und wichtigste Gesellschaftsanalyse des 19. Jahrhunderts gelten. Die Theorien von Marx und Engels wurden innerhalb der Soziologie intensiv und kritisch diskutiert; sie bilden nach wie vor einen integralen Bestandteil des Fachs. Die klassische europäische Soziologie von Weber, Durkheim und Pareto kann man als bürgerliche Antwort auf die intellektuellen und politischen Herausforderungen des Marxismus und der erstarkenden Arbeiterbewegung verstehen.

2.3.1 Zur Biografie von Karl Marx und Friedrich Engels

2.3.2 Utopischer Sozialismus und wissenschaftlicher Sozialismus

2.3.3 Die Grundprinzipien der Marxschen Gesellschaftslehre – Historischer Materialismus

2.3.4 Marx' Analyse der modernen kapitalistischen Gesellschaft – Das Kapital

2.3.5 Zur Rezeption der Lehren von Marx und Engels in den Sozialwissenschaften

Zur Biografie von Karl Marx und Friedrich Engels | 2.3.1

Karl Marx, 1818 als Sohn eines jüdischen Rechtsanwalts geboren, wuchs im Geist des deutschen Idealismus auf. Von 1835 bis 1836 studierte er Rechtswissenschaften in Bonn, von 1836 bis 1841 Rechtswissenschaften, Philosophie und Geschichte in Berlin. Zu einer wissenschaftlichen Karriere kam es nicht, da Marx aufgrund seiner liberalen und demokratischen Einstellung im Preußen der Reaktionszeit keine Chance auf eine Professur hatte. 1842 wurde Marx zunächst Journalist, dann Chefredakteur der »Rheinischen Zeitung«. Das damals fortschrittlichste Blatt in Deutschland wurde 1843 von der Zensur verboten. Marx ging ins Exil nach Paris. Unter dem Einfluss französischer Theoretiker und kommunistischer Geheimbünde konvertierte Marx 1843/44 zum Kommunismus. 1845 wies man ihn nach Brüssel aus. In dieser Zeit schloss er Freundschaft mit Friedrich Engels. Gemeinsam entwarfen sie 1846 die »*Deutsche Ideologie*«, welche die Grundprinzipien ihres theoretischen Denkens enthielt. 1848 folgte das »*Kommunistische Manifest*«, eine populäre und agitatorische Fassung des »wissenschaftlichen Sozialismus«.

Beginn einer fruchtbaren Freundschaft

1848 brach zuerst in Frankreich, dann auch in Deutschland und anderen europäischen Staaten die Revolution aus. Die liberalen Freiheiten der Revolutionszeit nutzte Marx dazu, die Rheinische Zeitung wiederzugründen (»Neue Rheinische Zeitung«). Sie verstand sich als Speerspitze der demokratischen Bewegung. Nach der Niederlage der revolutionären Bewegung im Mai 1849 mussten Marx und Engels ins Exil nach London gehen. Die Erwartung einer baldigen neuen Revolution erfüllte sich nicht. Doch Marx und Engels beobachteten in England den raschen Fortschritt der Industrialisierung, das Wachstum des Proletariats und die Anfänge der internationalen Arbeiterbewegung. Marx war zeitweise Generalsekretär der Internationalen Arbeiterorganisation (»Erste Internationale«). In den 1850er und 1860er Jahren widmete sich Marx dem Studium des modernen Kapitalismus. 1867 erschien sein Hauptwerk »*Das Kapital*«. In den 1870er Jahren begleiteten Marx und Engels die internationale und insbesondere die deutsche Arbeiterbewegung mit Rat und Kritik. 1883 starb Karl Marx in London.

Anfänge der Arbeiterbewegung in England

Friedrich Engels kam 1820 als Sohn einer pietistischen Fabrikantenfamilie in Barmen zur Welt. Seit 1844/45 lebte er in einer intellektuellen Symbiose mit Karl Marx, was dazu führte, dass sogar beider Schriften gemeinsam herausgegeben wurden. Die entscheidenden Gedanken des »wissenschaftlichen Sozialismus« entwickelte vermutlich eher Marx, aber Engels popularisierte und kommunizierte erfolgreich dessen Gedankengut, so dass er maßgeblichen Anteil an der erfolgreichen Verbreitung Marxscher Ideen in der Öffentlichkeit, in der internationalen Arbeiterbewegung und später auch in den Sozialwissenschaften hatte. Engels, von Beruf Unternehmer, war es auch, der Marx mit den Verhältnissen in der modernen Industrie bekannt machte, denn Marx hatte niemals eine Fabrik von innen gesehen. Nicht zuletzt sicherte er mit großzügigen Zuwendungen der mehr oder weniger mittellosen Familie Marx das physische Überleben. (Der Junggeselle übernahm sogar die Vaterschaft für ein Kind, das Marx mit seiner Haushälterin gezeugt hatte). Aus dem

Geistige und finanzielle Unterstützung

Nachlass von Marx brachte Engels noch zwei weitere Bände des »*Kapitals*« heraus. Er starb 1895 in London.

Utopischer Sozialismus und wissenschaftlicher Sozialismus | 2.3.2

Wie bereits erwähnt, waren Marx und Engels keine berufsmäßigen Wissenschaftler. Von bürgerlichem Beruf war Marx Journalist, Engels Fabrikant. Doch um eine berufliche Karriere ging es ihnen nicht. Sie hatten ihr Leben der Politik und der proletarischen Revolution verschrieben. Politik bedeutete für sie nicht einfach die Umsetzung von Idealen, sondern Politik sollte auf wissenschaftlicher Grundlage stattfinden. In diesem Sinne grenzten Marx und Engels ihr eigenes Verständnis von Sozialismus als *wissenschaftlichen Sozialismus* ab. Andere sozialistische Strömungen, auch Frühsozialismus genannt, bezeichneten Marx und Engels dagegen als *utopischen Sozialismus*. Dazu zählten Robert Owen, Henri de Saint-Simon, Louis-Auguste Blanqui, Louis Blanc, Charles Fourier, Wilhelm Weitling und Moses Hess.

Politik auf wissenschaftlicher Grundlage

Charakteristisch für diese frühen Sozialisten war, dass sie Idealbilder einer guten Gesellschaft (»Utopie«) entworfen haben, ohne zu fragen, ob sie sich unter den gegebenen gesellschaftlichen Umständen umsetzen ließen. Dagegen beanspruchten Marx und Engels, die Gesetze des geschichtlichen Ablaufs erkannt zu haben und ihre politische Theorie mit einer wissenschaftlichen Analyse der Gesellschaft zu begründen (»wissenschaftlicher Sozialismus«).

> **Definition**
>
> **Utopischer und wissenschaftlicher Sozialismus**
> Utopischer Sozialismus: will das Idealbild einer sozialistischen Gesellschaft sofort verwirklichen, ohne zu fragen, ob es unter den gegebenen gesellschaftlichen Bedingungen realisierbar ist.
> Wissenschaftlicher Sozialismus: untersucht die Gesetze des geschichtlich-gesellschaftlichen Ablaufs und entwirft politische Konzepte auf der Grundlage der erkannten »realen« Entwicklung.

Die grundlegende wissenschaftliche Methode, derer sich Marx und Engels bedienten, war die *Dialektik*.

Dialektik als wissenschaftliche Methode

Dialektik bedeutete ursprünglich im Mittelalter die Kunst der Gesprächsführung. Ausgangspunkt einer solcherart geführten philosophischen Diskussion war eine *These*, der eine Gegenposition, eine *Anti-*

These gegenübergestellt wurde. Aus einer kunstvoll geführten Diskussion ergab sich eine *Synthese,* in der These und Antithese »aufgehoben« waren.

Der deutsche Philosoph Georg Friedrich Wilhelm Hegel (1770–1831) griff die Dialektik auf und behauptete, dass diese nicht nur eine Gesprächsmethode, sondern ein Entwicklungsprinzip des menschlichen Geistes und damit der menschlichen Geschichte überhaupt sei. Geschichte sei kein sinnloses Sammelsurium zufälliger Ereignisse, sondern in ihr komme eine stufenweise Entfaltung des »Weltgeistes« zum Ausdruck, was man in etwa mit göttlicher Vernunft übersetzen kann. Dieser bediene sich einzelner Völker und Individuen, ohne dass sie sich dessen bewusst sind. So würden sich in der Geschichte zunehmend Vernunft, Freiheit und Sittlichkeit entfalten, verkörpert vor allem in den Institutionen des Staates.

<small>Hegels Weltgeist</small>

Marx und Engels übernahmen Hegels Ansicht, Geschichte sei ein sinnvoller, zielgerichteter Prozess. Als grundlegend für die Geschichte sahen sie jedoch nicht die Entwicklung des Geistes, sondern die der *Produktivkräfte.* Engels vertrat darüber hinaus die Auffassung, dass die Gesetze der Dialektik auch in der Natur walten.

<small>Geschichte als zielgerichteter Prozess</small>

Für Marx und Engels ist die Philosophie Hegels inhaltlich ein spekulatives Konstrukt, das aber wichtige Grundprinzipien sozialwissenschaftlicher Analyse enthält:

- Alle geschichtlichen Erscheinungen müssen als Prozesse begriffen werden. Sie sind nicht statisch, sondern sie befinden sich in beständiger Bewegung. Geschichte ist somit ein Prozess ständigen Entstehens und Vergehens von Erscheinungen.
- Die Erscheinungen des gesellschaftlichen Lebens dürfen nicht einzeln gesehen werden, sondern in Verkettung mit anderen Erscheinungen stehend. Mehr noch: Die einzelnen gesellschaftlichen Erscheinungen sind in einen gesamtgesellschaftlichen Kontext zu stellen – diesen nennen Marx und Engels *Totalität.*
- Geschichte ist ein gesetzmäßiger, zielgerichteter Prozess, der sich gemäß den Prinzipien der Dialektik vollzieht, doch dieser Fortschrittsprozess beinhaltet nicht die Entfaltung des Weltgeistes, sondern die Entwicklung materieller Produktivkräfte.

Anders als bei Hegel soll aus Sicht von Marx und Engels die sozialwissenschaftliche Analyse nicht vom menschlichen Geist ausgehen, sondern – vage ausgedrückt – von den ökonomischen Verhältnissen. Um diese zu verstehen, studierte Marx intensiv die damalige Ökonomie, insbesondere die Schriften von Adam Smith (1723–1790) und David Ricardo (1772–1823). Sie vermitteln Marx das analytische Rüstzeug für sein Hauptwerk »Das Kapital«.

<small>Ökonomische Verhältnisse als Ausgangspunkt sozialwissenschaftlicher Analyse</small>

Drei geistige Hauptquellen sind es also, die den wissenschaftlichen Sozialismus ausmachen:

1. Die Frühsozialisten vermitteln Marx und Engels die Idee einer sozialistischen Gesellschaft, die diese nicht als zeitloses Ideal verstehen, sondern als dialektisches Resultat des Geschichtsprozesses.
2. Von Hegel übernehmen sie die dialektische Methode, die sie dann aber materialistisch, bezogen auf ökonomische Interessen und Interessenkonflikte (→ folgende Kapitel), interpretierten.
3. Die Volkswirtschaftler Adam Smith und David Ricardo steuern die Grundbegriffe zur Analyse der modernen Ökonomie bei, denen Marx dann eine neue, kritische Wendung gibt.

Die Grundprinzipien der Marxschen Gesellschaftslehre – Historischer Materialismus | 2.3.3

Materialistische Geschichtsauffassung I – Die Anthropologie | 2.3.3.1

Grundlegend für die materialistische Geschichtsauffassung ist die Anthropologie, also die Lehre vom Menschen und seiner Entwicklung. Marx und Engels beschäftigen sich damit in Auseinandersetzung mit der Anthropologie Hegels.

Hegel begriff den Menschen als selbst-bewusstes Geistwesen. Als solches ist er seiner natürlichen und tierischen Umwelt überlegen. Der Mensch als Geistwesen beweist sich laut Hegel durch die Tat. Dies geschieht vor allem auf zwei Wegen: erstens im Kampf um Leben und Tod. Darin zeigt der Mensch, dass ihm Ehre höher steht als das eigene Leben. Zweitens in der Arbeit, wobei Arbeit Umformung von Natur durch Geist bedeutet. Diese Betonung menschlicher Geistigkeit ist wesentliches Merkmal des sogenannten *deutschen Idealismus*, als dessen wichtigster Vertreter Hegel gilt. Die menschliche Geistigkeit wird später zum Ausgangspunkt der kulturwissenschaftlichen Soziologie, vertreten von Max Weber, George Herbert Mead und Alfred Schütz.

Menschliche Geistigkeit als Merkmal des deutschen Idealismus

Einen entgegengesetzten Ausgangspunkt wählen Marx und Engels: Menschen können nur als Geistwesen tätig sein, wenn sie leben – und leben können sie nur, wenn sie ihre Grundbedürfnisse befriedigen, »vor allem Essen und Trinken, Wohnung, Kleidung und noch einiges Andere« (Marx/Engels Werke = MEW 3, S. 28). Zu diesem Zweck müssen sie arbeiten, produzieren. Die Produktion ist somit die Grundvoraussetzung menschlicher Existenz und damit der Geschichte überhaupt.

Produktion als Grundvoraussetzung menschlicher Existenz

Weiterhin ist es Voraussetzung geschichtlicher Entwicklung, dass die Menschen sich fortpflanzen. Dies geht nur in geregelten Verhältnissen. Die ursprüngliche gesellschaftliche Form ist die *Familie*. Produktion sowie gesellschaftliches Zusammenleben sind wiederum grundlegend für das menschliche Bewusstsein. Seine Einsichten pointierte Marx in

Sein bestimmt das Bewusstsein

dem in seiner Schrift »Zur Kritik der politischen Ökonomie« niedergelegten Satz: »*Es ist nicht das Bewusstsein der Menschen, das ihr Sein, sondern umgekehrt ihr gesellschaftliches Sein, das ihr Bewusstsein bestimmt.*« (MEW 13, S. 9)

Materialistische Geschichtsauffassung bedeutet also zusammengefasst, geschichtliche Entwicklungen aus den wirklichen, konkreten Lebensumständen der Menschen – Arbeit, Produktion, Formen des menschlichen Zusammenlebens – zu erklären.

Originalzitat

Karl Marx/ Friedrich Engels, Zur materialistischen Geschichtsauffassung

»Die Voraussetzungen, mit denen wir beginnen, sind keine willkürlichen, keine Dogmen, es sind wirkliche Voraussetzungen, von denen man nur in der Einbildung abstrahieren kann. Es sind die wirklichen Individuen, ihre Aktion und ihre materiellen Lebensbedingungen, sowohl die vorgefundenen wie durch ihre eigne Aktion erzeugten. Diese Voraussetzungen sind also auf rein empirischem Wege konstatierbar.

Die erste Voraussetzung aller Menschengeschichte ist natürlich die Existenz lebendiger menschlicher Individuen. Der erste zu konstatierende Tatbestand ist also die körperliche Organisation dieser Individuen und ihr dadurch gegebenes Verhältnis zur übrigen Natur... Alle Geschichtsschreibung muß von diesen natürlichen Grundlagen und ihrer Modifikation im Lauf der Geschichte durch die Aktion der Menschen ausgehen.

Man kann die Menschen durch das Bewußtsein, durch die Religion, durch was man sonst will, von den Tieren unterscheiden. Sie selbst fangen an, sich von den Tieren zu unterscheiden, sobald sie anfangen, ihre Lebensmittel zu produzieren... Wie die Individuen ihr Leben äußern, so sind sie. Was sie sind, fällt also zusammen mit ihrer Produktion, sowohl damit, was sie produzieren, als auch damit, wie sie produzieren. Was die Individuen also sind, das hängt ab von den materiellen Bedingungen ihrer Produktion« (Karl Marx/Friedrich Engels, Deutsche Ideologie, zuerst 1846, in: MEW 3, S. 20 f.).

Doch Marx und Engels bleiben auch dem deutschen Idealismus verhaftet. Ihr Ideal ist der allseitig sich entfaltende Mensch, wie auch bei Goethe, Schiller, Wilhelm von Humboldt oder Hegel (Allseitige Entfaltung ist so zu verstehen, dass beispielsweise Studierende nicht nur in der Stube hocken und lernen, sondern etwa auch Sport treiben, ein Instrument spielen, sich künstlerisch betätigen sollten). Daher bezieht sich ihre Kritik an den kapitalistischen Verhältnissen nicht nur auf die Armut und

Ausbeutung der Arbeiter, sondern auch auf die *Entfremdung*. Entfremdung bedeutet, dass sich die Menschen im Kapitalismus von ihrer Natur als allseitig entfaltende Wesen entfernen. Der Arbeiter entfremdet sich im Kapitalismus vom Produkt seiner Arbeit. Während der Handwerker, der einen Ochsenkarren herstellt, diesen als »seinen« Ochsenkarren ansieht, hat der Arbeiter in der Autoindustrie, der am Fließband steht, keinen Bezug zu seinem Produkt. Der Arbeiter ist zudem auch von seiner Arbeit als solcher entfremdet, weil Arbeit nicht mehr Lebensinhalt, sondern nur noch Mittel biologischer Existenzerhaltung wird. Darüberhinaus entfremdet sich der Arbeiter von seinem Menschsein, weil Menschsein im Unterschied zum Tier freie und bewusste Entscheidung bedeutet und diese in der kapitalistischen Arbeitswelt nicht gewährleistet ist. Und schließlich entfremden sich die Menschen untereinander, insofern sie sich gegenseitig nicht als allseitige Menschen, sondern als Mittel zum eigenen Zweck begreifen. So ist für den Kapitalisten z. B. der Arbeiter ein Mittel, um Profit zu erwirtschaften.

Allseitige Entfremdung des Menschen im Kapitalismus

Erst im Kommunismus, dem Endstadium der Geschichte (→ Kapitel 2.3.3.4) würde der Mensch wieder imstande sein, sich allseitig entfalten zu können, was Marx metaphorisch so ausdrückte: »Morgens zu jagen, nachmittags zu fischen, abends Viehzucht zu treiben, nach dem Essen zu kritisieren, wie ich gerade Lust habe, ohne je Jäger, Fischer, Hirt oder Kritiker zu werden.« (MEW 3, S. 33)

Definition

Entfremdung des Menschen im Kapitalismus
Entfremdung nach Marx und Engels heißt, dass die Menschen sich von ihrer Natur als sich allseitig entfaltende Wesen entfernen.
Marx und Engels unterscheiden vier Formen der Entfremdung:
1. Entfremdung des Arbeiters vom *Produkt* seiner Arbeit
2. Entfremdung des Arbeiters von seiner *Arbeit*
3. *Selbstentfremdung* des Arbeiters in der Lohn-Arbeit
4. Entfremdung *der Menschen untereinander*, indem sie sich gegenseitig als Mittel für ihre eigenen Zwecke gebrauchen

Materialistische Geschichtsauffassung II – Klassen als Akteure der Geschichte | 2.3.3.2

Die Menschen leben nicht als losgelöste Individuen, sondern in gesellschaftlichen Verhältnissen. Sie arbeiten und produzieren nicht einzeln, sondern in – mehr oder weniger arbeitsteilig gegliederten – Gruppen.

Die Menschen sind, in einem allgemeinen, vagen Sinn verstanden, gesellschaftlich organisiert. Auch in der Geschichte agieren nicht Einzelmenschen, sondern Kollektive. Diese Kollektive nennen Marx und Engels *Klassen*. Eine Klasse vereinigt gemeinsame wirtschaftliche Interessen, die im Konflikt mit anderen Klassen ausgetragen werden. Daher sagen Marx und Engels: »Die Geschichte aller bisherigen Gesellschaft ist eine Geschichte von Klassenkämpfen.« (MEW, Bd. 4, S. 462)

Klassen haben gemeinsame ökonomische Interessen

Was macht das Verbindende einer Klasse aus? Es ist – entsprechend der materialistischen Auffassung – nicht bzw. zunächst nicht das gemeinsame Bewusstsein, sondern das gemeinsame *ökonomische Interesse*. Und das gemeinsame ökonomische Interesse macht sich am gemeinsamen Verhältnis zu den *Produktionsmitteln*, also am Besitz bzw. Nicht-Besitz von Produktionsmitteln fest. Als Produktionsmittel im marxistischen Sinn werden die Arbeitsmittel wie Maschinen und die Arbeitsgegenstände wie Rohstoffe und andere Materialien bezeichnet. So sind in allen historischen Gesellschaften zwei Hauptklassen zu unterscheiden, die sich nach Besitz bzw. Nichtbesitz von Produktionsmitteln definieren. In der modernen Gesellschaft sind dies die *Bourgeoisie* und das *Proletariat*. Marx und Engels unterscheiden dabei zwei verschiedene Zustände einer Klasse: Wenn eine Klasse nur durch eine gemeinsame objektive Lage, nicht durch gemeinsames Bewusstsein gekennzeichnet ist, sprechen sie von *Klasse an sich*. Hat sich innerhalb der Klasse ein gemeinsames Bewusstsein entwickelt, sprechen sie von *Klasse für sich*.

Bourgeoisie und Proletariat

Klassenbewusstsein

Definition

»Klasse an sich« und »Klasse für sich«
Klasse an sich: eine Gruppe von Menschen mit einer gemeinsamen sozialen Lage, aber ohne gemeinsames Bewusstsein.
Klasse für sich: eine Gruppe von Menschen mit einer gemeinsamen sozialen Lage *und* mit einem gemeinsamen Bewusstsein.

Aus dem Besitz bzw. Nichtbesitz von Produktionsmitteln ergeben sich gemeinsame soziale Lagen. So haben Angehörige der Bourgeoisie ein hohes Einkommen, Vermögen und ein hohes Bildungsniveau vorzuweisen. Umgekehrt sind die Proletarier arm und ungebildet und damit schutzlos den Wechselfällen der wirtschaftlichen Konjunkturen ausgesetzt.

In ihren theoretischen Schriften und Passagen reduzieren Marx und Engels die Gesellschaft auf zwei (Haupt-)Klassen – Bourgeoisie und Proletariat. Damit wird das soziale Grundverhältnis in der kapitalistischen

Gesellschaft bezeichnet. Sobald sie aber aktuelle Geschehnisse analysieren, arbeiten sie mit einem differenzierteren Klassenbegriff.

Materialistische Geschichtsauffassung III – Das Basis-Überbau-Modell

| 2.3.3.3

Was bedeuten die Prinzipien der materialistischen Geschichtsauffassung für die Gesellschaftsanalyse? Um das zu veranschaulichen, hat Marx das *Basis-Überbau-Modell* entwickelt. Es beschreibt die formale Struktur von Gesellschaften sowie allgemeine Gesetzmäßigkeiten geschichtlicher Bewegung.

Originalzitat

Karl Marx, Basis-Überbau-Modell

»In der gesellschaftlichen Produktion ihres Lebens gehen die Menschen bestimmte, notwendige, von ihrem Willen unabhängige Verhältnisse ein, Produktionsverhältnisse, die einer bestimmten Entwicklungsstufe der materiellen Produktivkräfte entsprechen. Die Gesamtheit dieser Produktionsverhältnisse bildet die ökonomische Struktur der Gesellschaft, die reale Basis, worauf sich ein juristischer und politischer Überbau erhebt, und welcher bestimmte gesellschaftliche Bewusstseinsformen entsprechen. Die Produktionsweise des materiellen Lebens bedingt den sozialen, politischen und geistigen Lebensprozess überhaupt. Es ist nicht das Bewusstsein der Menschen, das ihr Sein, sondern umgekehrt ihr gesellschaftliches Sein, das ihr Bewusstsein bestimmt. Auf einer gewissen Stufe ihrer Entwicklung geraten die materiellen Produktivkräfte der Gesellschaft in Widerspruch mit den vorhandenen Produktionsverhältnissen oder, was nur ein juristischer Ausdruck dafür ist, mit den Eigentumsverhältnissen, innerhalb deren sie sich bisher bewegt haben. Aus Entwicklungsformen der Produktivkräfte schlagen diese Verhältnisse in Fesseln derselben um. Es tritt dann eine Epoche sozialer Revolution ein. Mit der Veränderung der ökonomischen Grundlage wälzt sich der ganze ungeheure Überbau langsamer oder rascher um.« (Karl Marx, Zur Kritik der politischen Ökonomie, Vorwort, in: MEW 13, S. 8f.)

Wie bereits ausgeführt, bildet aus Sicht von Marx und Engels die Produktion die Grundlage menschlicher und gesellschaftlicher Existenz. Alle anderen Lebensbereiche müssen in Bezug auf die Produktion gesehen werden. Die Produktion ist ein gesellschaftlicher Prozess. Bei der Produktion unterscheidet Marx die Produktivkräfte und Produktionsverhältnisse.

Produktivkräfte meint Werkzeuge und Maschinen, also die Produktionsmittel, sowie die menschlichen Fähigkeiten und Qualifikationen, diese Produktionsmittel zu gebrauchen. Von den Produktivkräften sind die gesellschaftlichen Verhältnisse zu unterscheiden, unter denen produziert wird. Diese nennt Marx *Produktionsverhältnisse*. Sie bezeichnen die Eigentumsstruktur einer Gesellschaft, den Besitz bzw. Nichtbesitz von Produktionsmitteln. Produktivkräfte und Produktionsverhältnisse bilden die *Basis* einer Gesellschaft.

<small>Produktivkräfte und Produktionsverhältnisse</small>

Zu den durchgehend vorhandenen Institutionen geschichtlicher Gesellschaften gehört auch der *Staat*. Der Staat ist für Marx und Engels keine Institution zum größtmöglichen Nutzen der Bürger, wie die englischen Theoretiker des Utilitarismus (Nützlichkeitslehre) Jeremy Bentham und John Stuart Mill meinten. Er ist auch keine Verkörperung von Vernunft und Sittlichkeit, wie Hegel dargelegt hatte. Sondern der Staat ist ein Instrument der produktionsmittelbesitzenden Klasse, die damit ihre Herrschaft über die nichtbesitzende Klasse sichert. Denn historische Gesellschaften sind mehr oder weniger durch Ausbeutung und Herrschaft gekennzeichnet. Der Staat sichert die Herrschaft und die Privilegien der besitzenden Klasse.

<small>Staat als Herrschaftsinstrument der Besitzenden</small>

Ebenso wie der Staat sind Recht und Kultur nicht aus sich selbst heraus zu begreifen. Das *Recht* spiegelt die Klassenverhältnisse wider und die bestehenden Herrschaftsverhältnisse. Die Welt der *Kultur*, also der Komplex von Kunst, Philosophie, Religion, Ideen und Weltanschauungen, ist gemäß der materialistischen Geschichtsauffassung ein geistiger Reflex auf die bestehenden Produktivkräfte und Produktionsbehältnisse. *Staat, Recht und Kultur bilden somit den »Überbau« einer Gesellschaft.* »Die Produktionsweise des materiellen Lebens bedingt den sozialen, politischen und geistigen Lebensproze überhaupt.« (MEW 13, S. 9)

<small>Recht, Staat und Kultur bilden gesellschaftlichen Überbau</small>

Wie vollzieht sich nun geschichtliche Entwicklung? Laut Marx und Engels bilden die Produktivkräfte die treibende Kraft. Im Kampf gegen die Natur sind die Menschen ständig bemüht, die Produktivkräfte zu verbessern. Im Laufe von deren Entwicklung kommt es zu Widersprüchen mit den bestehenden Produktionsverhältnissen. So entstehen in Gestalt der modernen Maschinen und Fabriken neue Produktionsmittel. Mit diesen neuen Produktionsmitteln entwickelt sich eine neue Klasse, die Bourgeoisie. Um ihre neuen Produktionsmittel gewinnbringend zu nutzen, bedarf sie neuer Herrschaftsverhältnisse, eines neuen Staats und neuer Rechtsverhältnisse. Die bestehenden Produktionsverhältnisse werden gesprengt, meist auf revolutionärem Weg, und damit auch die staatlichen und rechtlichen Verhältnisse, also der Überbau. So entsteht die bürgerliche Gesellschaft mit ihrem modernen Verfassungsstaat und bürgerlichem Recht.

<small>Revolutionäre Umwälzungen</small>

> **Zusammenfassung**
>
> **Basis-Überbau-Modell**
> Basis: Produktivkräfte (technische Hilfsmittel und die Qualifikation der Produzenten) sowie Produktionsverhältnisse (Eigentumsverhältnisse an Produktionsmitteln).
> Überbau: Staat, Recht und Kultur.
> Wenn sich die Produktivkräfte entwickeln, verändern sich, oft revolutionär, die Eigentumsverhältnisse, und auch Staat, Recht und Kultur.

Materialistische Geschichtsauffassung IV – Die Epochen der geschichtlichen Entwicklung | 2.3.3.4

Wie bereits Comte und (mit gewissen Einschränkungen) Spencer vertreten Marx und Engels die Ansicht, Geschichte sei ein gesetzmäßiger, progressiver und teleologischer (zielgerichteter) Prozess. Der Inhalt aber ist für sie ein anderer.

Am Anfang der menschlichen Geschichte steht die Urgesellschaft. In diesem Stadium sind die Produktivkräfte auf einem sehr niedrigen Niveau; es gibt kaum Arbeitsteilung und keine sozialen Klassen. Marx unterscheidet für den weiteren Geschichtsverlauf »in großen Umrissen ... asiatische, antike, feudale und modern bürgerliche Produktionsweisen als progressive Epochen« (MEW 13, S. 9). Die bürgerlich-kapitalistische Produktionsweise sei aufgrund immanenter ökonomischer Gesetzmäßigkeiten früher oder später zum Untergang verurteilt (→ Kapitel 2.3.4). Die Geschichte münde in eine kommunistische Gesellschaft, ohne Klassen, ohne Staat, in der jeder seinen Fähigkeiten und Bedürfnissen gemäß leben könne. Der Kommunismus werde aber nicht unmittelbar auf die kapitalistische Gesellschaft folgen, vielmehr bedürfe es einer längeren Übergangsperiode, die Marx und Engels als *Diktatur des Proletariats* bezeichnen. Diktatur des Proletariats ist dabei nicht in einem staatstheoretischen Sinne gemeint, sondern dahin gehend, dass nun das Proletariat über die Bourgeoisie herrscht. Da die Proletarier dann nach Erwartung von Marx und Engels die überwältigende Mehrheit der Bevölkerung bilden würden, könnte diese Herrschaft auch in demokratischen politischen Formen ausgeübt werden. In dieser Übergangsperiode gäbe es noch soziale Klassen. Im Unterschied zum Kapitalismus sei aber die Anarchie der Produktion zugunsten einer zentralen Planung der Produktion aufgehoben. Dies würde Krisen verhindern und die Entwicklung der Produktivkräfte noch beschleunigen.

Diktatur des Proletariats als Übergangsperiode

Zusammenfassung

Diktatur des Proletariats
- Zeitlich umfasst Diktatur des Proletariats entweder die gesamte Übergangsperiode zwischen Kapitalismus und Kommunismus oder eine kürzere sogenannte Transformationsphase zwischen Kapitalismus und Sozialismus.
- Gegenständlich kann sich Diktatur des Proletariats auf die gesamte Gesellschaftsformation oder nur auf den staatlichen Überbau der Übergangsgesellschaft beziehen.
- Inhaltlich wird Diktatur des Proletariats beim späten Marx und Engels mit der Pariser Kommune (1871) gleichgesetzt, d. h. der Beseitigung des bürgerlichen Staates, Verwaltung durch vom Volk aus dem Volk gewählte und jederzeit absetzbare »Beamte«, die mit Arbeiterlöhnen bezahlt werden.
- In der Literatur nach Marx wird die Übergangsperiode zwischen Kapitalismus und klassenloser kommunistischer Gesellschaft meist als »Sozialismus« bezeichnet, der Staat der sozialistischen Gesellschaft als »Diktatur des Proletariats«.

2.3.4 | Marx' Analyse der modernen kapitalistischen Gesellschaft – Das Kapital

Das 19. Jahrhundert war die Zeit der Entstehung und Entfaltung der industriekapitalistischen Produktionsweise. Sie führte zu einer raschen Entwicklung der industriellen Produktivkräfte. In Deutschland begann die Industrialisierung etwa 1835 – zunächst im Rheinland, in Berlin und in Oberschlesien – und breitete sich seit den 1850er Jahren über weite Gebiete aus. Es war zunächst die Textilindustrie, die industriell produzierte.

Seit den 1840er Jahren begann im großen Stil der Eisenbahnbau, der eine neue Stufe der Industrialisierung einläutete. Mit der frühen Industrialisierung ging eine Verarmung der ländlichen und handwerklichen Bevölkerung einher – ein Phänomen, das die Zeitgenossen und die Geschichtswissenschaftler als *Pauperismus* bezeichneten. Aber auch die Lage der Industriearbeiterschaft war durch niedrige Löhne, überlange Arbeitszeiten, gefährliche Arbeitsbedingung und Entbehrung von sozialer Sicherheit gekennzeichnet. Weil die Löhne der Männer nicht ausreichten, um die Familie zu ernähren, mussten auch Frauen und Kinder arbeiten.

Pauperismus

In England fand die industriekapitalistische Entwicklung um ein bis zwei Jahrzehnte früher statt als in Deutschland. Hier konnte man deren Phänomene besonders gut beobachten. 1844 schrieb Friedrich Engels seinen berühmten Bericht »Zur Lage der arbeitenden Klassen in England« (Man beachte den Plural). Die kapitalistische Produktionsweise war eine historisch völlig neuartige Erscheinung, die eine unvergleichlich rasche Entwicklung der Produktivkräfte mit Reichtum auf der einen Seite und extremer Armut auf der anderen Seite verband. Karl Marx machte es sich in den 1850er Jahren zur Aufgabe, die Bewegungsgesetze der neuen Gesellschaftsformation zu studieren. Seine Ergebnisse präsentierte er 1867 im ersten Band des »Kapital«.

England als Vorreiter kapitalistischer Entwicklung

Marx ging davon aus, dass es sich bei Gesellschaft um einen »naturgesetzlichen Prozess« handele. Er spricht von den »Naturgesetzen kapitalistischer Produktion«, die er als »mit eherner Notwendigkeit wirkende und sich durchsetzende Tendenzen« begreift (MEW 23, S. 12). Entsprechend sieht er die gesellschaftlichen Akteure, insbesondere die Kapitalisten, als *Charaktermasken* ökonomischer Verhältnisse.

Bei Marx' Analyse der modernen kapitalistischen Gesellschaft geht es im Kern um drei Fragen:
1. Warum ist die moderne kapitalistische Gesellschaft im Unterschied zur vormodernen Gesellschaft so dynamisch?
2. Warum ist ihr Reichtum so ungleich verteilt?
3. Welche geschichtliche Tendenz nimmt die kapitalistische Entwicklung?

Die erste Frage kann man mit Marx vorläufig so beantworten: Die vormoderne Ökonomie, also die vor der industriellen Revolution, ist eine Ökonomie der *einfachen Reproduktion*. Die moderne Ökonomie ist eine Ökonomie der *erweiterten Reproduktion*. Was ist damit gemeint?

Bei der *einfachen Reproduktion* werden die Produktionsmittel nur auf dem gegebenen Stand gehalten, erneuert und wiederhergestellt. Die verbleibenden Ressourcen werden verkonsumiert oder gehortet. Die Folge ist eine statische Gesellschaft. Alles bleibt, wie es war. Das Prinzip der einfachen Reproduktion bestimmt im Wesentlichen, wenn auch nicht ausschließlich, die vormoderne Gesellschaft.

Einfache Reproduktion

Was bedeutet dagegen *erweiterte Reproduktion*? Bei erweiterter Reproduktion werden die Produktionsmittel quantitativ ausgeweitet und qualitativ verbessert. Es wird dementsprechend weniger konsumiert. Die Folge ist, dass die Produktionsmittel anwachsen. Marx nennt das auch die »Akkumulation des Kapitals«. Die Fabriken erfahren eine größere und technisch bessere Ausstattung. Die moderne Gesellschaft seit der industriellen Revolution wird durch das Prinzip der erweiterten Reproduktion bestimmt. Es dynamisiert die Produktion und damit auch die gesellschaftliche Entwicklung überhaupt.

Erweiterte Reproduktion

> **Definition**
>
> **Einfache Reproduktion und erweiterte Reproduktion**
> Einfache Reproduktion: Die Produktionsmittel werden auf dem gegebenen Stand gehalten und wiederhergestellt.
> Erweiterte Reproduktion: Die Produktionsmittel werden über den gegebenen Stand hinaus vermehrt und technisch-organisatorisch verbessert.

Wie kommt es in der modernen Ökonomie zur erweiterten Reproduktion? Das hängt entscheidend mit dem Kapitalcharakter moderner Ökonomie zusammen. Bevor wir zum Begriff des Kapitals kommen, müssen wir uns mit einem anderen Begriff befassen, welcher der Analyse des Kapitals vorausgeht, dem Begriff der *Ware*.

Die moderne Gesellschaft ist eine warenproduzierende Gesellschaft

Die moderne Gesellschaft begreift Marx als warenproduzierende Gesellschaft. Das erste Kapitel im »*Kapital*« heißt »Die Ware«, und der erste Satz lautet: »Der Reichtum der Gesellschaften, in welchen kapitalistische Produktionsweise herrscht, erscheint als eine ›ungeheure Warensammlung‹, die einzelne Ware als seine Elementarform: Unsere Untersuchung beginnt daher mit der Analyse der Ware.« (MEW 23, S. 49)

Was ist eine Ware? Marx schreibt: »Die Ware ist zunächst ein äußerer Gegenstand, ein Ding, das durch seine Eigenschaften menschliche Bedürfnisse irgendeiner Art befriedigt.« (MEW 23, S. 49) Eine Ware ist ein Gut, das für den *Tausch* (also nicht für den Eigenbedarf) produziert wird. Ein Gut, das für den Tausch produziert wird, muss einen *Nutzen* haben; hat es für niemanden einen Nutzen, so kann es auch nicht getauscht werden. Diese Eigenschaft der Nützlichkeit nennt Marx *Gebrauchswert*. Sie realisiert sich im Gebrauch, in der Konsumtion.

Ware mit Gebrauchswert und Tauschwert

Die zweite unabdingbare Eigenschaft, die ein Ding (oder Gut) zu einer Ware macht, ist ihr *Wert* oder *Tauschwert*, der sich in Preisen ausdrückt. Der Wert bemisst sich nach dem Quantum der Arbeit, die in eine Ware eingegangen ist. Je mehr Arbeit in ihr steckt, desto höher ist ihr Wert. Allerdings nicht in dem Sinne, dass der »faule« oder technisch-organisatorisch rückständige Produzent mehr Wert produziert, sondern gemäß der »gesellschaftlich durchschnittlichen Arbeitszeit.« Erst diese abstrakte Eigenschaft der vergegenständlichten Arbeit ermöglicht den Tausch eines Guts. Der Ort des Tausches ist der Markt.

Der Tausch auf dem Markt erfolgt nach dem *Wertgesetz*, d.h., es werden in der Regel gleiche Werte getauscht.

So weit der Begriff der Ware. Wir nähern uns damit der Kapitaltheorie, die Marx mit einer Analyse des Geldes einleitet. *Geld* hat zunächst einmal die Funktion, den Tauschprozess zu ermöglichen oder jedenfalls zu erleichtern. In diesem Fall gilt die Formel Ware-Geld-Ware *(W-G-W)*. Mit Hilfe von Geld werden Waren gleichen Wertes getauscht. Das Ziel eines solchen Tausches ist die Konsumtion, die Befriedigung von Bedürfnissen. Das ist die typische Art, in der in der vormodernen Gesellschaft getauscht wurde. Der Bauer verkauft Korn, das er für sich selbst nicht unbedingt benötigt. Er bekommt dafür Geld und kauft sich eine Hose. Der Schneider, der ihm die Hose verkauft, erwirbt sich mit dem Erlös Schuhe. Geld ist in diesem Fall nichts anderes als ein Mittel, um die Warenzirkulation (Warenumlauf) zu erleichtern.

Tauschform Ware-Geld-Ware

Eine andere Art der Geldverwendung ist, das Geld dem Wirtschaftskreislauf zu entziehen und zu horten. Marx nennt dies *Schatzbildung*. Doch auch in einem solchen Fall ist Geld kein Kapital.

Es gibt aber noch, wie Marx zeigt, eine dritte Art der Geldverwendung. Man kann mit Geld Waren kaufen, um sie wieder zu *verkaufen* (also nicht: um sie zu konsumieren). Eine solche Transaktion ist nur dann sinnvoll, wenn am Ende mehr Geld hereinkommt als verausgabt wird. Marx bringt diesen Sachverhalt auf die Formel *G-W-G' (Geld-Ware-mehr Geld)*. *In diesem Fall wird Geld zu Kapital.* »Als bewusster Träger dieser Bewegung wird der Geldbesitzer Kapitalist.« (MEW 23, S. 167) Die Differenz zwischen G und G' nennt Marx *Mehrwert*. Die Tauschform G-W-G' ist ein charakteristisches Phänomen der modernen Wirtschaft. Es ist letztlich das Streben nach Kapitalprofit, was der modernen gesellschaftlichen Entwicklung ihre ungeheure, unvergleichliche Dynamik verleiht.

Tauschform Geld-Ware-mehr Geld

Bei einem Tausch nach der Formel G-W-G' geht es also nicht darum, den Gebrauchswert einer Ware zu nutzen, sondern einen bestimmten Geldbetrag zu vermehren. In diesem Fall wird Geld zu Kapital. Geld ist für Marx demnach nicht per se Kapital. Es wird erst dann zu Kapital, wenn es zum Ziel der Vermögenssteigerung eingesetzt wird. Auch alle Güter, die nicht konsumtiv genutzt werden, sondern dem Zweck der Vermögenssteigerung dienen, sind Kapital. Das können Produktionsmittel sein, aber etwa auch Aktien, Grund und Boden, Häuser und Wohnungen.

Durch unbegrenzte Vermehrung wird Geld zu Kapital

Die letzte Ursache der modernen ökonomischen Dynamik sieht Marx also im stetigen Streben nach Kapitalgewinn. In der moderne Gesellschaft überwiegt, im Unterschied zur vormodernen Gesellschaft, die Warenproduktion und die Tauschform G-W-G'. Wie steht es aber mit den Ursachen der extremen Ungleichheit in der modernen Gesellschaft? Zentral für die Beantwortung dieser Frage ist für Marx die Theorie des *Mehrwerts*.

Wie kommt der Mehrwert, also die Differenz zwischen G und G' zustande? Wenn, wie Marx gemäß der klassischen Ökonomie (Adam

Smith, David Ricardo) voraussetzte, gleiche, äquivalente Werte getauscht werden, kann der Mehrwert nicht aus der Warenzirkulation, also dem Kauf und Verkauf von Waren entspringen. Er kann nur aus einer Ware entspringen, deren Gebrauchswert die »eigentümliche Beschaffenheit besitzt, Quelle von Wert zu sein.« (MEW 23, S. 181)

Wert der Arbeitskraft

Eine solche Ware auf dem Markt ist die Arbeit, bzw., wie Marx es nennt, die *Arbeitskraft*. Die Arbeitskraft hat, wie jede Ware, ihren Wert. Er bemisst sich nach den Reproduktionskosten (Ernährung, Kleidung, Wohnung) für den Arbeiter und seine Familie. Der Wert dessen, was ein Arbeiter produziert, liegt jedoch höher als der Lohn, der ihm gezahlt wird. Diese Differenz zwischen Reproduktionskosten und Arbeitslohn macht den Mehrwert aus. Und diesen Mehrwert streicht der Kapitalist ein.

Tab. 3 |

Grundbegriffe der Politischen Ökonomie bei Karl Marx

Ware	Gut (im weitesten Sinn, z. B. auch Dienstleistung), das für den Tausch, nicht für den Eigenbedarf produziert wird. Jede Ware enthält einen Gebrauchswert und einen Tauschwert
Gebrauchswert	Nützlichkeit eines Gutes für den Konsumenten
Wert/Tauschwert	Abstrakter, objektiver Wert einer Ware, bemisst sich nach der eingesetzten gesellschaftlich durchschnittlichen Arbeitszeit
Wertgesetz	Beim Tausch am Markt werden in der Regel gleiche Waren getauscht
Geld – Funktionen	Tauschmittel (W-G-W) Schatzbildung (Geld wird gehortet) Kapital (G-W-G')
Kapital	Vermögen (im weitesten Sinn), das nicht zum Verbrauch, sondern zur Vermögensvermehrung eingesetzt wird
Kapitalist	Wirtschaftlicher Akteur, der bewusst, kontinuierlich und unbegrenzt versucht, aus Geld mehr Geld zu machen, vor allem mittels des Besitzes von Produktionsmitteln und Verwertung von Lohnarbeit
Lohnarbeiter	Wirtschaftlicher Akteur, der, rechtlich frei, keine Produktionsmittel oder anderweitiges Vermögen besitzt und daher gezwungen ist, seine Arbeitskraft zu verkaufen
Arbeitskraft	Arbeitsvermögen des Arbeiters, das am Markt getauscht wird. Dessen Wert bemisst sich nach den Reproduktionskosten (Ernährung, Kleidung, Wohnung für den Arbeiter und seine Familie)
Mehrwert	Differenz zwischen der Wertschöpfung des einzelnen Arbeiters und dem Lohn, den er dafür erhält

Der Mehrwert ist die Ursache der extrem ungleichen Verteilung in der kapitalistischen Gesellschaft. Er wird von den Kapitalisten konsumiert, hauptsächlich aber zur Erweiterung und der technologischen Innovation der Produktion *reinvestiert*. Dazu zwingt ihn die Konkurrenz. Gesamtwirtschaftlich resultiert aus diesem wirtschaftlichen Verhalten ein gewaltiger Akkumulationsprozess des Kapitals und die Dynamik der modernen Gesellschaft.

Mehrwert als Ursache ungleicher Verteilung im Kapitalismus

Produktionsmittel sind also für Marx nicht per se Kapital. *Sie werden erst dann zu Kapital, wenn sie mit Hilfe einer Klasse ausbeutbarer Lohnarbeiter zum Zweck der Mehrwerterzeugung verwendet werden.* Ein ausbeutbarer Lohnarbeiter ist ein Akteur, der zwar frei über seine Arbeitskraft verfügt, aber in Ermangelung eigener Produktionsmittel keine andere Chance zur Bestreitung seines und seiner Familie Lebensunterhaltes hat als die Lohnarbeit. In diesem Sinne ist Marx Satz gemeint: »Das Kapital ist ein gesellschaftliches Produktionsverhältnis« (MEW 23, S. 794), nicht eine Sache.

Zusammenfassung

Was ist Kapital?
- Kapital wird in den heutigen Wirtschaftswissenschaften meist im Sinne von »Produktionsmittel« oder »Investivmittel« verstanden. Im auf Karl Marx zurückgehenden kapitalismustheoretischen Verständnis gelten Produktionsmittel und Geld jedoch nur unter bestimmten Bedingungen als Kapital. Andererseits kann sich der Kapitalbegriff unter bestimmten Umständen auch auf andere Dinge erstrecken als auf Produktionsmittel und Geld.
- Im kapitalismustheoretischen Verständnis werden Produktionsmittel, Geld und andere Dinge zu Kapital erst dann, und nur dann, wenn sie nicht zum Zwecke des Verbrauchs, sondern zum Zweck der Vermögenssteigerung eingesetzt werden (G-W-G' anstatt W-G-W). »Kapital ist ein zum Zweck ständiger Vermehrung eingesetzter Vermögensbestand ... Geld oder Konsumgüter in Händen von Verbrauchern, das persönlich genutzte Eigenheim etc. sind nicht Kapital, wohl aber Geld, Konsumwarenvorräte, Mietwohnungen, die zu Erwerbszwecken, in Gewinnabsicht verwertet werden sollen.« (Werner Hofmann, Grundelemente der Wirtschaftsgesellschaft. Reinbek 1971, S. 55)
- Als kapitalistisch kann eine Wirtschaft dann gelten, wenn sie so stark unter dem Einfluss des kapitalistischen Erwerbsstrebens (G-W-G') steht, dass sie ohne das Funktionieren des Kapitals nicht gedacht werden kann. In diesem Sinne ist nur die moderne Wirtschaft eine kapitalistische Wirtschaft.

- Der kapitalistische Produktionsprozess setzt drei Bedingungen voraus: Es muss erstens ein geldwirtschaftlich entfalteter Markt vorhanden sein, denn ohne Markt gibt es keinen Tausch und ohne Geld ist keine Kapitalverwertung möglich. Zweite Voraussetzung ist Privateigentum an Produktionsmitteln. Drittens muss eine Klasse »freier« Lohnarbeiter vorhanden sein, also von wirtschaftlichen Akteuren, die nicht nur rechtlich in der Lage, sondern auch wirtschaftlich genötigt sind, ihre Arbeitskraft frei auf dem Markt zu verkaufen.

Das gesellschaftliche Verhältnis zwischen Lohnarbeit und Kapital bzw. die Klasse freier Lohnarbeiter ist nicht von Natur aus gegeben. Es entstand, wie Marx im 24. Kapitel des »Kapital« anhand der englischen Geschichte furios beschreibt, durch die gewaltsame Vertreibung der Bauern von ihrem Grund und Boden. Damit wurden sie der Chance beraubt, selbständig für ihre Subsistenz zu sorgen. (Ein Subsistenzbetrieb ist ein Betrieb, der nur oder primär für den Eigenbedarf wirtschaftet und nicht für den Markt).

Originalzitat

Karl Marx zum Begriff des Kapitals

»Ein Neger ist ein Neger. In bestimmten Umständen wird er erst zum Sklaven. Eine Baumwollspinnmaschine ist eine Maschine zum Baumwollspinnen. Nur in bestimmten Verhältnissen wird sie zu Kapital. Aus diesen Verhältnissen herausgerissen, ist sie so wenig Kapital, wie Gold an und für sich Geld oder der Zucker der Zuckerpreis ist ... Das Kapital ist ein gesellschaftliches Produktionsverhältnis. Es ist ein historisches Produktionsverhältnis.« (MEW 23, S. 793 f.).

»Zunächst entdeckte Wakefield in den Kolonien, daß das Eigentum an Geld, Lebensmitteln, Maschinen und anderen Produktionsmitteln einen Menschen noch nicht zum Kapitalisten stempelt, wenn die Ergänzung fehlt, der Lohnarbeiter, der andre Mensch, der sich selbst freiwillig zu verkaufen gezwungen ist. Er entdeckte, daß das Kapital nicht eine Sache ist, sondern ein durch Sachen vermitteltes Verhältnis zwischen Personen. Herr Peel, jammert er uns vor, nahm Lebensmittel und Produktionsmittel zum Belauf von 50.000 Pfund Sterling aus England nach dem Swan River, Neuholland, mit. Herr Peel war so vorsichtig, außerdem 3 000 Personen der arbeitenden Klasse, Männer, Weiber und Kinder mitzubringen. Einmal am Bestimmungsplatz angelangt, ›blieb Herr Peel, ohne einen Diener, sein Bett zu machen oder ihm Wasser aus dem Fluß zu schöpfen‹. Unglücklicher Herr Peel, der alles vorsah, nur nicht den Export der englischen Produktionsverhältnisse nach dem Swan River ... Produktions- und Lebensmittel, als Eigentum des unmittelbaren Produzenten, sind kein Kapital. Sie werden Kapital nur unter Bedingungen, worin sie zugleich als Exploitions- und Beherrschungsmittel des Arbeiters dienen ... Solange also der Arbeiter für sich selbst akkumulieren kann, und das kann er, solange er Eigentümer seiner Produktionsmittel bleibt, ist die kapitalistische Akkumulation und die kapitalistische Produktionsweise unmöglich. Die dazu unentbehrliche Klasse der Lohnarbeiter fehlt.« (MEW 23, S. 793 f.)

Marx erwartete – früher oder später – den Untergang der kapitalistischen Gesellschaft. Dabei argumentierte er etwa so:

- Die anarchische, ungeregelte kapitalistische Produktionsweise führt zu periodischen Wirtschaftskrisen. Dadurch kann die kapitalistische Gesellschaft keine Stabilität gewinnen.
- Der Mittelstand wird zwischen Bourgeoisie und Proletariat zerrieben. Die große Masse des alten Mittelstandes sinkt ins Proletariat hinab.
- Im Konkurrenzkampf findet eine Konzentration des Kapitals statt. Im Zuge dessen setzen sich wenige Großunternehmen durch, der Großteil der Kapitalisten unterliegt im Konkurrenzkampf und fällt ebenfalls ins Proletariat hinab.
- Das Proletariat verelendet, (wobei die Marx-Interpreten darüber gestritten haben, ob Verelendung im absoluten oder relativen Sinne gemeint sei).
- So steht tendenziell eine große Masse Proletarier einer kleinen Minderheit von Kapitalisten gegenüber. Sie wird irgendwann die Kapitalisten enteignen und die Produktionsmittel in gesellschaftliches Eigentum überführen.

Kapitalismus ist dem Untergang geweiht

Originalzitat

Karl Marx über den zukünftigen Untergang der kapitalistischen Gesellschaftsformation

»Je ein Kapitalist schlägt viele tot. Hand in Hand mit dieser Zentralisation oder der Expropriation (= Enteignung, V.K.) vieler Kapitalisten durch wenige entwickelt sich die kooperative Form des Arbeitsprozesses auf stets wachsender Stufenleiter, die bewußte technische Anwendung der

Wissenschaft, die planmäßige Ausbeutung der Erde, die Verwandlung der Arbeitsmittel in nur gemeinsam verwendbare Arbeitsmittel, die Ökonomisierung aller Produktionsmittel durch ihren Gebrauch als Produktionsmittel kombinierter, gesellschaftlicher Arbeit, die Verschlingung aller Völker in das Netz des Weltmarkts und damit der internationale Charakter des kapitalistischen Regimes. Mit der beständig abnehmenden Zahl der Kapitalmagnaten, welche alle Vorteile dieses Umwandlungsprozesses usurpieren und monopolisieren, wächst die Masse des Elends, des Drucks, der Knechtschaft, der Entartung, der Ausbeutung, aber auch die Empörung der stets anschwellenden und durch den Mechanismus des kapitalistischen Produktionsprozesses selbst geschulten, vereinten und organisierten Arbeiterklasse. Das Kapitalmonopol wird zur Fessel der Produktionsweise, die mit und unter ihm aufgeblüht ist. Die Zentralisation der Produktionsmittel und die Vergesellschaftung der Arbeit erreichen einen Punkt, wo sie unverträglich werden mit ihrer kapitalistischen Hülle. Sie wird gesprengt. Die Stunde des kapitalistischen Privateigentums schlägt. Die Expropriateurs werden expropriiert.« (Karl Marx, MEW 23, S. 790 f.)

2.3.5 | Zur Rezeption der Lehren von Marx und Engels in den Sozialwissenschaften

Die Lehre von Marx und Engels ist die einflussreichste sozialwissenschaftliche Theorie, die es jemals gegeben hat, wenn auch keineswegs in dem Sinne, wie es sich die Vordenker des wissenschaftlichen Sozialismus vorgestellt hatten.

Weltanschauung der Arbeiterbewegung

Seit den 1870er Jahren wurde die Lehre von Marx und Engels zur vorherrschenden Weltanschauung der deutschen und auch internationalen Arbeiterbewegung. Paradoxerweise wirkte sie eher pazifierend, weil viele sozialdemokratische Politiker, speziell der deutsche Cheftheoretiker Karl Kautsky, erwarteten, das kapitalistische System würde aufgrund ihm innewohnender ökonomischer Gesetzmäßigkeiten von allein zusammenbrechen (In der Geschichtswissenschaft nennt man dieses Phänomen *revolutionärer Attentismus*).

Auf Marx berief sich auch Lenin während und nach der russischen Oktoberrevolution 1917, obwohl die Verhältnisse in Russland im Sinne Marxens noch nicht »reif« für eine Umwälzung waren. Die industriekapitalistische Entwicklung steckte in ihren Anfängen, sie konzentrierte sich auf einige Zentren, namentlich Moskau, Sankt Petersburg und das

Donez-Becken, die Bauern stellten noch die große Bevölkerungsmehrheit. Daher ließ Lenin ab 1921 auch wieder bäuerlichen und handwerklichen Privatbesitz zu. Unter Stalin verkam die Lehre von Marx und Engels zur Parteiideologie, welche die diktatorische, terroristische Herrschaft legitimieren sollte.

Nach dem Zweiten Weltkrieg verabschiedeten sich unter dem Eindruck der Nachkriegsprosperität die westlichen sozialdemokratischen Parteien von der Theorie Marx' und Engels. Doch wurde diese nach wie vor von antikolonialistischen Befreiungsbewegungen, etwa in Kuba und Indochina, aufmerksam rezipiert. Die realsozialistischen Staaten des Ostblocks erhoben den »wissenschaftlichen Sozialismus« zur offiziellen Weltanschauung, welche nicht demokratisch legitimierten Parteidiktaturen eine Legitimationsbasis beschaffen sollte. Der Zusammenbruch des »realen Sozialismus« 1989 bis 1991 galt dann häufig als Zeichen, dass die Theorien von Marx und Engels gescheitert seien. Doch angesichts der neoliberalen Entwicklung in Wirtschaft und Gesellschaft könnte Marx neue Bedeutung gewinnen.

Rezeption innerhalb und außerhalb Europas

Von ideologischen Vereinnahmungen sind zahlreiche ernsthafte Versuche einer Weiterentwicklung der Marxschen Theorie zu unterscheiden. Sie wurden vor allem von gesellschaftlichen Außenseitern im Umfeld der sozialdemokratischen Parteien unternommen. Dazu zählten in Deutschland Karl Kautsky, Eduard Bernstein und Rosa Luxemburg, in Österreich Rudolf Hilferding, Otto Bauer, Karl Renner, Alfred Adler (Austromarxismus), in Italien Antonio Gramsci, in Russland Nikolaj Bucharin und auch Wladimir I. Lenin. Allen diesen Theoretikern ging es immer wieder um die Frage, warum die sozialistische Revolution noch nicht stattgefunden habe und wann sie stattfinden werde.

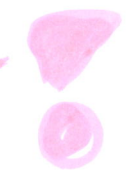

An den Universitäten konnte sich der Marxismus erstmals in Gestalt des »Instituts für Sozialforschung« in Frankfurt in den 1920er Jahren etablieren. Wichtige Protagonisten dort waren beispielsweise Carl Grünberg, Max Horkheimer, Friedrich Pollock und Theodor W. Adorno. Nach dem Zweiten Weltkrieg war es vor allem die Dependenz- und Weltsystemtheorie (Immanuel Wallerstein), welche die Marxsche Theorie weiterzuentwickeln versuchte.

Marxismus im universitären Bereich

Wie verlief darüber hinaus die Rezeption von Marx und Engels im akademischen Bereich? Zu Lebzeiten wurden die Theoretiker des »wissenschaftlichen Sozialismus« zunächst »totgeschwiegen«. Seit etwa 1900 wurden Marx und Engels in der akademischen Sozialwissenschaft ernsthaft aufgenommen. Dies ist insbesondere Werner Sombart zu verdanken, der die Bedeutung von Marx als Theoretiker des modernen Kapitalismus hervorhob und, noch vom alten Friedrich Engels angeregt, seinerseits eine historische Studie über die Entstehung des modernen

Fruchtbare Auseinandersetzung mit marxistischen Thesen

Kapitalismus schrieb. Viele Sozialwissenschaftler, insbesondere im deutschen Sprachraum, erkannten nun die wissenschaftliche Bedeutung von Marx an, auch wenn sie seine Lehren mehr oder weniger ablehnten. Die Auseinandersetzung mit Marx führte immer wieder zu fruchtbaren sozialwissenschaftlichen Untersuchungen. Dazu gehört die berühmte These von Max Weber, dass neben den ökonomischen Faktoren auch die Religion bei der Entstehung des modernen Kapitalismus von maßgeblicher Bedeutung gewesen sei (→ Kapitel 3.5). Die Kritik der Marxschen Klassentheorie führte zu einer differenzierteren Theorie sozialer Schichtung (Theodor Geiger; → Kapitel 3.6) und zu einer Neubewertung des Mittelstandes (René König, Helmut Schelsky; → Kapitel 5.1). Einige Theoretiker hielten auch am Klassenbegriff fest, so der berühmte französische Soziologe Pierre Bourdieu. Er untersuchte in »*Die feinen Unterschiede*« klassenspezifische Lebensstile und hat den Kapitalbegriff in die Begriffe *ökonomisches, soziales und kulturelles Kapital* differenziert und erweitert.

Lernkontrollfragen

1 Erläutern Sie den Unterschied zwischen utopischem und wissenschaftlichem Sozialismus.
2 Erläutern Sie Prinzipien der materialistischen Geschichtsauffassung. Wie begründen Marx und Engels die materialistische Geschichtsauffassung? Stimmen Sie der Begründung zu?
3 Warum entwickelt sich laut Marx die moderne Gesellschaft im Vergleich zur vormodernen Gesellschaft so dynamisch?
4 »Das Sein bestimmt das Bewusstsein« – können Sie für oder gegen diese These Beispiele nennen?
5 Was versteht Marx unter Kapital? Überlegen Sie sich Beispiele aus der heutigen Gesellschaft.
6 Welche Voraussetzungen müssen erfüllt sein, dass sich eine kapitalistische Produktionsweise entfalten kann?
7 Warum erwarteten Marx und Engels den Untergang der kapitalistischen Gesellschaft? Warum hat sich diese Erwartung bis heute nicht realisiert?

Literatur

Es gibt zwei Gesamtausgaben der Werke von Marx und Engels, die Marx/Engels Werke (MEW) und Marx-Engels-Gesamtausgabe (MEGA). Meist werden ihre Schriften nach den MEW-Bänden zitiert.

Friedrich Engels, **Die Entwicklung des Sozialismus von der Utopie zur Wissenschaft**, in: MEW 19, S. 189–228 → Eine relativ leicht verständliche Einführung des späten Friedrich Engels.

Karl Marx/Friedrich Engels, **Deutsche Ideologie** (1846), in: MEW 3, v. a. S. 20–36 → Klassische Darlegung der materialistischen Geschichtsauffassung.

Karl Marx/Friedrich Engels, **Das Kommunistische Manifest** (1848), in: MEW 4, S. 461–493 → Agitatorisch brillante Fassung der historisch-materialistischen Grundsätze.

Karl Marx, **Zur Kritik der politischen Ökonomie**, Vorwort, in: MEW 13, S. 8f.

Karl Marx, **Das Kapital. Zur Kritik der Politischen Ökonomie**. Zuerst 1867 → Marx' Hauptwerk, eine brillante, allerdings nicht leicht verständliche Analyse der modernen kapitalistischen Gesellschaft, in wichtigen Punkten noch heute aktuell.

Iring Fetscher, **Von Marx zur Sowjetideologie**. 22. Aufl. Stuttgart 1987 (zuerst 1956) → Bewährtes Standardwerk, in zahlreichen Auflagen erschienen, aufgrund leicht verständlicher Einführung und gut ausgewählten Quellentexten immer noch zu empfehlen.

Iring Fetscher, **Der Marxismus. Seine Geschichte in Dokumenten.** München 1973 → In diesem Band findet man, nach Themengebieten geordnet, zahlreiche Textstellen von Marx, Engels und späteren Marxisten. Eine weiterführende Fundgrube für Interessierte.

Richard Friedenthal, **Karl Marx. Sein Leben und seine Zeit.** München 1981 → Eine glänzend geschriebene Biografie über Karl Marx, die auch zentrale Lehren erläutert, insofern als Einführung besonders gut geeignet.

Leszek Kolakowski, **Die Hauptströmungen des Marxismus. Entstehung, Entwicklung, Zerfall.** München 1977 → Vielleicht die beste Analyse der Theorien von Marx und Engels.

Gustav Mayer, **Friedrich Engels. Eine Biographie, zwei Bände.** Berlin 1975 (zuerst 1919) → Fundgrube über die Freundschaft von Marx und Engels, die frühe Arbeiterbewegung und die Bedeutung von Engels als Kommunikator von Marx.

3 | Soziologie zwischen 1890 und 1933

Nach der Beschäftigung mit den »Gründervätern« Comte, Spencer und Marx treten wir nun in eine neue Periode der Geschichte der Soziologie ein. Seit dem späten 19. Jahrhundert begann sich die Soziologie als universitäre Wissenschaft zu etablieren. Soziologen waren nun nicht mehr Privatgelehrte, sondern fassten an der Universität Fuß. Die industrielle Gesellschaft, die Comte, Spencer und Marx heraufziehen sahen, war dabei, sich endgültig und für alle sichtbar gegen die agrarische Gesellschaft durchzusetzen. Die neue moderne Gesellschaft hatte aber, wie die Intellektuellen und die Soziologen dieser Zeit merkten, auch ihre Kehrseiten. So entstanden Großstädte vorher kaum bekannten Ausmaßes. Brachten Städte dieser Art nicht auch einen neuen Menschentypus hervor? Die sprunghaft wachsenden proletarischen Wohnquartiere ließen die Assoziation einer »Masse« oder »Massengesellschaft« aufkommen. Für Soziologen und andere Intellektuelle verband sich damit die Frage, ob die Menschen tatsächlich so vernünftig sind, wie die Philosophie der Aufklärung und die soziologischen Gründerväter noch selbstverständlich angenommen hatten. Anders als in den USA schwand in Europa der Fortschrittsglaube und das Krisenbewusstsein nahm zu. Die Arbeiterfrage, also die oft desolate Lage der Industriearbeiter, trat unübersehbar in Erscheinung und verlangte nach einer Lösung. Obwohl die industrielle Gesellschaft offenkundig über die agrarische Gesellschaft »gesiegt« hatte, wollten die traditionellen Eliten des Feudalzeitalters – Adel, Militär, Kirche – ihre Führungspositionen in der Gesellschaft nicht preisgeben. Dies führte in der Zeit zwischen 1890 und 1933 zu harten und wechselvollen Kämpfen zwischen demokratischen Bewegungen und den traditionellen Eliten. Bei alledem stellte sich die Frage, ob es in der modernen Gesellschaft Stabilität und Zusammenhalt geben konnte. Damit beschäftigte sich insbesondere der französische Soziologe Emile Durkheim.

Die Periode zwischen 1890 und 1933 ist geprägt durch spezifische nationalkulturelle Profile der Soziologie. In Frankreich dominierte die Durkheim-Schule, in Italien die Elitentheorie, in Deutschland eine historisch und kulturwissenschaftlich orientierte Theorie und in den USA eine den sozialen Einzelproblemen zugewandte empirische Forschung (Chicago-Schule).

Die industrielle Gesellschaft setzt sich durch

Zusammenfassung

Merkmale der Epoche um die Jahrhundertwende
- Die moderne Industriegesellschaft hat sich in den entwickelten Gesellschaften Europas durchgesetzt
- Rasches Wachstum von Großstädten, große proletarische Wohnquartiere
- Aufstieg der internationalen Arbeiterbewegung
- Der Fortschrittsoptimismus des 19. Jahrhunderts verblasst
- Kampf um die Demokratisierung des Staates: Sozialdemokratische Arbeiterbewegung und liberales Bürgertum vs. Adel, Militär, Klerus und Großbürgertum (= traditionelle Eliten)

Die französische Soziologie – Emile Durkheim und seine Schule | 3.1

Inhalt

Emil Durkheim definierte Erkenntnisgegenstand und Methode der Soziologie. Dank seiner wissenschaftlichen und wissenschaftspolitischen Leistungen konnte sich die Soziologie in Frankreich als universitäre Disziplin etablieren. Er begründete eine Schule, welche die Soziologie in Frankreich bis 1940 prägte. Zeitdiagnostisch beschäftigte ihn die Frage, wie die Menschen in die moderne Gesellschaft integriert werden könnten.

3.1.1 Zur Biografie von Emile Durkheim

3.1.2 Durkheim und die Dritte Republik

3.1.3 Durkheims Grundlegung der Soziologie als Wissenschaft

3.1.4 Der Selbstmord als sozialer Tatbestand

3.1.5 Das Gedächtnis als sozialer Tatbestand – Maurice Halbwachs

3.1.6 Durkheims Theorie der Arbeitsteilung

3.1.7 Solidarität in der modernen Gesellschaft

3.1.8 Die Durkheim-Schule und der Solidarismus

3.1.1 | Zur Biografie von Emile Durkheim

Emile Durkheim (1858–1917), Sohn eines jüdischen Rabbiners, studierte an der französischen Elitehochschule Ecole Normale Supérieure. Dort lernte er u. a. den späteren Sozialististenführer Jean Jaurès kennen. 1882 bis 1885 arbeitete Durkheim als Lehrer, gefolgt von einem Studienaufenthalt in Deutschland 1885/86, der seine Karriere voranbrachte. Seit 1887 lehrte er Erziehungswissenschaften und Sozialwissenschaften an der Universität von Bordeaux. Dort wurde er 1896 zum Professor für Sozialwissenschaften ernannt. In den 1890er Jahren verfasste Durkheim seine bekanntesten Arbeiten: *»Über die soziale Arbeitsteilung«* (1893), *»Regeln der soziologischen Methode«* (1895) und *»Der Selbstmord«* (1897). Als viertes Hauptwerk kam 1912 *»Die elementaren Formen des religiösen Lebens«* dazu. Seit 1902 lehrte Durkheim an der renommierten Pariser Universität Sorbonne. 1906 erhielt er dort einen Lehrstuhl für Erziehungswissenschaften, 1913 umgewidmet in Erziehungswissenschaften und Soziologie.

Durkheim und seine Schüler

Durkheim gründete 1898 die *»L'Année Sociologique«*, eine der international renommiertesten soziologischen Zeitschriften, die zugleich zur geistigen Plattform einer eigenen Schule wurde. Als berühmteste Durkheim-Schüler, die bis 1940 die französische Soziologie maßgeblich prägten, gelten Celestin Bouglé (1870–1940), Marcel Mauss (1872–1950), François Simiand (1873–1935) und Maurice Halbwachs (1877–1945). Bouglé schrieb ein Buch über die Gleichheitsidee und arbeitete dabei die Bedeutung von Chancengleichheit für das Funktionieren organischer Solidarität heraus. Mauss, der Neffe Durkheims, betrieb ethnologische Forschungen in außereuropäischen Stammesgesellschaften, wo er besonders die gesellschaftliche Bedeutung des Tausches untersuchte. Simiand war Wirtschaftssoziologe und beschäftigte sich mit der Soziologie des Geldes, und Halbwachs schrieb über das kollektive Gedächtnis, wobei er das Durkheimsche Soziologiekonzept auf das Gedächtnis anwandte (→ Kapitel 3.1.5). Sie engagierten sich wie Durkheim selbst in der solidaristischen Bewegung (→ Kapitel 3.1.8), welche die französische Republik gegen ihre inneren Feinde unterstützte und soziale Reformen vorantrieb.

3.1.2 | Durkheim und die Dritte Republik

Während des Krieges von 1870/71 gegen Deutschland wurde in Frankreich die bis 1940 während Dritte Republik ausgerufen. Sie brachte den – männlichen – Bürgern das allgemeine und gleiche Wahlrecht. Doch ähnlich wie später die Weimarer Republik befand sich die junge französische Republik bald in einem schweren Existenzkampf gegen die alten Eliten. Marschall Patrice de Mac-Mahon wurde zum französischen Hindenburg. Ein anderer General, George Erneste Boulanger, versuchte Ende der 1880er Jahre, die Republik mit einer populistischen Bewegung zu stürzen. Die Dreyfuss-Affäre erschütterte seit 1894 das Land. Doch am Ende konnte sich die Republik siegreich behaupten. Die Macht von Kirche, Militär und Adel wurde zurückgedrängt, die Demokratie gestärkt und die Lage der Arbeiterschaft durch Sozialreformen verbessert.

Hintergrund

Dreyfuss-Affäre
Alfred Dreyfuss (1859–1935), ein französischer Hauptmann jüdischer Herkunft, wurde 1894 unter dem Verdacht des Landesverrats zugunsten des Deutschen Reichs verhaftet und in einem rechtswidrigen Prozess zu lebenslänglicher Deportation verurteilt. Aufgrund des energischen Protests französischer Intellektueller und dem Druck der öffentlichen Meinung kam es zu einer Revision. 1899 verurteilte man Dreyfuss erneut, diesmal zu zehn Jahren Gefängnis. Dreyfuss wurde begnadigt und 1906 vollständig rehabilitiert. Die Dreyfuss-Affäre führte zu einer Mobilisierung der liberalen und sozialistischen Kräfte in Frankreich, die dann vor dem Ersten Weltkrieg sozialstaatliche und bürgerliche Reformen erwirkte, u. a. Stärkung der Bürgerrechte, Trennung von Staat und Kirche und den Primat der Politik über das Militär.

Durkheim war, wie seine Schüler, ein überzeugter Anhänger der Dritten Republik; er versuchte, ihr publizistische und wissenschaftliche Schützenhilfe zu geben. Sein Credo lautete: Wenn die Soziologie nicht dazu führt, dass die Gesellschaft verbessert wird, dann lohnt es sich nicht, sich auch nur eine Stunde mit ihr zu beschäftigen. Vor allem war Durkheim ein überzeugter Laizist – seiner Meinung nach hatte sich die Kirche aus öffentlichen Angelegenheiten herauszuhalten. Andererseits war sich Durkheim als Soziologe der Tatsache bewusst, dass Religion für die moderne Gesellschaft eine bedeutsame Rolle spielt. Mehr noch: Die Ursache der Gegenwartskrise sah er darin, dass für die überkommene, auf die Religion gegründete Moralanschauung bislang kein Ersatz gefunden worden war. Deshalb sei es, so Durkheim, Aufgabe der Soziologie, eine Moral neu zu schaffen, die wissenschaftlichen Anforderungen genügte. Aber lassen Sie uns zunächst den Wissenschaftler Durkheim betrachten.

Anhänger der Dritten Republik

3.1.3 | Durkheims Grundlegung der Soziologie als Wissenschaft

Durkheim war für die Entwicklung einer akademischen Soziologie sehr wichtig, auch weil er ihr einen eigenen Gegenstand gegeben hat.

Gesellschaft ist, so Durkheim, mehr als eine Summe von Einzelmenschen. Sie ist ein Wesen eigener Art, das weder psychologisch noch biologisch adäquat erfasst werden kann. Denn es gibt im sozialen Leben Erscheinungen, die unabhängig von den Einzelmenschen existieren. Diese Erscheinungen nennt Durkheim *fait social*, übersetzt heißt das soziale Tatsache bzw. sozialer Tatbestand. Was ist damit gemeint?

Sozialer Tatbestand als Gegenstand der Soziologie

Durkheim definiert *soziale Tatbestände* als »besondere Arten des Handelns, Denkens und Fühlens, die außerhalb der Einzelnen stehen und mit zwingender Gewalt ausgestattet sind, kraft deren sie sich ihnen aufdrängen« (Emile Durkheim, *Regeln der soziologischen Methode*. Neuwied 1980, S. 107). Dazu zählen die Sitten, die Bräuche, die Normen einer Gesellschaft, das Recht und die Moral. Der Begriff des sozialen Tatbestandes bezieht sich also auf kollektive Vorstellungen und Gedankenbildungen. Diese sozialen Tatbestände sind Realitäten eigener Art, die ein Eigenleben unabhängig vom Individuum führen. Das Individuum stirbt, die sozialen Tatbestände leben weiter. Der einzelne Mensch ist also kein autonomes Individuum, sondern Teil der Gesellschaft und er kann nur als solcher verstanden werden. Die Gruppe, so Durkheim, denkt, fühlt und handelt ganz anders, als es ihre Glieder tun würden, wären sie isoliert. Durkheim versucht, den Charakter des sozialen Tatbestandes anhand des Selbstmordes zu verdeutlichen, der scheinbar individuellsten Handlung überhaupt (→ Kapitel 3.1.4).

Definition

Sozialer Tatbestand
- Emile Durkheim meint damit kollektive Vorstellungen und Gedankenbildungen, z. B. Sitten, Bräuche, Normen, Recht, Moral.
- Diese kollektiven Vorstellungen führen ein Eigenleben unabhängig vom Individuum.
- Sie üben einen äußeren Zwang auf den Einzelnen aus.
- Durch soziale Tatbestände werden einzelne Menschen zu einer Gesellschaft integriert.
- Soziale Tatbestände bilden den spezifischen Gegenstand der Soziologie als eigener Wissenschaft.

Es gibt, so Durkheim, nicht nur ein individuelles Bewusstsein, sondern auch ein *Kollektivbewusstsein*. Es existiert im Bewusstsein der Einzelnen, es existiert aber auch unabhängig davon. Die Individuen gehen, das Kollektivbewusstsein bleibt. Das Kollektivbewusstsein ist eine Macht, der sich das Individuum nicht ohne weiteres entziehen kann. Man kann es als negativ ansehen, weil es die Freiheit des Individuums einengt. Aber Durkheim bewertet das Kollektivbewusstsein als eine notwendige und segensreiche Kraft. Denn es hält die Gesellschaft zusammen und integriert die Einzelnen in die Gruppe. Allerdings konstatiert Durkheim in der modernen Gesellschaft eine abnehmende Bedeutung des Kollektivbewusstseins. Die Integration erfolgt jetzt weniger über ein spontanes Zusammengehörigkeitsgefühl, sondern mehr funktional, durch wechselseitiges Aufeinander-Angewiesensein.

Integrationsfunktion des Kollektivbewusstseins

Zusammenfassung

Kollektivbewusstsein bei Durkheim
- Durkheim definiert »Kollektivbewusstsein« als »die Gesamtheit der Meinungen und Gefühle, die den Gliedern ein und derselben Gesellschaft im Durchschnitt gemeinsam sind« und die »ein eigenes Leben« haben.
- Das Kollektivbewusstsein existiert im Bewusstsein der Einzelnen, es existiert aber auch unabhängig davon. Die Individuen gehen, das Kollektivbewusstsein bleibt.
- Die Überzeugungen und Gefühle, die das Kollektivbewusstsein ausmachen, werden durch Sozialisation tradiert.
- Das Kollektivbewusstsein ist eine Macht, die wirkt und der sich das Individuum nicht ohne weiteres entziehen kann.
- Das Kollektivbewusstsein bewirkt eine gesellschaftliche Integration der Individuen.
- Das Kollektivbewusstsein ist in einfachen Gesellschaften stärker ausgeprägt als in modernen Gesellschaften.
- Wer die Normen und Gefühle des Kollektivbewusstseins verletzt, wird sanktioniert.
- Das Kollektivbewusstsein und seine Umsetzung in individuelles und kollektives Handeln versteht Durkheim als sozialen Tatbestand.
- In modernen Gesellschaften nimmt die Bedeutung des Kollektivbewusstseins ab. Die gesellschaftliche Integration erfolgt nun vorzugsweise funktional, d.h. die Einzelnen bilden wie die Organe eines Körpers eine funktionale Einheit, wo jeder (bzw. jede Berufsgruppe) auf den/die anderen angewiesen ist.

Wie verhalten sich die Begriffe *sozialer Tatbestand* und *Kollektivbewusstsein* zueinander? Sie decken sie sich vom Gegenstand her weitgehend, d.h. die Phänomene des Kollektivbewusstseins sind soziale Tatbestände. Im methodologischen Kontext spricht Durkheim vom sozialen Tatbestand; geht es um die inhaltliche Analyse, verwendet er den Begriff Kollektivbewusstsein. Durkheim hat versucht, das Faktum des sozialen Tatbestandes (Gesellschaft als Gegenstand eigener Art) anhand eines Phänomens zu demonstrieren, das ein denkbar individuelles zu sein scheint, dem Selbstmord. Sein Schüler Maurice Halbwachs hat Gleiches beim Gedächtnis zu zeigen versucht.

Originalzitat

Emile Durkheim verdeutlicht den sozialen Tatbestand

»Wenn ich meine Pflichten als Bruder, Gatte oder Bürger erfülle, oder wenn ich übernommene Verbindlichkeiten einlöse, so gehorche ich damit Pflichten, die außerhalb meiner Person und der Sphäre meines Willens im Recht und in der Sitte begründet sind. Selbst wenn sie mit meinen persönlichen Gefühlen im Einklange stehen und ich ihre Wirklichkeit im Innersten empfinde, so ist diese doch etwas Objektives. Denn nicht ich habe diese Pflichten geschaffen, ich habe sie vielmehr im Wege der Erziehung übernommen ... Ebenso hat der gläubige Mensch die Bräuche und Glaubenssätze seiner Religion bei seiner Geburt fertig vorgefunden. Dass sie vor ihm da waren, setzt voraus, dass sie außerhalb seiner Person existieren. Das Zeichensystem, dessen ich mich bediene, um meine Gedanken auszudrücken, das Münzsystem, in dem ich meine Schulden zahle, die Kreditpapiere, die ich bei meinen geschäftlichen Beziehungen benutze, die Sitten meines Berufes führen ein von dem Gebrauche, den ich von ihm mache, unabhängiges Leben. Das eben Gesagte kann für jeden einzelnen Aspekt des gesellschaftlichen Lebens wiederholt werden. Wir finden also besondere Arten des Handelns, Denkens, Fühlens, deren wesentliche Eigentümlichkeit darin besteht, dass sie außerhalb des individuellen Bewusstseins existieren.

Diese Typen des Verhaltens und des Denkens stehen nicht nur außerhalb des Individuums, sie sind auch mit einer gebieterischen Macht ausgestattet, kraft deren sie sich einem jeden aufdrängen, er mag wollen oder nicht ... Versuche ich, die Normen des Rechtes zu übertreten, so wenden sie sich wider mich ... Wenn ich mich geltenden Konventionen der Gesellschaft nicht füge, etwa in meiner Kleidung den Gewohnheiten meines Landes und meiner Klasse keine Rechnung trage, wird die Heiterkeit, die ich errege, und die Distanz, in der man mich hält, auf sanftere

Art denselben Erfolg erzielen wie eine eigentliche Strafe.« (Emil Durkheim, *Regeln der soziologischen Methode*. Darmstadt 1980, S. 105 f.)

Der Selbstmord als sozialer Tatbestand | 3.1.4

Die These, dass Selbstmord kein individuelles, sondern ein gesellschaftliches Phänomen ist, erläuterte Durkheim anhand von Selbstmordstatistiken des 19. Jahrhunderts. An ihnen ließ sich ablesen, dass die Selbstmordraten erheblichen Schwankungen unterlagen. Das sprach gegen die Sichtweise des Selbstmords als individuelle Entscheidung – dann hätten die Raten konstanter sein müssen. Stattdessen war nach Durkheims Befunden in protestantischen Staaten die Selbstmordrate mehr als dreimal so hoch wie in katholischen. Noch niedriger als bei den Katholiken lag die Selbstmordrate im Judentum. Auch töteten Gebildete sich häufiger als Ungebildete, Ältere häufiger als Jüngere, Männer häufiger als Frauen. Der Ehestand verringerte laut Statistik die Selbstmordgefahr um die Hälfte, sofern Kinder da sind. Durkheim erkannte außerdem erhebliche zeitliche Variationen: Zwischen 1820 und 1890 verdreifachte sich die Selbstmordrate beispielsweise.

Durkheim nahm an, dass die unterschiedlichen Selbstmordraten etwas mit dem Grad gesellschaftlicher Integration zu tun haben. Seine These lautete: Je zahlreicher und strenger die religiösen Dogmen, desto stärker wird das Individuum in die Glaubensgemeinschaft integriert. So ist der Protestantismus eine relativ individualistische Religion, die den einzelnen Gläubigen in seinem Verhältnis zu Gott allein lässt. Die Katholiken unterliegen dagegen vielen religiösen Dogmen und sind deshalb sozial stärker integriert. Was das Judentum angeht, so handelt es sich um eine konfessionelle Minderheit in einer mehr oder minder feindlich gesinnten Umwelt – eine Konstellation, die das Gemeinschaftsbewusstsein verstärkt. Auch die Familie gewährt eine bessere Integration des Individuums.

Zusammenhang zwischen Selbstmordrate und gesellschaftlicher Integration

Selbstmord*raten* (nicht Selbstmorde) haben also laut Durkheim viel mit dem Grad gesellschaftlicher Integration zu tun. Entsprechend unterscheidet er drei Selbstmordtypen: den egoistischen, den altruistischen und den anomischen Selbstmord.

Beim *egoistischen Selbstmord* ist das Individuum ungenügend gesellschaftlich integriert. »Egoistisch« meint, dass das betroffene Individuum sein individuelles Ich über das Kollektiv stellt. Es fühlt sich nicht mehr solidarisch mit der Gruppe und wird vom Gefühl der Sinnlosigkeit befal-

Egoistischer Selbstmord

len. Denn das Gefühl von Sinn wird über die Werte und Normen des Kollektivs vermittelt. Menschen spielen also insbesondere dann mit Selbstmordgedanken, wenn sie nur auf sich bezogen und nicht in eine Gruppe integriert sind.

Altruistischer Selbstmord

Während beim egoistischen Selbstmord das Individuum zu wenig in die Gruppe integriert ist, meist aufgrund übertriebener Individuation, liegt beim *altruistischen Selbstmord* eine übermäßige Integration in die Gruppe vor. Dieser Typus findet sich vor allem in vormodernen Gesellschaften. Beispiele sind Selbstmorde alter, »unproduktiver« Menschen, Selbstmorde von Frauen beim Tode ihres Gatten oder Selbstmorde von Gefolgsleuten beim Tod ihres Herren. In der modernen Gesellschaft kommt der altruistische Selbstmord insbesondere beim Militär vor. So sahen sich am Ende des Dritten Reich etliche hohe Militärs zum Suizid verpflichtet, etwa Generaladmiral v. Friedeburg nach der Unterzeichnung der Kapitulationsurkunde in Reims am 7. Mai 1945. Auch zahlreiche Hitler politisch und persönlich nahestehende Personen brachten sich um, z. B seine Geliebte Eva Braun oder das Ehepaar Goebbels, das seine sechs Kinder mit in den Tod nahm.

Anomischer Selbstmord

Eine charakteristische Erscheinung der modernen Gesellschaft ist der *anomische* Selbstmord. Er tritt ein, weil das Individuum ungenügend in die Gesellschaft integriert ist – ungenügend integriert, weil die bindende Kraft von gesellschaftlichen Normen nachlässt. Damit ist auch der Begriff der *Anomie* umschrieben.

Die Kraft regulierender Normen

Ausgangspunkt von Durkheims Überlegungen waren wiederum die Selbstmordstatistiken. Sie zeigten eine Zunahme der Selbstmordraten bei wirtschaftlichen Krisen, aber auch bei plötzlicher wirtschaftlicher Prosperität. Durkheim deutete dies so: Die menschlichen Bedürfnisse werden gesellschaftlich reguliert. Die Gesellschaft setzt die Normen, welche Bedürfnisse legitim sind und welche nicht, wobei je nach sozialer Schicht unterschiedliche Normen angelegt werden. Fehlt diese gesellschaftliche Regulierung, so wachsen die Bedürfnisse ins Maßlose. Maßlose Bedürfnisse können nicht befriedigt werden, sie machen die Menschen unzufrieden und unglücklich. Daher steigen, wenn die Kraft regulierender Normen nachlässt, die Selbstmordraten. Bei raschen gesellschaftlichen Wandlungen, sei es in Krisenzeiten, sei es bei wirtschaftlicher Hochkonjunktur, schwindet die begrenzende Kraft der gesellschaftlichen Normen. Auch die größer werdende Zahl von Ehescheidungen geht mit einer wachsenden Selbstmordrate einher, und zwar vor allem zu Lasten der Männer.

Im Unterschied zum egoistischen Selbstmord liegt das Problem im Fall des anomischen Selbstmords nicht beim Individuum, das sich aus eigener Entscheidung aus seinen sozialen Zusammenhängen löst. Es liegt vielmehr in der Gesellschaft selbst, deren Integrationskraft zu schwach geworden ist. Durkheim sah in der Anomie, also der Abschwächung normativer Ordnungen *das* große Problem moderner Gesellschaft. Hatten in der vormodernen Gesellschaft das Ständewesen, Gilden, Zünfte, Kirche, Familie und Nachbarschaft die gesellschaftliche Integration der Individuen noch gewährleistet, so existierten diese Institutionen in der modernen Gesellschaft nicht mehr oder nur noch abgeschwächt. Die rapide Steigerung der Selbstmordraten in der modernen Gesellschaft führte Durkheim vor allem auf diese Anomie zurück.

Durkheim interessierte nicht Selbstmord im individualpsychologischen Sinn. Es ging ihm nicht um einzelne Selbstmorde, sondern um Selbstmord*raten* als Symptom krisenhafter gesellschaftlicher Verhältnisse, vor allem der *Anomie*.

Zusammenfassung

Die drei Selbstmordtypen bei Emil Durkheim
Der *egoistische Selbstmord* entsteht durch übermäßige Individuation des Einzelnen. Dadurch ist dieser ungenügend in die Gesellschaft integriert.

Zum *altruistischen Selbstmord* kommt es, wenn der Einzelne zu stark in die Gesellschaft integriert ist.

Der *anomische Selbstmord* entsteht, wenn die Gesellschaft nicht (mehr) genügend Integrationskraft aufweist.

Das Gedächtnis als sozialer Tatbestand – Maurice Halbwachs | 3.1.5

Maurice Halbwachs war ein Schüler von Emile Durkheim. Was Durkheim über den Selbstmord zu Tage gefördert hatte, arbeitete Halbwachs für das Gedächtnis heraus. Auch für ihn stand fest: Erinnerung, Gedächtnis ist entgegen dem ersten Eindruck kein rein individuelles, sondern ein kollektives Phänomen.

Das Gedächtnis scheint auf den ersten Blick, ähnlich wie der Selbstmord, eine rein individuelle Erscheinung zu sein: Jeder und jede von uns hat ein eigenes Gedächtnis und eigene Erinnerungen – wie (virtuelle) Fotos von der Vergangenheit. Aber das Erinnern ist nicht wie das Ansehen von Fotos, sondern es ist ein *Prozess der Rekonstruktion*. Ein Foto sieht immer gleich aus, auch wenn wir es möglicherweise unterschiedlich wahrnehmen. In der Erinnerung bauen wir die Bilder jedoch immer wieder neu auf, und dabei können sie sich verändern.

Erinnern als Prozess der Rekonstruktion

Wir erinnern uns aber nicht nur für uns allein. Sondern wir tauschen Erinnerungen mit anderen aus. Spätestens an diesem Punkt wird Erinnern ein kollektiver Prozess, eine *soziale Rekonstruktion*. Dabei oder daraus bildet sich ein gemeinsames Bild von der Vergangenheit. Wenn der Großvater gestorben ist, dann tauscht sich die Verwandtschaft, z. B. bei Beerdigungen, über ihre Erinnerungen aus. Aus diesen Gesprächen ergibt sich ein kollektives Bild über den Großvater – nicht selten etwas idealisiert, da man ja über Tote nur Gutes sagen soll, übrigens wieder ein sozialer Tatbestand. Dieses Bild hebt bestimmte Eigenschaften und Begebenheiten aus Großvaters Leben hervor und wird mehr oder weniger von der Verwandtschaft geteilt. Und was für Großvater gilt, das gilt erst recht für bedeutende Persönlichkeiten oder für einschneidende historische Ereignisse.

Gedächtnis als kollektives Phänomen

Insofern ist Gedächtnis ist also tatsächlich ein kollektives Phänomen. Entsprechend spricht Halbwachs auch vom *kollektiven Gedächtnis*. Ebenso wie es ein kollektives Bewusstsein gibt, gibt es ein kollektives Gedächtnis. Das Gedächtnis bewahrt Vergangenheiten nicht einfach auf, um sie in immer gleicher Weise zu reproduzieren, es *rekonstruiert* sie vielmehr.

Zusammenfassung

Das kollektive Gedächtnis ist ein sozialer Tatbestand:
- Es bedeutet mehr als die Summe aller individueller Gedächtnisse.
- Es besteht unabhängig vom Individuum, getragen durch die Gemeinschaft.
- Es überdauert Individuen und umfasst alle individuellen Erinnerungen.

3.1.6 | Durkheims Theorie der Arbeitsteilung

Durkheim hat zwei weitere zentrale Begriffe geprägt: Er unterscheidet zwischen zwei Gesellschaftstypen, von denen der eine durch *mechanische*, der andere durch *organische Solidarität* bestimmt ist. Was ist damit gemeint?

Mechanische und organische Solidarität

Individuen können sich zueinander hingezogen fühlen, weil sie sich »ähnlich« sind, d. h. über bestimmte gemeinsame Merkmale verfügen wie Gleichheit der Familienzugehörigkeit, des Geschlechts, des Alters, der Sprache, der Nationalität, der Religion, des Berufs und der Schicht. Diese Art von Zusammengehörigkeitsgefühl nennt Durkheim *mechanische Solidarität*. Genauso aber können sich Individuen sich zueinander hingezogen fühlen, wenn sie sich auf Grund ihrer Verschiedenheit gegenseitig ergänzen, wie Mann/Frau, Ältere/Jüngere, manuell/intellektuell Tätige, Ausführende/Leitende usw. Diese Art von Zusammengehörigkeitsgefühl nennt Durkheim *organische Solidarität*.

Mechanische Solidarität existiert vor allem in einfachen Stammesgesellschaften. Dort sind den Mitgliedern die gleichen Empfindungen, Normen und religiösen Praktiken zu eigen. Alle machen das Gleiche, wie etwa die Männer eines Indianerstammes, die alle jagen, fischen und Krieg führen. Zwischen den Individuen gibt es kaum eine funktionale Differenzierung. Die Gesellschaft ist also *segmentär*, d.h. in gleichartige Teile differenziert.

Moderne Gesellschaften sind hingegen *funktional differenziert*. Dazu gehört beispielsweise eine weit entwickelte berufliche Arbeitsteilung. Alle sind voneinander abhängig. Der Arbeiter in der Fabrik braucht den Arzt, der Arzt braucht den Arbeiter, der seine Konsumgüter herstellt, beide brauchen für ihre Kinder den Lehrer, der Lehrer wiederum braucht Arzt und Arbeiter usw. Die Einzelnen bilden wie die Organe des Körpers eine funktionale Einheit. Die Gesellschaft wird vor allem durch das wechselseitige Aufeinander-Angewiesensein der Individuen zusammengehalten.

Mechanische Solidarität	Solidarität durch Ähnlichkeit
	Die Mitglieder haben die gleichen Empfindungen, die gleichen Werte und dieselbe Religion
	Segmentäre Differenzierung
	Die Gesellschaft ist kohärent, weil zwischen den Individuen noch keine Differenzierung stattgefunden hat
Organische Solidarität	Die Gesellschaften der organischen Solidarität sind durch hochentwickelte und fortschreitende Arbeitsteilung gekennzeichnet
	Die Einzelnen bilden wie die Organe des Körpers eine funktionale Einheit
	Solidarität entsteht bei diesem Gesellschaftstyp primär durch das Gefühl des gegenseitigen Aufeinander-Angewiesenseins

| Tab. 4

Emile Durkheim: Mechanische Solidarität und organische Solidarität

Leitfrage: Was hält eine Gesellschaft zusammen?

Den unterschiedlichen Solidaritätstypen entsprechen unterschiedliche Arten von Sanktionen und Strafen. Das traditionelle Strafrecht ist »repressiv«, also auf Bestrafung gerichtet, die modernen Sanktionen eher »restitutiv«, also auf Wiedergutmachung gerichtet.

Die Ursachen der fortschreitenden Arbeitsteilung sieht Durkheim allgemein in der Zunahme von Volumen und Dichte der Gesellschaft. Das heißt konkret: Je mehr Menschen auf einem bestimmten Raum zusammenleben, desto stärker ist die Tendenz zu einer modernen Arbeitsteilung.

3.1.7 | Solidarität in der modernen Gesellschaft

Die grundlegende Frage der Soziologie Durkheims lautete also: Wie kann die Masse von Einzelpersonen eine Gesellschaft bilden? Wie gelingt es ihr, einen Konsensus als Voraussetzung des Lebens in der Gemeinschaft herzustellen? Oder, zeitdiagnostisch gewendet: Wie kann in der modernen Gesellschaft das Zusammenleben organisiert werden?

Organisation des Zusammenlebens

Die moderne Arbeitsteilung sieht Durkheim zunächst als ein ökonomisches Phänomen. Durch die Spezialisierung der wirtschaftlichen Akteure auf eine bestimmte ökonomische Tätigkeit ergibt sich eine quantitative und qualitative Steigerung der hergestellten Produkte und damit eine Erhöhung des materiellen Wohlstands.

Die Arbeitsteilung hat darüber hinaus aber auch eine gesellschaftliche Dimension. Je stärker sich die Akteure auf eine bestimmte ökonomische Tätigkeit spezialisieren, desto größer ist ihre gegenseitige Abhängigkeit voneinander. Damit ein arbeitsteiliger Produktions- und Tauschprozess stattfinden kann, muss eine halbwegs stabile Integration gewährleistet sein.

Eine wesentliche Voraussetzung gesellschaftlicher Integration ist ein Mindestmaß an Vertrauen, wie wir heute sagen würden, oder an Sympathiegefühlen der Individuen untereinander, wie Durkheim es ausgedrückt hat. Um ein Gefühl der Zusammengehörigkeit zu entwickeln, braucht es ein Netz fester sozialer Bindungen und sozialer Institutionen wie beispielsweise Familie, Religion, Staat und Recht, die das Zusammenleben regeln und Sanktionen verhängen. Dieses Zusammengehörigkeitsgefühl nennt Durkheim *Solidarität*. Fehlt das Gefühl der Solidarität, so ist die *Kohäsion*, also der Zusammenhalt der Gesellschaft gefährdet.

Solidarität als Grundlage für Zusammenhalt der Gesellschaft

Durkheim sieht die Kohäsion durch »anormale« Formen der Arbeitsteilung in Frage gestellt, welche das Zusammengehörigkeitsgefühl erodieren lassen. Die »reine« Marktwirtschaft ist für ihn durch zwei anormale Formen gekennzeichnet: die *anomische Arbeitsteilung* und die *aufgezwungene Arbeitsteilung*.

Anomische Arbeitsteilung

Mit *anomischer Arbeitsteilung* meint Durkheim den bestehenden Zustand der Regellosigkeit der Beziehungen zwischen den Unternehmern einerseits und innerhalb der Unternehmen zwischen Kapital und Arbeit andererseits – bezogen auf die unregulierte Marktwirtschaft des 19. Jahrhunderts. Dabei handelte es sich um einen rechtlosen Zustand sowohl in den Beziehungen der Unternehmer untereinander als auch zwischen Kapital und Arbeit. Die Folge dieser Regellosigkeit war, dass sich dieser Zustand einer ständigen Feindschaft im Wirtschaftsleben aufrecht erhielt, dass oft das Gesetz des Stärkeren die Konflikte löste, dem sich die unterlegene Seite nur durch Zwang, nicht aber aus Einsicht unterwarf, so dass sich insgesamt kein stabiles Gleichgewicht in den Produktions- und Distributionsprozessen herausbilden konnte.

Eine *aufgezwungene Arbeitsteilung* besteht gemäß Durkheim dann, wenn eine oder mehrere Gruppen dazu gezwungen werden können, im Rahmen der gesamtgesellschaftlichen Arbeitsteilung ihre ökonomischen Aktivitäten auf nur eine Spezialisierung zu konzentrieren. In der Gegenwart sei die Mehrheit der Menschen dazu gezwungen, in einen harten Konkurrenzkampf um die angebotenen Arbeitsplätze einzutreten, die aufgrund fehlenden Eigentums die einzige Möglichkeit zur Existenzsicherung darstellen.

<small>Aufgezwungene Arbeitsteilung</small>

Warum sind die anormalen Formen der Arbeitsteilung für die Kohäsion moderner Gesellschaften so bedenklich? Anders als in traditionellen Gesellschaften ist, so Durkheim, mit der Industrialisierung das Wirtschaftsleben zur wichtigsten Aktivität innerhalb der modernen Gesellschaften geworden. Da sich aber das Wirtschaftsleben in einem allgemeinen Zustand von Regellosigkeit und Zwangsverhältnissen befindet, ergibt sich für die Individuen die Situation, dass ihre Welt nur schwach von Moral geprägt ist. Das kann nicht ohne Folgen für die Gesamtgesellschaft bleiben, denn das Fehlen einer Moral in der Arbeitswelt muss einen Verfall der öffentlichen Moral in der Gesellschaft insgesamt nach sich ziehen. Durkheim sieht die Gefahr einer Atomisierung der Individuen und als potentielle Gegenreaktion die Entstehung eines Überstaates, um die gesellschaftliche Ordnung zusammenzuhalten. (Damit ist schon ein wenig die spätere Entwicklung zum Faschismus hin theoretisch erfasst).

<small>Regelloses Wirtschaftsleben</small>

Um der Anomie und dem Zerfall der Kohäsion entgegenzuwirken, fordert Durkheim eine Rekonstruktion von »Berufsgruppen« nach dem Vorbild berufsständischer Gruppen im Mittelalter, also der Zünfte und Gilden. Sie sollten für die Aufstellung und Einhaltung von Regeln, die alle ökonomischen Produktions- und Distributionsprozesse regulieren, verantwortlich sein. Die neuen Berufsgruppen hätten sich als »nationale Kooperationen« zu organisieren, in denen sich die gewählten Vertreter von Kapital und Arbeit, nach Branchen getrennt und auf nationaler Ebene agierend, gegenübersitzen. In ihrer Hand müssten Entscheidungen liegen wie Erlaubnis für Unternehmensgründungen, Maßnahmen zur Anpassung der Produktion an Nachfrageschwankungen bis zur Fixierung von Einkommen und Arbeitsbedingungen der Arbeitnehmer. Auf diese Art und Weise könnte, so hoffte Durkheim seinerzeit, die offene »Feindschaft« zwischen Kapital und Arbeit überwunden werden und sich stattdessen die »organische« Solidarität durchsetzen.

<small>Berufsgruppen gegen Anomie</small>

> **Zusammenfassung**
>
> **»Anomische Arbeitsteilung« nach Durkheim**
> - Bezieht sich auf die unregulierte Marktwirtschaft im 19. Jahrhundert
> - Beschreibt einen Zustand der Regellosigkeit in den Beziehungen zwischen den Unternehmern und innerhalb der Unternehmen zwischen Kapital und Arbeit
> - Ruft einen Kriegszustand zwischen Kapital und Arbeit hervor
> - Lässt in den Verträgen zwischen Unternehmern und Arbeitern nur eine Beschreibung der aktuellen Kräfteverhältnisse zu
> - Führt zu keinem Gefühl der Zusammengehörigkeit und keiner dauerhaften soziale Ordnung
> - Bewirkt die Atomisierung der Individuen
> - Erfordert als Gegenmittel die Bildung von Berufsgruppen

3.1.8 | Die Durkheim-Schule und der Solidarismus

Durkheim und seine Schüler bildeten eine wissenschaftliche Schule. Sie fungierten darüber hinaus – und darin liegt ihre politische Bedeutung – als Teil der solidaristischen Bewegung in Frankreich.

Der *Solidarismus* war die dritte große »linke« Strömung neben Kommunismus und Sozialismus im Frankreich der Dritten Republik zwischen 1870 und 1940. Die Anfänge des Solidarismus liegen etwa Mitte der 1890er Jahre und sind auf das Erscheinen des Buchs »*La Solidarité*« von dem Politiker und Staatsmann Léon Bourgeois zurückzuführen. Die soziale Basis dieser Bewegung lag vor allem bei den kleinen Selbständigen. Parteipolitisch standen sie der sogenannten Radikaldemokratischen Partei nahe. Der Solidarismus verstand sich als »Dritter Weg« zwischen klassischem Liberalismus und Marxismus. Anders als die Marxisten plädierten die Solidaristen für eine Beibehaltung des Privateigentums an Produktionsmitteln. Nur im Falle monopolartiger Marktbeherrschung oder besonderer nationaler Bedeutung wollte man Unternehmen oder Wirtschaftszweige verstaatlichen. Das Privateigentum sollte aber möglichst eine kollektive Form annehmen, und zwar in Gestalt von Genossenschaften. In Privatunternehmen sollten die Arbeitnehmer am Gewinn beteiligt werden. Außerdem sahen die Solidaristen Mitbestimmung und Vermögensbildung für die Arbeitnehmer vor. Sie schlugen die Bildung eines nationalen Wirtschaftsrats vor, der dann auch tatsächlich eingerichtet wurde. Er sollte die Interessengruppen des Landes zusammenführen und konstruktive Lösungen bei gesellschaftlichen Streitfragen vorbereiten.

Solidarismus als dritter Weg zwischen Liberalismus und Marxismus

Zusammenfassung

Grundsätze des Solidarismus
- Beibehaltung des Privateigentums an Produktionsmitteln
- Verstaatlichung nur bei monopolartiger Marktbeherrschung in Wirtschaftszweigen von nationaler Bedeutung
- Das Privateigentum soll möglichst eine »kollektive« und nicht »individuelle« Form annehmen, man war für eine genossenschaftliche Umgestaltung der Eigentumsverhältnisse
- Auf der Agenda standen Mitbestimmung, Vermögensbildung sowie die Gewinnbeteiligung für Arbeitnehmer (»Wirtschaftsdemokratie«)
- Bildung eines nationalen Wirtschaftsrats

Ebenfalls zum Programm des Solidarismus gehörten soziale Reformgesetze. Damit war diese Bewegung entscheidend daran beteiligt, die Anomie im Wirtschaftsleben zurückzudrängen. Solidaristische Reformen zwischen 1895 und 1914 waren beispielsweise die Einführung der Erbschaftssteuer und der progressiven Einkommenssteuer, die Arbeiterrentenversicherung, ein Arbeiter-Unfallgesetz, ein Pflegekindergesetz, die gesetzliche Versorgung von Alten, Behinderten und chronisch Kranken ohne eigene Ressourcen, ein Gesetz über die obligatorische Sonntagsruhe, gesetzliche Regelung der Arbeiter- und Bauernrenten und ein Gesetz zur öffentlichen Gesundheitspflege.

Solidaristische Reformen

So waren Durkheim und seine Schüler nicht nur für die Soziologie wichtig, indem sie ihr einen Gegenstand und eine Methode gaben, sondern sie beeinflussten als Teil der solidaristischen Bewegung auch die gesellschaftspolitische Entwicklung in Frankreich. Den Funktionalismus, die soziologische Hauptströmung in den 1950er und 1960er Jahren (→ Kapitel 4.3.5), hat Durkheim mitgeprägt.

Lernkontrollfragen

1. Welche werkübergreifenden soziologischen Grundfragen sind bei Durkheim zu erkennen?
2. Worin liegt die Bedeutung Durkheims für die Entwicklung der Soziologie?
3. Erläutern Sie anhand von eigenen Beispielen, was unter »sozialer Tatbestand« zu verstehen ist?
4. Nimmt das Kollektivbewusstsein in der modernen Gesellschaft zu oder ab? Begründen Sie Ihre Auffassung.

5 Wie würde man die Entstehung des Dritten Reiches aus der Perspektive von Durkheim interpretieren? (Denken Sie z. B. an die »Volksgemeinschaft«).

Literatur

Emile Durkheim, **Über soziale Arbeitsteilung. Studie über die Organisation höherer Gesellschaften.** Frankfurt am Main 1996 → Erste Publikation 1893 auf französisch.

Emile Durkheim, **Regeln der soziologischen Methode.** Neuwied 1980 → Erste Publikation 1895 auf französisch.

Emile Durkheim, **Der Selbstmord.** Frankfurt am Main 1995 → Erste Publikation 1897 auf französisch.

Maurice Halbwachs, **Das Gedächtnis und seine sozialen Bedingungen.** Frankfurt am Main 1985

Marcel Mauss, **Die Gabe. Form und Funktion des Austausches in archaischen Gesellschaften.** Frankfurt am Main 1968 → Das Buch beschreibt den Tausch in einfachen Stammesgesellschaften als gesellschaftlichen Akt und zeigt, dass dabei nicht nur ökonomische Momente von Bedeutung sind.

Günter Albrecht, **Soziologiegeschichte. Die Zeit der Riesen: Simmel, Durkheim, Weber. Kurseinheit 2: Emile Durkheim.** Fernuniversität Gesamthochschule Hagen 1987 → Eine sorgfältige, leicht lesbare Einführung in die Biografie und die Hauptwerke Durkheims.

Raymond Aron, **Hauptströmungen des modernen soziologischen Denkens. Durkheim, Pareto, Weber.** Reinbek 1979 → Erstveröffentlichung 1967; eine solide, gut durchdachte Einführung in das wissenschaftliche Denken von Emile Durkheim.

Ruth Ayaß, Artikel Maurice Halbwachs, **Das Gedächtnis und seine sozialen Bedingungen**, in: Sven Papcke/Georg W. Oesterdiekhoff (Hg.), Schlüsselwerke der Soziologie. Wiesbaden 2001, S. 203 f. → Gute Kurzeinführung in Maurice Halbwachs' Theorie des kollektiven Gedächtnisses.

Christian Gülich, **Die Durkheim-Schule und der französische Solidarismus.** Wiesbaden 1991 → Beschreibt den Beitrag der Durkheim-Schule, besonders von Celestin Bouglé, zur solidaristischen Bewegung, auch interessant für die Formen der anormalen Arbeitsteilung bei Durkheim.

Stefan Moebius, **Marcel Mauss.** Konstanz 2006 → leicht verständliche Einführung in das Werk und Denken des Durkheim-Schülers, auch instruktiv zur Geschichte der Durkheim-Schule in der Zwischenkriegszeit.

Daniel Suber, **Emile Durkheim.** Konstanz 2012 → neue Einführung in das Werk von Durkheim.

Die italienische Elitensoziologie – Robert Michels, Gaetano Mosca, Vilfredo Pareto | 3.2

Inhalt

In Italien bildete sich eine eigene Soziologie heraus. Ihre Hauptbegriffe waren Elite und Masse. Sie betonte die Irrationalität kollektiven Handelns. Der italienische Faschismus unter Mussolini bediente sich der Elitensoziologie zu ideologischen Zwecken. Die wichtigsten Theoretiker der italienischen Elitensoziologie waren Vilfredo Pareto, Gaetano Mosca und Robert Michels.

3.2.1 Zur italienischen Elitensoziologie allgemein

3.2.2 Robert Michels' Theorie der Oligarchisierung

3.2.3 Vilfredo Paretos Elitensoziologie

3.2.4 Die italienische Elitensoziologie aus heutiger Sicht

Zur italienischen Elitensoziologie allgemein | 3.2.1

In der Zeit zwischen 1890 und 1930 war Europa ein Schauplatz des Kampfes zwischen den demokratischen Kräften und den alten Eliten. Bis zum Ersten Weltkrieg drang in ganz Europa die Demokratie siegreich vor. Nach dem Ersten Weltkrieg wurden kurzzeitig die meisten europäischen Staaten demokratisch. Doch rasch entwickelten sich – durch Kriegsfolgen, wirtschaftliche Krisen und populistische Agitation hervorgerufen – antidemokratische Bewegungen, deren soziale Basis die alten Eliten (Adel, Kirche, Militär, Beamtenschaft) und der alte Mittelstand bildeten. Bereits 1922 gelangte in Italien die faschistische Bewegung Benito Mussolinis an die Macht.

Während Durkheim und seine Schüler auf Seiten der demokratischen Bewegung und der Dritten Republik standen, gehörte die italienische Elitensoziologie zum geistigen Bestand der antidemokratischen Bewegung. *Denn die klassische italienische Elitensoziologie zielte im Kern auf den Nachweis, dass Demokratie und Gleichheit nicht möglich sind.* Man kann die italienische Elitensoziologie aber nicht einfach als politische Ideologie abtun. Vor allem Vilfredo Pareto und Robert Michels gelten bis heute als Klassiker des Fachs. Der Eliten-Soziologie lag eine wichtige empirische Beobachtung zugrunde: Sie erkannte, dass sich um die Jahrhundertwende im Zuge der Organisations- und Mobilisierungserfolge der Arbeiter-

Geistiger Bestand der antidemokratischen Bewegung

bewegung eine »Aristokratie« des Parteibeamtentums und der Funktionärsintellektuellen herausbildete – in offenkundigem Widerspruch zu den radikaldemokratischen Postulaten. Diese Tendenz wurde *Oligarchisierung* genannt, mehr dazu im nächsten Kapitel.

| Zusammenfassung |

Italienische Elitensoziologie
- Unterstützt antidemokratische Bewegungen und traditionelle Eliten
- Erkennt, dass sie in der Arbeiterbewegung eine neue Aristokratie herausbildet
- Zielt im Kern auf den Nachweis, dass Demokratie und Gleichheit nicht möglich sind

3.2.2 | Robert Michels' Theorie der Oligarchisierung

Es war Robert Michels (1876–1936), der als einer der Ersten die Tendenz zur Oligarchisierung erkannte. Michels, in Köln geboren, entstammte einer katholisch-großbürgerlichen, international verzweigten Familie und war zunächst aktiver Offizier. Dann brach er die Bindungen zu Militär und Familie ab und entwickelte sich zu einem idealistischen Sozialisten. Michels engagierte sich in der internationalen sozialistischen Bewegung, insbesondere in Deutschland, Italien und Frankreich. Seine persönlichen Erfahrungen in der Arbeiterbewegung dämpften seine anfängliche Begeisterung bald erheblich. Entgegen ihrem demokratischen Anspruch entdeckte er innerhalb der Arbeiterbewegung überall ein Machtverhältnis der gewählten Führerschaft zu den wählenden Massen.

»Ehernes Gesetz der Oligarchie«

Dem Anspruch der modernen liberalen und sozialdemokratischen Parteien auf Volkssouveränität durch Parteiendemokratie stellte Robert Michels das *Eherne Gesetz der Oligarchie* entgegen. Es behauptete nicht weniger, als dass Demokratie prinzipiell unmöglich ist. Wie hat Michels diese starke, heute provokant wirkende These begründet?

Laut Michels werden alle großen zweckgerichteten Organisationen von Oligarchien beherrscht. Ursachen sind einerseits organisatorische Mechanismen, andererseits psychische Reaktionsformen, die deren Wirkung verstärken.

Um ihre Ziele durchzusetzen, müssen Menschen sich organisieren. Je schwächer sie sind, desto wichtiger ist eine gute Organisation, denn eine solche ist eine Waffe der Schwachen gegen die Starken. Je größer und damit stärker eine Organisation wird, desto stärker auch die oligarchische Tendenz: Mit der Größe der Organisation wachsen die Aufgaben. Doch nur wenige Mitglieder kümmern sich um organisatorische Belange, um Fragen der Verwaltung und der Programmatik. So gewinnen sie gegenüber den anderen Mitgliedern rasch einen Wissensvorsprung, den sie in Macht ummünzen können. Aus einer ehrenamtlichen oder nebenamtlichen Führung wird eine berufsmäßige. Die Führung tendiert dazu, ein Machtkartell zu bilden. Diese Macht wird durch psychologische Effekte verstärkt. Wer eine Führungsposition einnimmt, tendiert dazu, sich für unentbehrlich zu halten. Auch wenn die Führer zunächst aus idealistischen Motiven zur Organisation gestoßen sind, werden sie irgendwann aus strukturellen Gründen vom Machtstreben ergriffen. Dem Machtwillen der Elite steht ein Führungsbedürfnis der Massen gegenüber. Deren Inkompetenz macht die berufsmäßige Führung unentbehrlich.

Machtwille der Elite und Führungsbedürfnis der Massen

Diese Theorie, erstmals 1911 veröffentlicht in dem Werk »*Zur Soziologie des Parteienwesens in der modernen Demokratie*«, reifte unter dem Eindruck von Michels persönlichen politischen Erfahrungen und Enttäuschungen in der Sozialdemokratischen Partei Deutschlands und der internationalen Arbeiterbewegung. Sie bezog sich nicht nur auf die Politik: »*Das Führertum ist eine notwendige Erscheinung jeder Form gesellschaftlichen Lebens.*« (Robert Michels, *Zur Soziologie des Parteiwesens in der modernen Demokratie*. Stuttgart 1970, S. 369)

Michels wurde von Max Weber (→ Kapitel 3.5) unterstützt, hatte aber als zeitweiliger Linker keine Chance auf eine Professur in Deutschland. So ging er nach Italien und nahm 1913 die italienische Staatsbürgerschaft an. Er wurde rasch zu einem italienischen Nationalisten. 1923 trat er in die faschistische Partei Benito Mussolinis ein. Bis zu seinem Tod 1936 wirkte er als Propagandist für das faschistische Italien. Andererseits blieb er ein liberaler Intellektueller und veröffentlichte noch in den 1920er Jahren Aufsätze in Zeitschriften, die der SPD nahestanden.

Definition

Ehernes Gesetz der Oligarchie nach Robert Michels
Alle Großorganisationen, insbesondere politische Parteien, tendieren dazu, mit der Zeit oligarchische Strukturen zu entwickeln. Das bedeutet, dass die Führung an eine kleine Minderheit übergeht, welche die Masse der einfachen Mitglieder beherrscht. Dieses Gesetz manifestiert sich besonders auffällig bei Parteien und Organisationen, die sich Freiheit und Gleichheit auf die Fahne geschrieben haben.

3.2.3 | Vilfredo Paretos Elitensoziologie

3.2.3.1 | Zur Biografie von Vilfredo Pareto

Vilfredo Pareto, 1848 in Paris geboren, war wie Robert Michels Sohn einer adligen Familie. Beruflich betätigte er sich zunächst als Ingenieur der römischen Eisenbahnen. Auch er war in jungen Jahren sozialkritisch eingestellt und trat für das allgemeine gleiche Wahlrecht ein. Um die Jahrhundertwende hingegen wandte er sich von seiner bisherigen demokratischen und sozialkritischen Position ab. Er wurde von einem Idealisten zu einem Realisten – so sah er es.

»Wandel vom Idealisten zum Realisten«

1889 hängte Pareto seinen Beruf an den Nagel – er hatte es bis zur Position eines Direktors in der Eisen- und Stahlindustrie gebracht – und zog sich ins Privatleben zurück. Bald startete er eine zweite Karriere als Wissenschaftler und machte sich als liberal-neoklassisch eingestellter ökonomischer Theoretiker einen Namen. 1893 wurde er zum Professor der Volkswirtschaftslehre in Lausanne ernannt. Pareto war sich bewusst, dass die Nationalökonomie die Wirklichkeit nicht abbildet, sondern modellierend auf rationales Handeln verkürzt. Er erkannte, dass es in Wirtschaft und Gesellschaft nicht nur rationales, sondern auch nicht-rationales bzw., wie er es nannte, *nichtlogisches Handeln* gibt. Davon mehr im nächsten Abschnitt.

1898 erbte Pareto von einem Onkel ein bedeutendes Vermögen. Sein Denken wurde nun konservativer und feindseliger gegenüber dem bürgerlichen Humanismus. Seit 1907 schränkte er aus gesundheitlichen Gründen seine Lehrtätigkeit ein. Von 1912 bis 1916 hielt er nur noch einige soziologische Vorlesungen. 1916 erschien sein 1700 Seiten starkes Hauptwerk *»Traktat der Allgemeinen Soziologie«*. 1922 erklärte sich Pareto grundsätzlich bereit, die italienische Regierung Benito Mussolinis beim Völkerbund zu vertreten. 1923 wurde Pareto zum Senator des Königreichs Italien ernannt.

Pareto plädierte für eine enge Zusammenarbeit und Arbeitsteilung zwischen Ökonomie und Soziologie. Die Ökonomie sollte für das logische Handeln zuständig sein, die Soziologie dagegen für das nichtlogische Handeln. Im Gegensatz zu Durkheim geht Paretos Theorie nicht von der Gesellschaft als Ganzer, sondern von ihren einzelnen Einheiten als Gegenstand der Soziologie aus. Er fand sie in nichtlogischen Handlungen.

3.2.3.2 | Paretos Handlungstheorie

Logisches Handeln

Was sind nach Paretos Auffassung logische, was sind nichtlogische Handlungen? *Logische Handlungen* beruhen, so Pareto, auf rationalen Entscheidungen im Sinn einer zweckgerichteten Mittel-Nutzen-Kalkulation.

Im Bereich der Ökonomie gelten das Prinzip der Nutzenmaximierung und die Annahme des *Homo Oeconomicus,* eines idealen, ausschließlich nach wirtschaftlichen Gesichtspunkten denkenden und handelnden Menschen. Von einem logischen Handeln können wir dann sprechen, wenn die Mittel-Zweck-Relation in der objektiven Wirklichkeit der Mittel-Zweck-Relation im Bewusstsein des Handelnden entspricht. Anders ausgedrückt: Logisch ist das Handeln dann, wenn Handlungen nicht nur dem Handelnden, sondern auch dem wissenden Beobachter als logisch erscheinen.

Doch das Prinzip des logischen Handelns dürfe, so Pareto, nicht für die ganze Gesellschaft verallgemeinert werden. Vielmehr lehre die Erfahrung, dass gesellschaftliche Kernbereiche oft nicht von Logik und Vernunft, von zweckorientiertem Kalkül und rationaler Entscheidung, sondern eher von »Gefühlen« bestimmt sind – beispielsweise Religion und Politik. Und damit sind wir beim *nichtlogischen Handeln.* Pareto unterscheidet drei Varianten nichtlogischen Handelns: Nichtlogisches Handeln
1. instinktives, unbewusstes und habituelles (gewohnheitsmäßiges) Verhalten
2. magische und religiöse Praktiken
3. intentionales Handeln mit nichtintendierten Folgen.

Das soziale Leben wird überwiegend von solchen »nichtlogischen« Handlungsformen bestimmt. Damit ist auch der Gegenstandsbereich der wissenschaftlichen Soziologie im Sinne Paretos abgesteckt: Er erstreckt sich auf im weitesten Sinne magisch-religiöse und gefühls- bzw. ideenbestimmte Zusammenhänge. Für den Zusammenhalt einer Gesellschaft sei das nichtlogische Handeln weitaus wichtiger als das logische. Denn im nichtlogischen Handeln sind die ordnungsstiftenden »Gefühlsstrukturen« einer Gesellschaft enthalten.

Bei nichtlogischen Handlungen fehlt die Konsistenz von subjektiver und objektiver Wirklichkeit. Sie fehlt, weil sich Gefühle, Weltanschauungen, Glauben usw. dazwischen schalten. Dazu zählen Instinkte, Bedürfnisse, Phantasien und Interessen. Derartige Kräfte nennt Pareto *Residuen.* Da die Menschen nicht gern zugeben, dass sie irrational handeln, und stattdessen als vernünftig und logisch agierende Personen erscheinen wollen, erfinden sie Rationalisierungen, verbale Rechtfertigungen ihres Handelns, die dieses als logisch erscheinen lassen. Dies bezeichnet Pareto als *Derivationen.* Soziologie ist also gemäß Pareto die Wissenschaft der Residuen, Derivationen und ihrer Beziehungen zu den Handlungen der Menschen. Dahinter steht die Vorstellung, dass nicht Ideen das Handeln leiten – diese sind nur Illusionen –, sondern Gefühle und Interessen. Die Elemente der Gesellschaft – Pareto spricht vom »sozialen System« – sind also Interessen, Residuen und Derivationen. Gefühle und Interessen sind handlungsleitend

Paretos Theorie des logischen und nichtlogischen Handelns geht nicht zuletzt auf seine eigene Lebenserfahrungen zurück. Als Ingenieur hatte er mitbekommen, dass logisches Handeln ein von der wissenschaftlichen Erkenntnis beherrschtes Verhalten ist, dessen Wirksamkeit die Übereinstimmung der Bewusstseinsvorgänge mit dem Ablauf der Geschehnisse in der objektiven Welt bezeugt. Diesen Handlungsmodus hat er als Wirtschaftswissenschaftler in der Ökonomie allgemein wiedergefunden.

Pareto beobachtete aber auch die politische Welt seiner Zeit, insbesondere die Systeme in Frankreich und Italien. Dabei fielen ihm die grundlegenden Unterschiede zwischen den logischen Handlungen des Ingenieurs und des Wirtschaftssubjekts einerseits und dem Verhalten der Politiker andererseits auf. Letztere beriefen sich auf die Vernunft, handelten aber oft gefühlsbetont und im Sinnes ihres persönlichen Interesses. Paretos Schlussfolgerung lautete: Die Bestimmungsgründe menschlichen Handelns sind nicht identisch mit dem, was die Menschen glauben.

Zusammenfassung

Paretos Handlungstheorie
- Vilfredo Pareto unterscheidet zwischen logischen und nichtlogischen Handlungen. Die logischen Handlungen bilden den Gegenstand der Ökonomie. Die nichtlogischen Handlungen bilden den Gegenstand der Soziologie.
- Von logischem Handeln können wir dann sprechen, wenn die Zweck-Mittel-Relation in der objektiven Wirklichkeit der Zweck-Mittel-Relation im Bewusstsein des Handelnden entspricht.
- Die Handlungen, die nicht von zweckrationalem Kalkül und rationaler Entscheidung, sondern eher von Gefühlen, Religion und Ideen bestimmt sind, nennt Pareto nichtlogische Handlungen.
- Drei Unterklassen nichtlogischen Handelns sind zu unterscheiden: a) instinktives, unbewusstes und habituelles (gewohnheitsmäßiges) Verhalten, b) magische und religiöse Praktiken und c) intentionales Handeln mit nichtintendierten Folgen.
- Logische Handlungen findet man vor allem im Bereich der Ökonomie, nichtlogische Handlungen hingegen im Bereich der Religion und vor allem der Politik.
- Nichtlogischen Handlungen fehlt die Konsistenz von subjektiver und objektiver Wirklichkeit. Sie fehlt, weil sich Gefühle, Weltanschauungen, Glauben usw. dazwischen schieben (Instinkte, Bedürf-

nisse, Phantasien, Interessen). Derartige Kräfte nennt Pareto »Residuen«.
- Da die Menschen ungern zugeben, dass sie irrational handeln und lieber als vernünftig und logisch handelnde Personen erscheinen wollen, erfinden sie Rationalisierungen, verbale Rechtfertigungen ihres Handelns, die dieses als logisch erscheinen lassen. Dies bezeichnet Pareto als »Derivationen«.
- Die meisten menschlichen Handlungen sind nichtlogische Handlungen. Für den Zusammenhalt der Gesellschaft ist das nichtlogische Handeln weitaus wichtiger als das logische. Denn im nichtlogischen Handeln sind die ordnungsstiftenden »Gefühlsstrukturen« einer Gesellschaft enthalten.

Paretos Elitentheorie | 3.2.3.3

Pareto ist am meisten durch seine Elitentheorie bekannt geworden. Vielleicht aber war der weniger bekannte Soziologe, Rechts- und Politikwissenschaftler Gaetano Mosca (1858–1941) der ursprüngliche Begründer. Jedenfalls hat der den Grundgedanken der italienischen Elitensoziologie treffend auf den Punkt gebracht:

»Unter den beständigen Tatsachen und Tendenzen des Staatslebens liegt eine auf der Hand: In allen Gesellschaften, von den primitivsten im Aufgang der Zivilisation bis zu den vorgeschrittensten und mächtigsten, gibt es zwei Klassen, eine, die herrscht, und eine, die beherrscht wird. Die erste ist immer die weniger zahlreiche, sie versieht alle politischen Funktionen, monopolisiert die Macht und genießt deren Vorteile, während die zweite, zahlreichere Klasse von der ersten befehligt und geleitet wird. Diese Leitung ist mehr oder weniger gesetzlich, mehr oder weniger willkürlich oder gewaltsam und dient dazu, den Herrschenden den Lebensunterhalt und die Mittel der Staatsführung zu liefern.« (Zit. nach Michael Hartmann, Elitesoziologie. Frankfurt am Main 2004, S. 19 f.)

Für Mosca ist also die Herrschaft einer kleinen Minderheit über die Mehrheit unvermeidlich, ein ehernes Gesetz der Menschheitsgeschichte. Pareto ist der gleichen Auffassung. Er begründet sie anthropologisch. Die Menschen seien physisch, moralisch und intellektuell so verschieden, dass die menschliche Gesellschaft nicht homogen sein könne.

Herrschaft der Minderheit über die Mehrheit

Wie Mosca vertritt Pareto die Ansicht, dass es in jeder Gesellschaft eine Differenzierung in oben und unten gibt. Vereinfachend spricht er von einer Oberschicht und einer Unterschicht. Die Oberschicht nennt er Elite. Er unterteilt sie in eine herrschende Elite und nicht herrschende Elite.

Eliten sind nicht von Dauer. Alte Eliten verfallen, neue Eliten entstehen. Pareto nennt dies die *Zirkulation von Eliten*. Metaphorisch sagt er, dass Geschichte ein »Friedhof von Eliten« sei. Geschichte der menschlichen Gesellschaften ist aus seiner Sicht zum großen Teil die Geschichte der Aufeinanderfolge der Aristokratien. Privilegierte Minderheiten entstehen, kämpfen, erlangen die Macht, nutzen sie aus, erleben ihren Niedergang, unterliegen und werden von anderen Minderheiten ersetzt.

Originalzitat

Zirkulation der Eliten nach Vilfredo Pareto
»Dieses Phänomen der neuen Eliten, die sich durch eine unaufhörliche Kreislaufbewegung aus den unteren Schichten der Gesellschaft erheben, in die oberen Schichten aufsteigen, sich dort entfalten, um dann wieder abzusteigen, vernichtet zu werden und zu verschwinden, gehört zu den bedeutsamsten Erscheinungen der geschichtlichen Entwicklung. Wenn man die großen sozialen Bewegungen begreifen will, muß man ihm Rechnung tragen« (Vilfredo Pareto, zit. nach Raymond Aron, *Hauptströmungen des modernen soziologischen Denkens*. Reinbek 1979, S. 146).

Warum können sich Eliten nicht erhalten und behaupten? Pareto nennt drei Ursachen:
1. Viele Eliten waren militärische Eliten, die in Kämpfen dezimiert wurden.
2. Fast alle Eliten verlieren nach einigen Generationen die Lebenskraft oder die Fähigkeit, ihre Macht einzusetzen. Sie erfreuen sich an Kunst und Kultur und verlieren so die Fähigkeit, hart und konsequent zu handeln.
3. Die Begabungen der Eliten werden nicht unbedingt weitervererbt. Umgekehrt entstehen in der Unterklasse elitenfähige Akteure.

Austausch zwischen Elite und Unterklasse

Im Normalfall gibt es einen relativ kontinuierlichen Austausch zwischen Elite und Unterklasse: Das Dasein in der Elite kann korrumpieren. Eine Elite neigt zur Dekadenz. Immer wieder sinken Menschen aus der Elite in die Unterklasse ab. Umgekehrt steigen die tüchtigsten Familien aus der Unterklasse in die Elite auf.

Wie entsteht soziale Stabilität? Folgt man Pareto, entsteht sie dadurch, dass die Eliten möglichst kontinuierlich die besten Elemente der Unterklasse absorbieren.

Auf die Revolution folgt die Herrschaft einer neuen Elite

Funktioniert der Austausch zwischen Elite und Unterklasse nicht, dann kann es zu einer *Revolution* kommen. Das ist dann der Fall, wenn sich in der Elite dekadente Elemente ansammeln, die nicht mehr über die zur Behauptung der Macht tauglichen Residuen verfügen und vor dem Gebrauch der Gewalt zurückschrecken. Umgekehrt müssen in der Unterklasse qualitativ überlegene Elemente mit tauglichen Residuen und Bereitschaft zur Gewalt heranwachsen. In Revolutionen werden die unteren Gesellschaftsschichten oft von einzelnen Angehörigen der oberen Schicht angeführt. Eine erfolgreiche Revolution bedeutet jedoch nicht, dass das Volk herrscht, sondern die Herrschaft einer neuen Elite.

Entsprechend lehnt Pareto Marx' Ansicht ab, der Sieg des Proletariats bedeute das Ende von Klassenherrschaft (→ Kapitel 2.3.3.4). Eine proletarische Revolution führe nicht zur Diktatur des Proletariats insgesamt, sondern zur Herrschaft einzelner Personen, die im Namen des Proletariats sprechen, also einer Minderheit, die wie alle ihr vorausgegangenen und ihr folgenden Eliten eine privilegierte Stellung erlangen.

Zusammenfassung

Paretos Elitentheorie
- Pareto sieht es als Tatsache an, dass in der Weltgeschichte immer eine kleine Minderheit (»Elite«) über die große Mehrheit (»Masse«) herrscht.
- Diese Tatsache sieht Pareto anthropologisch in den unterschiedlichen physischen, moralischen und intellektuellen Qualitäten der Menschen begründet.
- Eliten sind nicht von Dauer. Geschichte ist ein »Friedhof der Eliten«.
- Es gibt einen Austausch zwischen Elite und Masse. Die Tüchtigsten aus der Masse steigen in die Elite auf. Umgekehrt sinken die dekadentesten Elemente der Elite in die Masse ab.
- Der regelmäßige Austausch zwischen Elite und Masse verleiht einer Gesellschaft eine relative politisch-soziale Stabilität.
- Funktioniert der Austausch zwischen Elite und Unterklasse nicht, kann es zu einer Revolution kommen.
- Eine erfolgreiche Revolution bedeutet nicht, dass das Volk herrscht, sondern stattdessen bildet sich aus den Revolutionsführern eine neue Elite.
- Entsprechend ist aus Sicht Paretos Marx' Ansicht abzulehnen, der Sieg des Proletariats leite das Ende von Klassenherrschaft ein.

Pareto und der italienische Faschismus | 3.2.3.4

Es fällt nicht schwer, einen Zusammenhang zwischen Vilfredo Pareto und dem Faschismus herzustellen. Denn die italienischen Faschisten vertraten eine oligarchische Herrschaftstheorie, die den Lehren Paretos ähnelte. Auch sie behaupteten, dass stets Minderheiten die Völker regierten und dass sich diese Minderheiten nur an der Macht halten könnten, wenn sie sich der Funktion, die sie für sich in Anspruch nahmen, als würdig erwiesen. Herrschende Eliten müssten, um wirksam regieren zu können, Gewalt anwenden.

Nähe zwischen Paretos Theorien und dem Faschismus

Theoretiker des italienischen Faschismus haben sich auf Pareto berufen. Sie bezeichneten sich als nichtdekadente Bürger, welche die dekadente Bourgeoisie ablösten. Ihre Gewaltmaßnahmen rechtfertigten sie als notwendige Antwort auf vermeintlich gewaltsame Übergriffe der Arbeiter. Die höchste Rechtfertigung ihres Systems sahen sie in der Fähigkeit, notfalls mit Gewalt die Ordnung wiederherzustellen.

Pareto starb bereits 1923. Er ließ gewisse Sympathien für Mussolini erkennen, aber er hat nur die Anfänge von dessen Aufstieg erlebt. In der Ökonomie war er ein Liberaler, in der Politik befürwortete er ein gemäßigtes autoritäres System. Er sprach sich für einen starken Staat aus, aber nicht für einen, der alles und jedes regeln sollte. Vor allem sollte er den Bürgern nicht vorschreiben, was sie zu denken und zu glauben haben.

Mosca war in beratender Funktion Mitarbeiter im Kolonialministerium 1923–1927, lebte aber nach seiner Emeritierung bis zum Tode 1941 zurückgezogen und unbeachtet vom faschistischen Regime.

3.2.4 | Die italienische Elitensoziologie aus heutiger Sicht

Die ursprüngliche demokratische Idee war gewesen: Das souveräne Volk regiert sich mittels gewählter Vertreter selbst. Dagegen besagt die Zentralthese der italienischen Elitensoziologie: Ein demokratisches Staatswesen, eine demokratische Gesellschaft ist nicht möglich. Immer und überall gab und gibt es Eliten. Daraus ergab sich eine antidemokratische Einstellung der italienischen Elitensoziologie.

Antidemokratische Einstellung

Diese antidemokratischen Ressentiments wurden von der Eliteforschung nach 1945 abgelehnt. Doch die neueren Eliteforscher, z. B. Otto Stammer, Wolfgang Zapf und Ralf Dahrendorf in Deutschland, erkannten an, dass auch in Demokratien Eliten aus funktionalen Gründen unvermeidlich und unentbehrlich seien. Eliten gelten in der sozialwissenschaftlichen Forschung längst als notwendig und grundsätzlich legitim – Eliten im Sinn von Führungsgruppen, die für die Gesellschaft verbindliche Entscheidungen treffen.

Legitimität von Eliten

In der neueren Eliteforschung gelten Eliten unter drei Voraussetzungen als legitim:
- Eliten müssen *wählbar* sein, d. h. sie sollen ihre Funktion auf Zeit ausüben.

- Eliten sollen pluralistisch als ein Ensemble von Funktionseliten strukturiert sein, nicht als homogene Machteliten.
- Der Zugang zur Elite muss für jeden und jede offen stehen.

Ralf Dahrendorf vertrat für die deutsche Nachkriegsgesellschaft die Auffassung, dass sich *Funktionseliten* herausgebildet hätten. Dabei unterschied er die Bereiche Politik und öffentliche Verwaltung, Wirtschaft, Kirchen, Wissenschaft und Bildung, Justiz, Militär, Kultur und Freizeitindustrie. Dagegen kam der amerikanische Soziologie C. Wright Mills (»*The Power Elite*«, 1956) zum Ergebnis, dass sich in den USA eine relativ geschlossene Machtelite aus Politik, Militär und Wirtschaft herausgebildet habe.

Zusammenfassung

Elitensoziologie heute

1. Die neuere Elitensoziologie erkennt an, dass in der modernen Gesellschaft – ungeachtet der Prinzipien der Demokratie und Volkssouveränität – Eliten funktional notwendig sind.
2. Eliten gelten unter folgenden Voraussetzungen als legitim:
   - Wählbarkeit
   - Pluralität von Funktionseliten (anstatt einer Machtelite)
   - Es muss jedem/jeder möglich sein, in die Elite aufzusteigen.
3. Unter »Eliten« werden heute Führungsgruppen verstanden, die Entscheidungen von gesamtgesellschaftlicher Relevanz treffen.
4. Ralf Dahrendorf unterscheidet Funktionseliten für die Bereiche Politik und öffentliche Verwaltung, Wirtschaft, Kirchen, Wissenschaft und Bildung, Justiz, Militär, Kultur und Freizeitindustrie.
5. Als umstritten gilt, ob wir es heute mit pluralen Funktionseliten oder einer relativ geschlossenen, einheitlichen Machtelite zu tun haben.

Lernkontrollfragen

1 Erläutern Sie Michels »Ehernes Gesetz der Oligarchie«. Suchen Sie Beispiele. Gibt es auch Gegenbeispiele?

2 Erläutern Sie Paretos Unterscheidung von logischem und nichtlogischem Handeln. In welchen Bereichen findet logisches Handeln, in welchen nichtlogisches Handeln statt? Warum ist nichtlogisches Handeln aus Sicht von Pareto wichtig für die Gesellschaft?

3 Wie ist Paretos Satz, Geschichte sei ein »Friedhof der Eliten«, zu verstehen? Warum können sich Eliten dauerhaft schwer halten?

4 Wie würde Pareto die Geschichte der Sowjetunion interpretieren?
5 Welche politische Bedeutung hatte die italienische Elitensoziologie?
6 Haben wir es heute in Deutschland mit einem Plural von Funktionseliten oder mit einer einheitlichen Machtelite zu tun? Überlegen Sie Kriterien und suchen Sie Beispiele.

Literatur

Robert Michels, **Zur Soziologie des Parteiwesens in der modernen Demokratie. Untersuchungen über die oligarchischen Tendenzen des Gruppenlebens.** Stuttgart 1970 (nach der zweiten Auflage 1924, erste Auflage 1911) → Ein klassisches Hauptwerk der Elitensoziologie.

Vilfredo Pareto, **Ausgewählte Schriften**, hg. und eingeleitet von Carlo Mangardini. Frankfurt am Main 1975 → Eine Auswahl von Schriften Paretos.

Michael Hartmann, **Elitesoziologie. Eine Einführung.** Frankfurt am Main 2004 → Empfehlenswerte Einführung in die klassische und moderne Elitensoziologie.

Vertiefende Lektüre zu Pareto

Gert Albert, **Hermeneutischer Positivismus und dialektischer Essentialismus Vilfredo Paretos.** Wiesbaden 2005 → Buch zur Methodologie Paretos.

Raymond Aron, **Hauptströmungen des modernen soziologischen Denkens.** Reinbek 1979, S. 96–175 → Kritische Analyse der Soziologie Paretos, insbesondere seiner Handlungstheorie.

Maurizio Bach, **Jenseits des rationalen Handelns. Zur Soziologie Vilfredo Paretos.** Wiesbaden 2004 → Über die Handlungstheorie Paretos.

Gottfried Eisermann, **Vilfredo Pareto. Ein Klassiker der Soziologie.** Tübingen 1987 → Darstellung zu Biografie und Gesamtwerk Paretos.

Rudolf Hamann, **Paretos Elitentheorie und ihre Stellung in der neueren Soziologie.** Stuttgart 1964 → Behandelt die Elitentheorie Paretos.

Frühe amerikanische Soziologie – Die Chicago-Schule und George Herbert Mead | 3.3

Inhalt

Wie in Frankreich und Italien, so entstand auch in den USA eine eigene Art von Soziologie, die mit den Besonderheiten der amerikanischen Geschichte und Kultur im Zusammenhang steht. In den USA dominierten nicht große Gesellschaftstheorien, sondern empirische Sozialforschung, die sich konkreten sozialen Problemen verschrieben hatte. Ihr Zentrum war die sogenannte Chicago-Schule. Zu seiner Zeit wenig beachtet, erbrachte George Herbert Mead einen bis heute bedeutsamen Beitrag zur soziologischen Theorie, der inzwischen unter dem Etikett Symbolischer Interaktionismus firmiert.

3.3.1 Historische Bedingungen der amerikanischen Soziologie

3.3.2 Die Anfänge amerikanischer Soziologie

3.3.3 Die Chicago-Schule

3.3.4 Der »Sozialbehaviorismus« von George Herbert Mead

Historische Bedingungen der amerikanischen Soziologie | 3.3.1

Die US-amerikanische Geschichte unterscheidet sich in charakteristischer Weise fundamental von der europäischen Geschichte, was die amerikanische Soziologie inhaltlich und methodologisch nachhaltig beeinflusst hat.

Europa lebte bekanntlich über 1000 Jahre in einer Ständegesellschaft, welche bis heute sichtbare Spuren hinterlassen hat. Abgesehen von außerständischen Gruppen, die allerdings einen großen Anteil der Bevölkerung ausmachen konnten, waren die Menschen in einen bestimmten Stand fest integriert und in ein System verbindlicher sozialer Normen eingebunden. Die Vereinigten Staaten von Amerika entstanden hingegen (zunächst als neuenglische Kolonien) seit dem 17. Jahrhundert als Einwanderergesellschaft ohne Stände, Zünfte, Gilden und ihre Traditionen. Vielmehr waren die USA der erste Staat, der durch Volkssouveränität und staatsbürgerliche Gleichheit geprägt war.

Staatsbürgerliche Gleichheit

Die Einwanderer kamen einzeln oder als Familie in das neue Land. Nur wer sich stark und mutig fühlte, konnte das Wagnis einer Auswanderung aus dem alten Kontinent eingehen. Charakteristisch für die ame-

Individualismus — rikanische Mentalität wurde daher ein starker Individualismus und Vertrauen auf die eigene Kraft.

Die Vereinigten Staaten existierten zunächst nur im Osten, die Grenze zu den Indianergebieten nach Westen hin war offen. Wer nicht zufrieden war, konnte in den »Wilden Westen« ziehen und in diesen Regionen sein Glück etwa als Farmer oder Goldgräber versuchen. *Chancen der individuellen Veränderung* — Diese Chance der Veränderung wirkte als Ventil für individuelle Unzufriedenheit und potentielle soziale Konflikte. Schon Adam Smith hatte bemerkt, dass in Amerika die Arbeitslöhne doppelt so hoch lagen wie in Großbritannien.

Wegen der individuellen Ausweichmöglichkeit nach Westen kam es zu keinen Klassenkonflikten wie in Europa, nicht einmal ein wirkliches Klassenbewusstsein bildete sich. Entsprechend entstand in den USA, anders als in Europa, keine starke sozialistische oder kommunistische Arbeiterbewegung.

Charakteristisch für die USA ist weiterhin, dass ihrer Bevölkerung die Erfahrung verheerender Kriege weitgehend erspart blieb. Europa wurde immer wieder von langen ausgedehnten Kriegen heimgesucht, die weite Landstriche verwüsteten und die Menschen stets aufs Neue zwangen, von vorn anzufangen. Erfahrungen wie der Dreißigjährige Krieg oder der Erste Weltkrieg haben sich tief und nachhaltig in das europäische kollektive Bewusstsein eingegraben. Die USA waren keineswegs friedlicher als die Europäer, aber sie führten ihre Kriege aus einer Position der Überlegenheit und außerhalb des eigenen Landes. Eine Ausnahme bildete der verlustreiche amerikanische Bürgerkrieg von 1861 bis 1865, aber von den Kriegszerstörungen betroffen waren nur die Südstaaten.

Diese spezifischen geschichtlichen Bedingungen wirkten sich auch auf das soziologische Denken aus. Im Gegensatz zu Europa, vor allem Deutschland, wo Krisenbewusstsein immer wieder eine starke Rolle *Fortschrittsoptimismus* — spielte, ist für die USA ein starker Fortschrittsoptimismus charakteristisch.

Entsprechend war die Überzeugung von der Lösbarkeit von Problemen und der Machbarkeit der Welt weit verbreitet. Dies schlug sich in einer spezifisch amerikanischen philosophischen Richtung nieder, dem *Pragmatismus* — *Pragmatismus*. Seine Hauptvertreter waren Charles Sanders Peirce (1839–1914), William James (1842–1910) und John Dewey (1859–1952). Die Grundgedanken des Pragmatismus lassen sich so skizzieren:

- Theoretische Reflexion sollte immer auf praktische Probleme bezogen sein.
- Wahrheit erweist sich nicht durch theoretische oder empirische Beweisführung, sondern durch den Erfolg in der Praxis.
- Die Menschenwelt ist nicht schicksalhaft gegeben, sondern sie ist machbar.

- Die menschliche Praxis ist dann am erfolgreichsten, wenn sie verwissenschaftlicht ist.

Die Ideen des Pragmatismus beeinflussten auch die Soziologie, insbesondere die Chicago-Schule (→ Kapitel 3.3.3). Entsprechend waren die amerikanischen Soziologen meist weniger an großen theoretischen Systemen interessiert, sondern sie bevorzugten empirische Forschung, um bestimmte Einzelprobleme lösen zu können. Auch hierfür war die Chicago-Schule typisch und wegweisend.

Zusammenfassung

Spezifische historische Bedingungen für die amerikanische Soziologie
- In den USA gab es keine Ständegesellschaft, keine ständischen Barrieren
- Die USA waren der erste Staat, der auf Volkssouveränität gegründet wurde – mit dem Anspruch, die Ideen der Aufklärung praktisch umzusetzen
- Starker Individualismus
- Die USA waren nach Westen hin offen, der Westen fungierte als Reservoir und als Ventil für soziale Konflikte
- Keine Klassenkonflikte, keine sozialen Konflikte
- Kein Sozialismus
- Keine Erfahrung verheerender Kriege im eigenen Land

Auswirkung auf das soziologische Denken: Fortschrittsoptimismus, Pragmatismus als philosophische Grundlage, Sozialtechnik der Einzelprobleme (→ Chicago-Schule)

Pragmatismus: Theoretische Reflexion soll immer auf praktische Probleme bezogen sein. Wahrheit erweist sich im Erfolg des Handelns. Vorstellung der Machbarkeit der Menschenwelt durch Verwissenschaftlichung der Praxis.

Pragmatismus-Philosophen: Charles Sanders Peirce (1839–1914), William James (1842–1910) und John Dewey (1859–1952).

Die Anfänge amerikanischer Soziologie | 3.3.2

Die wichtigsten Vertreter der ersten Generation US-amerikanischer Soziologie sind William G. Sumner, Lester F. Ward, Franklin H. Giddings und Albion Small. Bei ihnen finden sich bereits für die spätere amerikanische Soziologie typische Denkfiguren.

William G. Sumner (1840–1910) begriff Gesellschaft als einen natürlichen Evolutionsprozess, in dem sich die Starken gegen die Schwachen durchsetzen (Sozialdarwinismus). Konkurrenz sei ein Naturgesetz menschlicher Gesellschaft, Gesellschaft ein Gebilde konkurrierender Gruppen. Entsprechend ist dann soziale Ungleichheit natürlich begründet, Klassenunterschiede sind unvermeidbar und ergeben sich aus den Erfolgsgraden, in denen Menschen ihre Chancen nutzen. Soziale Reformen zugunsten der Schwachen müssen zur gesellschaftlichen Stagnation führen. Den menschlichen Handlungen liegen vier Hauptmotive zugrunde: Hunger, Sexualität, Eitelkeit und Furcht.

Naturgesetz Konkurrenz

Lester F. Ward (1841–1913) wurde stark von Comte und Spencer beeinflusst. Er begriff Gesellschaft als einen Evolutionsprozess, der auf eine wissenschaftlich fundierte Zivilisation hinausläuft (→ Kapitel 2.1). Dabei sollte die Soziologie eine maßgebliche Rolle spielen. Das wahre Ziel der Wissenschaft sei es, dem Menschen Gutes zu tun, dies gelte besonders für die Soziologie. Soziologie sei ein Instrument zur Lösung sozialer Probleme und der Bewältigung sozialen Wandels. Der historische Prozess mündet in eine »Soziokratie« – eine wissenschaftlich basierte Gesellschaft ohne Armut und Ausbeutung.

Soziologie als Lösungsinstrument

Franklin H. Giddings (1855–1931) baute die Columbia University zum zweitwichtigsten soziologischen Zentrum nach Chicago aus. Für Giddings war die Soziologie eine streng empirische Wissenschaft, die es mit Tatsachen, ihrer Beobachtung und Messung zu tun hat. Giddings trat stärker als andere früh für quantitative statistische Methoden ein. Soziale Probleme sollten durch Anwendung quantitativer Methoden wie in den Naturwissenschaften gelöst werden.

Quantitative Methoden

Albion Small (1854–1926) stand dem amerikanischen Kapitalismus und dem ökonomischen Liberalismus kritisch gegenüber. Er wollte wie Ward staatliche Reformpolitik auf wissenschaftlicher Grundlage betreiben. Small, der in Berlin und Leipzig studiert hatte, war ein wichtiger Interpret und Verbreiter deutscher Soziologie in den USA und wurde zum Begründer der Chicago-Schule.

Zusammenfassung

Grundgedanken in der frühen amerikanischen Soziologie
- Gesellschaft ist ein natürlicher Evolutionsprozess, in dem sich die Starken gegen die Schwachen durchsetzen (»Sozialdarwinismus«).
- Soziale Ungleichheit ist natürlich begründet.
- Aufgabe der Soziologie ist die Lösung sozialer Probleme.
- Sozialer Wandel wird durch das Wissen sozialer Gesetze vorhersagbar.

Die Chicago-Schule | 3.3.3

Die Chicago-Schule war neben der Durkheim-Schule die erste organisierte Wissenschaftler-Gemeinschaft in der Soziologie. Ansonsten bestand Soziologie bis dahin mehr oder weniger aus einzelnen Gelehrten. Das 1892 gegründete Department of Sociology in Chicago zeichnete sich durch die Verbindung von wissenschaftlicher Analyse und sozialer Reform aus. Chicago war für diesen Ansatz ein geeignetes Pflaster. Denn Chicago war eine Stadt, die in der zweiten Hälfte des 19. Jahrhunderts äußerst rasch gewachsen war – von 112.000 Einwohnern im Jahr 1860 bis über 3,3 Millionen im Jahr 1930. Daraus entstanden zahlreiche soziale Probleme wie die Umstellung von einer traditionell-ländlichen zu einer modern-städtischen Lebensweise, Konflikte zwischen Angehörigen verschiedener Nationalitäten (denn das Wachstum Chicagos kam ja vor allem durch Zuwanderung aus verschiedenen Ländern zustande), soziale Desintegration, Kriminalität, Verwahrlosung der Jugend. All diese Phänomene wurden von den Vertretern der Chicago-Schule untersucht. Dazu zählten ihr Gründer Albion Small, William Isaac Thomas (1863–1947), Robert E. Park (1864–1944), Florian Znaniecki (1882–1958), Robert S. Lynd (1892–1970) und Helen M. Lynd (1894–1982). Auch George Herbert Mead (→ Kapitel 3.3.4), der stärker theoretisch interessiert war, lehrte in Chicago. Es ging diesen Soziologen nicht um große Theorie nach Art von Comte und Spencer, sondern, gemäß dem Pragmatismus, um eine empirische Erforschung sozialer Einzelprobleme, die sie mit teilnehmenden Beobachtungen und Befragungen erfassten.

Untersuchung sozialer Großstadtprobleme

Als Gründungsdokument der Chicago-Schule gilt ein Aufsatz von Robert E. Park »The City«, erstmals erschienen 1916. Park entwickelte darin folgenden Gedankengang: Die Großstadt unterscheidet sich von der kleinen Gemeinde durch die größere Freiheit des Individuums und durch die Desorganisation des Gemeinschaftslebens. Daraus resultiert die Bildung von spezifischen Kleingemeinschaften (*minor communities*), die durch eine gemeinsame Lebensweise und durch gemeinsame Interessen verbunden sind. Das führt dazu, dass eine Großstadt in eine Anzahl von natürlichen Gebieten (*natural areas*) zerfällt – Geschäftszentrum, Wohnviertel, Industriebezirke, Slums, Emigrantenkolonien, Künstlerviertel. Jedes natürliche Gebiet strebt danach, seine eigenen spezifischen Traditionen, Bräuche, Konventionen, Anstands- und Besitznormen und seine eigene Ausdrucksweise zu haben. Das ist aber kein Zustand, sondern ein ständiger, rascher Prozess.

Kleingemeinschaften in der Großstadt

Als ein Resultat großstädtischer sozialer Prozesse sieht Park den *Marginal Man*. Damit sind Menschen gemeint, die sich im Grenzbereich zweier Kulturen befinden, ohne einer wirklich anzugehören. Dieser

»Marginal Man«

Typus entsteht strukturell durch räumliche und soziale Mobilitätsprozesse, kulturell durch Kulturbegegnungen. Der Marginal Man ist in der modernen Gesellschaft von besonderer Bedeutung. Es ist der Mensch mit dem weiten Horizont, dem scharfen Intellekt, dem unvoreingenommenen und rationalen Standpunkt. Er wird Träger kulturellen Wandels und Verkörperung moderner Subjektivität. Prototyp ist für Park der emanzipierte Jude. (In den USA spielten die Juden eine bedeutende Rolle in Wirtschaft und Kultur.)

Besonders bekannt wurde Thomas' und Znanieckis fünfbändige Studie »*The Polish Peasant in Europe and America*« (1918–1920). Die Fragestellung lautete: Wie verändern sich die Familienstrukturen und Auffassung von Persönlichkeit bei einem grundlegenden Wandel der sozialen Lebensbedingungen? Die Wissenschaftler stützten sich dabei, anders als Durkheim, nicht auf statistische Daten, sondern auf Quellen, welche die subjektive Seite hervortreten ließen, vor allem persönliche Briefe, auch Autobiografien und Gerichtsakten. Sie zeichneten das Bild des Zusammenbruch des traditionellen Bauernlebens, der Zerstörung traditioneller Familienstrukturen und des moralischen Verfalls. Die vormoderne Großfamilie, eingebettet in dörfliche Strukturen, löste sich auf. Das Ergebnis dieses Prozesses war die isolierte Kleinfamilie und ein zunehmender Individualismus, in der zweiten Generation verbunden mit zunehmender Desorganisation der Persönlichkeit. Dies war ablesbar an steigenden Scheidungsraten, Kriminalität, außerehelichen Schwangerschaften und Prostitution.

Ein theoretischer Ertrag dieser Arbeiten war das sogenannte *Thomas-Theorem*: »If men define situations as real, they are real in their consequences.« Damit ist etwa folgendes gemeint: Wenn im Dritten Reich Juden als Nicht-Menschen definiert werden, dann hat das ganz reale Konsequenzen, in diesem Fall den Holocaust. Wenn wir menschliches Handeln verstehen wollen, dann reicht es nicht, die »objektive« Lage zu bestimmen, in der Menschen sich befinden, wie es beispielsweise Marx unternommen hat. Sondern wir müssen auch sehen, wie Menschen selbst ihre Lage definieren und interpretieren. Denn davon hängt maßgeblich ab, wie Menschen handeln. Sozialforscher müssen sich auch der subjektiven Perspektive der Akteure annehmen.

> **Definition**

> **Thomas-Theorem**, benannt nach dem US-amerikanischen Soziologen William Isaac Thomas
> »If men define situations as real, they are real in their consequences.« (zit. nach: Lexikon zur Soziologie, 3. Aufl. Opladen 1994, S. 680). Das menschliche Handeln hängt nicht nur von der »objektiven« Lage ab, sondern auch davon, wie Menschen subjektiv ihre Situation interpretieren.

Die bleibende Bedeutung der Chicago-Schule liegt also in der Entwicklung und Anwendung qualitativer Methoden, in der Verbindung von Wissenschaft und Sozialpolitik, in der Betonung der subjektiven Dimension. Es geht nicht nur darum, was Gesellschaft objektiv »ist«, sondern wie sie von den Akteuren wahrgenommen wird. Die subjektive Seite wurde auch von George Herbert Mead betont und theoretisch entfaltet.

Vertreter	Albion Small (1854–1926) Robert E. Park (1864–1944) William I. Thomas (1863–1947) Florian Znaniecki (1882–1958) Robert S. Lynd (1892–1970) Helen M. Lynd (1894–1982)	| Tab. 5 *Die Chicago-Schule*
Themen	Großstadt Umstellung der traditionellen Lebensweise Problem der Beziehungen zwischen Angehörigen verschiedener Nationalitäten Kriminalität Lage der Jugend	
Merkmale und Bedeutung der Chicago-Schule	Verbindung von Wissenschaft und Sozialpolitik Präferenz qualitativer Methoden Betonung der subjektiven Dimension	

3.3.4 | Der »Sozialbehaviorismus« von George Herbert Mead

3.3.4.1 | Zur Biografie von George Herbert Mead

George Herbert Mead wurde 1863 in South Hadley, Massachusetts, geboren – ein Jahr vor Max Weber (→ Kapitel 3.5). Sein Vater war protestantischer Pfarrer, später Theologieprofessor. Mead wurde streng religiös erzogen. Nach dem Tod des Vaters 1881 distanzierte er sich von seiner religiösen Erziehung, blieb aber gemäß der Chicago-Schule sozial engagiert. Es folgte eine wechselvolle berufliche Karriere; so war Mead Herausgeber einer Zeitung, vier Monate Lehrer, und für ein Jahr arbeitete er bei einer Vermessungsgesellschaft. Von 1887 bis 1891 studierte Mead Philosophie, Psychologie und später auch Nationalökonomie, u. a. in Leipzig und Berlin. Von 1894 bis 1931 lehrte Mead an der neugegründeten University of Chicago. Er selbst verstand sich als Psychologe und Philosoph, aber sein Werk ist vor allem in der Soziologie rezipiert worden, wo Mead längst den Status eines Klassikers erlangt hat.

Keine Veröffentlichung zu Lebzeiten

Mead, der 1931 starb, war zu Lebzeiten wenig bekannt. Er veröffentlichte kein einziges Buch. Das sogenannte Hauptwerk von Mead, »*Geist, Identität und Gesellschaft*«, entstand aus Vorlesungsmitschriften seines Schülers Charles W. Morris. Außerdem sind Aufsätze von Mead in zwei Bänden im Frankfurter Suhrkamp-Verlag veröffentlicht.

Es war einer seiner Schüler, Herbert Blumer (1900–1987), der die Bedeutung von Mead erkannte und seine Lehren erfolgreich verbreitete. Er fand auch den richtigen Namen für Meads Projekt: *Symbolischer Interaktionismus*. Dieser Begriff bezieht sich in glücklicher Weise auf die Grundthese von Mead:

»*Persönlichkeit und soziales Handeln sind durch Symbole geprägt, die im Prozess der Sozialisation erworben werden und im Prozess der Interaktion von den Handelnden wechselseitig bestätigt oder verändert werden.*« (Zitat nach Heinz Abels, *Interaktion, Identität, Präsentation*. Wiesbaden 2004, S. 17)

Seine angemessene Bedeutung erlangte Mead erst in den 1960er Jahren, gut 30 Jahre nach seinem Tod – als Alternative zur Handlungstheorie von Talcott Parsons.

3.3.4.2 | Die anthropologischen und philosophischen Prämissen von Meads Theorie

George Herbert Mead hatte seine Theorie als *Sozialbehaviorismus* bezeichnet. Damit grenzte er sich, wenn auch etwas missverständlich, vom *Behaviorismus* ab. Protagonist dieser Richtung war damals insbesondere John Watson (1878–1958), mit dem Mead befreundet war.

Was ist Behaviorismus? Behaviorismus erklärt menschliches Verhalten als Reaktion auf objektive äußere Reize, wobei aus methodologischen Erwägungen vom gemeinten Sinn abstrahiert wird. Denn nach Meinung der Behavioristen ist das, was in unserem Kopf vorgeht, eine *black box* und wissenschaftlich nicht erschließbar. Daher erklärte der Behaviorismus menschliches Verhalten als *Reaktion* auf seine Umwelt, genauer: auf *Reize* aus seiner Umwelt.

> **Definition**
>
> **Behaviorismus**
> Lehre vom menschlichen Verhalten, das als *Reaktion* auf *äußere Reize* der Umwelt verstanden wird. Der Behaviorismus sieht dabei von einer Untersuchung menschlicher Denkprozesse ab, da sie für den Wissenschaftler nicht objektiv beobachtbar sind (Gehirn als »black box«). Begründer des Behaviorismus war John Watson (1878–1958).

Auch Mead begreift – wie Watson – den Menschen zunächst einmal als biologisches Geschöpf, das auf seine Umwelt reagiert. Während im strengen Behaviorismus ein passives Individuum unter dem Diktat seiner Umwelt steht, rückt Mead das aktiv handelnde und vernunftbegabte Subjekt in den Vordergrund. Damit grenzt sich Mead auch von Durkheim ab, der den Menschen als normengesteuertes Wesen begreift (→ Kapitel 3.1).

Ebenfalls auf Distanz geht Mead zu Sigmund Freud, dem Begründer der Psychoanalyse. Laut Freud ist der Mensch determiniert durch sein Unbewusstes und seine Erfahrungen in der frühen Kindheit. Dagegen behauptet Mead: Bewusstsein entsteht über die Kommunikation mit der sozialen Umwelt, oder wie Mead es nennt, über *symbolisch vermittelte Interaktion*. *Entstehung von Bewusstsein durch soziale Kommunikation*

Mead geht stattdessen auf den *deutschen Idealismus* mit seinen Protagonisten Goethe, Schiller, Fichte und Hegel zurück, der das freie, sinnhaft handelnde Subjekt propagierte – eine Vorstellung, die sich auch als Prämisse der berühmten Handlungstheorie von Max Weber finden lässt (→ Kapitel 3.5.6). Mead stimmt dieser Vorstellung zu, aber der deutsche Idealismus setzt dieses freie, sinnhaft handelnde Subjekt voraus und erklärt nicht, wie es entsteht. Ebendies ist das Thema von Mead. Wir werden sehen, dass er genuin philosophische Begriffe wie Bewusstsein, Geist, Denken und Identität neu bestimmt, und zwar nicht als rein individuelle Eigenschaften, sondern als überindividuelle, gesellschaftliche Größen. Eben dies macht die Lehre von Mead zu einer soziologischen Theorie. *Entstehung des freien, sinnhaft handelnden Subjekts*

Die Theorie von Mead ist eine Sozialtheorie; sie thematisiert, wie Menschen *interagieren*. (Interaktion meint Verhalten, das auf andere bezogen ist). Doch wie viele Sozialtheorien setzt auch diese eine *Anthropologie*, d.h. eine Lehre vom Menschen voraus.

Der Behaviorismus beobachtet Menschen ähnlich wie Tiere. Beide sind Wesen, die auf Reize ihrer äußeren Umwelt reagieren. Dagegen sieht Mead, wie alle kulturwissenschaftliche Soziologie, eine Sonderstellung des Menschen gegenüber anderen animalischen Wesen. Diese Sonderstellung besteht in *Instinktarmut* und *Weltoffenheit*. Der Mensch ist ein *symbolverwendendes Tier*:

> »Menschliches Verhalten (wird) symbolisch vermittelt, durch sprachliche Kommunikation gesteuert, die der Festlegung und Mitteilung von Verhaltenserwartungen ebenso dient wie der Interpretation der sowie der Verständigung über die Umwelt.« (Zitat Max Preglau, Symbolischer Interaktionismus, in: Julius Morel u.a., Soziologische Theorie. München/Wien 1992, S.52).

Mensch als symbolverwendendes Tier	

Menschen können, im Unterschied zu Tieren, ihr Verhalten also selbst programmieren. Die physiologischen Voraussetzungen für symbolische Interaktion liegen laut Mead in der Entwicklung des menschlichen Gehirns und der kommunikationstauglichen Ausstattung der menschlichen Stimm- und Gehörorgane.

Den Menschen ist – im Unterschied zu Tieren – die Fähigkeit zueigen, ihr Verhalten an die Umwelt bewusst anzupassen. Die Mittel sind gezielte Erfindung und experimentelle Lösungsstrategien. Die Fähigkeit zur bewussten Anpassung führt Mead auf die Fähigkeit zur Symbolverwendung zurück (→ Kapitel 3.3.4.3), die bewusstes Sich-Verhalten und bewusste Selbst-Beobachtung erst ermöglicht. Der Zentralbegriff bei Mead ist also *symbolische Interaktion* bzw. genauer *symbolisch vermittelte Interaktion*. Symbolisch vermittelte nteraktion ist die für den Menschen charakteristische Form des sozialen Verhaltens.

Symbolische Interaktion als Charakteristikum des Menschen

Soziales Verhalten liegt für Mead dann vor, wenn ein Individuum auf das Handeln anderer Individuen reagiert oder, etwas komplizierter ausgedrückt, wenn ein Individuum durch sein Handeln als auslösender Reiz für die Reaktion eines anderen Individuums fungiert.

Mead unterscheidet zwei Formen oder Stufen sozialen Verhaltens: *gebärden- bzw. gestenvermittelte Interaktion* und *symbolisch vermittelte Interaktion*.

3.3.4.3 | Was ist ein Symbol?

Sprachliche und nichtsprachliche Symbole

Ganz allgemein gesehen ist ein *Symbol* ein Zeichen, von dem der andere versteht, was damit gemeint ist. Das wichtigste Zeichensystem ist die Sprache. Aber es gibt auch viele nichtsprachliche Symbole, z.B. in der internationalen Politik die Flaggen als nationales Symbol, im Straßenverkehr Verkehrsschilder oder Ampeln, im Sport den Pfiff und die Geste des Schiedsrichters. Die Sprache ist das wichtigste Symbolsystem, weil vokale Gesten und Lautgebärden am ehesten gewährleisten, dass der

»Empfänger« das Gleiche versteht wie der »Sender«. Kommt es zu Kommunikationsstörungen, so kann die Sache durch Metakommunikation geklärt werden.

Gebärden oder Gesten im engeren Sinne sind hingegen dadurch gekennzeichnet, dass sie direkt Instinktreaktionen des anderen Lebewesens hervorrufen. Wenn, so Mead, das Leittier anfängt wegzulaufen, laufen die anderen Tiere mit – ganz instinktiv, ohne sich etwas dabei zu denken. Ihr Verhalten ist eine unmittelbare, unbewusste Reaktion auf den Reiz.

Gebärden und Gesten lösen Instinktreaktionen aus

Symbolisch vermittelte Interaktion ist meistens sprachliche Interaktion: Die Bedeutung dessen, was Ego zu Alter sagt, wird verstanden. Alter versteht, was Ego meint. Und Ego weiß, dass Alter versteht, was er meint. Die Menschen haben *Bewusstsein*, d.h. sie wissen um ihre Beziehungen zu ihrer Umwelt.

Als Beispiel für eine symbolische Interaktion denken wir uns einen Bankraub. Der Einfachheit halber stellen wir uns vor, dass nur *ein* Kassierer in der Bank ist. Der Bankräuber stürmt maskiert hinein und richtet die Pistole auf den Kassierer.

Beispiel für symbolische Interaktion

Wir haben es dabei zunächst einmal mit einer *Interaktion* zu tun, denn das Handeln des Bankräubers wie des Kassierers sind wechselseitig aneinander orientiert. Der Bankräuber richtet die Pistole auf den Kassierer. Spätestens jetzt liegt eine *symbolische* Interaktion vor. Die Pistole ist das Symbol. Mit der gerichteten Pistole will der Bankräuber dem Kassierer sagen: Du bist jetzt in meiner Gewalt und tust, was ich will. Der Kassierer weiß aufgrund des Symbols der Pistole, dass er sich in der Gewalt des Bankräubers befindet und gehorchen muss. Und der Bankräuber weiß, dass der Kassierer dies weiß. Vielleicht sagt der Bankräuber noch »Geld her«. Damit ergänzt er das Symbol der Pistole um ein sprachliches Symbol. Der Kassierer händigt dem Bankräuber das Geld aus. Damit ist die Interaktion erfolgreich abgeschlossen – erfolgreich in dem Sinne, dass sie ohne Missverständnisse über die Bühne gegangen ist.

Das muss nicht so sein. Es ist beispielsweise vorstellbar, dass der maskierte Bankräuber am Rosenmontag in die Filiale stürmt. Wegen des Datums hält der Kassierer, engagiertes Mitglied des örtlichen Karneval-Vereins und schon entsprechend angeheitert, die Pistole für einen Scherz, zumal sie ähnlich aussieht wie die Spielzeugwaffe, die er kürzlich seinem kleinen Sohn zum Geburtstag gekauft hat. Die symbolische Interaktion droht zu scheitern. Der Kassierer lacht über den vermeintlichen Karnevalsscherz. Es ist nun am Bankräuber, die Situation zu klären. Er kann z.B. eine Kugel in die Decke schießen – ein Symbol für die Botschaft: Es ist ernst, ich bin ein richtiger Bankräuber. Dann wird der Kassierer begreifen, dass es sich nicht um eine Spielzeugpistole handelt, und das Geld herausrücken. Vielleicht ist der Bankräuber aber auch zu unerfahren und zu nervös. Das kann schlimme Konsequenzen nach sich ziehen. Denn Stresssituationen sind nicht unbedingt Sternstunden erfolgreicher symbolischer Interaktionen. (Nicht wenige Todeskandidaten, die in amerikanischen Gefängnissen einsitzen, sind dort nicht zuletzt infolge gescheiterter symbolischer Interaktionen gelandet). Denkbar ist beispielsweise, dass der Bankräuber auf den Kassierer schießt, weil dieser versehentlich eine falsche Bewegung gemacht hat. Das wäre dann ein Reiz-Reaktionsverhalten, oder mit Mead ausgedrückt, eine *gebärdenvermittelte Interaktion*. Die falsche Armbewegung des Kassierers gerät zum Auslöser unüberlegten Verhaltens. In diesem Fall wird misslungene symbolische Interaktion mit einer gebärdenvermittelten Interaktion abgeschlossen.

Wie aber kann man erkennen, ob eine gebärdenvermittelte Interaktion oder eine symbolisch vermittelte Interaktion stattfindet? Bei der gebärdenvermittelten Interaktion erfolgt die Reaktion unmittelbar, bei der symbolisch vermittelten Interaktion mehr oder weniger stark verzögert.

Die Fähigkeit, (sprachliche) Symbole zu verwenden, ist aus der Sicht von Mead also die große evolutionäre Errungenschaft des Menschen gegenüber der Tierwelt. In der Sprache ist der Wissensvorrat einer Gesellschaft gespeichert. Weil Menschen über gleiche signifikante Symbolsysteme verfügen, können sie sich in andere hineinversetzen. Ich weiß, was der andere meint, wenn er ein bestimmtes Symbol verwendet, und er weiß, dass ich ihn verstehe. Diese Fähigkeit, die Dinge aus der Perspektive eines anderen zu sehen und zu denken, nennt Mead *Rollenübernahme*. Die Übernahme der Perspektive des anderen erfolgt wechselseitig, d.h. jeder antizipiert die Rollen des anderen. Erst dadurch wird kommunikative Verständigung und gemeinsames Handeln möglich.

Rollenübernahme

3.3.4.4 | Bewusstsein, Geist, Denken

Mit Hilfe der Begriffe der symbolischen Interaktion und der signifikanten Symbole lassen sich Begriffe wie Bewusstsein, Geist und Denken neu verstehen. In den Geisteswissenschaften wurden Menschen wie bei Mead als Geistwesen verstanden, aber es wurde nicht geklärt, wo der Geist herkommt, sondern seine Existenz wurde als gegeben vorausgesetzt.

Bewusstsein

Mit *Bewusstsein* meint Mead das Wissen um die Bedeutung von Objekten und meiner selbst. So weiß ich beispielsweise, dass ein Stuhl dazu da ist, um mich setzen, und ein Hammer, um einen Nagel in die Wand zu schlagen. Dieses Wissen wird durch Interaktion mit meiner sozialen Umwelt erworben. Bewusstsein ist somit nichts individuelles, innerliches, sondern steht in einer Beziehung zur gesellschaftlichen Außenwelt und entsteht durch symbolisch vermittelte Interaktion. Bewusstsein ist organisiert in Form signifikanter Symbole, insbesondere von Sprache. Ohne Sprache gäbe es kein Bewusstsein.

Ebenso wie Bewusstsein sind auch *Geist* und *Denken* nichts Individuelles. Unter Geist versteht Mead die reflexive Intelligenz des Menschen, also die Fähigkeit über sich selbst und die Welt nachzudenken. Geist beschreibt die Fähigkeit des Menschen, seine Umweltbeziehungen bewusst zu reflektieren und aktiv zu kontrollieren. Inhalt des Geistes ist die nach innen verlagerte Konversation, das Hereinnehmen der Konversation aus der gesellschaftlichen Gruppe in das Einzelwesen. Geist entsteht also als Folge und Produkt gesellschaftlicher Interaktion. *Denken* ist das nach innen verlagerte Gespräch, gleichsam eine Interaktion mit sich selbst.

Geist und Denken

Identität

| 3.3.4.5

Ein zentrales Element von Meads Lehre ist die Theorie der Identität. Identität bezeichnet demnach eine bestimmte Art von Bewusstsein, nämlich das Wissen um das eigene Selbst.

Identität ist Wissen um das eigene Selbst

Über den Prozess symbolisch vermittelter Interaktion entsteht Bewusstsein – zum einen Bewusstsein über die Außenwelt, zum anderen Bewusstsein über mein Selbst. Das Bewusstsein über das Selbst nennt Mead also *Identität*.

»Im Sinne von Mead besitzt ein Individuum Identität, weil und sofern es über diese Fähigkeit verfügt, sich selbst zum Objekt zu machen und ein Bewusstsein der eigenen Bedeutung zu entwickeln.« (Zitat Max Preglau, *Symbolischer Interaktionismus*, in: Julius Morel u. a., Soziologische Theorie. München/Wien 1992, S. 57).

Diese Fähigkeit, sich selbst zum Objekt zu machen, unterscheidet den Menschen vom Tier. Tiere haben keine Identität. Identität ist eine entscheidende Voraussetzung für vernünftiges Handeln: Wenn ich keine Identität, kein Bewusstsein meiner Selbst habe, wenn ich mich nicht selbst objektiv sehen kann, kann ich auch nicht vernünftig handeln. Identität entsteht, indem man lernt, sich mit den Augen anderer zu sehen.

Identität entsteht biografisch in zwei Stufen, die Mead als *Play* und *Game* bezeichnet. Die erste Stufe *Play* findet bei Kindern statt, die Polizist, Feuerwehrmann oder ähnliches spielen, sich also in Personen und Tiere verwandeln, die in ihrem Leben von Bedeutung sind. Dabei ahmt das Kind nicht nur eine bestimmte Person nach, sondern typische Rollenmuster des Polizisten, des Feuerwehrmanns, der Mutter usw. Das Kind übernimmt, so nennt es Mead, die Rolle des *generalisierten Anderen*. Dabei lernt das Kind, sich selbst aus der Perspektive anderer zu beobachten. Indem es sich aus der Perspektive Anderer beobachtet, entwickelt es das Bewusstsein eines eigenen Selbst. Eine andere, spätere Stufe bezeich-

Der generalisierte Andere

net Mead als *Game*. Sie realisiert sich etwa in einem Mannschaftsspiel. Hier muss ein Teilnehmer bereit sein, die Rollen anderer mitzudenken und sich und seine eigene Rolle als Teil von Gruppenvorgängen zu begreifen. Beim Räuber-und-Gendarm-Spiel müssen wir unsere Räuber-Rolle immer in Bezug zur Gendarmen-Rolle ausführen, andernfalls werden wir schnell eingefangen. In einer Fußball-Mannschaft müssen wir unsere Rolle im Zusammenhang mit anderen Mannschaftsrollen ausfüllen. (Wer das nicht begreift, landet rasch auf der Ersatzbank).

Kollektive und individuelle Identität

Der Mensch entwickelt eine *doppelte Identität*, die Mead als *Me* und als *I* bezeichnet. Damit ist gemeint, dass jeder Mensch eine kollektive, gemeinschaftsbezogene (*Me*) und eine individuelle, einzigartige Identität (*I*) besitzt. Zum einen fühlen wir uns als Teil der Gemeinschaft und identifizieren uns mit ihren Werten. Das macht unsere kollektive Identität, das *Me* aus. Wir haben aber auch das Bedürfnis, uns als einzigartige Persönlichkeiten wahrzunehmen und zu präsentieren. Das ist das *I*. Das *I* stellt immer eine Reaktion auf vorgängiges kollektives Bewusstsein dar. Wir können z. B. einerseits das Bedürfnis haben, der Mode zu entsprechen, das wäre dann die Me-Identität. Wir können aber auch das Bedürfnis nach einem eigenen Stil entwickeln, und dann macht sich die I-Identität bemerkbar. Beide Identitäten stehen in einem Spannungsverhältnis. Einerseits sollen wir uns gesellschaftlichen Normen- und Rollenerwartungen anpassen. Andererseits wird von uns erwartet, authentisch zu sein.

Die Gewichte des *Me* und des *I* sind allerdings, wie Mead betont, geschichtlich unterschiedlich verteilt. In der vormodernen Gesellschaft war das *Me* sehr stark, dem *I* wurde nur eine relativ geringer Spielraum zugestanden. Doch auch in der vormodernen Gesellschaft hat es Persönlichkeiten gegeben, die das *I* in hohem Maße zur Geltung gebracht haben, z. B. Propheten oder Religionsstifter wie Jesus. Sie führten neue Werte und Verhaltensmuster ein, die dann Teil der kollektiven Identität wurden. So verändert sich durch das *I* auch das kollektive Bewusstsein, welches dann wieder neue Reaktionen des *I* herausfordert. Ein Beispiel wäre in diesem Fall der Philosoph Friedrich Nietzsche (1844–1900), der vehement gegen die Werte des Christentums zu Felde zog.

Funktionen von *Me* und *I* für die Gesellschaft

Welche Funktion haben *Me* und *I* für die Gesellschaft als Ganzes? Die kollektive Identität sichert den Zusammenhalt der Gesellschaft. Die Identifikation der Einzelnen mit den Werten der Gemeinschaft und der Gruppe ermöglicht das gesellschaftliche Zusammenleben. So weit denkt Mead ähnlich wie Durkheim.

Aber eine Gesellschaft, und damit geht Mead über Durkheim hinaus, bedarf auch der individuellen Identität. Ihre Einbringung verändert Gesellschaft. Gerade große Persönlichkeiten mit ausgeprägtem *I* haben, so Mead, die Gesellschaft nachhaltig verändert. In der modernen Gesellschaft, die konkurrenzbedingt auf Innovation geeicht ist, sind Persönlichkeiten mit starker, profilierter individueller Identität besonders wichtig.

Soziales Verhalten/ Handeln	Verhalten, bei dem ein Individuum auf das Handeln anderer Individuen reagiert	**Tab. 6** *Die Grundbegriffe von George Herbert Meads Theorie des Symbolischen Interaktionismus*
Gesten/Gebärden	Handlungsanfänge, die die Funktion der Verhaltenskoordination übernehmen, sei es durch instinktive, sei es durch bewusste Reaktion	
Signifikante Gesten/ signifikante Symbole	Gesten, die nicht instinktive, sondern bewusste Reaktionen hervorrufen (z. B. Hilferuf). Voraussetzung ist, dass die Gesten verstanden werden.	
Interaktion	Verhalten/Handeln, bezogen auf Andere	
Symbol	ein Zeichen, von dem der Andere versteht, was damit gemeint ist. Das wichtigste Symbolsystem ist die Sprache.	
Symbolische Interaktion/Symbolisch vermittelte Interaktion	Auf andere oder wechselseitig abgestimmtes Handeln, das mittels Symbolen, insbesondere Sprache erfolgt.	
Rollenübernahme	Fähigkeit, die Dinge aus der Perspektive des Anderen zu sehen und zu denken	
Bewusstsein	Wissen um die Bedeutung von Objekten und meiner selbst, das durch Interaktion mit der sozialen Umwelt erworben wird.	
Geist	nach innen verlegte Konversation	
Identität	Bewusstsein über das Selbst. Identitätsbildung ist ein permanentes Wechselspiel zwischen »I« und »Me«	
Me	Kollektive Identität des Einzelmenschen	
I	Individuelle Identität des Einzelmenschen	

Noch einmal zusammengefasst: Meads Wirkung beschränkte sich zu Lebzeiten auf seine Lehrtätigkeit an der Universität Chicago. Verbreitung fand seine Theorie erst nach seinem Tod vor allem dank seines Schülers Herbert Blumer, der Meads Forschungsprogramm als Symbolischen Interaktionismus etikettierte. Mead wurde in den 1950er und 1960er Jahren als Alternative zum vorherrschenden Strukturfunktionalismus (Talcott Parsons, Robert C. Merton) gelesen und beeinflusste die kulturwissenschaftliche Wende in der Soziologie der 1970er Jahre.

Lernkontrollfragen

1. Worin unterscheiden sich die USA historisch und kulturell von Europa? Wie wirken sich diese Unterschiede auf die frühe amerikanische Soziologie aus?
2. Beschreiben Sie den Grundgedanken der pragmatischen Philosophie und seine Bedeutung für die Chicago-Schule.
3. Nennen Sie Beispiele für nonverbale Symbole.
4. Erläutern Sie symbolische Interaktion anhand eines Fußballspiels, eines Konzerts, einer Schulstunde. Überlegen Sie andere Beispiele für symbolische Interaktion.
5. Inwiefern sind Geist und Bewusstsein nicht individuelle, sondern gesellschaftliche Phänomene?
6. Was wäre, wenn die Mitglieder einer Gesellschaft nur eine *I*-Identität hätten? Und was wäre, wenn sie nur eine *Me*-Identität hätten?
7. In welchen Berufen ist eine starke *I*-Identität besonders wichtig, in welchen eine starke *Me*-Identität?
8. Wie würden Sie mit der Theorie des Symbolischen Interaktionismus Gesellschaft definieren?

Literatur

Zur frühen amerikanischen Soziologie allgemein

Martin Bulmer, **The Chicago School of Sociology**. Chicago 1984 → Beschreibt die Geschichte der Chicago-Schule, ihrer wichtigsten Studien und Methoden.

Hans Joas, **Von der Philosophie des Pragmatismus zu einer soziologischen Forschungstradition**, in: ders., Pragmatismus und Gesellschaftstheorie. Frankfurt am Main 1992, S. 23–65 → Über die Chicago-Schule vor dem Hintergrund der Philosophie des Pragmatismus.

Dorothy Ross, **The Origins of American Social Science**. Cambridge 1991 → Zur Entstehung der amerikanischen Sozialwissenschaften im Kontext der amerikanischen Kultur.

George Herbert Mead

George Herbert Mead, **Mind, Self, and Society**, hg. von Charles Morris. Chicago 1934 → Bekanntestes Buch von Mead, nachträglich zusammengestellt aus Vorlesungsmitschriften.

George Herbert Mead, **Geist, Identität und Gesellschaft aus der Sicht des Sozialbehaviorismus.** Frankfurt am Main 1968 → Schlechte Übersetzung

George Herbert Mead, **Gesammelte Aufsätze**, hg. von Hans Joas, zwei Bände. Frankfurt am Main 1980/1983

Über George Herbert Mead

Heinz Abels, **Interaktion, Identität, Präsentation. Kleine Einführung in interpretative Theorien der Soziologie,** 3. Auflage. Wiesbaden 2004 (zuerst 1997), S. 13–40 → Leicht verständliche, kompakte Einführung.

Hans Joas, George **H. Mead**, in: Dirk Käsler (Hg.), Klassiker des soziologischen Denkens, Bd. 2. München 1978, S. 7–39 → Knappe, umfassende Einführung.

Hans Joas, **Praktische Intersubjektivität. Die Entwicklung des Werkes von George Herbert Mead.** 2. Aufl. 1989 → Anspruchsvolle werkgeschichtliche Darstellung.

Max Preglau, **Symbolischer Interaktionismus (George Herbert Mead)**, in: Julius Morel u. a., Soziologische Theorie. Abriss der Ansätze ihrer Hauptvertreter, 2. Aufl., München/Wien 1992. S. 51–63 → Leicht verständliche, begrifflich orientierte Einführung.

Die Anfänge der deutschen Soziologie – Ferdinand Tönnies und Georg Simmel | 3.4

Inhalt

Verglichen mit Frankreich, Italien und den USA war die Ablehnung der Soziologie in Deutschland am stärksten. Dennoch bildete sich auch hier eine eigene Art von Soziologie heraus. Sie war stark historisch und geisteswissenschaftlich geprägt, setzte sich als solche von Comte und Spencer ab und interessierte sich insbesondere für den Freiheitsraum und die Mentalität des modernen Menschen und weniger für strukturelle Eigengesetzlichkeiten moderner Gesellschaft. Die deutsche Soziologie gewann international hohes Ansehen und Einfluss. Bahnbrechend waren die Arbeiten von Ferdinand Tönnies und Georg Simmel, die an der Wende zum 20. Jahrhundert entstanden.

3.4.1 Was heißt eigentlich »deutsche Soziologie«? Der österreichische Beitrag

3.4.2 Wann beginnt Soziologie in Deutschland?

3.4.3 Ferdinand Tönnies

3.4.4 Georg Simmel

3.4.1 | Was heißt eigentlich »deutsche Soziologie«?
Der österreichische Beitrag

Der Begriff »deutsche Soziologie« ist, wissenschaftsgeschichtlich gesehen, vertrackter, als man auf den ersten Blick annehmen möchte. Das liegt daran, dass der Begriff »deutsch« territorial schwer abgrenzbar ist. Insbesondere trifft dieses auf Österreich zu. Bis 1806 war Österreich Bestandteil und Führungsmacht des Heiligen Römischen Reiches Deutscher Nation. Von 1815 bis 1866 gehörten große Teile des Habsburger-Reiches zum *Deutschen Bund*, in dem Österreich wiederum als Führungsmacht fungierte. Erst durch die Niederlage gegen Preußen 1866 wurde Österreich *politisch* aus Deutschland herausgedrängt; das neue Deutsche Reich 1871 entstand als kleindeutsche Lösung unter preußischer Führung. Die ehemalige deutsche Führungsmacht bildete sich als Kaiserliche und Königliche Doppelmonarchie *Österreich-Ungarn* neu – mit zwei weitgehend selbstständig regierten Reichshälften und mit einem gemeinsamen Monarchen an der Spitze. Aber gesellschaftlich und kulturell blieben Deutschland und Österreich-Ungarn eng miteinander verbunden. Wissenschaftler und Professoren wechselten zwischen beiden Ländern hin und her. Wenn man also den Begriff deutsch nicht politisch, sondern *kulturell* versteht, dann ist es sinnvoll, zumindest bis 1918 von einem *deutschen Kulturraum* zu sprechen, der sich über die deutschsprachigen Gebiete Mitteleuropas erstreckt und insbesondere deutschsprachig geprägte Metropolen wie Wien, Prag und Budapest mit umfasst. Geht es um deutsche Soziologie in ihrer Anfangsphase, so ist dabei immer der gesamte deutsche Kulturraum mit zu bedenken. Etliche hervorragende deutschsprachige Sozialwissenschaftler dieser Zeit waren österreichisch-ungarischer Herkunft, z. B. Emil Lederer, Joseph Schumpeter, Karl Mannheim, Paul Lazarsfeld oder Alfred Schütz.

Deutscher Kulturraum

Zugleich ist festzustellen, dass sich mit der Zeit auch zunehmend eine eigene österreichische Identität entwickelt. Die Jahre 1867 bis 1918/1945 bilden eine Übergangszeit zu einer eigenen österreichischen Kultur. Als einen frühen, spezifisch österreichischen Beitrag kann man die Soziologie von Ludwig Gumplowicz (1838–1909) ansehen. Gumplowicz stammte aus Krakau und wirkte später an der Universität Graz. Er war stark von Comte und Spencer beeinflusst, doch konzipierte seine Soziologie Gesellschaft nicht als ein integratives, sondern als ein konflikthaftes Geschehen zwischen sozialen Gruppen. »Rasse« bzw. »Rassenkampf« wurde zum Grundbegriff seiner Lehre, was keineswegs (nur) ethnisch-biologisch gemeint war. Nichtsdestotrotz spiegeln sich in diesem Konzept auch die sozialen und ethnischen Konflikte im habsburgischen Vielvölkerreich. Ein eigenes Profil gewann das österreichische gesellschaftstheoretische

Österreichisches Profil

Denken im *Austromarxismus* (Otto Bauer, Karl Renner, Rudolf Hilferding), einer Spielart des Marxismus zwischen sozialdemokratischem Reformismus und revolutionärem Kommunismus, sowie in der theoretischen Nationalökonomie (Carl Menger, Eugen von Böhm-Bawerk, Joseph A. Schumpeter), die sich von der im Deutschen Reich vorherrschenden historischen Nationalökonomie abgrenzte und für die weitere Entwicklung der Wirtschaftswissenschaften eine höchst bedeutsame Rolle spielte.

Literatur

Karl Acham (Hg.), **Rechts-, Sozial- und Wirtschaftswissenschaften aus Graz. Zwischen empirischer Analyse und normativer Handlungsanweisung: Wissenschaftsgeschichtliche Befunde aus Drei Jahrhunderten**, Wien 2001 → Fundgrube zur Geschichte der österreichischen Sozialwissenschaften, mit Beiträgen u. a. zu Gumplowicz und Schumpeter.

Reinhard Knoll/Gerhard Majce/Hilde Weiss/Georg Wieser: **Der österreichische Beitrag zur Soziologie von der Jahrhundertwende bis 1938**, in: M. Rainer Lepsius (Hg.): Soziologie in Deutschland und Österreich 1918–1945. Opladen 1981, S. 59–101

Wann beginnt Soziologie in Deutschland? | 3.4.2

Die Soziologie hatte im Deutschen Reich lange Zeit einen schwierigen Stand. Das lag zum guten Teil daran, dass Soziologie als westliche, französische Wissenschaft aufgefasst wurde. Und damit weckte sie antiwestliche, antifranzösische Affekte.

Das war nicht immer so. Bis ins späte 18. Jahrhundert sah sich die deutsche Kultur als ein Teil der westlichen Kultur, und Frankreich, sein Königshof, seine Kultur und seine Philosophie wurden in Deutschland als Vorbilder geflissentlich nachgeahmt. Ausgelöst durch die Kriege gegen Napoleon und die französische Besatzung von 1806 bis 1815 entstanden unter den deutschen Intellektuellen antifranzösische Stimmungen, und zwar weit bis in das 20. Jahrhundert hinein. All dies führte dazu, dass sich im Selbstverständnis deutscher Intellektueller ein sogenannter »deutscher Geist« herausbildete, der sich, teils auch polemisch, vom »westlichen Geist« abgrenzte – was aber einen fruchtbaren Austausch mit der westlichen Kultur keineswegs ausschloss. Dieser »deutsche Geist« war romantisch, teilweise antirationalistisch und skeptisch gegenüber der entstehenden Moderne eingestellt. Soziologie galt, wie man in zeitgenössischen Enzyklopädien nachvollziehen kann, als Wissenschaft Comtes und Spencers. Als solche erfuhr sie in Deutschland

Deutscher Geist mit antiwestlichen Affekten

überwiegend Ablehnung. Dafür wurden diskutable sachliche Argumente vorgebracht, aber es waren auch die eben erwähnten antiwestlichen Affekte im Spiel.

Als erster deutscher Soziologe gilt Lorenz von Stein (1815–1890) – ein studierter Jurist und Philosoph, dessen Denken stark von Hegel beeinflusst war. Mehrfach hielt sich von Stein zu Forschungs- und Studienaufenthalten in Paris auf, später war er Professor in Kiel und Wien. Seine Bücher »*Der Socialismus und Communismus des heutigen Frankreichs*« (1842) und »*Geschichte der sozialen Bewegung in Frankreich*« (1850) machten die soziale Frage und den französischen Frühsozialismus in Deutschland bekannt. Lorenz von Stein war maßgeblich an der Etablierung des Gesellschaftsbegriffs in Deutschland beteiligt. Er prägte die Begriffe Proletariat und Klasse mit, möglicherweise hat Marx sie von ihm übernommen. Seine Analyse des Klassenkampfes war derjenigen von Karl Marx nicht unähnlich, doch war Stein der Auffassung, dass sich die Klassengegensätze durch staatliche Sozialpolitik zumindest erheblich abmildern ließen. In diesem Sinne propagierte er ein soziales Königtum, das sich für die Interessen der Arbeiter einsetzt. Stein wurde so zum Vordenker des modernen Sozialstaates Bismarckscher Prägung. Die Entwicklung der akademischen Soziologie in Deutschland hat er jedoch wenig beeinflusst.

Stein als Vordenker des Sozialstaats

Als erste eigenständige deutsche Figur, die das Fach Soziologie national und international nachhaltig mitgeprägt hat, kann Ferdinand Tönnies gelten. Er verfasste das grundlegende Werk »*Gemeinschaft und Gesellschaft*«.

3.4.3 | Ferdinand Tönnies

3.4.3.1 | Zur Biografie von Ferdinand Tönnies

Ferdinand Tönnies kam 1855 in Schleswig-Holstein zur Welt; er studierte Philosophie und promovierte mit einer Arbeit über Thomas Hobbes. Sein Hauptwerk »*Gemeinschaft und Gesellschaft*«, erschienen 1887, wurde von Durkheim ernsthaft rezipiert und rezensiert. In Deutschland fand es erst Anfang des 20. Jahrhunderts größere Beachtung. 1912 erschien eine zweite Auflage, gefolgt von sechs weiteren bis 1934. Ferdinand Tönnies übernahm erst 1913 eine Professur für Nationalökonomie und Statistik an der Universität Kiel, nebenbei lehrte er Soziologie. Er tat viel für die Institutionalisierung des umstrittenen Fachs in Deutschland und war lange Zeit Vorsitzender der Deutschen Gesellschaft für Soziologie.

Tönnies war nicht nur für die Soziologie, sondern für die Kultur seiner Zeit überhaupt bedeutsam. Sein Werk errang durch die Jugendbewegung eine große Popularität. Der Gemeinschaftsbegriff wurde, gegen die Intention von Tönnies, zu einer ideologischen Metapher. Besonders die Nationalsozialisten haben sich ihrer bedient (*Volksgemeinschaft*). Deswegen haben manche Tönnies später auch als einen geistigen Wegbereiter des Nationalsozialismus angesehen. In Wirklichkeit war Ferdinand Tönnies ein sozialkritischer Intellektueller, der sich für politische und soziale Reformen im Kaiserreich einsetzte, der für die Weimarer Republik eintrat und die Nationalsozialisten bekämpfte. Er wurde deswegen im September 1933 ohne Pension von der Universität entlassen. Ferdinand Tönnies starb am 6. April 1936 in Kiel.

Sozialkritisch und reformorientiert

Hintergrund

Jugendbewegung
Die Jugendbewegung entstand gegen Ende des 19. Jahrhunderts und richtete sich gegen die Erwachsenenwelt im allgemeinen sowie gegen die luxuriöse und karriereorientierte bürgerliche Kultur, gegen das Großstadtleben und gegen die moderne Zivilisation schlechthin. Der Anspruch war, eine eigene und selbstbestimmte Jugendkultur unabhängig von den Erwachsenen zu leben. Die Bewegung propagierte Naturverbundenheit, Wandern, Lagerfeuer, die Pflege traditioneller Volkslieder und eben Gemeinschaftlichkeit. Die Nationalsozialisten verwendeten später Elemente dieser Kultur für ihre eigenen Organisationen und unterdrückten zugleich eine freie Jugendbewegung. Die meisten Historiker datieren das Ende der Jugendbewegung mit der Eingliederung der freien Jugendbünde 1933/34 in die Hitlerjugend.

Gemeinschaft und Gesellschaft

| 3.4.3.2

Ferdinand Tönnies geht davon aus, dass es zwei grundlegend unterschiedliche, wesensverschiedene Formen menschlichen Zusammenlebens gibt: *Gemeinschaft* und *Gesellschaft*. Gemeinschaften sind organisch gewachsene, Gesellschaften hingegen künstlich geschaffene Systeme. Beide Sozialformen gehen auf unterschiedliche Willensformen zurück: *Wesenwillen* und *Kürwillen*. *Wesenwillen* kann man ungefähr übersetzen mit: Handeln aus Instinkt, Gefühl, Gewohnheit und Tradition. Zweck und Mittel bilden eine Einheit, die Mittel, etwa handwerkliche Traditionen, haben immer auch ihren Eigenwert. *Kürwillen* dagegen impliziert zweckrationales Handeln, ordnet die Mittel den Zwecken unter, stellt ein grundsätzlich instrumentales Verhältnis zur Welt her und arbeitet mit analytischen Verstandesleistungen (*Bedacht, Beschluss, Begriff*).

Gemeinschaft und Gesellschaft basieren auf Wesenwillen und Kürwillen

Als Beispiel für den Wesenwillen wurde häufig die Mutterliebe genannt, die unbedingt und nicht berechnend ist, als Beispiel für den Kürwillen der moderne Handel, bei dem kalkuliert, analysiert und ein Vertrag geschlossen wird. Aus diesen zwei Willensformen gehen die zwei Typen sozialer Beziehungen hervor: *Der Wesenwillen erschafft Gemeinschaft, der Kürwillen Gesellschaft.*

Definition Gemeinschaft

In der *Gemeinschaft* geht das Ganze den Teilen voraus. Die Keimformen der Gemeinschaft liegen in der »Gemeinschaft des Blutes«, das sind die Verhältnisse zwischen einer Mutter und ihrem Kind, zwischen Mann und Frau, zwischen den Geschwistern. Außerdem entwickelt sich eine »Gemeinschaft des Ortes« (Nachbarschaft) und eine »Gemeinschaft des Geistes« (Freundschaft). Charakteristisch für diese Gemeinschaftsformen ist gegenseitiges Verständnis. Der Begriff der Gemeinschaft erfasst die intimen, vertrauten, persönlichen, zwischenmenschlichen Beziehungen. Zu den Gemeinschaftsformen zählt Tönnies ferner das Dorf, aber auch die traditionelle Stadt. Charakteristisch für sie sind die politische und die religiöse Gemeinde, Gilden und Zünfte. Die größte Gemeinschaftsform ist das »Volk«.

Gesellschaft hingegen ist der Raum des interessenhaften Kalküls, des zweckrationalen Handelns. Paradigmatisch für die Sozialform Gesellschaft steht die Großstadt. Sie besteht aus freien Personen, die sich flüchtig begegnen, die in Tauschbeziehungen treten und arbeitsteilig zusammenwirken, ohne dass daraus gemeinschaftliche Beziehungen erwachsen. Orte der Gesellschaft im Sinne von Tönnies sind auch die moderne Fabrik, die moderne Industrie, der Handel, die Politik und die Medien. Im Gesellschaftsbereich herrscht der »Krieg aller gegen aller«, wenngleich in ziviler Konkurrenz.

Die Begriffe Gemeinschaft und Gesellschaft werden von Tönnies in einem doppelten Sinn verwandt. Erstens treten sie als abstrakt-typologische Kategorien auf, mit deren Hilfe man alle zwischenmenschlichen Beziehungen in den verschiedenen sozialen Gruppen unabhängig vom geschichtlichen Kontext vergleichen und klassifizieren kann. Zweitens erscheinen sie als historische Begriffe, die bestimmte Stadien der gesellschaftlichen Entwicklung beschreiben, und zwar hauptsächlich die Umwandlung der ständisch-patriarchalischen Gesellschaft in die kapitalistische. Die Großstadt verdrängt das Dorf, die Fabrik das Handwerk, die Maschine das Werkzeug, das Gesetzesrecht das Gewohnheitsrecht, die Wissenschaft die Religion. Doch auch in der Moderne erhält sich die Kraft des gemeinschaftlichen Lebens. Seine Bedeutung nimmt ab, aber es bleibt eine soziale Realität.

Die spannende Frage ist: Was bleibt aus dem Zeitalter der Gemeinschaft erhalten und warum? Und welche Funktion behalten bzw. übernehmen die Relikte der Gemeinschaft in der Gesellschaft? Der Soziologe Hans Freyer (→ Kapitel 4.1) vertrat in den 1950er Jahren die These, dass traditionelle Werte der Gemeinschaft und Kameradschaft Zusammenhalt und Funktionieren der industriellen Gesellschaft gewährleisten. Gerade die Relikte der Gemeinschaft garantieren demnach, dass Gesellschaft funktioniert.

»Bund« als dritter Typus neben Gemeinschaft und Gesellschaft | 3.4.3.3

Herman Schmalenbach (1885–1950), ein Soziologe der Zeit der Weimarer Republik, hat die Typologie von Gemeinschaft und Gesellschaft um den Begriff des *Bundes* ergänzt. Gemeinschaft gründet sich auf Blutsbande und gemeinschaftliches Leben, sie ist naturwüchsig und unbewusst, die Individuen werden sich ihrer erst bewusst, wenn sie bedroht ist. Der Bund geht hingegen aus einem plötzlichen Übereinkommen, einer Erneuerung, einer kollektiven Begeisterung hervor. Bünde können beispielsweise Kirchen oder Sekten sein. Die Gemeinschaft ist ein alltägliches Phänomen. Der Bund fällt dagegen in den Bereich des Außerordentlichen und gründet sich auf Freundschaft. Der Begriff des Bundes ermöglicht es, bestimmte Formen des traditionellen Religionslebens wie die Jugendbewegung oder den Nationalsozialismus zu verstehen: Vereinigungen im Glauben, im Aufstand gegen Familie oder Gesellschaft oder in der Liebe zu einem Führer. Alle diese Gruppen haben weder mit der Evidenz der Blutsbande noch mit der klaren Vernunft rechtlicher Vertragsgebilde zu tun. Bund ist eine *transitorische* Sozialform, d.h. sie geht früher oder später in gemeinschaftliche oder gesellschaftliche Formen über.

<small>Bund als außerordentliches und transitorisches Phänomen</small>

Ein Beispiel dafür ist die Arbeiterbewegung: Die Arbeiterbewegung in der zweiten Hälfte des 19. Jahrhunderts kann man als »Bund« im Sinne von Schmalenbach interpretieren. Diese Phase war geprägt von charismatischen Arbeiterführern, massenwirksamen Ideen etwa von einer sozialistischen Gesellschaft, die das volle Menschsein ermöglicht und einer Heilserwartung jenseits der bestehenden gesellschaftlichen Verhältnisse. Später verlor sich der ideelle Elan und machte einer nüchternen, interessenorientierten Politik Platz.

<small>Arbeiterbewegung als Beispiel für Bund</small>

Die Theorie von Gemeinschaft und Gesellschaft wurde vor allem durch die Jugendbewegung populär. In der öffentlichen Diskussion gab es eine Sehnsucht nach Gemeinschaft. Die Nationalsozialisten trugen ihr Rechnung, indem sie die Volksgemeinschaft zum zentralen Element ihres Programms erhoben. Zur Wirkungsgeschichte von Soziologie gehört eben auch, dass ihre Begriffe und Theorien – meist gegen den Willen ihrer Urheber – immer wieder ideologisch vereinnahmt und missbraucht werden.

Tab. 7		
Zentrale Begriffe in der Soziologie von Ferdinand Tönnies	Gemeinschaft	»Organisch« gewachsene, durch den »Wesenwillen« hervorgerufenes Gebilde. Gemeinschaftsformen sind z. B. Familie, Nachbarschaft, Gemeinde, Dorf, traditionelle Stadt, Volk
	Gesellschaft	»Künstliches«, durch den »Kürwillen« geschaffenes Gebilde. Gesellschaftsformen sind z. B. Großstadt, moderne Fabrik, moderne Industrie, Großhandel, Politik, Medien
	Wesenwillen	Handeln aus Instinkt, Gefühl, Gewohnheit und Tradition, z. B. Mutterliebe
	Kürwillen	Rationales, kalkulierendes Handeln, arbeitet mit analytischen Verstandesleistungen, ordnet die Mittel den Zwecken unter, stellt ein grundsätzlich instrumentales Verhältnis zur Welt her, z. B. moderner Handel
	Bund	Dritte grundlegende Sozialform neben Gemeinschaft und Gesellschaft. Er entsteht weder durch Tradition noch durch zweckrationalen Vertragsabschluss, sondern spontan, erneuernd, durch kollektive Begeisterung, typischerweise auf Initiative eines charismatischen Führers. Beispiele: religiöse Gemeinschaften, politische Bewegungen und Parteien im Anfangsstadium

Lernkontrollfragen

1 Tönnies unterschied Gemeinschaft und Gesellschaft, Durkheim mechanische und organische Solidarität. Erkennen Sie Parallelen?
2 Gibt es heute noch »gemeinschaftliche« Sozialformen? Nennen Sie Beispiele.
3 Was bedeutet, auf dem Hintergrund von »Gemeinschaft und Gesellschaft«, Freundschaft im Privatleben, im Geschäftsleben und in der Politik?
4 Die Nationalsozialisten beanspruchten, mit Organisationen wie der Hitlerjugend und dem Bund Deutscher Mädel eine Volksgemeinschaft einzuführen. Sind nationalsozialistische Jugendorganisationen gemeinschaftliche Gebilde im Sinne von Tönnies? Begründen Sie Ihre Auffassung.

Literatur

Ferdinand Tönnies **Gesamtausgabe** (TG) → Seit 1998 erscheint eine Ferdinand Tönnies Gesamtausgabe, hg. von Lars Clausen, Alexander Deichsel, Cornelius Bickel, Rolf Fechner, Carsten Schlüter-Knauer und Uwe Carstens im Verlag Walter de Gruyter, Berlin/New York.

Ferdinand Tönnies, **Gemeinschaft und Gesellschaft.** Darmstadt 1991 → Erschien zuerst 1887; bekanntestes Werk von Tönnies

Ferdinand Tönnies, **Einführung in die Soziologie.** Stuttgart 1931 → Spätfassung von Tönnies' Soziologie, leichter lesbar als »Gemeinschaft und Gesellschaft«.

Raymond Aron, **Die deutsche Soziologie der Gegenwart.** Stuttgart 1970, S. 16–23 → Abriss zu Schmalenbachs Soziologie des Bundes.

Cornelius Bickel, **Ferdinand Tönnies. Soziologie als skeptische Aufklärung zwischen Historismus und Rationalismus.** Opladen 1991 → Anspruchsvolle Analyse der Soziologie von Ferdinand Tönnies

Georg Simmel | 3.4.4

Zur Biografie von Georg Simmel | 3.4.4.1

Georg Simmel wurde 1858 als Sohn jüdischer Eltern geboren, die bald zum christlichen Glauben übertraten. Er stammte aus dem wirtschaftsbürgerlichen Milieu. Sein Vater war Kaufmann. 1874 wurde Julius Friedländer, Begründer und Inhaber der Musikedition Peters, zum Vormund bestellt. Das Vermögen des Vormunds ermöglichte Simmel später, die akademische Laufbahn einzuschlagen und beizubehalten.

Simmel war ursprünglich Philosoph. Wie bei vielen anderen prominenten Soziologen gestaltete sich auch seine akademische Karriere schwierig. Seine Dissertation »*Psychologisch-ethnographische Studien über die Anfänge der Musik*« wurde abgelehnt. Stattdessen promovierte er mit einer Arbeit über »*Das Wesen der Materie nach Kants Physischer Monadologie*« (1881). Auch seinen Habilitationsvortrag bestand Simmel erst im zweiten Versuch 1885. Seine Bemühungen, eine Professur zu erlangen, scheiterten lange Zeit, obwohl er ein sehr erfolgreicher Dozent war. So wurde Simmel erst 1914 zum Professor für Philosophie in Straßburg berufen. Dort starb er schon 1918. Der Hauptgrund für seine Karriereprobleme war, dass die deutschen Philosophen den soziologischen Ambitionen Simmels wie der zeitgenössischen Soziologie überhaupt wenig Verständnis entgegenbrachten. Aber auch antisemitische Vorurteile waren im Spiel, etwa als die Berufung Simmels 1908 nach Heidelberg scheiterte.

Unter den Soziologen seiner Zeit erfuhr Simmel hingegen hohe Wertschätzung. Seine Werke wurden in verschiedene Sprachen übersetzt, manchmal bevor sie in deutscher Sprache erschienen. Im Ausland war Simmel um 1900 der bekannteste deutsche Soziologe. Er war jedoch kein Fachsoziologe im heutigen Sinn. Ihn interessierte die Philosophie gleichermaßen, der er sich in seiner Spätzeit wieder stärker widmete. Soziologisch aktiv war Simmel vor allem zwischen 1890 und 1900; später veröffentlichte Werke gehen oft auf diese Phase zurück.

Interesse für Philosophie und Soziologie

Simmel hat den größten Teil seiner akademischen Laufbahn als Privatdozent in Berlin verbracht. Das war für einen Soziologen eine denkbar anregende Umgebung, um die neuesten Tendenzen der modernen Gesellschaft zu studieren. Sein Anliegen bestand weniger darin, ein großes, geschlossenes theoretisches System zu erarbeiten. Er war ein Meister kleiner Essays, seine Themen gestalteten sich dabei derartig vielfältig wie bei kaum einem anderen Soziologen. So schrieb er über die Großstadt, über die Soziologie des Raums, Soziologie der Konkurrenz, weibliche Kultur, Psychologie der Frauen, Religion und Gesellschaft, Psychologie der Mode, Psychologie der Scham, über das Geld in der modernen Kultur, über den Henkel und vieles andere mehr.

Vielfältiges Themenspektrum

Simmels erster Schritt in Richtung Soziologie erfolgte über die sogenannte *Völkerpsychologie*. Diese in den 1850er Jahren begründete Fachrichtung wollte als eine allgemeine Kulturwissenschaft die im Verfall begriffene Einheit der Wissenschaften vom Menschen wieder herstellen. Entgegen der üblichen psychologischen Betrachtung des Einzelnen ging man von den kollektiven Kräften wie Sprache, Sitte, Religion aus, die den Einzelnen prägen. Die führenden Vertreter dieser Disziplin waren Moritz Lazarus (1824–1903) und Heymann Steinthal (1823–1899). Simmels erste Veröffentlichungen erfolgten in deren »Zeitschrift für Völkerpsychologie und Sprachwissenschaft«.

Als erstes größeres soziologisches Werk Georg Simmels gilt »Über soziale Differenzierung« (1890). Auch hier betont Simmel, wie damals in der Soziologie üblich, den Vorrang des Kollektiven vor dem Individuum. Ähnlich wie Comte und Spencer fasst Simmel hier Soziologie als eine Naturwissenschaft auf. Seine differenzierungstheoretischen Überlegungen schließen vermutlich an Herbert Spencer an. Doch anders als bei Spencer und Durkheim, die sich für die Gesellschaft als Organismus bzw. als Kollektiv interessierten, richtete sich Simmels Interesse auf die Psyche, die Mentalität, das Schicksal des einzelnen Menschen in einer ausdifferenzierten Gesellschaft.

Der Einzelne in einer ausdifferenzierten Gesellschaft

In den 1890er Jahren beschäftigte Georg Simmel sich mit seinem zweiten soziologisch relevanten Hauptwerk, das 1900 veröffentlicht wurde: die *»Philosophie des Geldes«*. Geld, so sollte man meinen, ist ureigenstes, exklusives Terrain der Wirtschaftswissenschaftler. Aber Simmel entwarf eine Theorie des Geldes, die sich vom ökonomischen Erkenntnisinteresse abgrenzte, und entwickelte eine eigene, soziologische Erkenntnisperspektive. Folgende Fragen interessierten ihn dabei: Wie verändert Geld die Beziehungen zwischen den Menschen? Verändert Geldwirtschaft den Menschen, und wenn ja, welchen Menschentyp bringt sie hervor? Seine »Philosophie des Geldes« wollte Simmel auch von Marx' Historischem Materialismus abgegrenzt wissen.

Geld und die Beziehungen zwischen Menschen

1908 erschien das Buch »*Soziologie*«, ebenfalls ein Hauptwerk von Georg Simmel, in dem er sein Konzept der Soziologie vorstellt. Es geht aus von der Unterscheidung von Inhalt und Form und definiert Soziologie als Lehre der sozialen Formen (→ Kapitel 3.4.4.2). Beispielhafte Analysen einer derartigen Soziologie werden an ganz unterschiedlichen Gegenständen entwickelt.

Soziologie als Lehre sozialer Formen

Die folgende Darstellung wird sich auf zwei Schwerpunkte beschränken, die vielleicht die wichtigsten in der Soziologie Simmels darstellten. Wie eben erwähnt, propagierte Simmel ein neues Wissenschaftskonzept der Soziologie, das sich von der historisch und enzyklopädisch angelegten Wissenschaft Comtes und Spencers absetzte: die *formale Soziologie*. Als Muster dafür soll Simmels Soziologie des Fremden betrachtet werden. Aber Simmel war auch ein scharfsinniger Beobachter und kluger Theoretiker der modernen Gesellschaft, der insbesondere der Bedeutung des Geldes für die Psychologie und die sozialen Beziehungen der Menschen in der Moderne nachging (→ Kapitel 3.4.4.4).

Formale Soziologie | 3.4.4.2

Tönnies Werk »*Gemeinschaft und Gesellschaft*« stellt den Übergang zu einem neuen Typus soziologischer Theorie dar. Die soziologische Theorie des 19. Jahrhunderts war Entwicklungstheorie bzw. Fortschrittstheorie, die den Geschichtsprozess in verschiedene Stadien einteilte. Dieser Aspekt ist bei Tönnies noch enthalten, denn Gemeinschaft und Gesellschaft sind auch historische Begriffe – aber eben nur »auch«. Andererseits sind Gemeinschaft und Gesellschaft reine, abstrakte Typen sozialer Beziehungen. Diese Betrachtungsweise kommt endgültig mit Georg Simmel zum Durchbruch. Soziologie wird zur Wissenschaft sozialer Formen. Was ist damit gemeint?

Wir müssen uns zunächst noch einmal vergegenwärtigen, worin die Soziologen des 19. Jahrhunderts die Aufgabe einer Soziologie bzw. Gesellschaftswissenschaft sahen. Soziologie sollte die Gesetze des geschichtlichen Ablaufs entdecken. Dahinter steckte die Vorstellung, dass Geschichte nach bestimmten Gesetzmäßigkeiten abläuft und sich auf ein bestimmtes Ziel hinbewegt (positives Stadium, industrielle Gesellschaft, Kommunismus). In diesem Sinne waren alle sozialen Vorgänge in der Gesellschaft Gegenstand der Soziologie. Da soziale Vorgänge in der Gesellschaft aber auch von anderen Disziplinen behandelt werden, sind letztendlich alle Sozialwissenschaften »irgendwie« Soziologie, und es lässt sich kein trennscharfer Gegenstand der Soziologie, der sie von anderen Disziplinen unterscheidet, bestimmen.

Das zweite Argument Simmels gegen die Soziologie des 19. Jahrhunderts als Wissenschaft des geschichtlichen Prozesses war die Komplexität desselben:

»Es ist wohl heute kein Zweifel mehr, dass ›Gesetze der Geschichte‹ nicht auffindbar sind; denn Geschichte ist einerseits in sich ein so ungeheuer komplexes Gebilde, andererseits ein so unsicher und subjektiv begrenzter Ausschnitt aus dem kosmischen Geschehen, dass es keine einheitliche Formel für ihre Entwicklung als Ganzes geben kann« (Georg Simmel, *Das Problem der Soziologie* (1894), in: ders., Das individuelle Gesetz, hg. von Michael Landmann. Frankfurt am Main 1987, S. 48).

Nach Simmels Auffassung kann die Soziologie auch kein eigenes Gebiet der sozialen Erscheinungen als Gegenstand finden, da das Soziale bereits unter den speziellen Gesellschaftswissenschaften aufgeteilt ist. Wenn nun die Soziologie kein eigenes empirisches Feld mehr ausmachen kann, so muss sie einen *spezifischen Gesichtspunkt* definieren, unter dem sie Gesellschaft beobachtet. Dieser Gesichtspunkt ist die *Form,* nicht der Inhalt von Gesellschaftlichkeit, d. h. das Allgemeine, das allen sozialen Erscheinungen zueigen ist.

Wechselwirkung als soziologischer Forschungsgegenstand

Gegenstand der Soziologie ist die *Wechselwirkung.* Wechselwirkung bedeutet, dass das, was ein Individuum tut, sieht oder erwartet, Auswirkungen auf das hat, was ein anderes Individuum tut, sieht oder erwartet und umgekehrt. Wechselwirkungen können kurzfristige Interaktionen sein, aber auch dauerhafte Sozialgebilde, wie etwa Familie oder Staat. Gesellschaft ist die Summe aller Wechselwirkungen. Sie ist ein fortdauernder, nicht endender Prozess. Um dieser Dynamik Rechnung zu tragen,

Vergesellschaftung als Ausdruck für dynamischen Prozess

setzte Simmel anstelle des statischen Begriffs Gesellschaft den Begriff *Vergesellschaftung.* Der Begriff der Wechselwirkung versteht sich in diesem Zusammenhang als Synthese der Begriffe Individuum und Gesellschaft.

Zusammenfassung

Georg Simmels Konzept einer formalen Soziologie

»Alle Vergesellschaftungsprozesse – unabhängig vom Wollen oder Wissen der Akteure – weisen formale Gleichmäßigkeiten auf. In den unterschiedlichsten Gesellschaftsformen wie in den verschiedensten sozialen

Gruppen lassen sich immer wieder gleiche Vergesellschaftungsformen wiederfinden, wie z.B. Über- und Unterordnung, Herrschaft, Konkurrenz, Arbeitsteilung, oder im mikrosoziologischen Bereich Formen wie Ehe und Familie, die ja bekanntlich interkulturell und entwicklungsgeschichtlich äußerst variabel sein können. Aufgabe der Formalen Soziologie, wie Simmel (1917) dieses Unternehmen später nennt, ist es, solche sozialen Formen aus der Mannigfaltigkeit des sozialen Lebens herauszufiltern und zu analysieren.« (Heinz-Jürgen Dahme; *Soziologiegeschichte. Die Zeit der Riesen: Simmel, Durkheim, Weber.* Kurseinheit 1: Georg Simmel. Fernuniversität/Gesamthochschule Hagen 1987, S. 55)

Der Fremde | 3.4.4.3

Georg Simmels Aufsatz *Der Fremde* eignet sich gut, um seine formale Soziologie nachvollziehen zu können. In diesem Beitrag definiert Simmel den Fremden als denjenigen, der »heute kommt und morgen bleibt« (nicht: morgen geht). Fremdsein ist eine »besondere Wechselwirkungsform« (in: Georg Simmel, *Das individuelle Gesetz.* Frankfurt am Main 1987, S. 63). In diesem Sinn ist der Fremde nicht der Chinese in China, sondern der Chinese in, sagen wir, Fürstenfeldbruck. Der Fremde ist nicht fern, sondern Teil der Gruppe, etwa einer Dorf- oder Stadtgemeinschaft, aber irgendwie gehört er nicht richtig dazu.

Als Prototyp des Fremden in der Geschichte beschreibt Simmel den Händler. Der Fremde besitzt in der Regel keinen Boden, denn Bodenbesitz setzt eine Fixierung an den Ort voraus. Sache des Fremden ist eher das Geldgeschäft. Geld bedeutet, im Gegensatz zu Boden, Beweglichkeit, und Beweglichkeit macht die Position des Fremden aus: Er kommt, so Simmel, mit vielen Personen gelegentlich in Berührung, ist aber mit niemandem am Ort verwandtschaftlich verbunden.

Händler als Prototyp des Fremden

Die Position des Fremden zur Gruppe ist also durch Distanz gekennzeichnet. Aus dieser Distanz erwächst eine Tendenz zur Objektivität oder zumindest der Anschein dazu. Simmel erwähnt als Beispiel die Praxis italienischer Städte, Richter von außen zu berufen, weil sie von Familien- und Parteiinteressen frei sind. Der Fremde ist in seinem Denken freier, objektiver und vorurteilsloser.

Das Fremdsein, meint Simmel, macht selbst vor Liebesbeziehungen nicht halt. Nach dem ersten Rausch und dem Gefühl der Einzigartigkeit der Beziehung schlägt das Gefühl der Fremdheit um so stärker durch.

Was ist daran formale Soziologie? Simmel interessiert *das Fremdsein als allgemeine, raum- und zeitlose soziale Form.* Es geht ihm nicht um eine

Fremdsein als kulturübergreifende, raum- und zeitlose Form

konkrete historische Gestalt des Fremden, sondern um Fremdsein als soziale Form, die in allen oder vielen Kulturen vorkommt. Konkrete historische Phänomene, etwa Juden als Fremde, interessieren dabei nicht in ihrer historischen Eigenart, sondern als Beispiel und Veranschaulichung für die allgemeine, zeitlose Form des Fremden.

Definition

Der Fremde in der Definition von Georg Simmel
Der Fremde ist »derjenige, der heute kommt und morgen bleibt«. Fremdsein ist eine »besondere Wechselwirkungsform«. (Georg Simmel, *Der Fremde*, in: Georg Simmel, *Das individuelle Gesetz*. Frankfurt am Main 1987, S. 63)

3.4.4.4 | Simmels Diagnose der modernen Gesellschaft

Simmels Sozialwissenschaft geht im Konzept der formalen Soziologie nicht voll auf. Er ist auch und vor allem Beobachter und Analytiker der modernen Gesellschaft. Als solcher beschreibt er, entgegen dem Konzept der formalen Soziologie, was an dieser Gesellschaft neu und eigenartig ist. Allerdings nennt er sein zeitdiagnostisches Hauptwerk bezeichnenderweise *Philosophie des Geldes*, nicht: *Soziologie des Geldes*. Eine höchst kunstvolle Analyse ist Simmel mit seinem einem Vortrag bzw. Aufsatz »*Die Großstädte und das Geistesleben*« (1902/03) gelungen. Die Großstadt steht dabei stellvertretend für die Moderne – sie ist quasi der modernste Platz der modernen Gesellschaft –, der Ort, an dem sich Moderne bündelt. Da Simmel in Berlin lebte, konnte er das Großstadtleben teilnehmend beobachtend verfolgen.

Bündelung der Moderne

Simmels Analyse bewegt sich auf zwei Ebenen. Die eine beschreibt die gesellschaftlichen Strukturen der Großstadt, die andere, wie sich diese Strukturen auf die Psyche, die Mentalität des Großstädters auswirken.

»*Die tiefsten Probleme des modernen Lebens quellen aus dem Anspruch des Individuums, die Selbständigkeit und Eigenart seines Daseins gegen die Übermächte der Gesellschaft, des geschichtlich Ererbten, der äußerlichen Kultur und Technik des Lebens zu bewahren ...*« (Georg Simmel, *Die Großstädte und das Geistesleben*, in: Georg Simmel Gesamtausgabe, Bd. 7. Frankfurt am Main 1995, S. 116).

Großstadt: Geldwirtschaft, Marktproduktion, Pünktlichkeit, Arbeitsteilung, Zusammenballung

Das erste Strukturmerkmal ist die *Geldwirtschaft*. Sie ist aufgrund des regen Tauschverkehrs ein typisches Merkmal von Städten, insbesondere der modernen Großstädte. Geldwirtschaft geht einher mit »Verstandesherrschaft«. Das Verhältnis zu anderen Dingen und Menschen wird tendenziell unemotional und sachlich. Qualitäten werden auf Quantitäten reduziert. Mit Marx könnte man sagen: Der Gebrauchswert wird unwichtiger, der Tauschwert wichtiger (→ Kapitel 2.3.4).

Ein zweites Merkmal ist die *Produktion für den Markt*. Das ist eine spezifische Eigenschaft der modernen Großstadt. In der traditionellen Stadt arbeitet der Handwerker meist für einen bestimmten Auftraggeber. Produzent und Abnehmer kennen sich. Das ist in der modernen Wirtschaft nicht der Fall. Das großstädtische Wirtschaftsleben wird damit unpersönlich.

Drittens ist das Großstadtleben durch *Pünktlichkeit* gekennzeichnet. Alle Tätigkeit der Großstadt ist in ein »festes, übersubjektives Zeitschema« eingepasst. Die öffentlichen Verkehrsmittel fahren zu bestimmten festgelegten Zeiten, die Schulen beginnen zu einem bestimmten Zeitpunkt, und in bestimmten Zeitintervallen gibt es eine Pause. Würden in der Großstadt auf einen Schlag alle Uhren ausfallen, wäre ein totales Chaos vorprogrammiert.

Als viertes Merkmal der Großstadt ist die *wachsende Arbeitsteilung* zu nennen. Die Arbeitsteilung verlangt vom Einzelnen immer einseitigere Leistung und führt so zur Verkümmerung der Persönlichkeit. Vor allem aber begünstigt die zunehmende Arbeitsteilung ein Phänomen, das Simmel auch *Tragödie der Kultur* nennt. Kultur ist für Simmel alles, was der Mensch geschaffen hat, mit anderen Worten, alle Vergegenständlichungen menschlichen Geistes. Simmel nennt als Beispiele Recht, Produktionstechnik, Kunst und Wissenschaft, wie auch die Gegenstände der häuslichen Umgebung. Die objektive Kultur wächst ständig und immer rascher, und weil es so ist, können wir immer weniger von der objektiven Kultur Gebrauch machen. Weil die objektive Kultur wächst, weil wir nicht alles wissen, beherrschen und an allem teilhaben können, wird die Kluft zwischen objektiver Kultur und subjektiver Kultur – also unserem Vermögen, objektive Kultur zu kennen und mit ihr umzugehen – immer größer. Wenn wir uns ein neues technisches Gerät gekauft haben und uns anschließend verzweifelt mit einer siebzigseitigen Gebrauchsanleitung herumschlagen, dann manifestiert sich darin die »Tragödie der Kultur« im Sinne von Georg Simmel.

Definition

Die »Tragödie der Kultur«
Kultur ist vom Menschen geschaffen, sie ist Vergegenständlichung menschlichen Geistes. Das Gebilde der objektiven Kultur ist kein Selbstzweck, vielmehr soll es den Menschen kultivieren. Objektive Kultur soll, so Simmel, in subjektive Kultur (individuelles Wissen über objektive Kultur) überführt werden. Dieser wechselseitige Prozess funktioniert

jedoch immer weniger. Der Einzelne kann sich die Fülle der objektiven Kulturinhalte nicht mehr aneignen. Das grenzenlos erscheinende Wachstum der kulturellen Güter und Leistungen tritt den Handelnden als subjektiv nicht mehr zu bewältigende, verselbständigte und entfremdete Kultur entgegen. Dies nennt Simmel »Tragödie der Kultur«.

Veränderung der Psyche und der Mentalität

Eine weiteres – banales, aber wichtiges – Strukturmerkmal der Großstadt liegt in der *Zusammenballung vieler Menschen auf engem Raum.* Auch dieses Phänomen trägt dazu bei, dass sich die Psyche und die Mentalität des Großstadtmenschen verändert. Die Zusammenballung von Menschen auf engem Raum bedeutet, dass jeder Mensch viel stärkeren Reizen ausgesetzt ist als in der Kleinstadt oder auf dem Dorf. In die gleiche Richtung wirkt das rasche Wachstum der objektiven Kultur. Die Zunahme an Reizen steigert das Nervenleben, schwächt das »Gemüt« und stärkt das intellektualistische Moment des Seelenlebens. Intellektualismus und Rationalität werden zudem durch die Geldwirtschaft gefördert.

Unpersönlichkeit, Reserviertheit, Blasiertheit

Das Zusammenleben Vieler auf engem Raum macht das Leben der Großstadtmenschen untereinander *unpersönlich*. Man trifft auf so viele Menschen in der Großstadt, dass man sich gar nicht mit jedem abgeben, ja nicht einmal von jedem Notiz nehmen kann. So ist es z. B., anders als auf dem Dorf, in der Großstadt nicht üblich, unbekannte Menschen zu grüßen.

Wenn Großstadtmenschen miteinander in Kontakt treten, dann ist ihr Umgang miteinander meistens durch *Reserviertheit* gekennzeichnet. Mit diesem Begriff meint Simmel eine Mischung aus Gleichgültigkeit und leichter Aversion.

Eine weitere Eigenschaft des großstädtischen Menschen ist laut Simmel seine *Blasiertheit*. Blasiertheit meint, dass der Mensch gegen die Unterschiede der Dinge abstumpft: Die Großstadt setzt uns so vielen Reizen aus, dass wir die Unterschiede gar nicht mehr so recht wahrnehmen. Es gibt derartig viele Kino-, Theater- oder Ausstellungsangebote, dass wir die Eigenartigkeit und Einzigartigkeit des einzelnen Angebots überhaupt nicht mehr erfassen können. Diese Blasiertheit wird durch den Einfluss der Geldwirtschaft noch verstärkt. Das Geld ist ein großer Nivellierer, indem es alle Qualitäten auf Quantitäten reduziert. Es zählt nicht die spezifische Qualität und Eigenart der Dinge, sondern mehr und mehr, was sie geldmäßig wert sind.

> **Originalzitat**
>
> **Georg Simmel über die Wirkung des Geldes**
> »... indem das Geld, mit seiner Farblosigkeit und Indifferenz, sich zum Generalnenner aller Werte aufschwingt, wird es der fürchterlichste Nivellierer, es höhlt den Kern der Dinge, ihre Eigenart, ihren spezifischen Wert, ihre Unvergleichbarkeit rettungslos aus.« (Georg Simmel, *Die Großstädte und das Geistesleben*, in: Georg Simmel Gesamtausgabe, Bd. 7. Frankfurt am Main 1995, S. 121 f.).

Schließlich fördern die großstädtischen Strukturen den Individualismus, worunter Simmel »die individuelle Unabhängigkeit und die Ausbildung persönlicher Sonderart« versteht. Die Arbeitsteiligkeit der modernen Gesellschaft zwingt die Menschen, eine spezifische und möglichst innovative Leistung zu erbringen.

Strukturmerkmale der Großstadt	Zusammenballung der Menschen und Dinge auf engem Raum	
	Geldwirtschaft	
	Produktion für den Markt	
	Pünktlichkeit; feste, übersubjektive Zeitschemata	
	Wachsende Arbeitsteilung und gesellschaftliche Differenzierung	
Auswirkungen auf die Psyche der Großstadtmenschen	Nervosität, Unpersönlichkeit, Blasiertheit, Reserviertheit	
	Verstandesherrschaft, intellektualistischer Charakter	
	Ausschluss irrationaler, instinktiver Impulse, Gebrauch von Taschenuhren	
	Individualismus	

| Tab. 8

Georg Simmel, Die Großstadt

Simmel sieht die Moderne durch zunehmende Individualisierung bei gleichzeitig voranschreitender sozialer Differenzierung gekennzeichnet. Für den einzelnen Menschen sieht er folgende Veränderungen:

- Lockerung traditionaler sozialer Bindungen sowie ein Bedeutungsverlust der Zugehörigkeit zur Herkunftsfamilie
- Zunahme freiwilliger, auf Rationalität und intellektuellen Neigungen beruhenden sozialen Beziehungen (»soziale Kreise«)

Zunehmende Individualisierung und Differenzierung

- Verstärkte Konzentration auf das innere, psychische Erleben und auf die eigene Konfliktbewältigung
- Erweiterung der Möglichkeiten zur individuellen Lebensgestaltung und zur Ausprägung der eigenen Identität

Sozialer Kreis Ein *sozialer Kreis* ist eine mehr oder weniger freiwillig eingegangene und relativ stabile personale Interaktionsbeziehung, aber ebenso eine durch Medien wie z. B. das Geld vermittelte Beziehungskonstellation. In der modernen Gesellschaft werden die sozialen Kreise zunehmend selbst gewählt. Das Individuum in der ausdifferenzierten modernen Gesellschaft unterliegt dem Zwang, in verschiedene Kreise einzutreten, um am Vergesellschaftungsprozess teilzuhaben. Darüber hinaus muss es auch lernen, mit den sich daraus ergebenden Konflikten umzugehen.

Grundsätzlich charakterisiert Simmel die Moderne als in sich widersprüchlich, ja ambivalent. Die kulturell und sozial ausdifferenzierte Gesellschaft ermöglicht zwar ein höheres Maß an persönlicher Unabhängigkeit und Selbstbestimmung. Andererseits droht jedoch eine Sinnentleerung und Nivellierung der menschlichen Existenz.

»Ich weiß, dass ich ohne geistigen Erben sterben werde (und es ist gut so). Meine Hinterlassenschaft ist wie eine in barem Gelde, das an viele Erben verteilt wird, und jeder setzt sein Teil in irgendeinen Erwerb um, der seiner Natur entspricht: dem die Provenienz aus jener Hinterlassenschaft nicht anzusehen ist.« (Zit. nach Georg Simmel, *Das individuelle Gesetz*, hg. von Michael Landmann. Frankfurt am Main 1987, S. 23)

Diese Selbsteinschätzung charakterisiert gut die spätere Rezeption des Gelehrten. Simmel hat keine Schule gebildet, aber viele Soziologen im In- und Ausland in ihren Arbeiten angeregt. So geht z. B. der Begriff der Interaktion (*interaction*) auf Simmels Begriff der Wechselwirkung zurück. Simmels ambivalentes Bild der Moderne gibt Interpretationsmuster vor, die sich in Zeitdiagnosen anderer deutscher Soziologen des frühen 20. Jahrhunderts wie etwa bei Max Weber, Alfred Weber und Karl Mannheim wiederfinden.

Lernkontrollfragen

1. Was bedeutet »formale Soziologie«? Gegen welches alternative Konzept grenzt sie sich ab?
2. Gibt es »den Fremden« auch in der modernen Großstadt?
3. Erläutern Sie anhand von Beispielen, was Simmel mit »Tragödie der Kultur« meint.
4. Ist Simmel antimodernistisch eingestellt? Begründen Sie Ihre Auffassung.

Literatur

Georg Simmel **Gesamtausgabe** (GSG) → Im Suhrkamp Verlag erscheint eine 24 bändige Gesamtausgabe der Werke Georg Simmels, herausgegeben von Otthein Rammstedt. Die preisgünstigen Bände, z. B. Philosophie des Geldes oder Soziologie, können auch einzeln erworben werden.

Aufsatzsammlungen

Georg Simmel, **Schriften zur Soziologie. Eine Auswahl**, hg. und eingeleitet von Heinz-Jürgen Dahme und Otthein Rammstedt. Frankfurt am Main 1983 → Die Einleitung dieses Buches lässt sich auch gut als Einführung in die Soziologie Simmels lesen.

Georg Simmel, **Das individuelle Gesetz. Philosophische Exkurse**, hg. und eingeleitet von Michael Landmann. Frankfurt am Main 1987 (darin auch die Aufsätze über formale Soziologie und über den Fremden)

Georg Simmel, **Individualismus der modernen Zeit und andere soziologische Abhandlungen**, hg. von Otthein Rammstedt. Frankfurt am Main 2008

Sekundärliteratur

Heinz-Jürgen Dahme, **Georg Simmel**, in: Soziologiegeschichte. Die Zeit der Riesen: Simmel, Durkheim und Weber. Fernuniversität-Gesamthochschule Hagen 1987 → Hervorragende Einführung zu Simmel, fachlich und didaktisch gleichermaßen zu empfehlen.

Heinz-Jürgen Dahme/Otthein Rammstedt (Hg.): **Georg Simmel und die Moderne. Neue Interpretationen und Materialien.** Frankfurt am Main 1984 → Interessant ist vor allem der Beitrag von David P. Frisby über Simmels Diagnose der Moderne.

Klaus Lichtblau, **Kulturkrise und Soziologie um die Jahrhundertwende. Zur Genealogie der Kultursoziologie in Deutschland.** Frankfurt am Main 1996 → Lesenswert zu Simmel, vor allem aber zum kulturgeschichtlichen Hintergrund seiner Soziologie.

Friedrich Tenbruck, **Georg Simmel (1858–1918)**, in: Kölner Zeitschrift für Soziologie und Sozialpsychologie 10 (1958), S. 587–614 → Nach wie vor als Einführungstext geeignet.

Hartmann Tyrell/Otthein Rammstedt/Ingo Meyer (Hg.), **Georg Simmels große »Soziologie«. Eine kritische Sichtung nach hundert Jahren.** Bielefeld 2011 → repräsentiert den aktuellen Diskussionsstand zu Simmels Hauptwerk.

3.5 | Max Weber

Inhalt

Max Weber ist der vielleicht weltweit bekannteste Soziologe, für manche der beste Soziologe aller Zeiten. Dabei ist sein Werk insgesamt keineswegs nur der Soziologie zuzurechnen, es umspannt Disziplinen wie Rechtswissenschaft, Philosophie, Ökonomie, Geschichtswissenschaft und andere mehr. Soweit wir es der Soziologie zurechnen können, steht es in Opposition zur zeitgenössischen Soziologie, die sich überwiegend im Anschluss an Comte und Spencer als Naturwissenschaft von der Gesellschaft verstand. Weber hingegen proklamierte eine historische Sozialwissenschaft auf dem Boden des Historismus und eine verstehende Soziologie.

3.5.1 Zur Biografie von Max Weber

3.5.2 Historische Nationalökonomie und Methodenstreit

3.5.3 Max Webers Konzept einer »historischen Sozialwissenschaft«

3.5.4 Begriffe und Idealtypen

3.5.5 Protestantische Ethik und der Geist des Kapitalismus

3.5.6 Soziologische Grundbegriffe – Theorie sozialen Handelns

3.5.7 War Max Weber ein Soziologe?

3.5.8 Zur Weber-Rezeption

3.5.1 | Zur Biografie von Max Weber

Max Weber (1864–1920) wurde als Sohn des nationalliberalen Reichstags- und Landtagsabgeordneten Max Weber senior und seiner Frau Helene geboren. So war er politisch interessiert und ambitioniert. Er warb für einen starken deutschen Nationalstaat, setzte sich aber auch für eine Reform des wilhelminischen Monarchismus in Richtung einer parlamentarischen Demokratie ein und engagierte sich für soziale Reformen.

Weber studierte von 1882 bis 1886 Rechtswissenschaft, Geschichte, Nationalökonomie und Philosophie in Heidelberg, Berlin und Göttingen. Er promovierte und habilitierte über rechtsgeschichtliche Themen. Seine Habilitationsschrift »*Die römische Agrargeschichte in ihrer Bedeutung für das Staats- und Privatrecht*« (1891) wies ihn als Experten in antiker Agrargeschichte aus. Weber wurde 1893 als Professor für Nationalökonomie und Finanzwissenschaft an die Universität Freiburg berufen, 1896 wechselte er an die Universität Heidelberg. Doch seine verheißungsvolle Karriere wurde 1898 durch eine langjährige Krankheit, die zu Arbeitsunfähigkeit führte, jäh gestoppt. (Als Ursachen seiner Krankheit werden in der Literatur Überarbeitung und familiäre Konflikte genannt). Weber musste von seinem Amt zurücktreten und sich fortan auf den Status eines Privatgelehrten beschränken. Er lebte vor allem aus Vermögen und Erbschaften. Erst 1919 war er wieder in der Lage, eine ordentliche Professorenstelle in München zu übernehmen.

In die Zeit des erzwungenen Rückzugs ins Privatleben fallen die Arbeiten, die Weber zu einem Wissenschaftler von Weltruhm gemacht haben. Seit 1902 kehrte allmählich seine Arbeitsfähigkeit zurück. 1904/05 erschien seine berühmte Studie »*Die protestantische Ethik und der Geist des Kapitalismus*«, in der Weber zeigen wollte, dass bei der Entstehung des modernen Kapitalismus maßgeblich auch religiöse Wurzeln im Spiel waren. Diese These versuchte er später mit Arbeiten über außereuropäische Religionen zu erhärten, die, wie er meinte, eine Entwicklung zum modernen Kapitalismus eher behinderten. Andere Studien galten der antiken Agrargeschichte, der Herrschaftssoziologie, der Soziologie der Bürokratie und der Stadt. Einen weiterer Schwerpunkt bildeten Untersuchungen zur Wissenschaftslogik. Viele seiner Texte erschienen in der Zeitschrift »*Archiv für Sozialwissenschaft und Sozialpolitik*«, die er mit dem Volkswirtschaftler und Soziologen Werner Sombart (→ Kapitel 4.1) und dem Nationalökonomen und Politiker Edgar Jaffé herausgab.

Wissenschaftler von Weltruhm

Im Ersten Weltkrieg übernahm Weber die Leitung eines Lazaretts. Er zählte zur politisch gemäßigten Minderheit der deutschen Wissenschaftler, die für einen Verständigungsfrieden mit den Gegnern des Deutschen Reiches eintraten. Max Weber gehörte zur deutschen Delegation, die nach dem verlorenen Weltkrieg 1919 die Friedensbedingungen der Siegermächte entgegennahm (Versailler Vertrag). 1919 wirkte er an der Ausarbeitung der Weimarer Verfassung mit. Die starke Stellung des Reichspräsidenten soll nicht zuletzt auf seinen Einfluss zurückgehen. Eine politische Karriere in der linksliberalen Deutschen Demokratischen Partei scheiterte jedoch.

Am 14. Juni 1920 starb Max Weber unerwartet im Alter von 56 Jahren an den Folgen einer Grippe.

3.5.2 | Historische Nationalökonomie und Methodenstreit

Erst seit etwa 1910 verstand Max Weber sich zunehmend als Soziologe. In der Zeit davor arbeitete er vor allem im Rahmen der nationalökonomischen Wissenschaft, für die er auch die Professuren in Freiburg und Heidelberg bekleidet hatte. Die deutschsprachige Nationalökonomie wurde seit dem späten 19. Jahrhundert durch einen tiefgreifenden und nachhaltigen Methodenstreit zwischen theoretischer und historischer Nationalökonomie bestimmt, der auch Webers Wissenschaft direkt und indirekt beeinflusst hat.

Theoretische vs. historische Nationalökonomie

In England hatte sich, repräsentiert durch Adam Smith und David Ricardo, eine theoretische Nationalökonomie herausgebildet. Sie suchte nach allgemeinen, universal gültigen Gesetzen des wirtschaftlichen Geschehens und ging dabei vom rationalen, nutzenmaximierenden Wirtschaftsmenschen aus. Gegen diese theoretische Nationalökonomie formierte sich in Deutschland eine Gegenbewegung, die historische Schule. Zu ihrem bedeutendsten Vertreter wurde Gustav Schmoller (1838–1917). Schmoller kritisierte die Methode der theoretischen Nationalökonomie. In ihrer Annahme des rationalen, nutzenmaximierenden Wirtschaftsmenschen und dem Streben nach allgemeinen, raum- und zeitlos gültigen Gesetzen werde die Vielfalt geschichtlicher Wirklichkeit vernachlässigt. Schmoller forderte daher, zunächst wirtschaftsgeschichtliche Forschung zu betreiben. Auf der Grundlage akkumulierten Erfahrungswissens würde sich dann irgendwann Einsicht in die Gesetze des Wirtschaftsablaufs ergeben. Schmoller und seine Schüler wandten sich folglich der wirtschaftsgeschichtlichen Einzelforschung, oft auf lokaler Ebene, zu. Ferner verlangte Schmoller, ökonomische Phänomene in einem gesamtgesellschaftlichen Zusammenhang zu betrachten.

Sozialpolitische Reformen und Werturteile

Wissenschaft sollte laut Schmoller keine rein akademische Angelegenheit sein, sondern sich der gesellschaftlichen Verantwortung stellen. Dabei dachte er besonders an die soziale Frage seiner Zeit. 1872 gründete er den *Verein für Sozialpolitik*, dem neben prominenten Wissenschaftlern hohe Verwaltungsbeamte und Politiker des Kaiserreichs angehörten. Der Verein ließ zahlreiche empirische Untersuchungen zur sozialen Lage bestimmter Berufsgruppen durchführen und diskutierte sozialpolitische Reformen. Die Forschungsergebnisse und die Ideen des Vereins gingen in die Sozialpolitik des Kaiserreichs ein. Im Sinne gesellschaftlicher Verantwortung propagierte Schmoller eine »ethische Nationalökonomie«.

> **Zusammenfassung**

Gustav Schmoller und die Historische Schule der Nationalökonomie

Gustav Schmoller (1838–1917) war im späten 19. und frühen 20. Jahrhundert das unbestrittene Oberhaupt in der deutschen Nationalökonomie. Im Gegensatz zu den klassischen britischen Theoretikern Adam Smith und David Ricardo propagierte Schmoller eine Wissenschaft, die sich durch empirische Forschungen und wirtschaftsgeschichtliche Studien eine solide erfahrungswissenschaftliche Grundlage verschafft, von der aus man allmählich zu einer ökonomischen Theorie vorstoßen könne. Außerdem forderte Schmoller, wirtschaftliche Vorgänge nicht isoliert, sondern in ihren gesellschaftlichen Zusammenhängen zu sehen. In diesem Sinne arbeitete die historische Schule der Nationalökonomie in Deutschland.

Schmoller, monarchistisch gesinnt, engagierte sich für eine Sozialpolitik zugunsten der arbeitenden Klassen. Der von ihm gegründete Verein für Sozialpolitik vergab zahlreiche Forschungsaufträge zur Lage der unteren Schichten. Auch Max Weber gehörte dem Verein an und erstellte eine Studie zur Lage der ostelbischen Landarbeiter (1891). Im Glauben, dass man Werte und Normen aus erfahrungswissenschaftlicher Forschung ableiten könne, propagierte Schmoller eine »ethische Nationalökonomie«. Daraus entsprang der »Werturteilsstreit«, in dem Max Weber zum wichtigstem Gegenspieler Schmollers wurde (→ Kapitel 3.5.3).

Gegen die Vorherrschaft der historischen Schule im deutschsprachigen Raum wandte sich 1883 der österreichische Ökonom Carl Menger. Er beklagte den Niedergang theoretischen Denkens in der deutschsprachigen Nationalökonomie und bezweifelte, dass es möglich sei, auf dem Wege wirtschaftsgeschichtlicher Einzelforschung zur Erkenntnis allgemeiner ökonomischer Gesetze zu gelangen. Damit war der Methodenstreit ausgebrochen, der über mehr als zwei Jahrzehnte die deutschsprachige Nationalökonomie in zwei Lager spalten sollte. Menger verlangte die Rehabilitierung der theoretischen Nationalökonomie. Sie müsse als eigene Disziplin mit eigenen Methoden bestehen, unabhängig und neben der historischen Nationalökonomie.

Methodenstreit der Nationalökonomie

Schmoller hätte angesichts seiner überragenden Stellung in der deutschsprachigen Nationalökonomie gelassen reagieren können, zumal Menger die Berechtigung einer historischen Nationalökonomie nicht in Frage gestellt hatte. Aber er nahm den Fehdehandschuh auf und kritisierte die undifferenzierte Annahme von rational und nutzenmaximierend handelnden Akteuren, die Vernachlässigung wirtschaftlicher Einbettung in das gesellschaftliche Ganze und die unzulässige Verallgemeinerung aktueller Zustände für das Wirtschaftsleben in der Geschichte insgesamt. Menger konterte in einer scharfen Replik, dass »historisch-statistische Kleinmalerei« und »historische Mikrographie« die Wirtschaftstheorie nicht ersetzen könnten und nicht verdrängen dürften. Mit ätzender Ironie stellte er fest:

»Sollte die Wirtschaftsgeschichte, ehe wieder an die Bearbeitung der theoretischen Nationalökonomie geschritten werden könne, im Geist der historischen Mikrogeographie Schmollers vollendet werden – man denke nur an die Fleischpreise von Elberfeld! von Pforzheim! Von Mühlheim! Von Hildesheim! Von Germersheim! Von Zwickau! U.s.f. – so würden hierzu nur Aeonen ausreichen.« (Carl Menger, *Die Irrtümer des Historismus in der deutschen Nationalökonomie*. Wien 1884, S. 48)

Tab. 9 | Methodenstreit der Nationalökonomie

Carl Menger	Die theoretische Nationalökonomie ist von der historischen Schule vernachlässigt worden.	
	Es ist unmöglich, auf dem Weg wirtschaftsgeschichtlicher Forschung zu einer allgemeinen Theorie zu gelangen.	
	Die Aufgabe der theoretischen Nationalökonomie besteht darin, auf axiomatisch-deduktivem Wege Gesetze des Wirtschaftslebens zu entwickeln.	
	Theoretische und historische Nationalökonomie sollen als eigenständige Subdisziplinen mit eigenen Methoden bestehen.	
Gustav Schmoller	Die Annahme der theoretischen Nationalökonomie von rationalen, nutzenmaximierenden Akteuren ist pauschal und unhistorisch.	
	Die theoretische Nationalökonomie vernachlässigt wirtschaftlich relevante Institutionen, z. B. den Staat und seine Politik.	
	Die theoretische Nationalökonomie vernachlässigt die soziologische Einbindung der Wirtschaft in andere gesellschaftliche Zusammenhänge, besonders das Verhältnis von Wirtschaft und Staat.	
	Die theoretische Nationalökonomie verallgemeinert unzulässigerweise die Erscheinungen der Gegenwart für die gesamte menschliche Geschichte.	
	Der Schwerpunkt wirtschaftswissenschaftlichen Handelns muss daher auf historischer Forschung liegen, um zu einer historisch differenzierten und gesellschaftlich eingebetteten Sichtweise von Wirtschaft zu gelangen.	

Der Methodenstreit endete unentschieden. Er führte für zwanzig Jahre und länger zu einem Schisma in der deutschsprachigen Nationalökonomie. Im Deutschen Reich dominierte bis zum Tod Schmollers 1917 die historische Schule, in Österreich hingegen setzte sich die theoretische Nationalökonomie durch. Sie brachte hervorragende Gelehrte hervor wie Eugen Böhm-Bawerk, Friedrich v. Wieser, Joseph Schumpeter und Ludwig von Mises und sollte auf lange Sicht den Sieg davontragen.

Max Webers Konzept einer »historischen Sozialwissenschaft« | 3.5.3

Max Weber war ein Schüler Schmollers und Mitglied des Vereins für Sozialpolitik. Für diesen verfasste er 1891 eine Studie zur Lage der ostelbischen Landarbeiter. Weber war und blieb zeitlebens einverstanden mit den Anliegen der historischen Schule, die Vielfalt des geschichtlichen Lebens zu erforschen und darzustellen. Aber gleichzeitig erfassten ihn Zweifel über die Tragfähigkeit der methodologischen Positionen Schmollers. Kann Wissenschaft »ethisch« sein? Lassen sich aus den Ergebnissen erfahrungswissenschaftlicher Forschung Werte ableiten? Kann Wissenschaft auf »Gesetze« und »Theorie« verzichten?

Einigermaßen von seiner Krankheit genesen, übernahm Weber – gemeinsam mit Werner Sombart und Edgar Jaffé – 1904 die Herausgeberschaft über eine neugegründete sozialwissenschaftliche Zeitschrift, das *»Archiv für Sozialwissenschaft und Sozialpolitik«*. Sie wurde rasch zum wichtigsten Journal ihrer Art im deutschsprachigen Raum und blieb es bis 1933. Die Zeitschrift bot die Chance, eine neue methodologische Position jenseits der Alternative theorieloser Geschichte (Schmoller) oder geschichtsloser Theorie (Menger) zu formulieren. Weber unternahm dies im Geleitwort und in seinem Aufsatz *»Zur ›Objektivität‹ sozialwissenschaftlicher und sozialpolitischer Erkenntnis«*.

Zunächst ging es um Werte in der Wissenschaft. Weber vertrat die These, dass es logisch nicht möglich sei, aus Erfahrungswissen Werturteile abzuleiten. Erfahrungswissenschaft könne nur über Tatsachen, nicht aber über Werte entscheiden. Dies bedeute nicht, dass Werte in der Wissenschaft nichts zu suchen hätten. Im Gegenteil – sie seien unentbehrlich, schon um zu wissenschaftlichen Themen und Fragestellungen zu gelangen. Auch könne Wissenschaft Werte, ihr Vorhandensein und ihr Wirken in der Geschichte zum Gegenstand erfahrungswissenschaftlicher Untersuchung machen. Ferner sei es möglich, Erfahrungswissen als Argument pro oder contra in Bezug auf Werte zu verwenden. (So könnte man z.B. in einer Diskussion um die nationalsozialistischen Werte auf die Opfer des Zweiten Weltkriegs und des Holocaust verweisen). Aber letztlich seien Wertentscheidungen die persönlichen Entscheidungen jedes Einzelnen und nicht ableitbar aus den Ergebnissen wissenschaftlicher Forschung.

Keine Werturteile aus Erfahrungswissen

Zweitens versuchte Weber, im Anschluss an den Philosophen Heinrich Rickert, das Verhältnis von theoretischer und historischer Erkenntnis neu zu bestimmen. Comte, Spencer und Durkheim waren davon ausgegangen, dass es nur eine Wissenschaftsmethode für Natur und Gesellschaft gleichermaßen gebe (monistischer Wissenschaftsbegriff). Die Anwendung der naturwissenschaftlichen Wissenschaftsmethode für die Analyse der Gesellschaft werde sich als theoretisch und praktisch fruchtbar erweisen. Dieser Sichtweise widersprachen die Vertreter der historischen Schulen in Deutschland, insbesondere die Historiker, entschieden. Ihre methodologische Position bezeichnet man als *Historismus*. Demzufolge wurden Natur und Geschichte ontologisch (seinsmäßig) als wesensverschiedene Dinge angesehen. Natur sei das Reich der unbelebten und belebten Materie, das von bestimmten Gesetzen beherrscht werde, wogegen Geschichte von willensmäßigen Handlungen erfüllt sei. Wo aber der freie Wille regiere, könne es keine Gesetze geben. Geschichte sei nicht der experimentellen Beobachtung, sondern nur dem einfühlenden Verstehen zugänglich. Der naturwissenschaftliche Wissenschaftsbegriff könne nicht auf die Geschichte übertragen werden. Vielmehr sei ein jeweils eigener Wissenschaftsbegriff für Natur und Geschichte notwendig (dualistischer Wissenschaftsbegriff).

Monistischer vs. dualistischer Wissenschaftsbegriff

Definition

Historismus

Der Historismus ist eine Erkenntnistheorie und Weltanschauung, die davon ausgeht, dass zwischen den Erscheinungen der Natur und der Kultur bzw. Geschichte ein Wesensunterschied besteht, der für die Sozial- und Kulturwissenschaften eine prinzipiell andere Methode als für die Naturwissenschaften erfordert. Die Natur ist die Sphäre ewig wiederkehrender Erscheinungen, die sich ihrer Zwecke nicht bewusst sind. Geschichte besteht dagegen aus einmaligen menschlichen Handlungen, die von Wille und Absicht erfüllt sind. Der Historismus dominierte die deutsche Geschichtswissenschaft vom frühen 19. Jahrhundert bis in die zweite Hälfte des 20. Jahrhunderts, war aber auch in anderen Disziplinen wie der Nationalökonomie, der Rechtswissenschaft und der Soziologie (seit etwa 1900) einflussreich. Soweit in diesen und anderen Disziplinen der Einfluss des Historismus reichte, spricht man von historischen Schulen. (Zum Historismus vgl. Georg G. Iggers, *Deutsche Geschichtswissenschaft*. München 1971)

Weber hält am dualistischen Wissenschaftsbegriff der historischen Schulen fest, aber gibt ihm einen anderen Inhalt. Die seinsmäßigen Unterschiede zwischen Natur und Geschichte erklärt er für unerheblich. Entscheidend sei vielmehr, dass es zwei unterschiedliche Arten von Erkenntnisinteresse gebe – das Interesse am Allgemeinen, Generellen, gesetzmäßig Wiederkehrenden oder das Interesse am Besonderen, Individuellen, Einzigartigen. *Beide Erkenntniskonzepte sind laut Weber sowohl auf Natur wie auf Geschichte und Gesellschaft anwendbar.* So kann Natur sehr wohl zum Gegenstand eines individualisierenden Erkenntnisinteresses werden. Man kann sich beispielsweise für einen einzelnen schönen Baum oder für ein bestimmtes Ökosystem oder für den verheerenden Tsunami Ende 2004 interessieren. Umgekehrt können wir im Bereich Geschichte gleichbleibende soziale Formen zum Forschungsgegenstand erheben wie es z.B. Georg Simmel mit der Figur des Fremden gemacht hat. Logisch ist beides möglich. Die Wissenschaft mit generalisierendem Erkenntnisinteresse nennt Weber *Gesetzeswissenschaft*, die Wissenschaft mit individualisierendem Erkenntnisinteresse heißt bei ihm *Wirklichkeitswissenschaft*.

<small>Gesetzeswissenschaft und Wirklichkeitswissenschaft</small>

Wodurch unterscheiden sich Gesetzeswissenschaft und Wirklichkeitswissenschaft genau? Zunächst haben beide jeweils eine eigene Logik. Das Erkenntnisideal der Gesetzeswissenschaft besteht in der Maximierung und Optimierung von allgemeingültigem Gesetzeswissen. Ihr Gegenstand ist die Wirklichkeit, unter generalisierenden Gesichtspunkten betrachtet. Sie interessiert sich für das gesetzmäßig Wiederkehrende, nicht für einzelne Phänomene in ihrer Eigenart. Sie erklärt, indem sie das Explanandum (das zu Erklärende) als Exemplar eines bestimmten gesetzesmäßigen Zusammenhangs identifiziert.

Das Erkenntnisideal der Wirklichkeitswissenschaft besteht dagegen darin, diejenige Wirklichkeit, die uns bedeutsam ist, die uns interessiert, in ihrer Eigenart und ihrem geschichtlichen Gewordensein zu verstehen. Wirklichkeit, unter individualisierenden, also die Eigenart betreffenden Gesichtspunkten behandelt nennt Weber *historisches Individuum*. Dazu einige Beispiele: Ein historisches Individuum wären etwa Hitler, die Französische Revolution, die Reformation oder Frauenbewegung in Deutschland in den 1970er Jahren. Wie gelangt man nun zum Erkenntnisgegenstand? Indem man die eigenen *Wertideen* auf die Wirklichkeit bezieht. Der Wissenschaftler wählt aus der (unendlichen) Wirklichkeit das aus, was ihm besonders wissenswert erscheint. So wird eine Feministin gern Frauenforschung betreiben, ein stark christlich geprägter Wissenschaftler wird sich für die Reformation interessieren usw.

Wie erklärt man ein historisches Individuum? Nicht, indem man es als Exemplar eines bestimmten gesetzmäßigen Zusammenhanges bestimmt. Das historische Individuum wird erklärt, indem man die für das Explanandum ursächlich relevanten spezifischen geschichtlichen Umstände identifiziert. Weber nennt dies *historische Konstellation*. Wenn wir z. B. erklären wollen, warum 1933 die Nationalsozialisten an die Macht kommen konnten, dann würden wir dies mit einer Konstellation aus Faktoren wie diesen erklären: die Lasten des Versailler Vertrages, die Schwäche demokratischer Tradition in Deutschland, die Inflation und die große Weltwirtschaftskrise, die Hitler als Retter in der Not erscheinen ließen usw. Das ist eine andere Art von Erklärung als in der Gesetzeswissenschaft. Allerdings sind, wie Weber zeigt, auch bei der historisch-konstellativen Erklärung indirekt Gesetze bzw. nomologische Annahmen im Spiel. (Diese Angelegenheit können wir hier nicht weiter verfolgen.)

Tab. 10 | *Gegenüberstellung von Gesetzeswissenschaft und Wirklichkeitswissenschaft*

	Gesetzeswissenschaft	Wirklichkeitswissenschaft
Erkenntnisform	Allgemeine / generelle Erkenntnis	Individuelle Erkenntnis / Erkenntnis des Besonderen
Erkenntnisideal	Maximierung und Optimierung von allgemeingültigem Gesetzeswissen	Diejenige Wirklichkeit, die uns bedeutsam ist, in ihrer Eigenart und ihrem geschichtlichen Gewordensein verstehen
Erkenntnisgegenstand	Wirklichkeit, unter generalisierenden Gesichtspunkten betrachtet	Wirklichkeit, unter individualisierenden Gesichtspunkten betrachtet (historisches Individuum)
Auswahlprinzip	Das gesetzmäßig Wiederkehrende	Die »Wertideen« des Forschers (Wertbeziehung)
Erklärung	Durch Identifizierung des Explanandums (des zu Erklärenden) als Exemplar eines bestimmten gesetzmäßigen Zusammenhangs	Durch Identifizierung der für das Explanandum ursächlich relevanten geschichtlichen Umstände (historische Konstellation)

Beide Erkenntnisformen haben ein legitimes Eigenrecht. Dennoch sieht Weber für die Sozialwissenschaften eine gewisse Priorität für das wirklichkeitswissenschaftliche Erkenntnisinteresse. Als Kulturmenschen, so Weber, interessiert uns die Wirklichkeit *in ihrer Eigenart* in der Regel stärker als die Wirklichkeit unter generellen Aspekten. Ein einzelner Mensch, unser Freund, unsere Partnerin usw. interessiert uns mehr als der Mensch unter generellen Aspekten, die auf alle Menschen zutreffen.

Die Besonderheiten der nationalsozialistischen Diktatur unter Hitler interessieren uns stärker als die generellen Aspekte, die jeder Diktatur zueigen sind. Daher beschäftigt sich die Geschichtswissenschaft auch mit einzelnen Akteuren, einzelnen Ereignissen usw. Auch Max Weber selbst hatte, etwa im Vergleich zu Comte, Spencer, Durkheim, Parsons oder Luhmann, weniger Interesse an den Gesetzen der Gesellschaft im allgemeinen; ihm ging es um den modernen okzidentalen Kapitalismus in seiner historischen Eigenart.

> **Zusammenfassung**
>
> **Max Webers Konzept einer »historischen Sozialwissenschaft«**
> - Die Sozialwissenschaft soll eine »Kulturwissenschaft« sein, d.h. sie soll sich das zum Thema machen, was den Erkenntnissubjekten als wichtig und lebensbedeutsam erscheint.
> - Erkenntnisziel ist die Wirklichkeit in ihrem »So-und-nicht-anders-Gewordensein« (»historisches Individuum«).
> - Die Sozialwissenschaft soll keine rein theoretische, sondern eine historische Disziplin sein, die konkrete Probleme aus ihrem geschichtlichen Gewordensein (nicht unmittelbar durch »Gesetze«) erklärt.
> - Allgemeine Theorien, Begriffe und »Gesetze« sind Mittel, nicht Zweck sozialwissenschaftlicher Analyse.
> - Der wichtigste sozialwissenschaftliche Erkenntnisgegenstand ist der moderne Kapitalismus.
> - Die Sozialwissenschaften sollen auf Werturteile verzichten, weil Werturteile erfahrungswissenschaftlich nicht beweisbar sind.
> - Das bedeutet aber nicht, dass die Sozialwissenschaften »wertfrei« sein sollen. Vielmehr bedürfen sie der Wertideen, um aus der unendlichen Wirklichkeit bestimmte Themen und Erkenntnisgegenstände auszuwählen.

Begriffe und Idealtypen | 3.5.4

Alle Wissenschaft ist, so Weber, »denkende Ordnung der empirischen Wirklichkeit«. Demzufolge ist wissenschaftliches Erkennen keine abbildmäßige Widerspiegelung, sondern ein konstruktiver Akt. Um empirische Wirklichkeit denkend zu ordnen, benötigt man *Begriffe*, die einem wissenschaftlichen Gedankengebäude Ordnung und Form verleihen. Eine besondere Art von Begriffen sind *Idealtypen*. Sie kommen zustande, indem bestimmte Merkmale einer Klasse von Erscheinungen einseitig

Wissenschaftliches Erkennen als konstruktiver Akt

herausgestellt und zu einem in sich stimmigen Gedankenbild verwoben werden.

Originalzitat

Idealtypus – die Definition von Max Weber
Ein Idealtypus »wird gewonnen durch einseitige *Steigerung eines* oder *einiger* Gesichtspunkte und durch Zusammenschluß einer Fülle von diffus und diskret, hier mehr, dort weniger, stellenweise gar nicht, vorhandenen *Einzel*erscheinungen, die sich jenen einseitig herausgehobenen Gesichtspunkten fügen, zu einem in sich einheitlichen *Gedanken*bilde. In seiner begrifflichen Reinheit ist dieses Gedankenbild nirgend in der Wirklichkeit empirisch vorfindbar, es ist eine *Utopie*, und für die *historische* Arbeit erwächst die Aufgabe, *in jedem einzelnen Falle* festzustellen, wie nahe oder wie fern die Wirklichkeit jenem Idealbilde steht, inwieweit also der ökonomische Charakter der Verhältnisse einer bestimmten Stadt als ›stadtwirtschaftlich‹ im begrifflichen Sinne anzusprechen ist. Für den Zweck der Erforschung und Veranschaulichung aber leistet jener Begriff, vorsichtig angewendet seine spezifischen Dienste.« (Max Weber, *Die »Objektivität« sozialwissenschaftlicher und sozialpolitischer Erkenntnis*, in: Max Weber, Schriften 1894–1922, ausgewählt von Dirk Käsler. Stuttgart 2002, S. 126).

Den Idealtypus kann man anhand des Kapitalismusbegriffs verdeutlichen. Nach Marx versteht man darunter eine Gesellschaftsformation, in der eine Klasse von Produktionsmittelbesitzern einer Klasse von besitzlosen, rechtlich freien Lohnarbeitern gegenübersteht. Aus einer unendlichen Fülle von Merkmalen kapitalistischer Länder werden einseitig nur wenige herausgehoben. Diese eben bezeichneten Merkmale finden sich in allen kapitalistischen Länder mehr oder weniger klar. Es ist nun Aufgabe der Sozialwissenschaftler zu zeigen, inwieweit die empirisch vorfindliche Wirklichkeit dem Idealtypus entspricht und in welcher Hinsicht sie abweicht. So ließe sich feststellen, dass staatliche Gesetzgebung und soziale Sicherungssysteme der Ausbeutbarkeit von Arbeitern gewisse Grenzen setzen. Wir könnten dabei einzelne Länder oder auch einzelne Perioden vergleichen, z. B. das späte 19. Jahrhundert mit dem späten 20. Jahrhundert. Der Idealtypus ist dabei nie Zweck, sondern Mittel zum Zweck. Zweck ist es, die Eigenart bestimmter historischer Räume oder Perioden herauszuarbeiten. Der Idealtypus steht damit im Rahmen wirklichkeitswissenschaftlicher Erkenntnis. Denn er ist eine begriffliche Konstruktion, die es ermöglichen soll, die Wirklichkeit in ihrer Eigenheit zu beschreiben.

Protestantische Ethik und der »Geist« des Kapitalismus | 3.5.5

»Die Sozialwissenschaft, die wir treiben wollen, ist eine Wirklichkeitswissenschaft« – so erklärte Weber in seinem programmatischen Aufsatz »*Zur ›Objektivität‹ sozialwissenschaftlicher und sozialpolitischer Erkenntnis*«. Diesem wissenschaftslogischen Anspruch entsprach seine wichtigste Fragestellung: Warum war gerade im Okzident – also im europäisch-nordamerikanischen Raum – der moderne Kapitalismus als ein historisch einmaliges Phänomen entstanden? Weber sah die moderne Gesellschaft nicht als selbstverständliches Resultat eines Fortschrittsprozesses wie Comte, Spencer und Marx, sondern für ihn ging sie auf eine höchst zufällige Verkettung verschiedener Umstände zurück. Ein wichtiger und entscheidender dabei sei die Religion gewesen.

Kapitalismus als einmaliges Phänomen des Okzidents

Dies ist kurz zusammengefasst die These der berühmtesten Schrift Max Webers, »*Die protestantische Ethik und der ›Geist‹ des Kapitalismus*«. Sie wurde 1904/1905 im *Archiv für Sozialwissenschaft und Sozialpolitik* veröffentlicht und 1920 noch einmal in überarbeiteter Fassung in den »*Gesammelten Aufsätzen zur Religionssoziologie*« herausgegeben.

Wie kam Weber auf diese für die Zeitgenossen überraschende These? Er konnte dafür auf mehrere historische und empirische Befunde verweisen: In den modernen Sektoren der Wirtschaft und den dazugehörigen Bildungsinstitutionen gab es einen deutlich höheren Anteil an Protestanten als an Katholiken. Nach der Reformation waren die protestantischen, insbesondere die calvinistischen Regionen wirtschaftlich deutlich erfolgreicher als die katholischen. Sowohl in den USA als auch in England – beides Länder, die in der industriell-kapitalistischen Entwicklung eine führende Rolle spielten – existierten eine große Zahl calvinistischer Sekten. In Deutschland waren pietistische oder calvinistische Regionen wie das Bergische Land wirtschaftlich besonders erfolgreich. Traditionell katholische Gebiete wie z. B. Österreich und Spanien fielen hingegen in der wirtschaftlichen Entwicklung zurück.

Erfolg des Protestantismus

Definition

Max Webers »Protestantismusthese«
Die Protestantismusthese besagt, dass ein historischer Kausalzusammenhang zwischen der Reformation und dem modernen Kapitalismus besteht. Weber versucht, diesen Zusammenhang zu analysieren.
Sie besagt hingegen *nicht*, dass die Reformation den Kapitalismus geschaffen habe oder dass die Religion die Wirtschaft bestimmt.

Einfluss protestantischer Normen auf das Bewusstsein der Akteure

Was hat, allgemein gesehen, Religion mit Wirtschaft zu tun? Weber sieht folgenden Zusammenhang: Religion bzw. religiöse Glaubenssätze (hier: Protestantismus) bringen Werte hervor, welche für das gesellschaftliche und wirtschaftliche Leben relevant sind. Weber spricht in diesem Zusammenhang von Wirtschaftsethik (hier: protestantische Ethik). Diese Werte beeinflussen das Bewusstsein der wirtschaftlichen Akteure (hier: kapitalistischer Geist). Das Handeln der Akteure schafft eine bestimmte institutionelle Ordnung (hier: Kapitalismus).

Auf eine allgemeine Formel gebracht, sieht es so aus:

Religion → Wirtschaftsethik → Bewusstsein der Akteure → institutionelle Ordnung

Dies bedeutet konkret für den von Weber untersuchten Fall:

Protestantismus → Protestantische Ethik → Geist des Kapitalismus → Kapitalistische Ordnung

Zunächst soll es nun um die Klärung der Begriffe des Kapitalismus bzw. des kapitalistischen Geistes bei Weber gehen. Danach vergegenwärtigen wir uns die religiöse Gemengelage der Reformationszeit und fragen, wie sich die Glaubenssätze der Konfessionen auf die Entstehung des modernen Kapitalismus ausgewirkt haben.

Anders als Marx stellt Weber nicht die gesellschaftlichen Strukturen (Produktivkräfte, Produktionsverhältnisse) ins Zentrum seiner Analyse, sondern den handelnden Menschen. Gesellschaftliche Strukturen sind Produkte menschlichen Handelns, und menschliches Handeln ist geleitet durch das Bewusstsein. Die für die moderne kapitalistische Gesellschaft charakteristische Bewusstseinsform nennt Weber, sich Werner Sombart anschließend, *kapitalistischer Geist*. Die kapitalistische Wirtschaft ist also eine Folge, eine Objektivierung, eine Vergegenständlichung des kapitalistischen Geistes. Der Begriff »Geist« wirkt heute etwas irritierend und altertümlich, er bezeichnete für Weber und seine Zeitgenossen etwa das, was wir in den heutigen Sozialwissenschaften als »Mentalität« verstehen.

Kapitalistischer Geist

Im Kern zeichnet sich der kapitalistische Geist durch zwei charakteristische Merkmale aus: *stetiges, unbegrenztes Gewinnstreben* und *ökonomischen Rationalismus* (»Ausweitung der Produktivität der Arbeit«). Das Merkmal des unbegrenzten Gewinnstrebens entspricht Marx' Formel G-W-G' (→ Kapitel 2.3.4). Das zweite, für Weber ebenso wichtige Merkmal besagt, dass dem wirtschaftlichen Handeln ein striktes und stetiges Kosten-Nutzen-Kalkül zugrunde liegt, das sich etwa in modernen Methoden der Buchführung äußert. Zum kapitalistischen Geist zählt Weber ferner Eigenschaften wie Pünktlichkeit, Fleiß, Mäßigkeit, Sorgfalt und Ehrlichkeit, aber nicht für sich genommen, sondern in Kombination mit den genannten Hauptmerkmalen.

Der kapitalistische Geist ist für Weber nichts Naturgegebenes. Entsprechend grenzt er diesen vom *traditionalistischen Geist* ab, der die vormoderne Geschichte bestimmte. Traditionalistischer Geist beschreibt eine Wirtschaftsgesinnung, die nicht auf maximalen Gewinn, sondern auf eine standesgemäße Lebensführung ausgelegt ist. So arbeiteten die zünftlerischen Handwerker im Mittelalter nicht mehr als für eine standesgemäße, ehrbare Lebensführung notwendig war. Unbegrenztes Gewinnstreben war ihnen fremd. Stattdessen war wirtschaftliches Handeln normativ eingebettet. Typisch für die traditionalistische Wirtschaftsgesinnung ist laut Weber auch, wenn Akkordlohn nicht dazu führt, die Arbeitsleistung heraufzusetzen, sondern eher mit der Arbeit aufzuhören. Denn bei der traditionellen Wirtschaftsgesinnung reizt Mehrverdienst weniger als die Minderarbeit. Es geht dann nicht um die Frage, wie viel kann ich maximal verdienen, sondern wie lange muss ich arbeiten, um einen bestimmten Betrag zu verdienen. Charakteristisch für den Traditionalismus ist ferner, dass Zins und Wucher abgelehnt werden.

Außerdem grenzt Weber den kapitalistischen Geist von *Geldgier* in allen Formen ab. Geldgier ist ein universales Phänomen und findet sich in der Geschichte immer wieder, aber ihr fehlt der ökonomische Rationalismus als Fundament. Man kann Webers Position so pointieren: Kapitalistischer Geist ist Geldgier, realisiert mit den Mitteln des ökonomischen Rationalismus.

Kapitalistischer Geist	Unbegrenztes Gewinnstreben Ökonomischer Rationalismus
Traditionalistischer Geist	Ideal ist die standesgemäße Lebensführung, nicht maximaler Gewinn Mehrverdienst reizt weniger als Minderarbeit

| Tab. 11

Kapitalistischer vs. traditionalistischer Geist

Was hat nun die *Reformation* mit dem modernen Kapitalismus zu tun?

Zunächst einmal überhaupt nichts, denn eine kapitalistische Wirtschaftsordnung oder kapitalistisches Gewinnstreben waren nie Ziel oder auch nur gedankliche Phantasie der Reformatoren gewesen. Tatsächlich ging es um etwas ganz anderes, nämlich um die Frage, wie der Mensch göttliche Gnade erreichen kann. Der mittelalterliche Mensch lebte in tiefer Angst vor den Höllenqualen, die ihn nach dem Tode erwarten könnten. Die Kirche empfahl als Gegenmittel gute Werke und eine gottgefällige Lebensführung. Anfang des 16. Jahrhunderts rief sie dazu auf, sogenannte *Ablässe* zu kaufen. Damit könne man sich von Verfehlungen reinwaschen und so sein Seelenheil nach dem Tode erwirken. Für kleine Sünden reichte ein preiswerterer Ablass, bei schweren Sünden musste man schon tief in die Tasche greifen. Von dem Erlös aus dem Verkauf von Ablässen finanzierte die Kirche den monumentalen Petersdom in Rom.

Die Frage nach dem Seelenheil und der Gnade Gottes hatte auch den Augustinermönch Martin Luther (1483–1546) umgetrieben, der 1519 die Reformation mit dem Anschlag von 95 Thesen an der Schlosskirche zu Wittenberg auslösen sollte. Luther hatte wie viele andere seiner Zeit versucht, die Gnade Gottes etwa durch eigene Geißelung mit blutigem Rücken zu erlangen. Dann aber gelangte der Theologieprofessor zu der Einsicht, dass Gott ein gnädiger Gott sei. Dessen Gnade komme aber ausschließlich aus ihm selbst und sei nicht durch gute Werke zu erarbeiten und schon gar nicht durch Ablässe zu erkaufen. Luthers reformatorische Ideen verbreiteten sich, nicht zuletzt durch die Erfindung des Buchdrucks, rasch in Deutschland und Europa und führten schließlich zu einer Glaubensspaltung zwischen Katholiken und Protestanten. Aber auch die protestantische Bewegung zerstritt sich über dogmatische Fragen zum Abendmahl – ob der Wein das Blut Christi manifestiere oder nur ein Symbol dafür darstelle. Als Hauptrichtungen bildeten sich der *Lutheranismus* heraus, meist in Landeskirchen organisiert, und der sogenannte *Calvinismus,* eine Richtung, die sich noch einmal in unterschiedliche Glaubensgemeinschaften differenzierte.

Konfessionen und Wirtschaftsgesinnung

Wie wirkten sich die drei christlichen Konfessionen Katholizismus, Lutheranismus und Calvinismus auf die Wirtschaftsgesinnung aus?

Der *Katholizismus* begünstigte eher eine traditionalistische Wirtschaftsgesinnung. Er lehnte Gewinnstreben, Zins und Wucher ab. Eine wichtige Ausnahme war das Mönchstum. Die Klöster waren Wirtschaftsbetriebe, die in gewissem Maße bereits nach den Grundsätzen des ökonomischen Rationalismus geführt wurden. Aber ein kapitalistisches Gewinnstreben gab es nicht. Da die Mönche abgeschieden lebten, konnte sich der ökonomische Rationalismus nur eingeschränkt in der Welt verbreiten.

Der *Lutheranismus* brachte den modernen Berufsgedanken in die Welt. Laut Luther war Beruf eine von Gott gestellte Aufgabe, welche die Erfüllung innerweltlicher Pflichten enthielt. Indem das Luthertum in dieser Weise Arbeit und Beruf aufwertete, begünstigte es insoweit die Herausbildung eines kapitalistischen Geistes. Aber ansonsten vertrat Luther eine traditionalistische Wirtschaftsethik. Auch er lehnte Gewinnstreben, Zins und Wucher ab – und das in seiner Spätzeit mit einer nicht unbeträchtlichen Prise Antisemitismus.

Anders, so Weber, die calvinistischen Strömungen. Sie bringen zwei Maximen in die Welt, *asketische Lebensführung* und die *Prädestinationslehre*.

Die asketische Lebensführung war ursprünglich schon bei den Mönchen vorhanden und manifestierte sich in Armutsgelübden, Keuschheit, Zölibat und Selbst-Kasteiung etwa durch Fasten oder Geißeln. Das Ziel war ein gottgefälliges Leben. Aber diese Askese wurde nicht in den Dienst kapitalistischen Gewinnstrebens gestellt. Vor allem blieb sie eine *außerweltliche Askese*.

<small>Außerweltliche und innerweltliche Askese</small>

Dagegen bedeutet Askese bei den Calvinisten: Verzicht auf Vergnügen, Sport, Tanz, Sex und Luxus. Diese Askese war keine Askese hinter Klostermauern, also keine außerweltliche, sondern eine *innerweltliche Askese*. Zudem wurde diese in den Dienst weltlicher Zwecke gestellt. Die Askese als Verhaltensform führte zu einem hohen Maß an Arbeit, zu rationaler Arbeitsorganisation, erhöhter Produktivität, wenig Konsum und viel Kapitalbildung. Die »objektive« wirtschaftliche Funktion bestand also darin, dass Kapitalbildung und Kapitalismus vorangetrieben wurden. Das war aber keineswegs Absicht der Puritaner, sondern nichtintendierte Nebenwirkung religiös motivierten Handelns.

Worin bestand die religiöse Motivation? Laut Weber hing sie entscheidend mit der *Prädestinationslehre* des Calvinismus zusammen. Wir müssen an dieser Stelle nochmals bedenken, dass für alle Menschen des Mittelalters und der frühen Neuzeit die Angst vor dem Jenseits und das Bangen um göttliche Gnade in ihrem Dasein eine entscheidende Rolle spielte. Im katholischen Glauben war man der Ansicht gewesen, man könne durch gute Werke Gott gnädig stimmen. Daher der Verkauf von Ablässen. Daher Kasteiungen. Zu den entscheidenden Einsichten der Reformation zählte, dass die göttliche Gnade unabhängig von den Werken der Menschen sei. Wem Gott gnädig ist, das ist Gottes Sache. Aber wer war dazu bestimmt, die Gnade Gottes zu empfangen? In der Bibel steht: Viele sind berufen, wenige sind auserwählt.

<small>Auserwähltsein ablesbar am wirtschaftlichen Erfolg</small>

Aber wer genau war nun ausgewählt, oder auf lateinisch, »prädestiniert«? Laut der calvinistischen Lehre ließ sich dies am wirtschaftlicher Erfolg ablesen. Er galt als ein Zeichen dafür, von Gott auserwählt worden zu sein. Das ist der Kern der Prädestinationslehre. Sie motivierte, so Weber, die Menschen, zu arbeiten und Kapital zu bilden. Nicht in der Hoffnung, dadurch Gnade zu erwirken. Aber eben in der Annahme, dass wirtschaftlicher Erfolg als ein untrügliches Zeichen göttlichen Auserwähltseins zu deuten sei.

Tab. 12

Auswirkungen der christlichen Konfessionen auf die Entstehung des modernen Kapitalismus

	Den Kapitalismus behindernd	Den Kapitalismus fördernd
Katholizismus	Ablehnung von Gewinnstreben, Zins und Wucher	Ansätze rationaler Betriebsführung in Klöstern, außerweltliche Askese bei Mönchen
Lutheranismus	Ablehnung von Gewinnstreben, Zins und Wucher	Berufsethik, hohe Wertschätzung beruflicher Arbeit
Calvinismus		Innerweltliche Askese, Prädestinationslehre. Gewinne als Zeichen göttlichen Auserwähltseins

Später hat sich, so Weber, der kapitalistische Geist von seinen religiösen Grundlagen losgelöst und verselbständigt.

In der Folgezeit weitete Max Weber seine Forschungen zur Entstehung des modernen Kapitalismus in zwei Richtungen aus. Zum einen untersuchte er andere, nichteuropäische Religionen, vor allem Hinduismus, Taoismus und Konfuzianismus. Er versuchte zu zeigen, dass diese asiatischen Glaubenslehren nicht zu einem kapitalistischen Geist, sondern eher zu einer traditionalistischen Wirtschaftsethik führten. Der Vergleich mit außereuropäischen Räumen unterstrich also die Bedeutung des Protestantismus für die Entstehung des modernen Kapitalismus im Okzident.

Zum anderen wollte Weber zeigen, dass vergleichbare, komplementäre Entwicklungen wie in der Wirtschaft auch in anderen gesellschaftlichen Bereichen auftraten. Das fasste er mit dem Begriff der *Rationalisierung* bzw. des *okzidentalen Rationalismus* zusammen: Die moderne Welt

Entzauberung der Welt

ist rational und wird immer rationaler. Weber sagt, sie ist »entzaubert«, d. h. die moderne Welt wird nicht mehr als von magischen oder göttlichen Mächten durchwirkt angesehen. Die Entzauberung der Welt macht diese auf neue Art wahrnehmbar, berechenbar und beherrschbar. Indem Geister und Götter aus der Natur verschwinden, wird Natur erfahrungswissenschaftlich und experimentell wahrnehmbar und technisch beherrschbar. Wolfgang Schluchter (→ Literaturverzeichnis) spricht unter Bezug auf Weber vom *Rationalismus der Weltbeherrschung*.

Der Rationalismus ist nicht nur in der kapitalistischen Wirtschaft zuhause, sondern er durchzieht alle gesellschaftlichen Bereiche. Denn, so Weber,

»der moderne rationale Betriebskapitalismus bedarf, wie der berechenbaren technischen Arbeitsmittel, so auch des berechenbaren Rechts und der Verwaltung nach formalen Regeln, ohne welche ... kein rationaler privatwirtschaftlicher Betrieb mit stehendem Kapital und sicherer Kalkulation möglich ist.« (Zitat nach Max Weber, *Schriften* 1894–1922, ausgewählt von Dirk Käsler. Stuttgart 2002, S. 567).

Der Vorteil der modernen rationalen Welt liegt in ihrer überlegenen Leistungsfähigkeit. Ihr Nachteil besteht aus Sicht Webers darin, dass ihre Institutionen wie kapitalistischer Betrieb oder bürokratische Großorganisation die Freiheitsräume des einzelnen Menschen einschränken.

Gehäuse der Hörigkeit

Wissenschaft	Mathematischer Fundierung und rationales Experiment; technische Verwendung wissenschaftlicher Erkenntnisse
Staat	Politische Anstalt mit rational gesetzter Verfassung, rational gesetztem Recht und einer an Gesetzen orientierten Verwaltung
Recht	Rechtssprechung nach gesatzten, formalen Rechtsnormen
Verwaltung	Geschulte Fachbeamte auf der Grundlage vorgegebener Regeln
Wirtschaft	Rationaler, rechenhafter Betriebskapitalismus, rationale Betriebsführung; kapitalistischer Geist
Musik	Rationale harmonische Musik mit Kontrapunktik und Akkordharmonik
Alltag	Rationale Lebensführung

| Tab. 13

Besonderheiten des Okzidents aus Sicht von Max Weber

Soziologische Grundbegriffe – Theorie sozialen Handelns

| 3.5.6

Als Max Weber unerwartet am 14. Juni 1920 starb, hinterließ er ein ungeordnetes und fragmentarisches Werk. Es bestand im Wesentlichen aus etlichen, vor allem im *»Archiv für Sozialwissenschaft und Sozialpolitik«* veröffentlichten Aufsätzen sowie aus einer Reihe von unveröffentlichten Manuskripten. Diese waren teilweise für den *»Grundriss der Sozialökonomik«* vorgesehen – ein mehrbändiges Handbuch, das Weber herausgeben wollte.

Wie sollte man mit dem Nachlass umgehen? Webers Frau Marianne, mit seinem Werk wohlvertraut, veröffentlichte nach Sachgebieten geordnete Aufsätze in Sammelbänden, insbesondere Sammelbände zur Wissenschaftslehre und Religionssoziologie, was Weber selbst bereits in die Wege geleitet hatte. Außerdem wurde aus Vorlesungsmitschriften eine *»Wirtschaftsgeschichte«* zusammengestellt und publiziert. Andere Manuskripte, die teilweise für den *»Grundriss der Sozialökonomik«* gedacht waren, fügte man zu einem opulenten Buch zusammen, dem Marianne Weber den Titel *»Wirtschaft und Gesellschaft«* gab.

Fragmentarische Hinterlassenschaften

Dabei spielte vermutlich das Bedürfnis der Witwe eine Rolle, der Nachwelt ein »Hauptwerk« des verehrten Gatten zu hinterlassen, von dem sie gehofft hatte, er würde noch eine führende Rolle in der deutschen Politik spielen – und von dem nun nur ein Sammelsurium von Aufsätzen und Manuskripten zurückgeblieben war. Wie auch immer – bis in die 1970er Jahre galt *Wirtschaft und Gesellschaft* als unbestrittenes Hauptwerk Max Webers, das der Soziologe in etwa dieser Form angestrebt habe, das ihm aber nicht zu vollenden vergönnt war. Die Mehrheit der Weber-Forscher ist inzwischen der Ansicht, dass Weber an ein solches (Haupt-)Werk nie gedacht hatte. Daher werden in der Max-Weber-Gesamtausgabe die Manuskripte, die in Wirtschaft und Gesellschaft eingegangen sind, einzeln veröffentlicht.

Das Buch *»Wirtschaft und Gesellschaft«* wird durch ein Kapitel namens *»Soziologische Grundbegriffe«* eingeleitet. Dieses Kapitel wurde neben der *»Protestantischen Ethik«* zum zweiten Schwerpunkt der Weber-Rezeption und gilt inzwischen als grundlegender Bestandteil des Fachs. Mit anderen Worten: Was Studierende der Soziologie heute von Weber lesen, sind vor allem die Grundbegriffe. Ob Weber selbst sie für so wichtig hielt, ist eine andere Frage.

Weber hatte 1904 mit Werner Sombart das Konzept einer historischen Sozialwissenschaft bzw. historischen Kulturwissenschaft entwickelt. Nach Ansicht der beiden Gelehrten sollten die Sozialwissenschaften historische Wissenschaften sein, die sich, ausgehend von den großen Gegenwartsproblemen (das meint bei Weber letztendlich »Kultur«), der geschichtlichen Wirklichkeit in ihrer Eigenart widmen. Sie sollten dabei auch allgemeine Begriffe und Theorien benutzen. Aber das eigentliche Erkenntnisziel lag, wie es Weber formuliert hatte, in der Wirklichkeit in ihrem »So-und-nicht-anders-Gewordensein«. Genau dazu passte auch die Studie über die protestantische Ethik und Webers andere religionssoziologische Arbeiten.

Stellenwert der Grundbegriffe

Wie sind die *»Grundbegriffe«* Webers in Bezug auf dieses Konzept zu interpretieren? Die einen meinen, sie lägen im Rahmen seines kulturwissenschaftlichen Konzepts, das ja ausdrücklich auch allgemeine Begriffsbildung befürwortet und gefordert habe. Andere sehen darin einen ganz neuen Weber, der erst mit den *»Grundbegriffen«* zu einem eigentlichen Soziologen geworden sei. Für Weber selbst scheinen die *»Grundbegriffe«* nicht so wichtig gewesen zu sein, eher beiläufig verfasst zu didaktischen Zwecken und im Dienste wissenschaftlicher Klarheit.

Soziologie als Wissenschaft vom sozialen Handeln

Für die spätere Weber-Rezeption besonders bedeutsam ist Webers Konzept des sozialen Handelns, welches das Kapitel über die *»Grundbegriffe«* einleitet. Darin definiert Weber Soziologie als Wissenschaft vom sozialen Handeln. Soziologie ist demnach »eine Wissenschaft, welche soziales Handeln deutend verstehen und dadurch in seinem Ablauf und seinen Wirkungen ursächlich erklären will« (Max Weber, *Schriften 1894–1922*, S. 653). Mit dieser Definition wird Soziologie als eine Geisteswissenschaft verstanden, denn Verstehen ist eine zentrale Kategorie der Geisteswissenschaften.

Der zentrale Begriff ist *soziales Handeln*. Was ist damit gemeint? *Handlungen* sind Tätigkeiten, mit denen wir einen *Sinn* verbinden. »Sinn« ist hier die zentrale Kategorie. Es geht dabei nicht um eine religiöse oder philosophische Bedeutung, etwa Sinn des Lebens oder der menschlichen Existenz. Weber meint den *subjektiv gemeinten* Sinn a) eines Handelnden, b) des Durchschnitts einer Masse von Handelnden und c) eines Idealtypus eines Handelnden, z. B. eines kapitalistischen Unternehmers. Sinnhaftes Handeln können wir übersetzen mit: Der Akteur oder die Akteurin, der oder die etwas tut, denkt sich etwas dabei.

Damit unterscheidet Weber Handeln von Verhalten. Handeln ist Verhalten mit Sinn, oder umgekehrt: Verhalten ist Handeln ohne Sinn. Unter Verhalten haben wir dann instinktive oder reflexhafte Vorgänge zu verstehen. Wenn etwa der Torwart einer Fußballmannschaft einen Schuss aus kurzer Distanz hält, dann ist das Verhalten, (denn würde der Torwart nachdenken, wäre alles zu spät). Wenn der Torwart anschließend den Ball in den Händen hält und zu einem eigenen freistehenden Spieler schlägt, liegt eine sinnhafte Handlung vor, denn der Torwart hat sich überlegt, ob er einen weiten Abschlag macht oder nicht. Läuft ihm beim Abschlag ein eigener Spieler entgegen, um den Ball aufzunehmen, und der Torwart spielt ihm den Ball zu, dann haben wir es mit *sozialem Handeln* zu tun, denn sein Abschlag bezieht sich auf das Entgegenlaufen des eigenen Spielers, ist also an dessen Verhalten orientiert. Die Spieler einer Mannschaft bilden, um die Typologie zu vervollständigen, eine *soziale Beziehung*.

Unterschied zwischen Handeln und Verhalten

Weber unterscheidet vier Handlungstypen: zweckrationales Handeln, wertrationales Handeln, traditionales Handeln und affektuelles Handeln.

Vier Handlungstypen

Das *zweckrationale Handeln* sucht nach optimalen Mitteln für angestrebte eigene, bedachte Zwecke. Es ist der »normale« Handlungstypus in der modernen Gesellschaft. Das *wertrationale Handeln* orientiert sich an bestimmten religiösen, ethischen Werten, und zwar unbedingt, unabhängig vom Erfolg. So verzichteten z. B. Menschen im Dritten Reich oder in der DDR auf attraktive berufliche Optionen, um nicht mit einer Partei zusammen arbeiten zu müssen, die ihren Wertvorstellungen widersprach. Das *affektuelle Handeln* ist durch aktuelle Gefühlslagen und Affekte bestimmt. Es ist ein Handeln »aus dem Bauch heraus«, wie man heute sagen würde, bei dem man die Folgen und Nebenfolgen nicht bedenkt. Das *traditionale Handeln* erfolgt laut Weber »durch eingelebte

Gewohnheit«. Man handelt so, »weil es immer schon so war«. Dieser Typus ist charakteristisch für die vormoderne Gesellschaft.

Definition Macht und Herrschaft

Aus den »*Grundbegriffen*« werden auch Webers Definitionen von *Macht* und *Herrschaft* immer wieder zitiert. Unter *Macht* versteht Weber »jede Chance, innerhalb einer sozialen Beziehung den eigenen Willen auch gegen Widerstreben durchzusetzen, gleichviel worauf diese Chance beruht« (Max Weber, *Schriften 1894–1922*, S. 711). Das kann beispielsweise physische Gewalt, eine bestimmte Rechtslage, ökonomische Abhängigkeit oder auch psychische Abhängigkeit sein. Ein typischer Fall für ein Machtverhältnis ist der schon einmal erwähnte Bankräuber, der einen Kassierer mit der Pistole bedroht (→ Kapitel 3.3).

Herrschaft und Macht unterscheiden sich dadurch, dass ein Herrschaftsverhältnis von Seiten der Beherrschten als *legitim*, d.h. als berechtigt und rechtmäßig anerkannt wird. Anders ausgedrückt: Sobald ein Machtverhältnis von den Beherrschten als legitim anerkannt wird, wird es zu einem Herrschaftsverhältnis. Die Legitimität ist deswegen so wichtig, weil sie einer sozialen Beziehung Dauerhaftigkeit verleiht. Das Machtverhältnis des Bankräubers zum Kassierer wird nicht als legitim empfunden. Sobald der Bankräuber verschwunden ist, ist diese soziale Beziehung (sofern überhaupt von einer solchen die Rede sein kann) beendet und der Kassierer wird auf den Alarmknopf drücken. Eine patriarchalische Ehe, in der die Frau die Überlegenheit des Mannes als legitim anerkennt, wird in der Regel lange dauern. Sobald die Frau dieses patriarchalische Verhältnis aber nicht mehr als legitim empfindet, ist der Fortbestand der Ehe in Frage gestellt.

Hinsichtlich der Begründung der Legitimität unterscheidet Weber drei Möglichkeiten: Sie kann zum einen rational begründet sein und im Glauben an die Legalität einer »gesatzten Ordnung« bestehen. So wird in demokratischen Staaten das Wahlergebnis auch von den Wahlverlierern akzeptiert, weil es legal, also nach vorgeschriebenen prozeduralen Regeln zustande gekommen ist. Weber spricht von *legaler Herrschaft*. Legitimität kann aber zweitens auch traditionalen Charakter haben und im Alltagsglauben an die Heiligkeit von jeher geltenden Traditionen ruhen. Das wäre bei der patriarchalischen Ehe der Fall. In diesem Fall liegt *traditionale Herrschaft* vor. Legitimität kann schließlich drittens auf dem Glauben an besondere, außergewöhnliche Fähigkeiten des Herrschers basieren. Dann handelt es sich um *charismatische Herrschaft*.

Soziologie	eine Wissenschaft, welche soziales Handeln deutend verstehen und dadurch in seinem Ablauf und seinen Wirkungen ursächlich erklären will	**Tab. 14** *Von Max Weber definierte Grundbegriffe*
Verhalten	erfolgt ohne Sinn, ohne dass man sich etwas dabei denkt, z. B. aufgrund von Instinkten	
Handeln	menschliches Verhalten, mit dem der Handelnde einen Sinn verbindet	
Sinn	der subjektiv gemeinte Sinn a) eines Handelnden, b) eines Durchschnitts einer Masse von Handelnden oder c) eines Idealtypus eines Handelnden	
Soziales Handeln	sinnhaftes Handeln, das auf das Verhalten anderer bezogen ist	
Soziale Beziehung	»ein seinem Sinngehalt nach aufeinander gegenseitig eingestelltes und dadurch orientiertes Sichverhalten mehrerer«	
Zweckrationales Handeln	sucht nach optimalen Mitteln für angestrebte, bedachte Zwecke	
Wertrationales Handeln	orientiert sich strikt an bestimmten religiösen oder ethischen Werten, unabhängig vom Erfolg	
Affektuelles Handeln	erfolgt aufgrund spontaner Emotionen	
Traditionales Handeln	erfolgt aufgrund eingelebter Gewohnheit. Steht an der Grenze zum Sich-Verhalten	
Macht	»bedeutet jede Chance, innerhalb einer sozialen Beziehung den eigenen Willen auch gegenüber Widerstreben durchzusetzen, gleichwohl worauf diese Chance beruht«	
Herrschaft	»die Chance, für einen Befehl bestimmten Inhalts bei angebbaren Personen Gehorsam zu finden«. Herrschaft ist eine als legitim anerkannte Machtbeziehung und daher dauerhaft	
Legale Herrschaft	beruht auf der Geltung des positiven Rechts	
Traditionale Herrschaft	beruht auf dem Glauben an die Rechtmäßigkeit des Gewohnten als Norm für das Handeln	
Charismatische Herrschaft	beruht auf dem Glauben an die außeralltäglichen Qualitäten des Führers	

3.5.7 | War Max Weber ein Soziologe?

Diese Frage ist nicht so abwegig, wie sie auf den ersten Blick scheint. Weber selbst hielt von der Soziologie seiner Zeit offensichtlich nicht sehr viel. Der Philosoph *Karl Jaspers*, der Weber gut kannte, berichtete: »Das meiste, das unter Soziologie geht, erschien ihm als Schwindel.« Bei Weber kommt »Gesellschaft«, der Grundbegriff der Soziologie schlechthin, überhaupt nicht vor. Er wurde offensichtlich absichtsvoll vermieden. Seinen berühmten Kollegen Emile Durkheim erwähnt Weber nirgends.

Max Weber – mehr als nur Soziologe

Nicht nur die Soziologen, auch andere Wissenschaften nehmen Weber als Klassiker und geistigen Wegbereiter in Anspruch. Dazu zählen die Nationalökonomie, die Alte Geschichte, die Sozial- und Wirtschaftsgeschichte, die Philosophie, die Politikwissenschaft, die Religionswissenschaften und auch die Rechtswissenschaft. Weber selbst bewegte sich über weite Strecken seines wissenschaftlichen Lebens ganz selbstverständlich in der Disziplin der Nationalökonomie. Und es ist zu bedenken, dass es zur Zeit von Weber strikte Grenzen zwischen wissenschaftlichen Disziplinen, so wie sie aktuell existieren, nicht gab.

Die Frage, ob Weber ein Soziologe war, kann man aus heutiger Sicht so beantworten: Er war ein Soziologe, aber er war nicht nur Soziologe, und er war Soziologe in einem bestimmten Sinn. Weber wollte keine soziale Physik betreiben wie Comte, er wollte Gesellschaft nicht in Analogie zum Organismus sehen wie Spencer, Akteure waren für ihn nicht nur Charaktermasken sozialer Verhältnisse wie bei Marx, und von sozialen Tatbeständen, die unabhängig von den Menschen ihr Eigenleben führen, hielt er nichts.

Soziologie sollte von den einzelnen handelnden Menschen ausgehen, von dem subjektiven Sinn, den sie ihrem Handeln gaben. Aber sie sollte, und das unterscheidet Weber von Alfred Schütz (→ Kapitel 5.3.3) und anderen interpretativen Soziologen, nicht auf der Mikroebene stehen bleiben, sondern sich den großen Problemen auf der Makroebene zuwenden. Und das bezog sich für Weber, wie für Marx, vor allem auf den modernen Kapitalismus, »die schicksalsvollste Macht unseres modernen Lebens«.

Soziologie war für Weber, anders als für Comte, Spencer oder Durkheim, eine Geisteswissenschaft, »welche soziales Handeln deutend verstehen und dadurch ursächlich erklären will«. Im Unterschied zu den herkömmlichen geisteswissenschaftlichen historischen Schulen sollte Soziologie aber nicht nur beschreiben, sondern, wie seine Definition besagt, auch »ursächlich erklären«. Sie sollte – auch das anders als die historischen Schulen – »Typen-Begriffe« bilden und nach »generellen Regeln des Geschehens« suchen, aber dies, wie Weber sich gleich beeilte zu versichern, »vor allem *auch* unter dem Gesichtspunkt: ob sie damit der historischen kausalen Zurechnung der kulturwichtigen Erscheinungen einen Dienst leisten kann«. (Zitat nach Max Weber, *Schriften 1894–1922*, S. 667 f.) Soziologie bleibt im Haus der historischen Sozialwissenschaften; sie bezieht darin einen eigenen Raum, der für generelle Regeln des Geschehens zuständig ist (»Gesetzeswissenschaft«), aber sie errichtet kein eigenes Haus jenseits des Gebäudes der historischen Sozialwissenschaften.

Zur Weber-Rezeption | 3.5.8

Max Weber war, entgegen anders lautenden Behauptungen, nie ein akademischer Außenseiter. Er stand vielmehr häufig im Zentrum sozialwissenschaftlicher und sozialpolitischer Auseinandersetzungen seiner Zeit, und sein Wort hatte Gewicht. Nach seinem Tod galt Weber für die meisten deutschen Soziologen als bester und als vorbildlicher Vertreter ihrer Wissenschaft. Richtig ist aber, dass Weber lange Zeit international wenig rezipiert wurde. So war sein Fachkollege Werner Sombart, der auch bahnbrechende Arbeiten über den modernen Kapitalismus schrieb, im Ausland weitaus bekannter als Weber.

Zu einer internationalen Größe wurde Weber vor allem durch Talcott Parsons, der führenden soziologischen Autorität in der Welt in den 1950er und 1960er Jahren. Parsons verehrte Weber und tat viel zur Verbreitung seines Werkes. Allerdings interpretierte er Weber, indem er diesen in die Nähe seiner eigenen Soziologie und die Durkheims rückte, in einer Weise, die vielen eher als befremdlich erscheint. In der deutschen Soziologie wurde Weber 1964 neu entdeckt, da war er das Hauptthema eines Soziologentags der Deutschen Gesellschaft für Soziologie. Er wurde damals vor allem als Vertreter wertfreier Wissenschaft wahrgenommen und als Idealbild seriöser Wissenschaftlichkeit stilisiert.

<small>Talcott Parsons als Verehrer Webers</small>

Die Rezeption Webers hat weltweit stetig zugenommen. In den 1970er Jahren kam ein weiterer Interpretationsansatz hinzu. Der Gelehrte wurde nun stärker als Kulturwissenschaftler begriffen, man hob die Unterschiede zu dem »Mainstream« in der Soziologie mehr hervor. Die angloamerikanische historische Soziologie, die in dieser Zeit rasch an Boden gewann, machte Weber zu einer Leitfigur ihrer Wissenschaft. In der interpretativen Soziologe findet vor allem Webers Theorie sozialen Handelns Beachtung. Umstritten ist nach wie vor, ob Weber in seinen letzten Jahren von einem historischen Nationalökonomen zum Soziologen geworden ist oder ob Weber ein historischer Sozialwissenschaftler war, für den zeitlebens seine methodologischen Überlegungen von 1904 im Objektivitätsaufsatz leitend blieben.

Zusammenfassung

Zur Rezeption Max Webers
- Bis 1933 wurde Weber außerhalb des deutschen Sprachraums nur wenig rezipiert.
- In Deutschland galt er bis 1933 überwiegend als Gründervater einer spezifisch deutschen (historischen) Soziologie und als bester Soziologe überhaupt.
- In der Empirischen Soziologie der 1950er und 1960er Jahre galt Max Weber als Leitbild seriöser Wissenschaftlichkeit und wissenschaftlicher Rechtschaffenheit und als Begründer wertfreier Wissenschaft.
- In der Politikwissenschaft der 1950er und frühen 1960er Jahre wurde Weber zuweilen als ein geistiger Wegbereiter des Nationalsozialismus gesehen.
- Talcott Parsons stilisierte Weber zum soziologischen Klassiker.
- 1964 veranstaltete die Deutsche Gesellschaft für Soziologie einen eigenen Soziologentag über Max Weber.
- Seit den 1970er Jahren hat man Weber als historischen Kulturwissenschaftler neu entdeckt.

Lernkontrollfragen

1 Erläutern Sie den unterschiedlichen Erkenntnisgegenstand einer Gesetzeswissenschaft und einer Wirklichkeitswissenschaft bei Max Weber.
2 Was bedeuten traditionalistischer Geist und kapitalistischer Geist?
3 Beschreiben Sie die religiösen Wurzeln des kapitalistischen Geistes.
4 Was unterscheidet Verhalten und Handeln bei Weber?
5 Erläutern Sie die vier Handlungstypen.
6 Worin liegt der Unterschied von Macht und Herrschaft?
7 Welche Typen legitimer Herrschaft unterscheidet Weber? Nennen Sie historische Beispiele für diese Typen.

Literatur

Max Weber **Gesamtausgabe** (MWG) → Die Max Weber Gesamtausgabe erscheint seit 1984 im Verlag J.C.B. Mohr und gliedert sich in drei Abteilungen (Schriften und Reden, Briefe, Vorlesungen) mit insgesamt 41 Bänden, hg. u. a. von M. Rainer Lepsius, Wolfgang J. Mommsen und Wolfgang Schluchter. Parallel erscheint eine preiswerte Max Weber-Studienausgabe (seit 1988) ohne den editorischen Apparat der MWG.

In der UTB-Reihe sind gesammelte Aufsätze Max Webers in sieben Bänden erschienen.

Der Sammelband »Max Weber – Schriften 1894–1922«, hg. von Dirk Kaesler, Stuttgart 2002, enthält gut ausgewählte und sachkundig eingeleitete Arbeiten.

Biografien und andere Sekundärliteratur

Joachim Radkau, **Max Weber. Die Leidenschaft des Denkens.** München 2005 → Spannend geschriebene, informative Biografie.

Günter Roth, **Max Webers deutsch-englische Familiengeschichte 1800–1950.** Tübingen 2001 → Ebenfalls spannend geschrieben, auch sozial- und kulturgeschichtlich interessant.

Marianne Weber, **Max Weber. Ein Lebensbild.** München 1989 → Erschien zuerst 1926; wie ein zeitgenössischer Rezensent schrieb, ein »Gesamtkunstwerk eigener Art«, auch als Einführung in die Wissenschaft Max Webers geeignet.

Gert Albert/Agathe Bienfait/Steffen Sigmund/Klaus Wendt (Hg.), **Das Weber-Paradigma.** Studien zur Weiterentwicklung von Max Webers Forschungsprogramm. Tübingen 2003 → Versuch, Weber als eigenes Theoriemodell zu verstehen und weiterzuentwickeln.

Dirk Käsler, **Max Weber. Eine Einführung in Leben, Werk und Wirkung**, 3. Aufl. Frankfurt am Main 2003 → Solide, umfassende Einführung.

Volker Kruse/Uwe Barrelmeyer, **Max Weber. Eine Einführung.** Konstanz 2012 → versucht eine leicht verständliche Einführung, ausgehend von Webers Methodologie.

Klaus Lichtblau (Hg.), **Max Webers »Grundbegriffe«. Kategorien der kultur- und sozialwissenschaftlichen Forschung.** Wiesbaden 2006 → repräsentiert den Forschungsstand zu Max Webers »Grundbegriffen«.

Wolfgang J. Mommsen, **Max Weber und die deutsche Politik 1890–1920.** 2., überarbeitete und erweiterte Auflage, Tübingen 1974 → klassische Studie über das politische Denken und Handeln Max Webers

Wolfgang Schluchter, **Die Entwicklung des okzidentalen Rationalismus. Eine Analyse von Max Webers Gesellschaftsgeschichte.** Tübingen 1979 → Zählt zu den einflussreichsten Weber-Interpretationen.

Friedrich Tenbruck, **Das Werk Max Webers. Gesammelte Aufsätze zu Max Weber**, hg. von Harald Homann. Tübingen 1999 → Die Arbeiten des 1994 verstorbenen Friedrich Tenbruck können nach wie vor als »erste Adresse« für ein authentisches Verständnis von Max Weber gelten.

Johannes Weiß, **Max Webers Grundlegung der Soziologie**, 2. überarbeitete und erweiterte Aufl. München 1992 → Neben den Arbeiten Tenbrucks der wichtigste Beitrag für ein authentisches Verständnis von Max Weber.

3.6 | Deutsche Soziologie der 1920er Jahre

Inhalt

Der Erste Weltkrieg, die unerwartete deutsche Niederlage, die russischen und die mitteleuropäischen Revolutionen, schwere Wirtschaftskrisen und bürgerkriegsähnliche Zustände ließen weite Teile der bürgerlichen deutschen Bevölkerung, insbesondere unter den Intellektuellen, in eine tiefe Krisenstimmung fallen. Die Soziologie versuchte, neue Orientierung zu geben und neuartige sozialstrukturelle Phänomene aufzugreifen.

3.6.1 Allgemeine Lage der deutschen Soziologie in den 1920er Jahren

3.6.2 Franz Oppenheimer – Die Gegenwartskrise als Gesellschaftskrise

3.6.3 Alfred Weber – Die Gegenwartskrise als Kulturkrise

3.6.4 Emil Lederer – Neue sozialstrukturelle Tendenzen

3.6.5 Theodor Geiger – Von der Klassengesellschaft zur geschichteten Gesellschaft

3.6.6 Eduard Heimann – Sozialpolitik und Kapitalismus

3.6.1 | Allgemeine Lage der deutschen Soziologie in den 1920er Jahren

Der Erste Weltkrieg bedeutete für die deutsche Bevölkerung ein Trauma, das nur schwer zu verarbeiten war. Da waren die Grauen des ersten industriellen Krieges der Menschheit. Im Feuer der Maschinengewehre und Kanonen starben 20 Millionen Menschen. Die Niederlage traf die Deutschen anders als später im Zweiten Weltkrieg völlig unvorbereitet. Noch im Juli 1918, vier Monate vor der Kapitulation, hatte der deutsche Machtbereich seine größte Ausdehnung erreicht. Die deutsche Novemberrevolution war für das Bürgertum ein Schock, zusammen mit der russischen Oktoberrevolution ließ sie den baldigen Untergang der bürgerlichen Welt befürchten. Die Inflation von 1923 beraubte viele Mittelständler ihres Vermögens, die Weltwirtschaftskrise ab 1929 führte zu einem dramatischen Rückgang des Sozialprodukts, begleitet von einer vorher nie da gewesenen Arbeitslosigkeit. Bürgerkriegsähnlichen Unruhen breiteten sich aus. Eine kollektive Depression im Bürgertum machte sich breit.

Kriegsbedingte Depression

> **Zusammenfassung**
>
> **Der Erste Weltkrieg und seine Folgen**
> - Millionen Tote
> - Das Deutsche Reich und seine Verbündeten verlieren den Krieg
> - Versailler Vertrag: Gebietsverluste, Reparationen
> - Russische Revolutionen, Novemberrevolution
> - Wirtschaftliche Krisen (große Inflation, Weltwirtschaftskrise)

Dennoch profitierte die Soziologie in gewisser Weise von alledem. Die Weimarer Republik förderte die Soziologie und sah sie als Verbündeten im Kampf um die Behauptung der Demokratie an, hier tat sich besonders der preußische Kultusminister Carl Heinrich Becker hervor. Nicht wenige Zeitgenossen, vor allem der intellektuellen Öffentlichkeit, hofften, dass die Soziologie zur Überwindung der geistigen und gesellschaftlichen Krise beitragen könnte. Etliche Soziologen versuchten entsprechend zu reagieren, zwei von ihnen – Franz Oppenheimer und Alfred Weber – werden in den folgenden Abschnitten näher vorgestellt. Auch die *Wissenssoziologie* Max Schelers und Karl Mannheims lässt sich als Versuch interpretieren, die geistige Krise der zwanziger Jahre zu überwinden. Wegen ihrer herausragenden Bedeutung ist der Wissenssoziologie ein eigenes Kapitel gewidmet (→ Kapitel 3.7).

Soziologie als Beitrag zur Überwindung der Gegenwartskrise

Neben soziologischer Zeitdiagnostik auf geschichtlichem Hintergrund lässt sich ein zweiter charakteristischer Schwerpunkt der deutschen Soziologie der 1920er Jahre ausmachen. Es waren neuartige gesellschaftliche Phänomene aufgetaucht, die der empirischen Bestandsaufnahme und der theoretischen Erklärung harrten. Da gab es erstens eine neue soziale Gruppe, die *Angestellten*, die seit Ende des 19. Jahrhundert in Erscheinung getreten war und rasch wuchs. Mit ihr beschäftigten sich vor allem Emil Lederer und Siegfried Kracauer. Im Zusammenhang mit den Angestellten entstand zweitens die Frage, ob das Marxsche Konzept einer Klassengesellschaft noch zeitgemäß sei. Theodor Geiger entwickelte die Konzepte der *sozialen Schicht* bzw. sozialen Schichtung, welche die Marxsche Sichtweise überwinden sollten. Ein weiteres neuartiges Phänomen war die *moderne Sozialpolitik*, deren Anfänge ins späte 19. Jahrhundert zurückgehen und die sich in den europäischen Staaten weitgehend durchgesetzt hatte, insbesondere das Tarifvertragssystem. Wieder stellte sich die Frage, wie Sozialpolitik mit der Marxschen Theorie des Kapitalismus in Einklang zu bringen war. Eduard Heimann versuchte eine Theorie des Kapitalismus zu entwickeln, welche die sozialen und wirtschaftlichen Wirkungen der Sozialpolitik einbezog.

Neue gesellschaftliche Phänomene

Soziologie war nach wie vor eine kleine Wissenschaft, die eigentlich nur einige Dutzend Gelehrte zählte. Sie waren in der Regel »von Haus aus« Ökonomen und Philosophen – also Wissenschaftler, die über den Tellerrand ihrer eigenen Disziplin hinaussahen und beispielsweise ökonomische Tatsachen in gesamtgesellschaftliche oder große historische Zusammenhänge stellen wollten. 1925 wurde der erste Lehrstuhl in Deutschland exklusiv für Soziologie für Hans Freyer eingerichtet. Als Zentren der deutschen Soziologie kristallisierten sich folgende Städte heraus: Köln (Leopold von Wiese, Max Scheler), Berlin (Werner Sombart, Alfred Vierkandt), Hamburg (Andreas Walther, Eduard Heimann), Frankfurt (Franz Oppenheimer, später Karl Mannheim und auch das Institut für Sozialforschung) und vor allem Heidelberg (Alfred Weber, Emil Lederer, Karl Mannheim, Norbert Elias).

Tab. 15 |

Zentren der deutschen Soziologie in den 1920er Jahren

Heidelberg	Max Weber (1864–1920), Alfred Weber (1868–1958), Emil Lederer (1882–1939), Karl Mannheim (1893–1947), Norbert Elias (1897–1990)
Frankfurt	Franz Oppenheimer (1864–1943), Karl Mannheim (1893–1947; seit 1929 in Frankfurt), Max Horkheimer (1895–1973)
Berlin	Werner Sombart (1863–1941), Alfred Vierkandt (1867–1953)
Köln	Leopold von Wiese (1876–1967), Max Scheler (1874–1928)
Leipzig	Hans Freyer (1887–1969)
Kiel	Ferdinand Tönnies (1855–1936)
Hamburg	Andreas Walther (1879–1960), Eduard Heimann (1889–1967)

Zwei soziologische Hauptrichtungen

Es gab in Deutschland eigentlich keine »Schule« wie in Frankreich die Durkheim-Schule. Überspitzt ausgedrückt: Jeder Soziologe betrieb seine eigene Soziologie. Das macht es schwierig, die deutsche Soziologie der 1920er Jahre zu ordnen und zu klassifizieren. Man kann aber im Großen und Ganzen zwei Hauptrichtungen unterscheiden: die *systematische Soziologie* und die *historische Soziologie*.

Die Vertreter der *systematischen Soziologie* orientierten sich an Simmels Konzept einer formalen Soziologie (→ Kapitel 3.4.4.2). Soziologie solle sich mit den gleichbleibenden Formen des Sozialen beschäftigen. Die wichtigsten Vertreter dieser Richtung waren Leopold v. Wiese und Alfred Vierkandt. Auch Tönnies und Schmalenbach kann man dieser Richtung zurechnen, später ebenfalls Theodor Geiger, der die Prinzipien systematischer Soziologie mit empirischer Forschung verband.

Andere lehnten diese Art von Soziologie ab, die ihnen nicht geeignet schien, die Krise der Zeit zu analysieren. Sie wollten sich den großen Gegenwartsproblemen ihrer Zeit auf dem Hintergrund der Geschichte zuwenden, also *historische* Soziologie betreiben. Zu dieser Richtung sind Werner Sombart, Max Weber, Franz Oppenheimer, Alfred Weber, Hans Freyer, Eduard Heimann, Karl Mannheim und Norbert Elias zu zählen.

Zusammenfassung

Systematische und historische Soziologie
Systematische Soziologie: orientierte sich an Simmels Konzept einer formalen Soziologie. Vertreter: Leopold von Wiese, Alfred Vierkandt, Ferdinand Tönnies, Hermann Schmalenbach, Theodor Geiger.
Historische Soziologie: verstand Soziologie im Sinne Max Webers als geschichtlich ausgerichtete Disziplin, wollte die Gegenwartskrise auf dem Hintergrund der Geschichte analysieren. Vertreter: Werner Sombart, Max Weber, Alfred Weber, Franz Oppenheimer, Eduard Heimann, Hans Freyer, Norbert Elias.

Literatur

Raymond Aron, **Deutsche Soziologie**, 2. Aufl. Stuttgart 1953 → Erschien zuerst 1935 in französischer Sprache. Klassischer Text, welcher die wichtigsten Positionen der Weimarer Soziologie darstellt.

Reinhard Blomert, **Intellektuelle im Aufbruch. Karl Mannheim, Alfred Weber, Norbert Elias und die Heidelberger Sozialwissenschaften der Zwischenkriegszeit.** München 1999 → Spannende, quellengestützte Darstellung über das interessanteste soziologische Wissenschaftsmilieu der Weimarer Zeit.

Dirk Käsler, **Die frühe deutsche Soziologie 1909 bis 1934. Eine wissenschaftssoziologische Untersuchung.** Opladen 1984 → Das Buch gilt als Standardwerk zur Weimarer Soziologie.

Dirk Käsler, **Soziologische Abenteuer. Earle Edward Eubank besucht europäische Soziologen im Sommer 1934.** Opladen 1985 → Interviews eines amerikanischen Soziologen mit 24 europäischen, darunter 12 deutschen Soziologen. Darin Kurzzusammenfassungen ihrer soziologischen Grundgedanken und anderes Interessantes mehr.

Fritz Ringer, **The Decline of the German Mandarins. The German Academic Community, 1890–1933.** Cambridge, Mass. 1969 → Klassischer Text, welcher das intellektuelle Profil der deutschen Sozialwissenschaftler – als »Mandarine« – herausarbeitet.

3.6.2 | Franz Oppenheimer – Die Gegenwartskrise als Gesellschaftskrise

Franz Oppenheimer (1864–1943) war Sohn eines jüdischen Rabbiners. Seine berufliche Karriere begann er als sozial engagierter Arzt zunächst im westpreußischen Dorf Pakosch, später wirkte er in den Mietskasernen Berlins. Oppenheimer wurde hier sehr handfest mit den Auswüchsen der sozialen Frage konfrontiert, z. B. mit hoher Kindersterblichkeit durch Cholera, die maßgeblich auf die überhitzten Unterkünfte zurückzuführen war. Unter dem Einfluss der intellektuellen Milieus von Berlin begann er sich seit 1893 wissenschaftlich mit den Ursachen der sozialen Frage auseinanderzusetzen. Seine Arztpraxis gab er 1896 auf, verstand sich aber später, als er schon Soziologe war, immer noch als Arzt der Gesellschaft. In den Jahren 1896 bis 1909 studierte er ökonomische und soziologische Theoretiker und verdiente seinen Unterhalt als freier Schriftsteller und Journalist. 1909 bis 1919 lehrte er – unterbrochen durch die Kriegsjahre – als Privatdozent in Berlin. 1919 wurde er als Professor für Ökonomie und Soziologie an die neugegründete Universität Frankfurt am Main berufen und gehörte fortan zu den wichtigsten deutschen Soziologen der 1920er Jahre. Er emigrierte nach der sogenannten »Reichskristallnacht« am 9. November 1938 über China und Japan in die USA und starb 1943 in Los Angeles. Oppenheimer war akademischer Lehrer und Lehrmeister von Ludwig Erhard, dem einstigen Wirtschaftsminister, Bundeskanzler und geistigen Vater des »Wirtschaftswunders« sowie der sozialen Marktwirtschaft. Als sein Hauptwerk und die Krönung seines wissenschaftlichen Schaffens betrachtete Oppenheimer das *»System der Soziologie«*, das in acht Teilbänden von 1917 bis 1935 erschien.

Arzt der Gesellschaft

Oppenheimer greift in seinem Werk eine zentrale Frage von Karl Marx auf: Warum ist der gesellschaftliche Reichtum so ungleich verteilt? Warum gibt es eine Klasse von Reichen und eine Klasse von Armen?

Frage nach der ungleichen Verteilung des Reichtums

Unmittelbare Ursache der sozialen Frage, also der extrem ungleichen Verteilung zwischen Reich und Arm ist laut Marx die *industrielle Reservearmee*. Marx hatte die Existenz einer solchen Reservearmee auf technische und organisatorische Innovationen zurückgeführt: Arbeiter werden entlassen und landen in der industriellen Reservearmee. Oppenheimer macht hingegen als Ursache die Agrarverfassung, das *Großgrundeigentum* aus. Die Bezirke des Großgrundeigentums, in Deutschland in Ostelbien (die preußischen Gebiete östlich der Elbe), seien die Zonen der niedrigsten Arbeitslöhne und der schlechtesten Arbeitsbedingungen. Dadurch, so Oppenheimer weiter, wird die landlose Bevölkerung in die Städte getrieben und reproduziert die industrielle Reservearmee. Diese hält gemäß dem Gesetz von Angebot und Nachfrage die Löhne niedrig. Nicht die modernen Institutionen der bürgerlichen Gesellschaft – Markt und freie Konkurrenz – sind gemäß Oppenheimer Ursache der sozialen Frage, sondern ein Relikt aus der Feudalgesellschaft: die Bodensperre oder das Bodenmonopol, mit anderen Worten der Großgrundbesitz.

Großgrundeigentum als Ursache der sozialen Frage

Aus dieser von Marx abweichenden Diagnose ergeben sich sehr unterschiedliche praktische Konsequenzen. Wenn man wie Marx die industrielle Reservearmee als unmittelbare Ursache proletarischen Elends in den Institutionen von Markt und Privateigentum verwurzelt sieht, dann liegt es nahe, diese Institutionen zu beseitigen zugunsten einer sozialistischen Ordnung mit vergesellschafteten Produktionsmitteln und Planwirtschaft. Diesen Weg beschritten die sich auf Marx berufenden sozialistischen Theoretiker und – nach der kurzen, aber erfolgreichen privat- und marktwirtschaftlichen Zwischenperiode der »Neuen Ökonomischen Politik« 1921 bis 1928 in der Sowjetunion – der »reale Sozialismus«. Folgt man Oppenheimers Theorie, ergibt sich jedoch ein anderer Handlungsansatz. Da Oppenheimer die Ursachen der kapitalistischen Übel am Großgrundeigentum festmacht, besteht die logische praktische Konsequenz seiner Theorie darin, das Großgrundeigentum zu beseitigen und der landlosen Bevölkerung mittels einer Agrarreform die Möglichkeit zu bieten, auf dem Land bleiben zu können. Oppenheimer war nicht darauf aus, Privateigentum und Marktwirtschaft abzuschaffen.

Agrarreform statt Vergesellschaftung

Franz Oppenheimer lehnte einen »sozialistischen Zukunftsstaat« mit vergesellschafteten Produktionsmitteln und geplanter Wirtschaft schon deshalb ab, weil dieser seiner Auffassung nach keineswegs in das Reich der Freiheit und in eine Ökonomie des Überflusses münden würde. Schon in seiner ersten sozialwissenschaftlichen Schrift überhaupt, »*Freiland in Deutschland*« (1895), wies er auf mögliche Gefahren eines solchen sozialistischen Zukunftsstaates hin. Ein »statistisches Amt« als zentrale Planungsbehörde wäre unfähig, sich rasch auf die variierenden und wechselnden Bedürfnisse der Konsumenten einzustellen. Eine solche zentrale Planungs- und Exekutivbehörde hätte eine Macht, die sicherlich missbraucht werden würde: »Eine ungeheure, unerhörte Korruption würde den Anfang machen und die Bildung einer neuen Aristokratie den Schluss.« Ohne die freie Konkurrenz würde der technische und wissenschaftliche Fortschritt erlahmen: »Das schläfrige Arbeitstempo unserer öffentlichen Büros würde der Takt der sozialdemokratischen Werkstätten sein müssen.« (Franz Oppenheimer, *Freiland in Deutschland*. Berlin 1895, S. 24–26)

Unmittelbar nach der Oktoberrevolution 1917 in Russland wies Oppenheimer noch einmal eindringlich auf die Risiken einer sozialistischen Planwirtschaft und einer unkontrollierten zentralen Macht im Staate hin.

Gesellschaft mit Markt und Privateigentum ohne Großgrundbesitz

Als Alternative entwickelte der Soziologe das Konzept eines »liberalen Sozialismus«. Darunter verstand er eine Gesellschaft mit Markt und Privateigentum an Produktionsmitteln, aber ohne Großgrundeigentum und mit einem Minimum an Staatsintervention. Oppenheimer versuchte theoretisch nachzuweisen, dass sich eine liberal-sozialistische Gesellschaft ganz anders entwickeln würde als eine kapitalistische.

In einer Gesellschaft ohne Großgrundeigentum würde eine riesige Menge bislang gesperrten Bodens frei werden. Sie würde, wie Oppenheimer nachzuweisen versuchte, ausreichen, um jeden Landbedürftigen mit ausreichend Land zur Eigenversorgung auszustatten. Grund und Boden wären dann ein freies Gut, ähnlich wie Luft. Damit könnten die besitzlosen Proletarier, anstatt sich an einen Kapitalisten unter Wert zu verkaufen, ihren Lebensunterhalt auf eigenem Boden und aus eigener Kraft bestreiten.

Unter den Bedingungen freien Bodens aber wären die kapitalistischen Produktionsverhältnisse revolutioniert. Eine auf »reiner Ökonomie« aufgebaute Gesellschaft ist nicht mehr kapitalistisch, weil es unter den Bedingungen freien Bodens keine auszubeutenden Arbeiter mehr gibt. Damit gelten Produktionsmittel nicht mehr als Kapital im Sinne von Marx.

Wie würde nun eine solche von Franz Oppenheimer erdachte Gesellschaftsordnung des »liberalen Sozialismus« aussehen?

Während im Kapitalismus die Arbeitslöhne am Existenzminimum liegen oder bestenfalls langsam ansteigen, nehmen sie im liberalen Sozialismus rasch zu, weil die einseitige Dringlichkeit des Austauschbedürfnisses nicht mehr gegeben ist. Der Mindestlohn eines Industriearbeiters entspricht dann dem Einkommen eines unverschuldeten Einzelbauern und erhöht sich je nach Qualifikation, Seltenheit und Leistung.

Lohn reicht für Kapitalbildung

Der Lohn steht so hoch, dass der Arbeiter zu eigener Kapitalbildung in der Lage ist, sei es auf dem Wege des Aktienerwerbs, der individuellen Betriebsgründung oder der kollektiven Konstituierung von Genossenschaften.

Die Struktur des Unternehmereinkommens verändert sich. Im Kapitalismus besteht es aus dem »Kapitalprofit« (also dem Ausbeutungsgewinn), dem »Unternehmerlohn« (dem legitimen Entgelt für geleistete Arbeit) und dem »Pionierlohn« (für besonders geschickte und innovative Unternehmer). Im liberalen Sozialismus fällt der Kapitalprofit bis auf geringe Reste fort. Das bedeutet nicht, dass das Unternehmereinkommen im Vergleich zum Kapitalismus sinken muss, denn der entgangene Kapitalprofit lässt sich durch die erweiterten Absatzmärkte und über den Pionierlohn kompensieren.

Der liberale Sozialismus übertrifft den Kapitalismus deutlich in puncto Produktivität und Wirtschaftswachstum. Denn infolge der gestiegenen Löhne sind die Absatzmärkte gewaltig gewachsen. Die Profitsuche richtet sich, da ja der Kapitalprofit entfällt, stärker auf den »Pionierlohn« durch technische Innovation. Und die Arbeiter, da sie am Produktionszuwachs teilhaben, arbeiten motivierter als im Kapitalismus.

Der Kapitalismus ist eine polarisierte Klassengesellschaft mit schweren politisch-sozialen Konflikten, die immer wieder in Revolution und Bürgerkrieg zu münden drohen. Im liberalen Sozialismus gibt es zwar auch Einkommensunterschiede – sie sind durch Qualifikation, Leistung und Seltenheit bestimmt –, aber in relativ begrenztem Ausmaß und ohne dass sie klassenbildend wirken. Politisch-sozial ist der liberale Sozialismus eine relativ harmonische Gesellschaft.

Keine polarisierte Klassengesellschaft

Die Siedlungsstruktur würde sich im liberalen Sozialismus grundlegend verändern. Großstädte wie im Kapitalismus mit einer riesigen, auf relativ engem Raum zusammengedrängten Bevölkerung gibt es unter der Bedingung freien Bodens nicht mehr, zumal der Zustrom vom Land versiegt und eine erhebliche Menge von Großstädtern auf das Land zurückwandert. Typisch für die Siedlungsstruktur ist dann die unmittelbare Nachbarschaft der über das ganze Land hin verstreuten städtischen Siedlungen zu ihren bäuerlichen Versorgern.

Veränderte Siedlungsstruktur

Im liberalen Sozialismus sind soziale Devianzen, also Kriminalität, Prostitution etc., weitgehend verschwunden, da ihr sozialer Nährboden, bestehend aus Armut und Unterprivilegierung, beseitigt ist. Auch würden aufgrund der veränderten Siedlungsstruktur die Mechanismen sozialer Kontrolle greifen.

Der liberalsozialistische Staat, die »Freibürgerschaft«, schrumpft personell und funktionell zusammen. Er verzichtet auf wirtschaftspolitische Intervention, da die »reine Ökonomie« ein optimal sich selbststeuerndes System ist. Der Sozialstaat braucht nur bei individuell bedingter Not einzugreifen, weil die soziale Frage durch die Verteilungsfunktion des liberalen Sozialismus gelöst ist. Da wenig politische Konflikte und soziale Devianzen auftreten, kann der Sicherheitsapparat des Staates drastisch reduziert werden. Der liberalsozialistische Staat ist föderalistisch aufgebaut.

Alles in allem liegt also laut Franz Oppenheimer die Alternative zum Kapitalismus nicht in einem marktlosen Kommunismus, der notwendigerweise schwache Produktivität, Bürokratisierung und Diktatur nach sich zieht, sondern in einem liberalen Sozialismus, der durch freien Boden den Anbietern von Arbeitern eine starke Position auf dem Arbeitsmarkt verschafft und zu beschleunigtem Wachstum und Massenwohlstand führt.

Oppenheimer hat versucht, mit der Gründung von Siedlungsgenossenschaften zu einer Entwicklung in Richtung des von ihm propagierten liberalen Sozialismus beizutragen. Siedlungsgenossenschaften, so seine Hoffnung, würden aufgrund höherer Löhne und besserer Lebensbedingungen die Landarbeiter von den Großgütern abziehen und damit den Zusammenbruch des Großgrundeigentums einleiten. Doch das Dritte Reich bereitete seinen sozialen Experimenten ein jähes Ende. Die Siedlungsgenossenschaften wurden unter den NS-Genossen aufgeteilt. Die Kibbuz-Bewegung in Israel hat aber Oppenheimers Ideen aufgegriffen.

Nach dem Zweiten Weltkrieg hat Franz Oppenheimer in der deutschen Soziologie keinen Einfluss gewonnen. Die westdeutsche Soziologie verstand sich als Fachwissenschaft, in der Oppenheimers weitgespannter interdisziplinärer Entwurf keinen Platz mehr hatte. Auch seine Vorstellung vom Soziologen als Arzt einer kranken Gesellschaft passte nicht zum Selbstverständnis einer wertfreien Wissenschaft, ebenso wenig die politischen Implikationen seines »liberalen Sozialismus«.

Einfluss auf westdeutsche Wirtschaftsordnung

Dagegen war Oppenheimers Einfluss auf die Wirtschaftsordnung in Westdeutschland erheblich. Es war ein Schüler Oppenheimers, Ludwig Erhard (1949–1963 Wirtschaftsminister, 1963–1966 Bundeskanzler), der die das Land prägende Wirtschaftsordnung der sozialen Marktwirtschaft konzipierte. Die strikte marktwirtschaftliche Orientierung, der radikale Anti-Monopolismus Oppenheimers und das Ziel einer sozial ausgeglichenen Gesellschaft beeindruckten Erhard und andere Theoretiker der sozialen Marktwirtschaft, auch wenn sie einzelne Theoreme seiner Lehre kritisierten. Oppenheimer zählt also zu den wissenschaftlichen Vordenkern unserer heutigen deutschen Wirtschaftsordnung. In genossenschaftstheoretischen Diskursen hat er wieder wachsende Aufmerksamkeit erfahren.

Betrachtet man Oppenheimer und seine Ideen aus dem heute gegebenen Abstand, so liegt folgender Schluss nahe: In seiner Zeitdiagnose hat der Soziologe die Bedeutung der Bodenfrage überschätzt, die des Tarifvertragssystems und der Sozialreformen für den kapitalistischen Produktions- und Distributionsprozess hingegen unterschätzt und ungenügend reflektiert. Dennoch kann sein »liberaler Sozialismus«, der im Kern eine Kombination von radikalem Marktliberalismus und sozialer Grundsicherung fordert, nach wie vor als anregender Beitrag zur gesellschaftspolitischen Reformdiskussion, etwa über ein garantiertes Grundeinkommen, angesehen werden.

Während der »freie Boden« in dichtbesiedelten entwickelten Ländern nicht mehr als fundamentale grundsichernde Institution gelten kann und deshalb nach funktionalen Äquivalenten gefragt werden muss, ist seine agrozentrische Theorie für weniger entwickelte, dünn besiedelte Länder nach wie vor interessant.

> **Zusammenfassung**
>
> **Franz Oppenheimer und die Merkmale des liberalen Sozialismus**
> Liberaler Sozialismus nach Oppenheimer ist das Zusammenspiel aus Markt, freier Konkurrenz, Privateigentum an Produktionsmitteln und freiem Boden. Wirtschaftlich gesehen ist er eine »reine Ökonomie«.
> Die Kennzeichen im Einzelnen:
> - Keine Ausbeutung, relativ hohe Arbeitslöhne
> - Kapitalprofit entfällt
> - Höhere Produktivität
> - Genossenschaften als häufiger oder dominierender Unternehmenstypus
> - Relativ geringe, leistungsgerechte Einkommensunterschiede
> - Fehlen von Klassenkonflikten, Konsens
> - Soziale Devianzen (Kriminalität, Prostitution) verschwinden weitgehend
> - Neue Siedlungsstruktur
> - Der Staat (»Freibürgerschaft«) schrumpft funktionell und personell zusammen

> **Literatur**
>
> *Franz Oppenheimer*, **Erlebtes, Erstrebtes, Erreichtes.** Düsseldorf 1964 → Erschien zuerst 1931; unterhaltsame Autobiografie; einige Kapitel sind auch als Einführung geeignet.
> *Franz Oppenheimer*, **System der Soziologie.** Stuttgart 1964 → Erschien zuerst 1917–1935; vierbändiges Hauptwerk Franz Oppenheimers.
> *Franz Oppenheimer*, **Gesammelte Schriften, drei Bände.** Berlin 1995 ff.
>
> *Volker Kruse*, **Soziologie und »Gegenwartskrise«. Die Zeitdiagnosen Franz Oppenheimers und Alfred Webers.** Wiesbaden 1990, S. 83–233

Alfred Weber – Die Gegenwartskrise als Kulturkrise | 3.6.3

Franz Oppenheimer hatte die Gegenwartskrise als Krise der gesellschaftlichen Strukturen verstanden. Demnach brachten die Strukturen des Kapitalismus – Markt, Privateigentum an Produktionsmitteln, Bodensperre – soziale Ungleichheit, soziale Konflikte und Kämpfe um die Weltmärkte hervor, die letztendlich in den Ersten Weltkrieg mündeten. Der Soziologe Alfred Weber sah hingegen die Krise als *Kulturkrise*. Er meinte damit, dass der Freiheitsraum des modernen Menschen eingeschränkt und die historische Entwicklung von einer strukturellen Eigendynamik unabhängig vom Wertekanon der Aufklärung (Freiheit, Menschlichkeit) gekennzeichnet sei. Aus kultursoziologischer Sicht interessierte ihn vor allem die Mentalität, der Sozialcharakter. So beobachtete er schon vor dem Ersten Weltkrieg den Wandel vom freien, selbstverantwortlichen Bürger zum »Beamten«. Das war für ihn ein Sozialcharakter, der vor allem auf eigene materielle Absicherung und auf den Aufstieg innerhalb seiner Organisation bedacht ist, nicht hingegen auf geistige Unabhängigkeit und Freiheit.

Alfred Weber (1868–1958) kam als jüngerer Bruder Max Webers (→ Kapitel 3.5) zur Welt. Wie dieser wurde er Nationalökonom und von der historischen Schule Gustav Schmollers geprägt. 1904 bis 1907 war er Professor in Prag, seit 1909 forschte und lehrte er in Heidelberg. Seine nationalökonomischen Interessen traten schließlich zugunsten einer Kultursoziologie in den Hintergrund. In den zwanziger Jahren zählte Weber zu den führenden deutschen Soziologen und war der wichtigste Vertreter der Heidelberger Soziologie. Das Dritte Reich verbrachte er in der inneren Emigration (→ Kapitel 4.1.1). Nach dem Zweiten Weltkrieg galt er für die amerikanischen Besatzer als moralische Institution. Er engagierte sich noch im hohen Alter, um den Wiederaufbau von Universität, Staat und Gesellschaft im demokratischen Sinne zu beeinflussen. Zu Alfred Webers Hauptwerken zählen: »*Die Krise des modernen Staatsgedankens in Europa*« (1925), »*Kulturgeschichte als Kultursoziologie*« (1935/1950) und »*Abschied von der bisherigen Geschichte*« (1946).

Fokus Kultur

Die Leitfrage von Alfred Webers Soziologie lautet: Wie gestaltet der Mensch als sinnhaft deutendes Wesen das Dasein seiner Zeit? Ist der Mensch nur ein Produkt seiner Lebensumstände, oder gelingt es ihm, seine Welt nach kulturellen Werten zu gestalten? Alfred Weber versteht diese Leitfragen zugleich als grundlegende Vision einer neuen Soziologie. Die bisherige Soziologie habe die soziale Welt einseitig unter den Kategorien der Zweckrationalität, des Interesses und des Klassenkampfes beobachtet. Sie habe dabei das Schöpferische, Künstlerische, Überzweckmäßige, Übervitale übersehen. Diese Sphäre begreift Alfred Weber als *Kultur*. Seine Soziologie fragt nach den soziologischen Bedingungen künstlerischer Produktivität. Sie trennt dabei Kultur begrifflich von zwei anderen Sphären: Zivilisation und Gesellschaft. *Zivilisation* sieht Weber durch drei Subprozesse gekennzeichnet – die allgemeine Bewusstseinsaufhellung des Menschen etwa durch Alphabetisierung und Bildung, die wissenschaftliche und die technische Entwicklung. *Gesellschaft* begreift er als Bereich sozialer Schichtung, funktionaler Differenzierung und materieller Interessenkämpfe.

Kultur bildet hingegen den Bereich religiöser, philosophischer und ästhetischer Werte, seelischen Ausdrucksstrebens und der Sinndeutung der Welt. Kultur in diesem Sinne objektiviert sich vor allem in Religion, Philosophie und Kunst, aber auch im Recht. Quelle der Kultur ist der schöpferische, produktive Mensch. Zivilisation, Gesellschaft und Kultur zusammen bilden das *Dasein* des Menschen, also im weiten Sinne seinen soziokulturellen Lebensraum. Der Zivilisationsprozess ist ein unumkehrbarer, universaler (weltweiter) Fortschrittsprozess. Ähnlich verhält es sich mit dem Gesellschaftsprozess, jedoch nicht weltweit, sondern spezifisch für die einzelnen Geschichtskörper wie Antike, das abendländische Europa, die islamische Welt, China usw. Kultur bewegt sich hingegen in unregelmäßigen Wellenbewegungen, differenziert nach Geschichtskörpern. Für die Bereiche Zivilisation und Gesellschaft gilt die nomologische, d.h. die gesetzessuchende Wissenschaftsmethode. Anders im Bereich Kultur, hier ist die verstehende Methode angezeigt.

> Zivilisation Gesellschaft und Kultur bilden das Dasein des Menschen

Die kultursoziologischen Kategorien Alfred Webers | Tab. 16

Daseins-bereiche	Definition	Objektivationen	Bewegungsform	Methode
Zivilisation	intellektuelle und technische Naturbeherrschung	allgemeine Rationalisierung, Wissenschaft, Technik	progressiv-linear, universal, unumkehrbar	nomologisch
Gesellschaft	soziale Formen, soziale Konflikte	Lebens- und Organisationsformen, soziale Schichtung, wirtschaftliche und staatliche Strukturen	progressiv, geschichtskörperspezifisch	nomologisch
Kultur	Sinndeutung des Daseins, moralische und ästhetische Werte, seelisches Ausdrucksstreben	Religion, Philosophie, Kunst, werthafte Durchdringung des Daseins	unregelmäßige Wellenbewegung, geschichtskörperspezifisch	hermeneutisch (verstehend)

Die Gegenwartskrise, die Weber ebenso wie zahllose andere deutsche Intellektuelle diagnostiziert, sei keine wirtschaftliche oder soziale Krise des Kapitalismus. Die kapitalistische Wirtschaft vor dem Ersten Weltkrieg sieht er wie folgt gekennzeichnet: wachsende Kaufkraft der Massen, zunehmender internationaler Handel und nachlassende Krisenanfälligkeit. Zudem sind aus seiner Sicht Institutionen etabliert, die noch keineswegs im notwendigen Maße ausgebaut sind, aber grundsätzlich einen sozialen Ausgleich gewährleisten: etwa Arbeiterschutz, Sozialversicherung, Gewerkschaften und Genossenschaftswesen. Der Erste Weltkrieg ist für Alfred Weber nicht Ausdruck einer wirtschaftlich-sozialen Krise des Kapitalismus, sondern diese ist umgekehrt eine Folge des Krieges. Das Problem des Kapitalismus ist aus Sicht Webers vielmehr seine kulturelle Destruktivität, entstanden durch die Konzentration des Kapitals zu großorganisatorischen Unternehmensformen wie Kartellen, Trusts und Aktiengesellschaften.

Eine *Kulturkrise* ist nach Weber immer dann vorhanden, wenn die normative Substanz in einer Gesellschaft schwindet. Aus seiner Sicht ist es vor allem Sache des Staates, für eine normativ geregelte gesellschaftliche Ordnung zu sorgen. Aber Weber befindet, dass der Staat seit dem späten 19. Jahrhundert zunehmend zum Spielball kapitalistischer Großunternehmen und ihrer Interessen wird. Mit der Konzentration des Kapitals geht außerdem die freie Unternehmerschicht zurück, die Trägerschicht der aufklärerischen Werte von Freiheit, Menschenwürde und Verantwortung gegenüber anderen Menschen gewesen ist. Die kapitalistische Dynamik verwandelt die ehemals freien Mittel- und Oberschichten in Angestellte und Beamte – für Weber das charakteristische Strukturmerkmal der Gesellschaft seiner Zeit. Weber spricht in diesem Zusammenhang auch von der *Bürokratisierung* der Gesellschaft. Mit diesem Strukturwandel geht, so Weber, ein Mentalitätswandel einher: vom freiheitsbewussten, selbstverantwortlichen, der Gesellschaft verpflichteten Bürger zum »Beamten«. So nennt Weber den neuen bürgerlichen Typus, dessen Lebensziel die Karriere innerhalb der Großorganisation und die Pensionsberechtigung ist und der dabei als Persönlichkeit »einschrumpft«.

[Marginalie: Bürokratisierung verursacht Mentalitätswandel]

Ein Phänomen der modernen Kulturkrise sind gemäß Weber schließlich die *Intellektuellen*. Waren sie im 18. und 19. Jahrhundert noch die wichtigsten Träger der Ideen der Aufklärung mit beträchtlicher gesellschaftlicher Ausstrahlung, so entwickeln sie sich im 20. Jahrhundert zunehmend zu einer selbstgenügsamen Schicht mit wenig Ausstrahlung auf die übrige Gesellschaft. Weber beobachtete außerdem, dass in der Intellektuellenschicht zunehmend nationalistische, imperialistische und militaristische Ideologien Fuß fassen konnten.

In all diesen Tendenzen sah Alfred Weber später auch die Ursache für die nationalsozialistische Schreckensherrschaft (→ Kapitel 4.1, dort auch mehr zu Alfred Weber).

> **Zusammenfassung**

Kultursoziologische Kategorien nach Alfred Weber
Zivilisationsprozess: allgemeine Rationalisierung, (natur)wissenschaftliche und technische Entwicklung
Gesellschaftsprozess: soziale Formen, soziale Schichtung, wirtschaftliche und staatliche Strukturen
Kultur: Religion, Philosophie, Kunst, werthafte Durchdringung des Dasein
Kultursoziologische Fragestellung: Wie beeinflusst die moderne Entwicklung den Freiheitsraum und Sozialcharakter des Menschen? Ist der Mensch in der Lage, sein (zivilisatorisches und gesellschaftliches) Dasein sinn- und werthaft zu gestalten?
Kulturkrise entsteht dann, wenn die normative Substanz einer Gesellschaft schwindet – wie im 20. Jahrhundert die christliche, humanistische und aufklärerische Kulturtradition.

> **Literatur**

Alfred Weber, **Gesamtausgabe** (AWG) → Alfred Weber-Gesamtausgabe, zehn Bände, herausgegeben und eingeleitet von Richard Bräu, Eberhard Demm, Hans G. Nutzinger und Walter Witzenmann. Marburg. Seit 1997; preiswerte Ausgabe der Schriften und ausgewählter Briefe Alfred Webers.

Als (leicht verständlicher) Einstieg in die Kultursoziologie Alfred Webers zu empfehlen sind die Aufsätze »Der Beamte« (1910; AWG, Bd. 8), »Das Berufsschicksal der Industriearbeiter« (1912; AWG, Bd. 5) und »Die Bureaukratisierung und die gelbe Arbeiterbewegung« (1913; AWG, Bd. 5).

Sekundärliteratur
Eberhard Demm, **Alfred Weber und sein Bruder Max**, in: Kölner Zeitschrift für Soziologie und Sozialpsychologie 35 (1983), S. 1–28 → Gelungener Vergleich der Weber-Brüder, auch als biografischer Einstieg geeignet.

Eberhard Demm, **Ein Liberaler in Kaiserreich und Republik. Der politische Weg Alfred Webers bis 1920.** Boppard 1990 → Informative, quellengesättigte Biografie Alfred Webers bis 1920.

Eberhard Demm, **Von der Weimarer Republik zur Bundesrepublik. Der politische Weg Alfred Webers 1920–1958.** Düsseldorf 1999 → Informative, quellengesättigte Biografie Alfred Webers nach 1920.

Volker Kruse, **Soziologie und »Gegenwartskrise«. Die Zeitdiagnosen Franz Oppenheimers und Alfred Webers.** Wiesbaden 1990 → Über die Zeitdiagnose Alfred Webers.

3.6.4 | Emil Lederer – Neue sozialstrukturelle Tendenzen

Eine wichtige Frage für die Soziologen zur Zeit der Weimarer Republik war, ob die Gegenwartsgesellschaft (noch) eine Klassengesellschaft im Marxschen Sinne darstellte. Marx hatte angenommen, dass sich mehr und mehr die Bourgeoisie und das Proletariat als Hauptklassen der kapitalistischen Gesellschaft herausbilden würden – bei gleichzeitiger Vereinheitlichung von Lage und Bewusstsein der Proletarier. Doch es gab ein neuartiges Phänomen, welches Zweifel an der Gültigkeit des Marxschen Klassenmodells aufkommen ließ: das Wachstum der Angestelltenschaft. Mit diesem Phänomen und seinen Konsequenzen für das Marxsche Klassenmodell befasste sich vor allem Emil Lederer.

Hintergrund

Angestellte
Angestellte sind eine Sozialgruppe, die seit dem späten 19. Jahrhundert im Zuge der Entstehung von Großunternehmen in Erscheinung trat und besonders stark zunahm. Sie sind lohnabhängig Beschäftigte wie Arbeiter, aber nicht in der Produktion, sondern in Leitungs- und Verwaltungsfunktionen tätig. Da sie keine körperliche Arbeit verrichten, nannte man sie oft auch »Stehkragenproletarier«. Sie wurden von den Unternehmen häufig in puncto Gehalt und sozialer Sicherheit gegenüber den Arbeitern privilegiert und bildeten eigene Interessenverbände und Sozialversicherungen. Umstritten war im frühen 20. Jahrhundert, ob sie als Teil des Proletariats oder des Bürgertums zu begreifen waren. In der neueren Soziologe definiert man sie häufig als »neuen Mittelstand« – im Unterschied zum »alten Mittelstand« der Handwerker und Kleinhändler.

Emil Lederer (1882–1939) wurde als Sohn eines jüdischen Kaufmanns im heute tschechischen Pilsen geboren, das damals zum Kaiserreich Österreich-Ungarn gehörte. Er studierte Rechtswissenschaft und Volkswirtschaftslehre an der Universität Wien, die Anfang des Jahrhunderts die Hochburg der theoretischen Nationalökonomie bildete. Während eines Semesters an der Universität Berlin lernte er aber auch die historische Nationalökonomie Gustav Schmollers kennen. In seiner Studienzeit wurde Lederer Sozialist und blieb dies zeitlebens. 1920 erhielt er eine Professur an der Universität Heidelberg, 1931 folgte die Berufung nach Berlin. 1933 musste er Deutschland verlassen und ging in das US-amerikanische Exil. Dort leitete er die Emigranten-Universität *New School of Social Research* (→ Kapitel 4.2). Lederer, der 1939 in den USA an den Folgen einer verunglückten Operation starb, war ein Soziologe, der sich sehr mit aktuellen politischen und sozioökonomischen Fragen befasste, etwa mit dem Weltkrieg, mit der Revolution, mit neuen Phänomenen der sozialen Schichtung und – vor allem gegen Ende seines Lebens – mit dem Faschismus.

In den Jahren vor dem Ersten Weltkrieg begann Lederer seine Untersuchungen zum Angestellten-Thema. Wie war das neue Phänomen dieser zahlenmäßig rasch zunehmenden Sozialgruppe zu interpretieren? Während die Marxisten meinten, die Angestellten seien lohnabhängig Beschäftigte und somit Teil des Proletariats, verwiesen konservative Beobachter auf das eher bürgerliche Bewusstsein der Angestellten und sahen in ihnen einen neuen Mittelstand.

Lederer machte sich weder die marxistische noch die konservative Sichtweise zueigen. Er beschrieb sie als Zwischenschicht – zwischen den Klassen stehend. Ihr Status war für ihn aus folgenden Gründen ambivalent: Einerseits sind Angestellte unselbständig Beschäftigte und stehen insofern dem Proletariat nahe. Andererseits nehmen sie im Betrieb spezielle technische Funktionen oder Führungsaufgaben im Dienst der Unternehmer wahr. Sie organisieren sich wie Arbeiter in Gewerkschaften und sozialen Sicherungssystemen. Aber es sind ihre eigenen, von den Arbeitern unabhängigen Organisationen. Diese unterstreichen das Bestreben der Angestellten, sich von den Arbeitern abzuheben. Ihre Sozialpolitik soll eine vergleichsweise gehobene Lebenshaltung garantieren. Angestellte streben eine mittelständische Lebensweise auf der Basis unselbständiger Berufstätigkeit an. Bei ihnen mischen sich also in eigentümlicher Weise Elemente selbständiger und unselbständiger Berufstätigkeit.

Angestellte als ambivalente Zwischenschicht

Kann man die Angestellten als eine eigene Klasse betrachten? Lederer lehnte diese Zuschreibung ab. Die Angestellten seien unter sich weitaus weniger homogen als die Arbeiter. Er gebrauchte stattdessen den Begriff der *kapitalistischen Zwischenschichten*, welcher die Heterogenität der sozialen Lage und des Bewusstseins zum Ausdruck bringen sollte. Ein kleinerer Teil der Angestellten sympathisierte mit den Arbeiterparteien. Ein größerer aber gab sich, wie Lederer feststellte, nationalistischen Ideologien hin.

> **Zusammenfassung**
>
> **Emil Lederer und die Angestellten**
> Emil Lederer betrachtete die Angestellten weder als Teil der Bourgeoisie noch des Proletariats, sondern als eine Gemengelage von Zwischenschichten mit in sich heterogener Lage, die sich hinsichtlich ihrer Berufstätigkeit und ihres Bewusstseins vom eigentlichen Proletariat abgrenzten.

> **Literatur**
>
> *Emil Lederer*, **Kapitalismus, Klassenstruktur und Probleme der Demokratie in Deutschland 1910–1940**, hg. von Jürgen Kocka. Göttingen 1979 → Ein repräsentativer Sammelband wichtiger Aufsätze von Lederer mit einem Beitrag seines Schülers Hans Speier zu Leben und Werk.

3.6.5 | Theodor Geiger – Von der Klassengesellschaft zur geschichteten Gesellschaft

Emil Lederer hatte zwar die Angestellten als »kapitalistische Zwischenschichten« charakterisiert, hielt aber grundsätzlich am Bild der Klassengesellschaft mit den Hauptklassen Bourgeoisie und Proletariat fest. Theodor Geiger ging nun einen entscheidenden Schritt weiter. Er stellte die Brauchbarkeit des Klassenkonzepts für die Gegenwartsgesellschaft grundsätzlich in Frage. Als Konsequenz ersetzte er das Konzept der sozialen Klasse durch das Konzept der sozialen Schicht.

Theodor Geiger, 1891 geboren, galt gegen Ende der Weimarer Republik als eines der größten Nachwuchstalente der deutschen Soziologie. Er hatte Jura studiert und war 1922 bis 1929 Leiter der Berliner Arbeiter-Hochschule. 1929 wurde er Professor für Soziologie an der Universität Braunschweig. Er bewegte sich mit Arbeiten über Masse, Gruppe, Gemeinschaft und Gesellschaft zunächst im Rahmen der formalen (systematischen) Soziologie, versuchte diese aber im Unterschied zu Leopold von Wiese, dem damaligen Hauptvertreter dieser Richtung, mit empirischer Forschung zu verbinden. Als Muster einer empirischen Soziologie gilt bis heute seine 1932 erschienene Studie »*Die soziale Schichtung des deutschen Volkes*«.

Geiger musste 1933 ins dänische Exil gehen und 1943 weiter nach Schweden fliehen. Nach 1945 kehrte er ins dänische Århus zurück. Er starb 1952 auf der Rückreise von Gastvorlesungen an nordamerikanischen Universitäten.

Geigers Studie über die soziale Schichtung des deutschen Volkes basiert auf den Daten einer Berufszählung aus dem Jahr 1925. Bei dem Versuch, diese Daten sozialstrukturell zu ordnen, geht Geiger in einer ersten »Rohgliederung« zunächst von Marx aus. Er differenziert zwischen kapitalistischer, mittelständischer und proletarischer Lage. Doch es gibt, so Geiger, keine »Uniformität« des Proletariats und erst recht nicht des Mittelstandes. In einem zweiten Analyseschritt (»Tiefengliederung«) unterscheidet Geiger daher fünf »Schichten«:
- Kapitalisten
- Mittlere und kleinere Unternehmer (alter Mittelstand)
- Tagewerker für eigene Rechnung (abgesunkener, verarmter alter Mittelstand)
- Lohn- und Gehaltsbezieher höherer Qualifikation (Angestellte und Beamte)
- Lohn- und Gehaltsbezieher minderer Qualifikation (Proletariat)

Den Sinn dieser Kategorisierung sah Geiger darin, den Mentalitäten von Sozialgruppen besser Rechnung tragen zu können. Es gibt nämlich, so Geiger, Berufsgruppen, die von ihrer materiellen Lage her ins Proletariat gehören. Das sind die »Tagewerker für eigene Rechnung«. Nur haben diese ein mittelständisches und kein proletarisches Bewusstsein. Umgekehrt existieren Berufsgruppen, die sich in einer mittleren materiellen Lage befinden, aber lohnabhängig sind und trotzdem ein nichtproletarisches Bewusstsein entwickeln. Durch sein Schichtenmodell gelangte Geiger zu Kategorien, bei denen materielle Lage und Mentalität ungefähr korrespondieren. Das Schichtenmodell muss gemäß Geiger auch das Bewusstsein der Menschen berücksichtigen. Welche Menschen eine Schicht bilden, bestimmt sich also aus ihnen selbst. In diesem Sinne problematisierte Geiger den Mittelstandsbegriff, der sehr unterschiedliche materielle und soziale Lagen und Mentalitäten vereinte.

Mentalitäten der Sozialgruppen

Berühmt wurde auch Geigers Exkurs »*Die Mittelstände im Zeichen des Nationalsozialismus*«. Darin versuchte er anhand der Wahlergebnisse zu zeigen, dass die Nationalsozialisten entgegen ihrem Anspruch, Arbeiter- und Volkspartei zu sein, vor allem von den mittelständischen Gruppen getragen wurden. Diese Disposition des Mittelstandes sah Geiger nicht ideell, sondern materiell begründet. Danach strebten mittelständische Schichten aufgrund ihrer unsicheren sozialen Lage zur NSDAP, in der Hoffnung, von dieser Sicherheit und Konsolidierung ihrer materiell-sozialen Existenz zu erhalten. Und umgekehrt sah Geiger die NSDAP seit 1930 zur »erklärten Mittelstandspartei geworden« (Theodor Geiger, *Die Soziale Schichtung des deutschen Volkes*. Stuttgart 1987, S.119).

Anfälligkeit der Mittelschicht für NSDPA

> **Definition**

Soziale Schicht

In einem Artikel für das »*Wörterbuch für Soziologie*«, hg. von Wilhelm Bernsdorff und Friedrich Bülow (Stuttgart 1955) fasst Geiger sein Schichtungskonzept theoretisch zusammen:

- Eine »Gesellschaftsschicht« ist »die Gesamtheit jener, die ein objektives Merkmal der Lage gemein haben und sich in Anbetracht dieser Gemeinsamkeit miteinander verbunden fühlen«.
- Die Klassentheorie ist für die Analyse fortgeschrittener Industriegesellschaften wenig geeignet. Sie ist zu undifferenziert, trägt der Eigendynamik von Mentalitäten zu wenig Rechnung und vermischt Weltanschauung und Wissenschaft.
- Die sozialstrukturell entscheidenden Merkmale können historisch variieren. Der Besitz bzw. Nichtbesitz von Produktionsmitteln ist im 19., nicht im 20. Jahrhundert das entscheidende Merkmal.
- Für die Sozialstrukturanalyse Mitte des 20. Jahrhunderts empfiehlt Geiger ein vierdimensionales Schichtungsmodell mit folgenden Merkmalen: Wirtschaftszweig, Stellung im Beruf, Einkommenshöhe, Art und Grad der Ausbildung.
- Wie Marx geht Geiger davon aus, dass ein Zusammenhang zwischen sozialer Lage und Bewusstsein besteht bzw. dass soziale Schichten eigene Mentalitäten entwickeln. Es muss aber keine strenge, deterministische Entsprechung zwischen Soziallage und Mentalität bestehen.

> **Literatur**

Theodor Geiger, **Die soziale Schichtung des deutschen Volkes.** Stuttgart 1932 → Nachdruck 1987; gilt als klassisches Werk empirischer Soziologie.

Theodor Geiger, **Schichtung**, in: Wilhelm Bernsdorf/Friedrich Bülow, Wörterbuch der Soziologie. Stuttgart 1955, S. 432-446 → Der Artikel erläutert theoretisch das Schichtungskonzept.

Rainer Geißler, **Die Schichtungssoziologie von Theodor Geiger**, in: Kölner Zeitschrift für Soziologie und Sozialpsychologie 37 (1985), S. 387–410 → Darstellung und Würdigung der Schichtungssoziologie Theodor Geigers in ihrer bleibenden Bedeutung.

Thomas Meyer, **Die Soziologie Theodor Geigers. Emanzipation von der Ideologie.** Wiesbaden 2001 → Darstellung und Analyse der Soziologie Theodor Geigers.

Eduard Heimann – Sozialpolitik und Kapitalismus | 3.6.6

Als ein weiterer wichtiger Gesellschaftstheoretiker der Weimarer Republik untersuchte Eduard Heimann, wie sich Sozialpolitik auf den Prozess kapitalistischer Produktion und Distribution auswirkt.

Eduard Heimann, geb. 1889, wuchs im Milieu der sozialdemokratischen Parteiführung auf. Sein Vater Hugo war langjähriger Reichstags- und Preußischer Landtagsabgeordneter, der junge Eduard begleitete den alten Parteiführer August Bebel in den Sommerurlaub. Mit diesem Hintergrund war Heimann eine gewisse Nähe zu Marx prädestiniert, orthodoxer Marxist ist er jedoch niemals gewesen. Heimann studierte Wirtschaftswissenschaften mit abschließender Promotion in Berlin, Wien und Heidelberg (1908–1912), sein wichtigster Lehrer war Franz Oppenheimer. 1919 und 1921 fungierte Heimann als Sekretär der ersten und zweiten Sozialisierungskommission – diese sollten nach der Novemberrevolution Berechnungen und Planungen für eine Sozialisierung vor allem der Montanindustrie anstellen. 1922 wurde Heimann Privatdozent in Freiburg, 1925 Professor für Wirtschaftswissenschaften in Hamburg. 1929 erschien sein bekanntestes Werk, die *»Soziale Theorie des Kapitalismus«*. Als Sozialist und Jude musste Heimann 1933 ins Exil gehen. Er lehrte fortan an der New Yorker Emigranten-Universität *New School of Social Research* (→ Kapitel 4.2). Nach dem Zweiten Weltkrieg hielt er sich jährlich für einige Wochen in Deutschland auf, bevor er 1963 endgültig nach Hamburg zurückkehrte. Dort starb er 1967. Sein wichtigstes Werk der Nachkriegszeit, *»Soziale Theorie der Wirtschaftssysteme«*, erschien 1963 und analysierte unter anderem die Ursachen der Nachkriegs-Prosperität.

Marx' Theorie des Kapitals war von zwei Voraussetzungen ausgegangen: einem autoritären bis diktatorischen Obrigkeitsstaat, der sich wenig in wirtschaftliche Beziehungen einmischt, und dem individuellen Arbeitsvertrag. Bevor Heimann 1929 seine *»Soziale Theorie des Kapitalismus«* verfasste, hatte sich, wenn auch vorübergehend, die Demokratie in Deutschland und Europa durchgesetzt. Seit den 1880er Jahren waren sozialstaatliche Institutionen entstanden, welche die gröbsten Auswüchse von Ausbeutung eindämmten und eine bescheidene soziale Sicherheit gewährleisteten. 1927 ist in Deutschland als eine neue Säule des sozialen Sicherungssystems die Arbeitslosenversicherung hinzugekommen. Vor allem hatten sich im Ersten Weltkrieg die Gewerkschaften zu institutionalisierten Verhandlungspartnern der Unternehmerverbände entwickelt. Auch die betriebliche Mitbestimmung war eingeführt. Heimanns zentrale Frage lautete nun: Wie wirken sich die sozialstaatlichen Institutionen auf den Prozess kapitalistischer Produktion und Distribution aus? Um das zu klären, fragte Heimann zunächst: Was

Sozialstaatliche Institutionen im Kapitalismus

bedeutet es für den Kapitalismus, wenn er sich unter liberalen Bedingungen entfaltet? Seine Antwort: Er entwickelt sich in eine ganz andere Richtung als ohne Liberalismus.

Der Liberalismus, so Heimann, schließt wirtschaftliche, aber auch politische Freiheiten mit ein. *Wirtschaftliche Freiheit* bedeutet, dass die Eigentümer von Produktionsmitteln beliebig disponieren können und dass die Nicht-Besitzer von Produktionsmitteln ihre Arbeitskraft verkaufen können. *Politische Freiheit* beinhaltet u. a. Versammlungs- und Demonstrationsrecht, Streikrecht, Koalitionsfreiheit und eine formal gleichberechtigte Teilhabe an politischen Prozessen, insbesondere das allgemeine gleiche Wahlrecht. Kann sich unter diesen politischen Bedingungen der kapitalistische Produktionsprozess so gestalten, wie Marx es im »*Kapital*« analysiert hat, also mit Löhnen am Existenzminimum, mit extremer materieller Ungleichheit zwischen Unternehmern und Arbeitern?

Sozialpolitik unter den Bedingungen politischer Freiheitsrechte

Heimann verneint diese Frage. Man kann Wirtschaft und Politik nicht als separate Sphären betrachten, die nichts miteinander zu tun haben. Marx Analyse im »*Kapital*« beruht aber auf der Voraussetzung, dass Wirtschaft sich als völlig individuell-autonom geregelte Sphäre zwischen Unternehmern und Arbeitern gestaltet. Sind aber politische Freiheitsrechte gegeben, dann wird, so Heimann, der Arbeiter immer versuchen, sie zur Hebung seiner wirtschaftlichen Verhältnisse und zu stärkerer Mitbestimmung im Betrieb zur Geltung zu bringen. Er wird seine Versammlungs- und Demonstrationsfreiheit dazu benutzen, um für eine Verbesserung seiner materiellen Lage zu demonstrieren. Er wird das Koalitionsrecht in Anspruch nehmen, um sich zu Gewerkschaften zusammen zu schließen, das Streikrecht, um zu streiken, das Wahlrecht, um eine politische Partei zu wählen, die soziale Reformen durchführt. Das Resultat von alledem ist *Sozialpolitik*. Sie umfasst insbesondere das *Arbeitsrecht, soziale Sicherung* und ein *Tarifvertragssystem*. Die politischen Freiheitsrechte werden für den Arbeiter also zum Hebel, um die wirtschaftlichen und sozialen Verhältnisse umzugestalten.

Arbeiterschutzgesetze als wichtigste Säule der Sozialpolitik

Wie wirkt sich die Sozialpolitik auf den Prozess der kapitalistischen Produktion und Verteilung aus? Gemäß Heimann sind die wichtigsten Säulen der Sozialpolitik die Arbeiterschutzgesetzgebung, welche die Gefahr des physischen Ruins bannt, die Sozialversicherung, welche die Arbeiter vor wirtschaftlicher Not durch Krankheit, Alter und Invalidität schützt und das Tarifvertragssystem, das den individuellen durch den kollektiven Arbeitsvertrag ersetzt. Mit diesen Sozialreformen wird erstens ein Teil des erwirtschafteten Überschusses von der Investition auf den Konsum umgelenkt. Zweitens führen sie zu einer Umverteilung zugunsten der Arbeiter. Maßnahmen wie Arbeitszeitverkürzung oder das Verbot bzw. die Einschränkung von Kinder- und Frauenarbeit verknappen das Angebot auf dem Arbeitsmarkt, folglich steigen die Löhne. Die soziale Sicherung wird von den Unternehmern direkt durch Abgaben oder indirekt über Steuern mitfinanziert. Drittens liegen unter den Bedingungen des Tarifvertragssystems die Löhne deutlich höher als bei individuellen Arbeitsverträgen.

So gesehen, schmälert Sozialreform den Profit, aber eben nur bei einer statischen Sichtweise. In Wirklichkeit handelt es sich laut Heimann bei den Strukturen der Sozialreform um eine dynamische Konstellation. Erstens verstopft die Arbeiterschutzgesetzgebung allmählich die Quellen, die Profit allein durch schrankenlose Ausbeutung erreichbar machten. Die Profitsuche wird in Verbesserungen der Technik und der Organisation gelenkt. Zweitens erhöht sich die Produktivität des Arbeiters, weil er bei kürzerer Arbeitszeit in besserer physischer Verfassung arbeitet. Drittens schaffen höhere Löhne und Sozialleistungen Kaufkraft, womit neue Profitquellen erschlossen werden.

Heimann ging es bei seinen theoretischen Überlegungen aber nicht nur um Umverteilung. Ihm war auch an der freiheitlichen Gestaltung des Arbeitslebens und der Emanzipation des Arbeitermenschen gelegen.

Emanzipation der Arbeiter

Wohin tendiert, historisch gesehen, eine kapitalistische Gesellschaft mit Sozialstaat? Der frühe Heimann der 1920er Jahre stand noch unter dem Einfluss von Marx' Geschichtstheorie; er hoffte auf eine aufsteigende Entwicklung vom Kapitalismus zum Sozialismus – allerdings nicht auf revolutionärem, sondern auf reformistischen Weg. Vehikel auf dem Weg vom Kapitalismus zum Sozialismus würde die Sozialpolitik sein. Als Resultat der sozialen Bewegung der Arbeiterschaft nagt sie sozusagen den Kapitalismus Stück für Stück ab und baut zugleich den Sozialismus von unten auf, weil die Arbeiter an der Gestaltung der Sozialpolitik beteiligt sind und auf diese Weise lernen, Wirtschaft zu gestalten. Den Sozialismus stellte sich Heimann als Marktwirtschaft vergesellschafteter, aber autonom für den Markt wirtschaftender Unternehmen vor.

Die Entwicklung vom Kapitalismus zum Sozialismus sah Heimann allerdings nicht als Naturnotwendigkeit. Es sei durchaus möglich, so Heimann in den 1920er Jahren, dass sich die Arbeiterschaft dank einiger mehr oder minder weitgehender sozialer Zugeständnisse in eine noch bürgerliche Ordnung eingliedern lässt. Folgt man Heimann, so hat Sozialpolitik eine konservativ-revolutionäre Doppelfunktion: *Einerseits baut sie den Kapitalismus Stück für Stück ab, andererseits stabilisiert sie den verbleibenden Rest.*

Konservativ-revolutionäre Doppelfunktion der Sozialpolitik

Zusammenfassung

Funktionen der Sozialpolitik nach Eduard Heimann
- Demokratische Grundrechte werden von den Arbeitern dazu benutzt, um ihre soziale Lage zu verbessern (Sozialpolitik).
- Sozialpolitik (Arbeiterschutz, Sozialversicherung, Tarifvertragssystem) begünstigt eine Umverteilung zugunsten der Arbeiterschaft
- Sozialpolitik mindert die kapitalistische Herrschaftsgewalt und stabilisiert zugleich ihren verbleibenden Rest (konservativ-revolutionäre Doppelfunktion der Sozialpolitik).

Lernkontrollfragen

1 Charakterisieren Sie kurz die beiden konzeptionellen Hauptrichtungen der deutschen Soziologie der 1920er Jahre.
2 Versuchen Sie anhand von Franz Oppenheimer und Alfred Weber zu zeigen, was eine Kulturkrise von einer Gesellschaftskrise unterscheidet.
3 Beschreiben Sie den Unterschied zwischen einer Klassen- und Schichtengesellschaft.
4 Wie ordnen Emil Lederer und Theodor Geiger die Angestellten sozialstrukturell ein?
5 Wie wirkt sich laut Eduard Heimann Sozialpolitik auf den Prozess kapitalistischer Produktion und Distribution aus?

Literatur

Eduard Heimann, **Soziale Theorie des Kapitalismus. Theorie der Sozialpolitik.** Frankfurt am Main 1980 → Zuerst 1929 erschienen; klassisches Werk zur Theorie der Sozialpolitik.

Eduard Heimann, **Soziale Theorie der Wirtschaftssysteme.** Tübingen 1963, S. 139–162 → Knappe und im Lichte der Nachkriegsprosperität aktualisierte Fassung von Heimanns Theorie der Sozialpolitik.

Die deutsche Wissenssoziologie – Karl Mannheim und Max Scheler | 3.7

Inhalt

Der bedeutendste soziologische Beitrag der 1920er Jahre, zumindest im deutschsprachigen Raum, war die Wissenssoziologie. Für sie stehen die Namen Max Scheler und vor allem Karl Mannheim. Ihre Wissenssoziologie war nicht irgendeine spezielle Soziologie unter anderen – es ging um die Grundlagen des Denkens und Erkennens in einer politisch und geistig aufgewühlten Welt. Besondere zeitgenössische Aufmerksamkeit und wissenschaftsgeschichtliche Bedeutung errang dabei die Soziologie Karl Mannheims, auf die wir in diesem Kapitel stärker eingehen werden.

3.7.1 Zur Biografie von Max Scheler und Karl Mannheim

3.7.2 Der Problemhorizont der Wissenssoziologie:
       Die geistige Krise der 1920er Jahre

3.7.3 Max Schelers Lehre der Wissensformen

3.7.4 Mannheims Wissenssoziologie als Revolution
       im menschlichen Denken

3.7.5 Ideologie und Utopie

3.7.6 Die Wissenssoziologie und die »geistige Synthese« –
       Mannheims Lehre von der »freischwebenden Intelligenz«

3.7.7 Die Konsequenzen der Wissenssoziologie für
       das wissenschaftliche Erkennen

3.7.8 Zur Wirkungsgeschichte der Wissenssoziologie

Zur Biografie von Max Scheler und Karl Mannheim | 3.7.1

Max Scheler (1874–1928) und Karl Mannheim (1893–1947) waren »von Haus aus« Philosophen und als solche zeitweise Schüler Edmund Husserls. Die dramatischen Zeitumstände nach dem Ersten Weltkrieg trieben beide von der Philosophie weg und hin zur Soziologie. Denn die Soziologie war die Wissenschaft, von der man sich Orientierung und Lösung der geistigen Krise erhoffte. Ihre Hauptwerke, die sie berühmt machten, waren: »*Probleme einer Soziologie des Wissens*« (Max Scheler, 1924) sowie »*Ideologie und Utopie*« (Karl Mannheim, 1929).

Max Scheler studierte Medizin und Philosophie, u. a. bei Wilhelm Dilthey und Georg Simmel (→ Kapitel 3.4). Seine Promotion erfolgte 1897, seine Habilitation 1899. Er lehrte seit 1906 in München, wo ihm 1910 aufgrund mehrerer Skandale mit Frauen – u. a. hatte seine Ehefrau eine Nebenbuhlerin auf einer Universitätsveranstaltung geohrfeigt – die Lehrerlaubnis entzogen wurde. Nach Jahren als Privatgelehrter in Göttingen wurde Scheler 1919 Professor für Philosophie und Soziologie an der Universität Köln. In den 1920er Jahren wandte er sich der Wissenssoziologie zu, seine Studie »Probleme einer Soziologie des Wissens« (1924) gilt als Pionierwerk der neuen Disziplin. 1927 erhielt er einen Ruf an die Universität Frankfurt. Dort starb er am 19. Mai 1928 an den Folgen eines Herzanfalls.

Karl Mannheim stammte aus Budapest, wo er zunächst Literaturwissenschaft und Philosophie studierte. Da er unter der Räte-Regierung des kommunistischen Politikers Bela Kuns gearbeitet und gelehrt hatte, musste er nach deren Scheitern 1919 nach Wien emigrieren. Nach einer Zwischenstation in Freiburg ging er 1921 nach Heidelberg und habilitierte bei Alfred Weber (→ Kapitel 3.6.3), dem Bruder Max Webers, mit einer wissenssoziologischen Arbeit über den Konservativismus. 1930 wurde er Professor für Soziologie in Frankfurt. Als Jude und als Wissenssoziologe musste er Deutschland 1933 verlassen.

Mit der Emigration zunächst in die Niederlande, dann nach England traten Mannheims wissenssoziologische Interessen zurück. Im Vordergrund stand für ihn nun die Frage, wie sich die demokratischen Gesellschaften gegen die totalitären Herausforderungen des Faschismus und Sowjetkommunismus behaupten könnten. Seine Kernthese war, dass – entgegen der reinen liberalen Lehre – die Erfolge totalitärer Staaten die Notwendigkeit verstärkter gesellschaftlicher Planung auch in demokratischen Gesellschaften anzeigten *(»Mensch und Gesellschaft im Zeitalter des Umbaus«*, zuerst 1935/1940; und *»Diagnose unserer Zeit«*, zuerst in Aufsätzen 1941). Mannheim lehrte Soziologie an der London School of Economics and Political Science. Auch aufgrund seines wachsenden Interesses am Themenfeld Erziehung wechselte er 1941 zum Institute of Education an der Londoner Universität, wo er 1945 zum Professor für Pädagogik ernannt wurde. Nach dem Zweiten Weltkrieg war Mannheim als Leiter der europäischen Abteilung der UNESCO für Europa vorgesehen, konnte dieses Amt aber nicht mehr annehmen. Er starb am 9. Januar 1947 an einem Herzleiden.

Der Problemhorizont der Wissenssoziologie – Die geistige Krise der 1920er Jahre

| 3.7.2

Den historischen Hintergrund der Wissenssoziologie bildet der Zerfall der weltanschaulichen Einheit, der sich seit der frühen Neuzeit vollzogen hatte und der in den 1920er Jahren kulminierte. Im Mittelalter repräsentierte die christliche Lehre die einheitliche und gültige Weltanschauung; sie war vorgegeben durch die Bibel und die theologische Tradition – beide ausgelegt durch die katholische Kirche. Wer von dieser Auslegung abwich, galt als Ketzer. Erste Risse entstanden durch die Kirchenspaltungen in der Zeit der Reformation. Die Welt des Christentums war nunmehr in Territorien mit jeweils unterschiedlichen Konfessionen unterteilt. Doch auch die geistige Vorherrschaft der Kirche wurde jetzt grundsätzlich in Frage gestellt, zunächst durch die modernen Naturwissenschaften, die neue Methoden wie Beobachtung und Experiment zur Generierung von Wahrheit und ein neues Weltbild propagierten. Im 18. Jahrhundert wurde die geistige Führungsrolle der Kirche zusätzlich durch die Philosophie der Aufklärung in Frage gestellt. Denn die Aufklärung unterwarf alles dem Urteil der Vernunft, auch die Dogmen der Kirchen.

Zerfall der weltanschaulichen Einheit

Im 19. und frühen 20. Jahrhundert entstanden neue politische Weltanschauungen. Das 19. Jahrhundert gilt als die große Zeit des bürgerlichen Liberalismus, welcher Freiheit, nationale Einheit und politische Partizipation forderte. Ihm gegenüber standen konservative Bewegungen, die das monarchische Prinzip und die Vorherrschaft des Adels verteidigten. Von der liberaldemokratischen Bewegung spalteten sich in den 1860er Jahren in Deutschland zwei Arbeiterparteien ab, die sich 1875 zur Sozialdemokratischen Partei Deutschlands vereinigten. Sie vertrat, wie andere sich bildende Arbeiterparteien in Europa, die Interessen des neu entstehenden Industrieproletariats und proklamierte den sozialistischen Zukunftsstaat. Als im frühen 20. Jahrhundert die sozialrevolutionäre Kraft der SPD deutlich nachließ und diese 1914 sogar Kriegskrediten für das Kaiserreich zustimmte, spalteten sich 1915 eine Unabhängige Sozialdemokratische Partei, 1919 eine Kommunistische Partei von der SPD ab. In den 1920er und 1930er Jahren erstarkten völkisch-faschistische Bewegungen wie der italienische Faschismus und der deutsche Nationalsozialismus. Jede dieser »Sozialreligionen« (Alfred Weber) reklamierte für sich exklusive Gültigkeit. Neben den großen Weltanschauungen entstanden auch zahlreiche kleine weltanschauliche Gemeinschaften in lebensreformerischer Absicht, etwa die Anthroposophen.

Die zwanziger Jahre waren von einer komplexen geistigen Krise geprägt. Abgesehen von den schweren politisch-weltanschaulichen Konflikten, die sich unter anderem in der Russischen Revolution und in dem

Umfassende geistige Krise

Erstarken der faschistischen Bewegungen niederschlugen, war die Bedeutung der Wissenschaft für die Gesellschaft umstritten. Es wuchsen die Zweifel, ob die (positivistische) Wissenschaft tatsächlich Fortschritt bringt, wie man im 19. Jahrhundert noch allgemein angenommen hatte (→ Kapitel 2). Die Geisteswissenschaften konnten keine Orientierung mehr bieten. Inspiriert durch das Gedankengut des Philosophen Friedrich Nietzsche wurde gefragt, ob Wissenschaft nicht prinzipiell eine lebensfeindliche Angelegenheit sei. Durch das analytische Zerlegen der Dinge verliere man den Blick für das Ganze und schneide sich von den geistigen und natürlichen Lebensquellen menschlicher Existenz ab.

Reaktionen der Wissenssoziologie

Insgesamt ist für die 1920er Jahre der Verlust einer einheitlichen geistigen Grundlage zu konstatieren, sei es Religion, eine bestimmte Weltanschauung oder Wissenschaft. Wie reagierte die Wissenssoziologie auf diese geistige Krise?

- Schelers Antwort war, die nichtwissenschaftlichen Formen des Wissens zu revitalisieren, insbesondere das religiöse Wissen. In diesem Kontext entwickelte Scheler die Lehre der Wissensformen (→ Kapitel 3.7.2).
- Mannheims Ansatz war ein anderer: Er hatte die verfeindeten weltanschaulich-politischen Lager der 1920er Jahre im Blick. Die Wissenssoziologie müsse die (gesellschaftliche) Standortgebundenheit der verschiedenen Weltanschauungen aufdecken. Dies sei der erste Schritt, um zwischen den verfeindeten Lagern zu moderieren. Die Aufgabe der Moderation würde dann einer – wissenssoziologisch aufgeklärten – »freischwebenden Intelligenz« zufallen (→ Kapitel 3.7.6).

Zusammenfassung

Die geistige Krise der Zwanzigerjahre und die Lösungsansätze der Wissenssoziologie

- Die Kirchen haben ihre herkömmliche geistige und geistliche Autorität teilweise eingebüßt.
- Auch das Ansehen und die Orientierungskraft der Wissenschaft haben abgenommen.
- Die Gesellschaft ist in verschiedene, sich bekämpfende politisch-weltanschauliche Lager gespalten (z. B. Kommunismus, Sozialismus, Faschismus, Liberalismus).
- Nichtwissenschaftliche Wissensformen, v. a. Religionen, sollen rehabilitiert und revitalisiert werden (Scheler).
- Wissenssoziologie soll die soziale Standortgebundenheit der politisch-weltanschaulichen Lager aufdecken und zwischen ihnen moderieren (Mannheim).

Max Schelers Lehre der Wissensformen | 3.7.3

Max Scheler unterscheidet drei Wissensformen, die nach den »obersten Werdenszielen, denen Wissen dienen kann und dienen soll«, geordnet sind: a) *Bildungswissen* – hier geht es um Werden und Entfaltung der Person; b) *Erlösungswissen* – das Wissen um der Gottheit willen; c) *Herrschafts- oder Leistungswissen* – das Wissen für die praktische Beherrschung und Umbildung der Welt für unsere menschlichen Ziele und Zwecke.

Diese Wissensformen erinnern an Comtes Unterscheidung von theologischem, metaphysischem und positivem Wissen (→ Kapitel 2.1.2). Doch Scheler sieht sie, anders als Comte, nicht in einem Verhältnis zeitlicher Entwicklungsstufen zueinander. Es handelt sich vielmehr um zeitlos gültige Wissensformen einer bewussten Weltorientierung. Alle drei entstehen ursprünglich gleich aus der Vorstufe des natur- und geschichtsmythischen Denkens und Schauens und nehmen dann eine weitgehend eigengesetzliche Entwicklung. Comte habe den Fehler gemacht, die Entwicklung der Wissensgeschichte nach Maßgabe eines kleinen Ausschnitts der Gesamtentwicklung, nämlich aus der Perspektive des frühen 19. Jahrhunderts in Europa, zu beurteilen.

Drei zeitlos gültige Wissensformen

Hintergrund

Scheler und die Formen des religiösen und metaphysischen Wissens

»Schelers wissenssoziologische Arbeiten sind zu Beginn der zwanziger Jahre im Anschluß an seine Auseinandersetzung mit der positivistischen Geschichtsphilosophie von Auguste Comte und Max Webers Theorem der ›Entzauberung der Welt‹ durch den okzidentalen Rationalisierungs- und Intellektualisierungsprozeß entstanden. In ihnen kommt der Versuch zum Ausdruck, jene Formen des religiösen und metaphysischen Wissens, welche im Rahmen der Aufklärung, der Vorherrschaft des Empirismus und der transzendentalen Vernunftkritik zunehmend aus dem Bereich des rationalen, diskursiv begründbaren Denkens ausgegrenzt worden sind, gegenüber dem neuzeitlichen Universalitätsanspruch der positiven Wissenschaften wieder in ihrem Eigenwert als unersetzbare Formen der Weltorientierung zu rehabilitieren.« Religion, Metaphysik und Wissenschaft seien jeweils völlig eigenständige Formen des Wissens und Erkennens, die sich nicht wechselseitig ersetzen und ablösen können. (Klaus Lichtblau, *Kulturkrise und Soziologie um die Jahrhundertwende*. Frankfurt am Main 1996, S. 458)

Historisch betrachtet, seien die drei Wissensformen in den einzelnen Kulturkreisen unterschiedlich zum Zuge gekommen. So dominierte in Indien das Erlösungswissen, in China und im antiken Griechenland das Bildungswissen, in der europäischen Moderne das Herrschafts- und Leistungswissen. Scheler sah »nunmehr die Weltstunde gekommen, da sich eine Ausgleichung und zugleich eine Ergänzung dieser einseitigen Richtungen des Geistes anbahnen muss« – für ihn ein wesentlicher Schritt zur Lösung der geistigen Krise (Zitat aus: Max Scheler, *Gesammelte Schriften*, Band 8. Bern 1960, S. 210).

Tab. 17 |

Die drei Wissensformen nach Max Scheler

Bildungswissen	betrifft die Entfaltung und Orientierung der Persönlichkeit
Erlösungswissen	betrifft das Verhältnis der Menschen zu ihren Gottheiten
Herrschafts- und Leistungswissen	betrifft die praktische Beherrschung der sozialen und natürlichen Umwelt des Menschen

3.7.4 | Mannheims Wissenssoziologie als Revolution im menschlichen Denken

Karl Mannheim interessierte sich weniger für die Wissensformen als für die sogenannte Seinsverbundenheit des Wissens. Diese wahrzunehmen, stellt für ihn eine Revolution im neuzeitlichen Denken dar.

3.7.4.1 | Was ist Wissenssoziologie?

Wissenssoziologie ist gemäß der klassischen Definition von Mannheim die *Lehre von der Seinsverbundenheit des Wissens*, wobei *Wissen* in einem sehr allgemeinen Sinne Denken, Erkennen, Weltanschauungen und auch Alltagswissen meint. Alles, was in unseren Köpfen vorgeht, ist Wissen. Denken, Erkennen, die Generierung von Wissen sind dabei keine rein geistigen Akte und Prozesse, sondern sie hängen mit unserem gesellschaftlichen Sein zusammen. Wie wir denken, ist auch davon abhängig, welcher sozialen Klasse oder Schicht wir angehören, welchem Milieu, welcher Generation, welchem Geschlecht, welcher Kultur oder welcher Konfession. Insofern ist unser Denken *relational*. Was wir von einem Gegenstand wahrnehmen, hängt von unserem Standort ab. Insofern ist unsere Wahrnehmung, unser Denken perspektivisch bzw. *aspekthaft*.

Wahrnehmung und Denken sind relational und aspekthaft

Ein Beispiel: Eine Rentenerhöhung bewerten Rentner als Verbesserung ihrer Lebenslage, Arbeitgeber bei Erhöhung der Beiträge zur Rentenversicherung als Vermehrung der Kosten, Arbeitnehmer als Senkung ihres Reallohns in der Gegenwart und als Erhöhung ihrer Rente in der

Zukunft. Jede Gruppe nimmt also gemäß ihrem sozialen Standort – als Rentner, als Arbeitgeber, als Arbeitnehmer – einen bestimmten Aspekt der Wirklichkeit wahr.

> **Zusammenfassung**
>
> **Leitsätze der Mannheim'schen Wissenssoziologie**
> - Wissen ist seinsgebunden
> - Wissen ist relational und perspektivisch (aspekthaft)

Die Wissenssoziologie interessiert sich neben der Seinsverbundenheit des Wissens aber auch dafür, wie Ideen auf die gesellschaftliche Entwicklung wirken, also für die »Wissensgebundenheit« des Seins.

Wie wirken Ideen auf die gesellschaftliche Entwicklung?

| 3.7.4.2

Der Mensch in der traditionalen Gesellschaft Europas lebte in Bezug auf leitende Ideen, die vor allem aus dem Christentum stammten. Diese Ideen wurden als wahr und unverrückbar angesehen, »dem Sternenhimmel gleich«. Das bedeutet nicht, dass die Menschen immer gemäß dieser Ideen lebten, sondern sie wichen auch oft genug davon ab. Im Christentum nannte man das Sünde. (»Der Geist ist willig, das Fleisch ist schwach«). Aber die Ideen des Christentums wurden nicht in Frage gestellt.

Etwas ganz anderes ist es, wenn es heißt: Das Christentum stabilisiert die gesellschaftlichen Verhältnisse, oder »Die Religion ist das Opium des Volkes«. Was geschieht bei derartigen Sätzen?
- Eine Idee wird mit einer Seinslage in Beziehung gesetzt.
- Es wird angenommen, dass die Idee die Realität auf der Seinsebene verschleiert.

Unter diesen beiden Voraussetzungen wird eine *Idee* zur *Ideologie*. Die Wahrnehmung von Ideen als Ideologie ist eine Errungenschaft der Moderne. Vorher wurden Ideen nur losgelöst und für sich betrachtet, also nicht mit der Seinslage in Verbindung gesetzt.

Wandlung von Ideen in Ideologie

Mannheim unterscheidet drei Ideologiebegriffe: den partikularen, den speziellen totalen und den allgemeinen totalen Ideologiebegriff. Hier die Unterscheidungsmerkmale:

Tab. 18 | Drei Ideologiebegriffe von Karl Mannheim

Partikularer Ideologiebegriff	Er leitet sich aus der Kategorie der »Lüge« her. Die Ideologiehaftigkeit bezieht sich lediglich auf bestimmte Ideen und Vorstellungen des Gegners.
Spezieller totaler Ideologiebegriff	Beim totalen Ideologiebegriff wird das gesamte Denken einer Großgruppe (Klasse) als seingebunden angesehen. Ideen sind falsches Bewusstsein, welches die materielle Realität verschleiert. Bei diesem Ideologiebegriff wird nur das Denken des Gegners, aber nicht das eigene als seinsgebunden und ideologisch angesehen.
Allgemeiner totaler Ideologiebegriff	Dabei wird alles Denken als seinsgebunden angesehen, auch das eigene. In dem Fall ist Ideologie nicht mehr das falsche Bewusstsein der anderen, sondern gleichbedeutend mit der Seinsgebundenheit des Denkens überhaupt. Auf dieser Stufe überschreitet das menschliche Bewusstsein die Schwelle von der Ideologiekritik zur Wissenssoziologie.

Den speziellen totalen Ideologiebegriff sieht Mannheim durch Karl Marx repräsentiert. Die Stufe des allgemeinen totalen Ideologiebegriffs, die auch die Seinsgebundenheit des eigenen Denkens reflektiert, hält Mannheim mit seiner eigenen Wissenssoziologie für erreicht. Für Marx war Wahrheit für den erreichbar, der sich auf den »richtigen« Klassenstandpunkt stellt. Für Mannheim gibt es keinen archimedischen Punkt, von dem aus man die Wahrheit erkennt. Alles Wissen ist standortgebunden, relational und perspektivisch.

3.7.4.3 | Die drei Analyseebenen der Wissenssoziologie Mannheims

Die Wissenssoziologie hat es mit drei Ebenen der gesellschaftlichen Realität zu tun, zwischen denen sie changiert:

1. Die Wissensebene (»Denkstandorte«): Gemeint sind Ideenkomplexe, die für unser Handeln relevant sind, an denen wir uns orientieren, für die wir uns einsetzen. Beispiele: kommunistische Revolution, Freiheit, Sozialreform, ökologische Reform, Modernisierung der Gesellschaft oder Religionen.
2. Die Strukturebene: Das sind Klassen und Schichten, gemäß ihrer Stellung zu den Produktionsmitteln. Das Problem dabei ist, dass sich die Denkstandorte nicht oder jedenfalls nicht immer mit sozialen Klassen und Schichten decken.
3. Die Handlungsebene: Hier handelt es sich um »geistige Schichten«, eine Gruppe von Menschen, die sich für ein gemeinsames Ziel, für eine gemeinsame Idee engagieren. Beispiele: politische Partei, Gewerkschaft, Bürgerbewegung, Kulturverein.

Mannheim führte den Begriff der *geistigen Schichten* ein, um einen zu engen Determinismus zwischen Sein und Bewusstsein zu vermeiden und die Seins-Gebundenheit nicht materiell zu verengen. Dies erwies sich als eine weitsichtige Theorie-Entscheidung. So zeigte sich, dass etwa die NS-Weltanschauung von verschiedenen sozialen Schichten getragen war.

Geistige Schichten

> **Definition**
>
> **Die drei Analyseebenen der Wissenssoziologie**
> Die *Wissensebene* (»Denkstandorte«): Gemeint sind Ideenkomplexe, die für unser Handeln relevant sind, an denen wir uns orientieren, für die wir uns einsetzen.
> Die *Strukturebene*: Klassen und Schichten, gemäß der Stellung zu den Produktionsmitteln.
> Die *Handlungsebene*: »Geistige Schichten«, also eine Gruppe von Menschen, die sich für ein gemeinsames Ziel, für eine gemeinsame Idee engagieren.

Ideologie und Utopie | 3.7.5

An dieser Stelle wird nun die Perspektive gewechselt. Bisher ging es darum, wie sich das gesellschaftliche Sein auf das Denken, Erkennen, Wissen auswirkt. Doch die Wissenssoziologie interessiert sich, wie bereits erwähnt, nicht nur für die Seinsgebundenheit des Denkens, sondern umgekehrt auch für die Wissensgebundenheit des Seins, also wie sich Ideen auf das gesellschaftliche Sein auswirken. Dabei gibt es aus der Sicht von Mannheim grundsätzlich zwei Möglichkeiten: Wenn Ideen das gesellschaftliche Sein stabilisieren, dann handelt es sich um *Ideologien*. Wenn sich Ideen hingegen verändernd auf das Sein auswirken, also *seinstranszendierend* sind, dann haben wir es mit *Utopien* zu tun.

Auswirkungen von Ideen auf das gesellschaftliche Sein

> **Definition**
>
> **Utopie und Ideologie**
> *Utopie* ist die Idee einer anderen und besseren Gesellschaft, die das Handeln einer Gruppe beeinflusst und eine seinsverändernde (gesellschaftsverändernde) Wirkung ausübt.
> *Ideologie* ist die Idee einer anderen und besseren Gesellschaft, die keine gesellschaftsverändernde Wirkung ausübt, sondern faktisch bestehende Zustände stabilisiert.

Wann eine Idee als Ideologie, wann sie als Utopie wirkt, ist im Einzelfall oft schwer zu entscheiden. Man kann das am Beispiel des Marxismus durchspielen. Um die Wende zum 20. Jahrhundert wirkte der Marxismus eher seinstranszendierend, er offerierte mit dem Idealbild des Sozialismus und Kommunismus das Bild einer anderen und besseren Gesellschaft, und er prangerte die Ungleichheiten und Ausbeutungen in der bestehenden Gesellschaft an. Damit beeinflusste er große Teile der Arbeiterschaft, für eine andere und bessere Gesellschaft zu kämpfen. Im sogenannten »realen Sozialismus« der späten Sowjetunion und der DDR fungierte der Marxismus als offizielle Parteiideologie und wurde dazu benutzt, bestehende gesellschaftliche Privilegien und Herrschaftsverhältnisse zu legitimieren und zu stabilisieren. In diesem Fall wirkte der Marxismus als Ideologie und nicht als Utopie.

Utopie muss seinsverändernd wirken

Jede Utopie im Sinne Mannheims enthält die Idee einer anderen und besseren Welt. Aber nicht jede Idee einer anderen und besseren Welt ist eine Utopie. Sie wird es erst dann, wenn sie seinsverändernd wirkt. So gab es im Mittelalter die Idee einer Existenz nach dem Tode in Gestalt eines Paradieses. Ein Paradies ist eine andere und bessere Welt, aber diese Idee wirkte nicht seinsverändernd, sondern seinsstabilisierend und war daher im Sinne Mannheims eine Ideologie.

3.7.5.1 | Die historischen Gestalten der Utopie in der europäischen Neuzeit

Utopisches Bewusstsein ist laut Mannheim ein neuzeitliches Phänomen. Vor der Neuzeit, im Mittelalter, gab es zwar auch die Idee einer besseren Welt, aber sie wurde ins Jenseits verlagert. Sie beeinflusste nicht das Handeln der Menschen. Sie stabilisierte die bestehenden Verhältnisse und wirkte somit als *Ideologie*.

Geschichte der modernen Utopie beginnt mit Reformation

Die Geschichte der modernen Utopie im Mannheimschen Sinne beginnt in dem Moment, als die Idee vom Reich Gottes vom Jenseits ins Diesseits verlagert wird. Das geschieht im Zuge des »*orgiastischen Chiliasmus der Wiedertäufer*« in der Zeit der Reformation im frühen 16. Jahrhundert. Soziale Träger dieser Bewegung waren die unteren Schichten. Sie agierte, so Mannheim, spontan, triebhaft und leidenschaftlich (daher *orgiastischer* Chiliasmus); sie strebte nach dem Reich Gottes hier und jetzt (das meint Mannheim mit »chiliastisch«). Die Utopie enthielt die Idee eines freien Lebens ohne Herrschaft und Ausbeutung und sollte unmittelbar verwirklicht werden. Hier beginnt »Politik« im neuzeitlichen Sinn – wenn man darunter ein mehr oder minder bewusstes Mitwirken aller Schichten an der diesseitigen Daseinsgestaltung (anstatt schicksalhafter Hinnahme des Geschehenen) versteht.

Hintergrund

»Wiedertäufer«
Die Wiedertäufer waren eine soziale Bewegung zur Zeit der Reformation, die hier und jetzt das Reich Gottes auf Erden verwirklichen wollte. Am bekanntesten ist die Revolution der Wiedertäufer in Münster (1534). Die Stadt wurde für ein Jahr von dieser Bewegung beherrscht. Im Zuge dessen schaffte man die herkömmlichen Hierarchien und Ordnungen ab und wählte einen Handwerksgesellen zum König. Die Ehe galt nicht mehr als verbindlich und exklusiv. Auch die Bewegung der Bauern während der Bauernkriege um 1525 wurde stark von der Vorstellung eines Reichs Gottes auf Erden beeinflusst.

Die zweite Stufe des neuzeitlichen utopischen Bewusstseins sieht Mannheim in der *liberal-humanitären Idee* des 18. und frühen 19. Jahrhunderts. Sie stellte der »schlechten« Wirklichkeit ein »richtiges« rationales Gegenbild gegenüber. Das chiliastische Zeiterlebnis der Wiedertäufer geht in ein evolutionäres über. Das heißt, die Utopie muss nicht hier und jetzt verwirklicht werden, sondern entwickelt sich allmählich. Ihre sozialen Träger sind vor allem die bürgerlichen Schichten.

Liberal-humanitäre Ideen

Die *konservative Utopie* als dritte Stufe entwickelt sich als Gegenbewegung zur liberalen Utopie. Im Gegensatz zu dieser sucht sie ihr Ideal in der Vergangenheit, etwa im Mittelalter. Sie wird sozial getragen von der konservativen Aristokratie.

Konservative Utopie

Die *sozialistisch-kommunistische Utopie* bildet gemäß Mannheim die vierte und bislang letzte Stufe des neuzeitlichen utopischen Bewusstseins. Mit der liberalen Utopie hat sie die Leitideen der Freiheit und Gleichheit gemeinsam, und sie teilt auch ihr evolutionäres Zeitbewusstsein. Aber der Zeitpunkt der Realisierung wird konkret bestimmt – es ist der Untergang des Kapitalismus. Neu gegenüber dem Liberalismus ist das Bedingtheitsbewusstsein von Ideen.

Letzte Stufe Sozialismus

Tab. 19 | Die Stufen des neuzeitlichen utopischen Bewusstseins nach Karl Mannheim

Neuzeitliche Utopien	Inhalt	Zeit	Soziale Trägergruppen	Zeithorizont
Orgiastischer Chiliasmus der Wiedertäufer	Reich Gottes auf Erden	Ca. 1520–1550	Bauern, Handwerksgesellen, »Lumpenproletariat«	Revolutionäre Naherwartung
Liberal-humanitäre Idee	Freiheit, Menschenwürde, Selbstbestimmung, Vernunft	18./19. Jahrhundert	Bürgertum, Intellektuelle	Evolutionäre Fernerwartung
Konservative Idee	Tradition, Ordnung, Bürokratie Romantik	19. Jahrhundert	Adel, pietistisches Bürgertum, konservative Intelligenz	Utopie ist bereits in der Welt präsent. Idealisierung des Mittelalters
Sozialistisch-kommunistische Idee	Gesellschaft der Freien und Gleichen	19./20. Jahrhundert	Proletariat, Linksintellektuelle	Revolutionäre Fernerwartung

3.7.5.2 | Utopisches Bewusstsein oder amerikanisches Bewusstsein?

Originalzitat

Karl Mannheim über die Zukunft des utopischen Bewusstseins:
»... Für die Zukunft ergibt sich ..., dass eine absolute Ideologie- und Utopielosigkeit prinzipiell zwar möglich ist in einer Welt, die gleichsam mit sich fertig geworden ist und sich stets nur reproduziert, dass aber die völlige Destruktion der Seinstranszendenz in unserer Welt zu einer Sachlichkeit führt, an der der menschliche Wille zugrunde geht. Hierbei zeigt sich auch der wesentliche Unterschied zwischen den beiden Arten der Seinstranszendenz: Während der Untergang des Ideologischen nur für bestimmte Schichten eine Krise darstellt und die durch Ideologienenthüllung entstehende Sachlichkeit für die Gesamtheit immer eine Selbstklärung bedeutet, würde das völlige Verschwinden des Utopischen die Gestalt der gesamten Menschwerdung transformieren. Das Verschwinden der Utopie bringt eine statische Sachlichkeit zustande, in der der Mensch selbst zur Sache wird. Es entstünde die größte Paradoxie, die denkbar ist, dass nämlich der Mensch der rationalsten Sachbeherrschung zum Menschen der Triebe wird, dass der Mensch, der nach einer so langen opfervollen und heroischen Entwicklung die höchste Stufe der Bewusstheit erreicht hat – in der bereits Geschichte nicht blindes Schick-

sal, sondern eigene Schöpfung wird –, mit dem Aufgehen der verschiedenen Gestalten der Utopie den Willen zur Geschichte und damit den Blick in die Geschichte selbst verliert.« (Karl Mannheim, *Ideologie und Utopie*. Frankfurt am Main 1969, S. 224 f.)

Mannheims zeitdiagnostisches Interesse galt der Frage, wie es in Zukunft mit dem utopischen Bewusstsein bestellt sein würde. Er kam zu dem Schluss, dass das utopische Bewusstsein voraussichtlich abnehmen oder ganz verschwinden werde. Als Ursachen dafür sah er vor allem wachsenden Wohlstand und zunehmende soziale Mobilität. Beides ermögliche den Menschen, individuelle Ziele zu erreichen, ohne die Gesellschaft grundlegend zu verändern. Auch die Partizipationschancen in einer demokratischen Gesellschaft begünstigten eine abnehmende utopische Intensität. Zudem wirke sich die Notwendigkeit zum Kompromiss in der parlamentarischen Demokratie anti-utopisch aus.

Je stärker die Differenz zwischen Idee und Wirklichkeit, desto größer die utopische Spannung. Je geringer die Differenz zwischen Idee und Wirklichkeit, desto geringer die utopische Spannung. Was aber ist, wenn sich Idee und Wirklichkeit decken? Dann liegt das von Mannheim sogenannte »amerikanische Bewusstsein« vor. Damit wird ein Zustand bezeichnet, in dem Utopien verschwunden sind und in dem die »optimale organisatorisch-technische Wirklichkeitsbeherrschung« das Leitbild darstellt. Ideen einer anderen und besseren Gesellschaft fallen weg und sind nicht mehr relevant für die gesellschaftliche Wirklichkeit. Vom »amerikanischen« Bewusstsein sprach Mannheim, weil er diesen Zustand anders als in Europa in den USA schon weitgehend verwirklicht sah.

Verlust der utopischen Spannung

Definition

Amerikanisches Bewusstsein
Beim amerikanischen Bewusstsein handelt es sich gemäß Karl Mannheim um ein Bewusstsein ohne Seinstranszendenz und ohne Totalsicht auf die Gesellschaft.
- Es befindet sich in »völliger Deckung« mit der Wirklichkeit.
- Sein Ziel ist die »organisatorisch-technische Wirklichkeitsbeherrschung«.
- Angestrebt ist keine grundlegende Gesellschaftsreform oder gar Revolution, sondern die Lösung gesellschaftlicher Einzelprobleme.

Mannheim erwartete bzw. befürchtete, dass sich das »amerikanische Bewusstsein« auch in Europa durchsetzen würde.

Zusammenfassung

Ideologie und Utopie
Mannheim fragte, wie sich Ideen allgemein und historisch-konkret auf das gesellschaftliche Sein auswirken. Wenn Ideen die bestehende Wirklichkeit stabilisieren, spricht er von »Ideologie«. Wenn Ideen einer anderen und besseren Welt zu einer Veränderung der bestehenden Wirklichkeit führen, werden sie zur »Utopie«. Utopien sind aus Sicht von Mannheim ein spezifisch neuzeitlich-modernes Phänomen. Er unterscheidet vier Stufen: den orgiastischen Chiliasmus der Wiedertäufer, die liberale Utopie, die konservative Utopie und die sozialistisch-kommunistische Utopie. In den 1920er Jahren beobachtete er ein Abnehmen der utopischen Spannung. Er erwartete, dass sich ein neuer Bewusstseinstyp durchsetzen würde, der sich in vollem Einklang mit der bestehenden Wirklichkeit befindet und auf Ideen einer anderen und besseren Gesellschaft verzichtet (»amerikanisches Bewusstsein«).

3.7.6 | Die Wissenssoziologie und die »geistige Synthese« – Mannheims Lehre von der »freischwebenden Intelligenz«

Vor dem Hintergrund der geistigen Krise der 1920er Jahre stellte sich für Mannheim die Frage, welchen Beitrag die Wissenssoziologie zur ihrer Überwindung leisten könne.

Seinsgebundenheit der Wissenssoziologie

Sie sollte zunächst einmal schonungslos die Krise darstellen, indem sie die unterschiedlichen Denkstandorte aufweist und auf verschiedene Seinslagen zurückführt, z. B. den Sozialismus und Kommunismus auf die proletarische Seinslage. Aus unterschiedlichen Seinslagen ergeben sich unterschiedliche Sichten und Sichtweisen der Dinge.

Die Wissenssoziologie ist, so Mannheim, jedoch kein Schiedsrichter zwischen streitenden Weltanschauungen und Parteien. Sie ist selbst seinsgebunden. Indem sie die Seinsgebundenheit verschiedener Denkstandorte aufweist, sagt sie nichts darüber aus, ob dieses Denken richtig oder falsch ist. Sie macht aber allen Weltanschauungen klar, dass sie eine *partikulare* Sichtweise haben. Die Wissenssoziologie kann Moderator zwischen streitenden Parteien sein (Parteien in einem sehr allgemeinen, nicht nur im politischen Sinn gemeint). Denn das Problem ist ja: Sie reden aneinander vorbei (auf der Ebene des speziellen totalen Ideologiebegriffs; → Kapitel 3.7.4.2). Indem die Wissenssoziologie die Seinsgebundenheit aufweist, fördert sie das Reflexionsvermögen, die Einsicht in die Partikularität der eigenen Position, das wechselseitige Verständnis und die Kommunikationsfähigkeit der Parteien. Die Auseinandersetzungen zwischen den verschiedenen Sozialgruppen werden versachlicht.

Mannheim ging aber noch einen Schritt weiter. Er hoffte, dass sich die verloren gegangene geistige Einheit auf neuer Stufe wiederherstellen ließe, wobei »geistige Einheit« als ein Grundkonsens über fundamentale Werte und Institutionen zu verstehen ist, etwa über Menschenrechte und Demokratie. Eine Schlüsselrolle dabei wies er der Intelligenzschicht zu, die er als »*freischwebende Intelligenz*« bezeichnete. Dieser Schicht der geistigen Berufe kommt aus Sicht Mannheims ein besonderer Status in der Klassengesellschaft zu.

[Eigenschaften der Intelligenzschicht]

- Sie rekrutiert sich, wenn auch keineswegs gleichmäßig, aus allen Schichten.
- Sie verfügt über ein »vereinheitlichendes soziales Band«, die »Bildung«.
- Sie verfügt aufgrund ihrer Intellektualität über ein besonders hohes Reflexionsvermögen. Ihr Denken ist daher nicht so stark durch das soziale Sein bestimmt wie das von Angehörigen anderer Klassen.
- Sie befindet sich in einer sozialen Mittellage (zwischen Großbourgeoisie und Proletariat).

Die Intelligenzschicht hat somit die Chance, die Partikularität der Denkstandorte der Klassen zu überwinden und zu einer neuen umfassenden Sichtweise zu gelangen, welche die partikularen Elemente aufhebt und integriert. Mannheim nennt dies »*dynamische Synthese*«. Sie soll »die in einer Zeit überhaupt erreichbare umfassendste Sicht vom Ganzen bieten«. (*Ideologie und Utopie*, S. 132)

Die Intellektuellen haben also prinzipiell zwischen zwei Wegen zu wählen: Sie können sich einer bestimmten Weltanschauung anschließen, oder sie können nach einer eigenen Mission suchen und »Anwalt der geistigen Interessen des Ganzen« sein. Dann sind sie die eben erwähnte freischwebende Intelligenz. Von dieser Gruppe kann und muss die Synthese ausgehen. Und die Wissenssoziologen können die Vorhut der freischwebenden Intelligenz sein. Diese fühlt sich nicht einzelnen Parteien, sondern dem Gemeinwohl und geistigen Werten verpflichtet. Sie soll »Wächter sein in einer sonst allzu finsteren Nacht«. (*Ideologie und Utopie*, S. 140)

[Verpflichtung dem Gemeinwohl gegenüber]

Mannheim hoffte, dass sich eine neue Synthese der bestehenden Weltanschauungen herstellen ließe, die den Partikularismus der alten Weltanschauungen aufheben könnte. Dahinter steckt folgende allgemeine theoretische Vorstellung: In der vormodernen Welt gab es ein einheitliches und relativ statisches Weltbild, das in der modernen Gesellschaft zerfällt. Doch eine neue Synthese ist möglich, die allerdings in einzelne partikulare Weltbilder zerfallen kann. Aus ihnen entwickelt sich irgendwann wieder eine neue Synthese.

Definition

Die »Dynamische Synthese«
Karl Mannheim sah die Gegenwart durch einen Zerfall der ursprünglichen weltanschaulichen Einheit in partikulare Sichtweisen gekennzeichnet:
- Daraus ergab sich aus seiner Sicht die Aufgabe einer neuen geistigen Synthese, welche die partikularen Sichtweisen integriert und überwindet.
- Eine Synthese sollte »die überhaupt erreichbare umfassendste Sicht vom Ganzen bilden«.
- Wichtigster sozialer Träger dieser Synthese ist die wissenssoziologisch aufgeklärte »freischwebende Intelligenz«.
- In der modernen, sich rasch wandelnden Gesellschaft gibt es keine »absolute, zeitlose Synthese«, sondern nur eine »dynamische Synthese«, die »von Zeit zu Zeit« neu vorzunehmen ist.

Allerdings gibt es keine privilegierte Erkenntnisposition der freischwebenden Intelligenz. Sie ist im Prinzip genauso standortgebunden wie andere auch, aber sie kann aufgrund ihrer Intellektualität ihre Standortgebundenheit besser reflektieren als andere Klassen und Schichten in der Gesellschaft.

Mannheims Ideen einer neuen Synthese mit Hilfe einer wissenssoziologisch aufgeklärten freischwebenden Intelligenz entstanden vor dem Hintergrund der geistigen Krise der 1920er Jahre: dem Zerfall einer einheitlichen Weltanschauung und den harten, prinzipiellen Kämpfen diverser Weltanschauungsparteien untereinander. Diese geistige Krise wurde von den Nazis auf gewaltsame Weise unterbunden, indem sie den Nationalsozialismus zur einzigen gültigen und erlaubten Weltanschauung erklärten. Die nationalsozialistische Machtübernahme markierte auch das Ende der klassischen deutschen Wissenssoziologie. Als eine nachträgliche »Synthese« im Sinne Mannheims kann man das Konzept der Sozialen Marktwirtschaft werten, das liberale und sozialistische Gesichtspunkte integrierte.

> **Definition**
>
> **»Freischwebende Intelligenz« nach Karl Mannheim**
> Der Begriff bezeichnet den Teil der Intellektuellen, die sich dem Gemeinwohl und den abendländischen Werten der Freiheit und Menschenwürde in besonderer Weise verpflichtet fühlen. Darin unterscheidet sich diese Kategorie z. B. von Intellektuellen, die im Dienste bestimmter Parteien oder Verbände stehen. Durch ihre sozialstrukturelle Lage zwischen den großen gesellschaftlichen Klassen (kapitalistische Bourgeoisie, Proletariat) sowie ihr bildungsbedingtes Reflexionsvermögen hielt Mannheim die freischwebende Intelligenz für besonders geeignet, den Weg für eine neue geistige Synthese zu bereiten.

Die Konsequenzen der Wissenssoziologie für das wissenschaftliche Erkennen | 3.7.7

Die Grundthese der Wissenssoziologie besagt, dass alles menschliche Wissen, Denken, Erkennen seinsgebunden ist. Was folgt daraus für die wissenschaftliche Wahrheit?
- Der Wahrheitsbegriff ist nicht eindeutig für alle Zeiten festgelegt, sondern auch er ist in den historischen Wandel einbezogen. Es gibt keine überzeitlich-übermenschliche Wahrheit.
- Erkennen ist ein aktiver Prozess, nicht »reine Schau«.

Seinsgebundenes Wissen spiegelt nicht den Erkenntnisgegenstand wider, sondern es ist gebrochen durch den jeweiligen sozialen Standort des Betrachters. Wenn alles Wissen seinsgebunden ist, dann gibt es keine Kriterien mehr, um zu beurteilen, welches Wissen »wahr« und welches »falsch« ist. Das gilt umso mehr, als nicht nur das wissenschaftliche Wissen, sondern auch die Kriterien, nach denen es beurteilt wird, standortgebunden sind. Konkurrierende Geltungsansprüche können dann nicht mehr ausschließlich unter Bezugnahme auf ein unabhängiges Außenkriterium, etwa die »objektiven Daten«, entschieden werden.

> **Hintergrund**
>
> **Die Seinsgebundenheit des Denkens beeinflusst die (wissenschaftliche) Erkenntnis bei folgenden Aspekten:**
> - bei der Themenstellung (Beispiel: Frauen wählen eher ein frauensoziologisches Thema als Männer)

- bei der Auswahl des Stoffes (Welche Literatur, welche Daten werden herangezogen?)
- bei der Interpretation (Beispielsweise bewerten Regierung und Opposition Wirtschaftsdaten jeweils unterschiedlich)
- bei Theorieansätzen (Unternehmer z. B. denken eher angebotsorientiert, Gewerkschaften eher nachfrageorientiert)
- im Abstraktionsniveau (konservativ eingestellte Wissenschaftler denken gern auf höherem Abstraktionsniveau, dort werden »reale« Konflikte/Missstände verschleiert)

Relativismusproblem — Das Problem wird »*Relativismusproblem*« genannt. Gemeint ist damit, dass die Wissenssoziologie, indem sie die Seinsgebundenheit allen Denkens behauptet, die Kategorien von Wahrheit und Objektivität auflöst. Wie reagierte Mannheim auf diesen Vorwurf?

Mannheim antwortete sinngemäß: Wir können nicht mehr hinter die Einsicht der Seinsgebundenheit des Wissens zurück. Wir müssen sehen, dass wir einen neuen Begriff von Objektivität und Wahrheit finden, der mit der Einsicht in die Seinsgebundenheit des Wissens vereinbar ist. Er bestritt also, dass Seinsgebundenheit des Wissens zwangsläufig die Aufgabe von Wahrheit und Objektivität bedeute. Seine Argumentation, dass die Einsicht der Wissenssoziologie in die Seinsgebundenheit des Wissens vereinbar sei mit dem Anspruch auf wissenschaftliche Objektivität und Wahrheit, ging in zwei Richtungen:

1. Mannheim behauptete, dass der Naturwissenschaft und Mathematik wissenssoziologisch ein Sonderstatus zukomme. Naturwissenschaften und Mathematik auf der einen Seite sowie Sozial- und Geisteswissenschaften auf der anderen Seite stellten grundlegend unterschiedliche Wissensformen dar. Man könne jeder geisteswissenschaftlichen Arbeit ansehen, aus welcher Zeit sie ist. (Seinsgebundenheit bedeutet auch Zeitgebundenheit). Der Formel $2 \times 2 = 4$ könne man es hingegen nicht ansehen. Mathematisches und naturwissenschaftliches Wissen entstehe unabhängig von der Seinslage und sei somit nicht standortgebunden. Es sei immanent auf der Wissensebene erklärbar. Mathematik und Naturwissenschaften hätten eben immer mit den gleichen Aspekten zu tun. Dagegen setzten Geisteswissenschaften immer wieder neu an und erfassten eine neue Aspektstruktur der Gegenwart. Mannheims These, dass Naturwissenschaften und Mathematik nicht seinsgebunden sind, gilt inzwischen als widerlegt.
2. Für das seinsgebundene Denken versuchte Mannheim einen Begriff von Objektivität zu entwickeln, der mit seiner These der Seinsgebun-

denheit des Denkens vereinbar ist. Objektivität sei im Falle des seinsgebundenen Denkens nur auf Umwegen herstellbar, indem man nämlich »das in beiden Aspektstrukturen richtig, das verschieden Gesehene aus der Strukturdifferenz der beiden Sichtmodi zu verstehen bestrebt ist und sich um eine Formel der Umrechenbarkeit und Übersetzbarkeit dieser verschiedenen perspektivischen Sichten ineinander bemüht« (Ideologie und Utopie, S. 258). Objektivität wird dadurch erzielt, dass man zu verstehen versucht, weshalb sich dem einen ein Gegenstand so darstellt und dem anderen anders.

Wahrheit ist laut Mannheim also nicht a priori gegeben, sondern sie entsteht als *Resultat von Kommunikationsprozessen*. Das heißt, innerhalb des wissenschaftlichen Diskurses gelangen Wissenschaftler zu einem mehr oder weniger breiten *Konsens*, was als wahr gelten soll und was nicht.

Wahrheit als Ergebnis von Kommunikationsprozessen

Definition

Karl Mannheims Definition von Wahrheit
Wahrheit ist nicht a priori gegeben, sondern ist das Ergebnis von Kommunikationsprozessen. Innerhalb wissenschaftlicher Diskurse gelangen Wissenschaftler zu einem mehr oder weniger breiten Konsens, was als wahr gelten soll.

Zur Wirkungsgeschichte der Wissenssoziologie | 3.7.8

Vertreter bildungsbürgerlicher Geistigkeit wie Alfred Weber, die Werte wie Freiheit und Humanität bewahren wollten, prangerten Mannheims »Soziologismus« an und postulierten die Autonomie des Kulturellen. Sie warfen Mannheim vor, mit seiner Theorie des seinsgebundenen Denkens gebe es keine zeitlos gültigen Werte mehr. Mannheims Wissenssoziologie führe in letzter Konsequenz zum Nihilismus.

Vorwurf des Nihilismus

Die *Marxisten* waren nicht damit einverstanden, dass ihr Denken in gleicher Weise wie das der Bürgerlichen seinsgebunden sein sollte. Sie beharrten darauf, als Vertreter der historisch fortgeschrittenen (Arbeiter-)Klasse eine überlegene Erkenntnisposition zu besitzen.

Vor allem lehnten marxistische Denker Mannheims Konzept der freischwebenden Intelligenz und einer neuen geistigen Synthese radikal ab. Die bürgerliche Gesellschaft sei eine antagonistische Klassengesellschaft, bei der es zu keiner Synthese bürgerlicher und proletarischer Positionen kommen könne. Daher könne es auch keine freischwebende Intelligenz geben. Die Intellektuellen müssten sich entscheiden, ob sie

Einforderung des Klassenstandpunkts

den bürgerlichen oder proletarischen Klassenstandpunkt einnehmen. »Positivistische« Sozialwissenschaftler wie Robert K. Merton (→ Kapitel 4.3.8) lehnten die Mannheimschen Thesen von der Seinsgebundenheit des Wissens nicht grundsätzlich ab, kritisierten sie aber als philosophisch überfrachtet und metaphysisch durchsetzt. (Zum Begriff »positivistisch« → Kapitel 2.1)

Seinsgebundenheit auch der Naturwissenschaften und der Mathematik

Im Zuge der *antipositivistischen Wende der Wissenschaftstheorie* seit den 1970er Jahren wurde Mannheim rehabilitiert und radikalisiert, indem man die Seinsgebundenheit des Wissens auch für die Naturwissenschaften und sogar die Mathematik nachgewiesen hat (vgl. dazu den Aufsatz von Bettina Heintz im Literaturverzeichnis zu Karl Mannheim).

Lernkontrollfragen

1 Beschreiben Sie Merkmale der geistigen Krise der 1920er Jahre und benennen Sie ökonomische, gesellschaftliche und politische Hintergründe.
2 Welche Wissensformen unterscheidet Scheler und welchen Sinn verbindet er mit dieser Unterscheidung?
3 Erläutern Sie den Satz: »Alles Wissen ist seinsgebunden.«
4 Erläutern Sie den Satz: »Alles Wissen ist relational und perspektivisch (aspekthaft).«
5 Welche Konsequenzen ergeben sich aus dem Satz »Alles Wissen ist seinsgebunden« für die wissenschaftliche Objektivität?
6 Erläutern Sie den Unterschied zwischen »Ideologie« und »Utopie«. Versuchen Sie ihn an konkreten historischen oder gegenwartsbezogenen Beispielen aufzuzeigen.
7 Gibt es heute noch »utopisches Bewusstsein«? Versuchen Sie an aktuellen Beispielen (z.B. Bewusstsein von Studierenden) zu zeigen, was Mannheim mit »amerikanischem Bewusstsein« meint.

Literatur

Karl Mannheim, **Ideologie und Utopie.** Frankfurt am Main 1969 → Enthält neben den drei Beiträgen der Erstfassung von 1929 zwei spätere Aufsätze.
Karl Mannheim, **Wissenssoziologie.** Neuwied 1964 → Eine Sammlung wissenssoziologischer Aufsätze von Mannheim.
Max Scheler, **Die Wissensformen und die Gesellschaft«**, 2. Aufl. München 1960 → Erschien zuerst 1926, eine Sammlung von wissenssoziologischen Arbeiten Max Schelers.

Bettina Heintz, **Wissenschaft im Kontext. Neuere Entwicklungstendenzen der Wissenschaftssoziologie**, in: Kölner Zeitschrift für Soziologie und Sozialpsychologie 45 (1993), S. 528–552 → Erläutert die grundlegende Bedeutung Mannheims für die moderne Wissenschaftssoziologie und die wissenschaftstheoretischen Konsequenzen der Wissenssoziologie.

Hubert Knoblauch, **Wissenssoziologie.** Konstanz 2005 → Neuere umfassende Darstellung zur wissenssoziologischen Thematik.

Klaus Lichtblau, **Kulturkrise und Soziologie um die Jahrhundertwende.** Frankfurt am Main 1996, S. 458–491 → Deutet treffend die Wissenssoziologie vor dem Hintergrund der geistigen Krise der 1920er Jahre. Vgl. auch Lichtblaus Aufsatz »Auf der Suche nach einer neuen Kultursynthese«, in: Sociologia Internationalis 30 (1992), S. 1–33.

Volker Meja/Nico Stehr (Hg.), **Der Streit um die Wissenssoziologie**, 2 Bde. Frankfurt am Main 1982 → Der Doppelband dokumentiert die heftigen Kontroversen, die Mannheims Wissenssoziologie unmittelbar nach dem Erscheinen von »Ideologie und Utopie« hervorrief.

Henk E. S. Woldring, **Karl Mannheim. The development of his thought.** Assen/Maastricht 1986 → Intensive Auseinandersetzung mit verschiedenen Aspekten von Mannheims Werk, mit vielen biografischen Angaben.

4 | Soziologie zwischen 1933 und 1950

Am 30. Januar 1933 wurde Adolf Hitler zum Reichskanzler des Deutschen Reiches vereidigt. Die Machtübernahme der Nationalsozialisten markierte eine tiefgreifende Umgestaltung der politischen und gesellschaftlichen Verhältnisse in Deutschland. Betroffen von der sogenannten »Gleichschaltung« waren auch die Universitäten, Bildung und Wissenschaft, Forschung und Lehre. Juden sowie weltanschauliche und politische Gegner des Nationalsozialismus unter den Professoren und Dozenten wurden aus ihren Ämtern entfernt – »ein Verlust, der einer Katastrophe für die Stellung der deutschen Wissenschaft in der Welt gleichkam« (M. Rainer Lepsius). Ein erheblicher Teil der deutschen Wissenschaftler floh ins Ausland, andere zogen sich in die »innere Emigration« zurück.

Nationalsozialismus als Katastrophe für die deutsche Wissenschaft

Zu den von der nationalsozialistischen Machtergreifung und ihren Folgen besonders betroffenen Wissenschaften gehörte die Soziologie. Drei Gründe waren dafür ausschlaggebend: Erstens ist die Soziologie als Gesellschaftswissenschaft naturgemäß politisch besonders exponiert. Zweitens war die große Mehrheit der Soziologen liberal bis sozialdemokratisch eingestellt, bewegte sich also im gemäßigten Mitte-Links-Spektrum. Das unterschied die Soziologie von anderen Wissenschaften, in denen häufig eine monarchische Einstellung vorherrschte. Die Soziologie war daher in der Weimarer Republik besonders gefördert worden, soweit dies möglich war. Drittens war unter den bedeutenden deutschen Soziologen der Anteil der Juden höher als sonst in Wissenschaft und Kultur. Etwa ein Drittel der deutschen Soziologen war jüdischer Abstammung. Für die Nationalsozialisten galt Soziologie als liberale und jüdische Wissenschaft. Entsprechend hoch lag die Emigrationsquote der Soziologen. Mindestens die Hälfte, möglicherweise sogar zwei Drittel der deutschen Sozialwissenschaftler sind nach 1933 ins Exil getrieben worden.

Soziologie im Fadenkreuz der NS-Herrscher

Die eigentliche wissenschaftsgeschichtliche Bedeutung der sozialwissenschaftlichen Emigration liegt darin, dass sich mit ihr das Zentrum der Soziologie von Deutschland und Europa in die USA verlagerte, welche die meisten Emigranten aufnahmen und von deren Wissen profitierten. Außerdem brachten die USA mit Talcott Parsons den überragenden Theoretiker dieses Zeitraums hervor, der bald bis in die 1960er Jahre die soziologische Theoriediskussion dominieren sollte.

Soziologie im Dritten Reich | 4.1

Inhalt

Wie ging es nach der nationalsozialistischen Machtergreifung mit der Soziologie in Deutschland weiter? Die Standesorganisation der Soziologen, die Deutsche Gesellschaft für Soziologie, wurde von ihrem Vorsitzenden, Hans Freyer, stillgelegt. Dies sowie der hohe Emigrationsverlust haben später den Eindruck entstehen lassen, Soziologie habe im Dritten Reich aufgehört zu existieren – eine Selbsttäuschung der Soziologen der 1950er und 1960er Jahre, entstanden nicht zuletzt aus dem Selbstverständnis heraus, Soziologie sei per se eine demokratische Wissenschaft. Doch wissenschaftsgeschichtliche Forschungen seit Ende der 1970er Jahre haben gezeigt, dass auch im Dritten Reich sehr wohl Soziologie existiert hat, allerdings in einer gegenüber der Weimarer Republik völlig veränderten Gestalt.

Für die Soziologie im Dritten Reich lassen sich drei Kategorien unterscheiden, a) die sogenannte »innere Emigration«, b) eine eher theoretisch ausgerichtete »Deutsche Soziologie«, die mit den Nazis sympathisierte, aber eine gewisse geistige Unabhängigkeit bewahrte, c) nationalsozialistische Soziologen, die sich bedingungslos in den Dienst des Regimes stellten.

4.1.1 »Innere Emigration«

4.1.2 »Deutsche Soziologie«

4.1.3 Nationalsozialistische Soziologie

»Innere Emigration« | 4.1.1

Innere Emigration meint Personen, die eigentlich Gegner des Dritten Reiches waren, aber im Lande blieben. Dazu zählten vor allem die älteren Soziologen, die nicht mehr die Flucht ins Ausland mit allen damit verbundenen existenziellen Ungewissheiten auf sich nehmen wollten oder konnten – etwa Alfred Weber, Alfred von Martin, Ferdinand Tönnies und Leopold von Wiese.

Alfred Weber, der Bruder Max Webers, gehörte zu den führenden Soziologen der Weimarer Republik (→ Kapitel 3.6). Als die SA im März 1933 auf seinem Institut eine Hakenkreuzflagge hisste, ließ er sie im Angesicht tobender NS-Studenten wieder entfernen. Am nächsten Tag wurde die Flagge erneut gehisst und von SA-Posten bewacht. Daraufhin ließ

Alfred Weber überlebte in der inneren Emigration

sich Alfred Weber vorzeitig in den Ruhestand versetzen. Sein Hauptwerk, »Kulturgeschichte als Kultursoziologie«, veröffentlichte Weber 1935 in den Niederlanden. Einige seiner Studenten waren in den Widerstand gegen Hitler verwickelt und tagten auch in Webers Wohnung. Carlo Mierendorff starb 1943 bei einem Fliegerangriff, Theodor Haubach wurde 1945 hingerichtet. Alfred Weber überlebte die NS-Zeit und war in hohem Alter beim demokratischen Wiederaufbau Deutschlands sehr aktiv.

Die Soziologen der inneren Emigration publizierten unter der nationalsozialistischen Diktatur bevorzugt philosophische und geistesgeschichtliche Studien. Das erschien auf den ersten Blick unpolitisch, aber man konnte unter diesem Deckmantel indirekt Kritik an der nationalsozialistischen Weltanschauung üben. Das unternahmen Alfred Weber und auch Alfred von Martin (1882–1979), ein Göttinger Soziologe, der durch eine »Soziologie der Renaissance« (1932) hervorgetreten war und nach der nationalsozialistischen Machtergreifung seinen Dienst quittierte. Er ließ sich in München als Privatgelehrter nieder, wo er Studien über Friedrich Nietzsche und Jacob Burckhardt, zwei Philosophen des späten 19. Jahrhunderts, betrieb und publizierte. Das war alles andere als eine unpolitische Tätigkeit, schließlich war Nietzsche von den NS-Herrschern zum geistigen Ahnherrn der nationalsozialistischen Weltanschauung stilisiert worden. Jacob Burckhardt, ein Schweizer Philosoph und Kulturhistoriker, verkörperte das diametrale Gegenteil, die Humanitätsidee. Dieses Arrangement ermöglichte es von Martin, unter dem Deckmantel geistesgeschichtlicher Forschung für den Humanismus Partei zu ergreifen und die NS-Weltanschauung anzuprangern. Sein Buch »Nietzsche und Burckhardt« konnte immerhin 1941 erscheinen, einer dritten Auflage wurde das Papier verweigert. Die bereits gedruckte erste Auflage eines zweiten Buchs »Die Religion Jacob Burckhardts« (1942) beschlagnahmte die Gestapo. Alfred von Martin soll in Kontakt mit dem Widerstandskämpfer Hans Scholl gestanden haben. Nach dem Zweiten Weltkrieg beteiligte er sich am Wiederaufbau der Münchener Universität.

Es gab gelegentlich auch qualitativ ansprechende Soziologie, die im Dritten Reich publiziert wurde. Als Beispiel sei das Werk von Alfred Müller-Armack (1901–1978) genannt. Müller-Armack war zunächst, wie viele junge Wissenschaftler, Anhänger des Dritten Reiches, aber nur für kurze Zeit. 1939 veröffentlichte er sein Buch »Genealogie der Wirtschaftsstile« – ein Versuch, Max Webers Protestantismus-These quasi fortzuschreiben. Müller-Armack wollte zeigen, dass die Religion nicht nur für die Entstehung des Kapitalismus im 16. Jahrhundert ursächlich gewesen sei, sondern auch dessen weitere Entfaltung im 17. und 18. Jahrhundert maßgeblich gefördert habe. Diesen Ansatz hat Müller-Armack dann in weiteren religionssoziologischen Schriften ausgeweitet. Nach dem

Zweiten Weltkrieg wurde er zu einem der Vordenker der Sozialen Marktwirtschaft; die Bezeichnung selbst geht auf ihn zurück.

> **Zusammenfassung**
>
> **Innere Emigration**
> Die Bezeichnung bezieht sich auf Menschen (hier Soziologen), die Gegner des Nationalsozialismus waren, aber dennoch während des Dritten Reichs in Deutschland blieben, wie Alfred Weber, Alfred von Martin, Ferdinand Tönnies, Leopold v. Wiese. Sie zogen sich aus dem öffentlichen Leben weitgehend zurück und publizierten über vordergründig unpolitische geisteswissenschaftliche Themen. Dabei versuchten sie auch indirekt Kritik am Nationalsozialismus zu üben.

»Deutsche Soziologie« | 4.1.2

Mit »Deutscher Soziologie« sind Soziologen gemeint, die mit dem Dritten Reich sympathisierten, sich aber doch eine gewisse geistige Unabhängigkeit bewahrt hatten. Zu ihnen gehörten Werner Sombart, Hans Freyer, Ottmar Spann und auch der junge René König, der, seit 1937 demokratisch geläutert, später zu den führenden deutschen Nachkriegssoziologen zählte (→ Kapitel 5.1). Man muss dazu wissen, dass sich die meisten deutschen Soziologen des Kaiserreichs und der Weimarer Republik nicht nur als Fachwissenschaftler verstanden, sondern auch eine geistige Führung in der Gesellschaft beanspruchten. Diese Tradition setzten die »Deutschen Soziologen« fort. Sie verstanden sich als Vordenker der NS-Bewegung und des Dritten Reichs. Als solche kollidierten sie mit dem totalitären Herrschaftsanspruch der NS-Führung, die sich insbesondere auch auf die geistig-ideologische Sphäre bezog. Ungeachtet einer gewissen intellektuellen Liberalität und Unabhängigkeit war auch das Denken der »Deutschen Soziologen« antidemokratisch, antiwestlich und meist mit modernem Wissenschaftsverständnis unvereinbar.

»Deutsche Soziologen« verstehen sich als Vordenker des Dritten Reichs

> **Zusammenfassung**
>
> **Typische Denkmuster der Soziologie im Dritten Reich**
> - Die Anlage, nicht die gesellschaftliche Umwelt ist für Charakter und Handeln von Menschen entscheidend.
> - Das Volk wird zum mythischen Kollektivsubjekt stilisiert.

- Wirklichkeit entsteht durch die Tat. Dabei werden Strukturbedingtheiten ausgeblendet.
- Wille wird als Voraussetzung für Erkenntnis hervorgehoben. Nur wer gesellschaftlich etwas will, sieht etwas.
- Integration und Gemeinschaft werden betont, Konflikte hingegen ausgeblendet.

Ein prominentes Beispiel für den Typus des »Deutschen Soziologen« ist Hans Freyer (1887–1969). Freyer war seit 1925 Professor für Soziologie in Leipzig (der ersten nur für Soziologie ausgeschriebene Professur) und gehörte zu den führenden Rechtsintellektuellen der Weimarer Republik. Berühmt wurde er vor allem durch sein Buch »*Revolution von Rechts*« (1931), das erschien, als der Nationalsozialismus bereits erstarkt war und die Republik gefährdete. Die »Revolution von Rechts« verstand Freyer als Gegenbewegung gegen den Interessengruppenpartikularismus der Klassengesellschaft, in der sich eine neue Epoche und eine neue Sozialform ankündigte – das »Volk«. In dieser Sozialform würde nicht mehr ein Gesellschaftsteil durch den anderen dominiert werden, sondern an die Stelle der Klassenherrschaft werde die Führerschaft treten, welche den kollektiven Willen des geeinten Volkes vollzieht. Die nationalsozialistische Machtergreifung verstanden Freyer und andere »Deutsche Soziologen« als »Volkswerdung«. Volk wurde zur zentralen Kategorie für die Soziologie im Dritten Reich. Sie trat an die Stelle des Gesellschaftsbegriffs, der nunmehr im Sinne von bürgerlicher Klassengesellschaft (vor der »Volkswerdung«) verstanden wird.

Volk als zentrale Kategorie löst Gesellschaftsbegriff ab

Nach der Machtergreifung stellte sich Freyer mit zahlreichen Reden und Vorträgen, auch im Ausland, in den Dienst des neuen Regimes. Er gründete eine neue soziologische Zeitschrift, den »*Volksspiegel*« und wurde »Führer« der Deutschen Gesellschaft für Soziologie (DGS). Aber Freyers Erwartungen erfüllten sich nicht. Die von ihm favorisierten konservativen Elemente wurden an den Rand gedrängt oder ausgeschaltet. Die Nazi-Medien nahmen Freyers Schriften kritisch bis ablehnend auf. So stufte die »Reichsstelle zur Förderung des deutschen Schrifttums« den »*Volksspiegel*« als nicht unverdächtig und nicht zu empfehlen ein. Freyer selbst wurde vom Sicherheitsdienst überwacht. Daraufhin zog sich Freyer in einen Zustand zurück, den wohlwollende Beobachter als innere Emigration interpretiert haben, äußerte vorsichtige Kritik am NS-System und ging 1938 nach Budapest. In den 1950er Jahren avancierte er wieder zu einem bedeutenden konservativen Intellektuellen und Analytiker der industriellen Gesellschaft.

Zu den »Deutschen Soziologen« im hier definierten Sinne ist auch Werner Sombart zu zählen. Dabei war es maßgeblich Sombart gewesen, der um die Wende zum 20. Jahrhundert Marx für die akademischen Sozialwissenschaften salonfähig gemacht hatte. Aber spätestens mit Beginn des Ersten Weltkriegs begann er, in eine antimodernistische Kulturkritik abzugleiten, die in seiner Schrift »*Deutscher Sozialismus*« (1934) ihren Höhepunkt fand. Sombart entwickelte darin die Vision einer teilweise re-agrarisierten Ständegesellschaft, in der die Dynamik der Moderne weitgehend zum Stillstand gekommen war.

Sombarts Abgleiten in den Antimodernismus

Entgegen ihren Ambitionen, die Volkswerdung vorzudenken und mitzugestalten, blieb die Wirkung der »Deutschen Soziologen« gering. Das NS-Regime war an dieser Art von Hilfestellung nicht interessiert und beobachtete argwöhnisch konkurrierende rechtsintellektuelle Denkströmungen. Die »Deutschen Soziologen« wurden nicht zu einer eigenen Kraft, stattdessen sahen sie sich von 1934 an zunehmend zu einflusslosen Randfiguren degradiert.

Zusammenfassung

»Deutsche Soziologen«
Hinter dieser Bezeichnung verbergen sich rechtsintellektuelle Soziologen, antidemokratisch und antiwestlich eingestellt, aber mit gewisser intellektueller Unabhängigkeit und mit Anspruch auf geistige Führung auch gegenüber dem NS-Regime. Sie konnten sich im Dritten Reich aber nicht als eigenständige Kraft etablieren und scheiterten am nationalsozialistischen Totalitätsanspruch.

Nationalsozialistische Soziologie | 4.1.3

Als dritte Gruppe von Soziologen im Dritten Reich kann man die nationalsozialistischen Soziologen unterscheiden. Sie werden oft als Teil der »Deutschen Soziologen« gesehen, mit deren Grundbegriffen zur Gesellschaftsanalyse sie übereinstimmten. Im Gegensatz zu diesen verstanden sie sich als bedingungslose Anhänger und Vollstrecker nationalsozialistischer Politik. Während die deutschen Soziologen sich als »Theoretiker« verstanden, betreiben die NS-Soziologen »empirische Forschung« im Auftrag der nationalsozialistischen Machthaber. Zu ihren bevorzugten Forschungsgebieten zählten Industriesoziologie, Regional- und Raumforschung, Wehrsoziologie, Völkerkunde, Anthropologie, Bevölkerungswissenschaft und Auslandskunde. Dabei traten rassenpolitische Momente

Soziologen als Vollstrecker nationalsozialistischer Politik

in den Vordergrund. Die nationalsozialistischen Soziologen sahen die Phase der Volkswerdung Ende der 1930er Jahre als abgeschlossen. Zu ihnen gehörten Karl Heinz Pfeffer, Werner Ziegenfuß, Reinhard Höhn und Otto Ohlendorf. Sie betrachteten sich, in den Worten Pfeffers, als »Waffe des kämpfenden Volkes«. Der Nationalsozialismus übte auf weite Teile der jungen Generation eine starke intellektuelle Faszination aus und eröffnete ihren Anhängern neue Karrierechancen – das galt auch für die Soziologen.

Die NS-Soziologen wirkten vor allem in neu eingerichteten Forschungsinstituten mit spezifischen Aufträgen. So gab es soziologische Institute in sogenannten Grenzuniversitäten (z. B. in Königsberg, Prag, Wien, Posen, Straßburg, aber auch in Kiel, Leipzig und Frankfurt), die über bestimmte geographisch an das deutsche Reich angrenzende Gebiete forschten. Dazu konnte auch die Feststellung von Personen gehören, die nach der geplanten Besetzung durch die Nazis zu verhaften seien. Die Forschungen waren nicht für die Öffentlichkeit gedacht, sondern hatten den Charakter von geheimer Auftragsforschung. Entgegen ihrem nach außen propagierten antiwestlichen Gestus verfolgten die NS-Soziologen zudem die Entwicklung von Forschungsmethoden in der amerikanischen Soziologie.

Im Dienst des NS-Regimes — Wie umfassend sich die deutschen Soziologen in den Dienst des Regimes stellten, zeigen die Beispiele Reinhard Höhn (1904–2000) und Otto Ohlendorf (1907–1951). Beide Wissenschaftler waren zugleich Mitglieder der SS. Dies zunächst in einem »wissenschaftlichen« Sinn. Höhn und Ohlendorf initiierten von 1939 bis 1944 die »Meldungen aus dem Reich«. Hier ging es darum, in einem totalitären Staat, in dem öffentlich keine freie Meinung mehr geäußert werden konnte, ein Bild über die wirkliche Stimmung im Volk zu erstellen. Heute würde man von Meinungsforschung sprechen. Natürlich geschah dies nicht mittels demoskopischer Methoden, sondern durch verdeckte teilnehmende Beobachtung. Aber es blieb nicht bei der »Wissenschaft«. Höhn trat der Waffen-SS bei und brachte es bis Kriegsende zum Rang eines Generalleutnants. Ohlendorf wurde auf Befehl Himmlers Leiter einer Einsatzgruppe der SS, die im Hinterland der russischen Front systematisch Juden ermordete. Ab 1943 war er stellvertretender Staatssekretär im Reichswirtschaftsministerium und befasste sich mit der wirtschaftlichen Neuordnung Deutschlands nach dem Krieg. 1948 wurde Ohlendorf als Kriegsverbrecher angeklagt und endete 1951 am Galgen. Höhn hingegen machte in der Bundesrepublik Karriere. 1955 erlangte er das Amt des Präsidenten der Bad Harzburger Akademie für Führungskräfte in der Wirtschaft.

Wie ist heute die »Deutsche« und die NS-Soziologie im Dritten Reich einzuordnen? Manche Beobachter bestreiten, dass man die NS-Soziologie überhaupt als Soziologie verstehen kann. Das ist insoweit richtig, als das, was im Dritten Reich als Soziologie deklariert wurde, heutigen wissenschaftlichen Kriterien meist nicht standhalten könnte. Auf der anderen Seite lehrt der Blick auf die Praxis der fragwürdigen NS-Soziologie, wie stark das Fach inhaltlich und methodisch von den jeweiligen gesellschaftlichen Bedingungen abhängt. Das wird uns bei der NS-Soziologie aufgrund ihrer Fremdheit besonders bewusst. Es sollte deutlich machen, dass Wissenschaft nie ein eigendynamischer, autonomer Prozess ist, sondern immer in vielfältigen Zusammenhängen steht – das gilt auch heute noch.

Abhängigkeit von gesellschaftlichen Bedingungen

Des Weiteren stellt sich die Frage, ob die »Deutsche« und NS-Soziologie als eine Episode zu sehen ist, welche den weiteren Wissenschaftsprozess nicht beeinflusst hat. Vor der Zeit des Dritten Reichs war die deutsche Soziologie vor allem theoretisch orientiert, nach dem Zweiten Weltkrieg betrieb sie vornehmlich empirische Sozialforschung. Dieser Paradigmenwechsel ist zwar in erster Linie dem amerikanischen Einfluss in der Nachkriegszeit zuzurechnen. Aber man muss sagen, dass sich der Übergang von einer vornehmlich theoretisch zu einer empirisch orientierten Disziplin bereits im Dritten Reich vollzogen hat, und so mancher der NS-Soziologen war auch nach dem Zweiten Weltkrieg empirisch tätig. Zwischen der Soziologie im Dritten Reich und der der Nachkriegszeit bestehen also gewisse personelle und wissenschaftliche Kontinuitäten.

Schwenk von der Theorie zur Empirie schon im Dritten Reich

Der Aderlass der Emigration führte dazu, dass die deutsche Soziologie ihr eigenes Profil und ihre internationale Spitzenstellung einbüßte. Nicht zuletzt dank der Emigranten übernahmen die USA diese Position. Die anderen Länder orientierten sich nach dem Zweiten Weltkrieg an den USA. Damit schwand das eigenständige nationalkulturelle Profil europäischer Soziologien, wie wir sie in den vorherigen Kapiteln etwa für die französische, italienische und deutsche Soziologie kennen gelernt haben.

Zusammenfassung

Auswirkungen des Dritten Reichs auf den Wissenschaftsprozess der Soziologie
- Die USA lösen Deutschland als Führungsnation im Bereich der Soziologie ab; aus »Deutscher Soziologie« wird »Soziologie in Deutschland«.
- Die nationalen Eigenheiten sind seither stark zurückgetreten.
- Die historische und geisteswissenschaftliche Soziologie nach Art von Max Weber und Karl Mannheim gerät ins Hintertreffen. Die Konsequenz ist ein Geschichtsverlust in der Soziologie.

- Soziologie betreibt vor allem empirische Sozialforschung. Dies ist vor allem durch den Einfluss der USA nach dem Zweiten Weltkrieg bedingt, aber auch durch personelle Kontinuitäten zum Dritten Reich.
- Die Kritische Theorie der Frankfurter Schule überlebt als einzige spezifisch deutsche Theorietradition (→ Kapitel 5.2).

Lernkontrollfragen

1 Welche Art von Soziologie konnte im Dritten Reich betrieben werden?
2 Warum waren die Nationalsozialisten an Soziologie interessiert?
3 Welche Motive veranlassten Soziologen, sich in den Dienst des Dritten Reichs zu stellen?

Literatur

Jörg Gutberger, **Volk, Raum und Sozialstruktur. Sozialstruktur- und Sozialraumforschung im »Dritten Reich«.** Münster 1996 → materialreiche Studie, belegt die rasche Expansion sozialwissenschaftlicher Forschungsinstitute im Dritten Reich und ihre Verzahnung mit der administrativen Praxis.

Carsten Klingemann, **Soziologie im Dritten Reich.** Baden-Baden 1996 → Eine umfassende Studie zur Soziologie im Dritten Reich.

Carsten Klingemann, **Soziologie und Politik. Sozialwissenschaftliches Expertenwissen im Dritten Reich und in der frühen westdeutschen Nachkriegszeit.** Wiesbaden 2009 → enthält zahlreiche aufschlussreiche Materialien zur Soziologie im Dritten Reich und beleuchtet personelle und sachliche Kontinuitäten zur Nachkriegszeit.

M. Rainer Lepsius (Hg.): **Soziologie in Deutschland und Österreich 1918–1945.** Opladen 1981 → Sammelband, wichtig zum Thema ist vor allem die Einleitung von Lepsius und der Beitrag von Klingemann.

Jerry Z. Muller, **The Other God That Failed. Hans Freyer and the Deradicalization of German Conservatism.** Princeton 1987 → Eine ausgezeichnete, akkurate Darstellung über die Verstrickung eines Sozialwissenschaftlers in das Dritte Reich und den Versuch eines konservativen Neuanfangs in der Bundesrepublik.

Otthein Rammstedt, **Deutsche Soziologie 1933–1945. Die Normalität einer Anpassung.** Frankfurt am Main 1986 → Ein informatives Standardwerk zur Soziologie im Dritten Reich mit interessanten Interpretationen.

Soziologie im Exil – Das Beispiel Norbert Elias | 4.2

Inhalt

Etwa zwei Drittel der deutschen Soziologen gingen nach 1933 ins Exil. Es waren vor allem junge Wissenschaftler, die vor den Nationalsozialisten flohen. Manche von ihnen zählten zeitweise zu den überragenden Persönlichkeiten des Fachs und gelten auch heute noch als Klassiker. Dazu gehören Emil Lederer, Karl Polanyi, Eduard Heimann, Theodor Geiger, Karl Mannheim, Norbert Elias, Theodor W. Adorno, Max Horkheimer, René König und (für Österreich) Alfred Schütz, Paul Lazarsfeld, Marie Yahoda.

4.2.1 Was bedeutete das Exil für die Emigranten?

4.2.2 Die Exil-Biografie von Norbert Elias

4.2.3 »Die höfische Gesellschaft«

4.2.4 »Über den Prozess der Zivilisation«

Was bedeutete das Exil für die Emigranten? | 4.2.1

Die meisten der aus Deutschland vertriebenen Wissenschaftler wollten am liebsten in Europa bleiben. Aber in vielen europäischen Ländern wurden die Emigranten eher als lästige Kostgänger betrachtet. Am meisten war in den USA die Einsicht verbreitet, dass man die Emigranten auch als nützliches Potential für die eigenen Wissenschaften ansehen konnte. Es gab etliche Stiftungen und Hilfsprogramme zu ihrer Unterstützung. Auf Initiative des Wirtschaftswissenschaftlers Alvin S. Johnson, Gründungsdirektor der New School of Social Research in New York wurde sogar eine Universität eigens für hochkarätige emigrierte Sozialwissenschaftler geschaffen – die University in Exile, eine Abteilung der New School. Den Wissenschaftlern, die dort Arbeit fanden, verschaffte dies nicht nur relative materielle Sicherheit, es ermöglichte ihnen auch, in gewisser Weise in ihrer Herkunftskultur zu bleiben. Der Hauptteil der Emigranten fand in den USA eine neue Heimat. Aber insgesamt gesehen, wurden sie über die ganze Welt zerstreut, z. B. nach China, Japan oder Neuseeland.

USA als Hauptziel der Emigration

Für die meisten Emigranten war das Leben im Exil hart und beschwerlich. Sie wurden aus ihren vertrauten Lebens- und Wissenschaftszusammenhängen herausgerissen. Oft standen sie mittellos da

Forschungsfeindliche harte und fremde Lebensbedingungen

und mussten irgendwie Geld für den täglichen Broterwerb verdienen. Sie mussten in einer fremden Sprache reden und schreiben. Bisherige Forschungsschwerpunkte ließen sich nicht mehr fortsetzen. Häufig konnten die Soziologen ihr vormals erreichtes Niveau nicht halten.

Ein Beispiel dafür ist die Wissenssoziologie von Karl Mannheim (→ Kapitel 3.7). Sie war das überragende Thema in der deutschen Soziologie vor 1933. Mit der nationalsozialistischen Machtergreifung brach auch die Wissenssoziologie in Deutschland ab. Mannheim selbst musste ins englische Exil gehen, dort widmete er sich anderen, aktuelleren Themen. Die Wissenssoziologie fand zwar noch einen gewissen Nachhall in den USA und Großbritannien, aber sie erlangte nie die Bedeutung, die sie einst in Deutschland gehabt hatte und die sie international unter anderen politischen Umständen möglicherweise bekommen hätte.

Doch auch trotz der oft schwierigen Bedingungen entstanden im Exil Werke von klassischem Rang, wie etwa »*Der Prozess der Zivilisation*« von Norbert Elias (1939); »*Mensch und Gesellschaft im Zeitalter des Umbaus*« von Karl Mannheim (1935/1940); »*Dialektik der Aufklärung*« (1942/1947) von Max Horkheimer und Theodor W. Adorno oder »*The Great Transformation*« von Karl Polanyi (1944).

Zusammenfassung

Was bedeutete eine Wissenschaftlerexistenz im Exil?
- Nicht selten materielle Sorgen, Arbeiten für den Broterwerb
- Die Emigranten wurden herausgerissen aus der vertrauten Kultur
- Fremde Sprache
- Bisherige Forschungsschwerpunkte konnten oft nicht fortgesetzt werden.
- Häufig konnten die Soziologen im Exil nicht mehr das zuvor erreichte Niveau halten.

4.2.2 | Die Exil-Biografie von Norbert Elias

Wie sich Vertreibung und Exil auf die Biografie eines Wissenschaftlers auswirken konnte, lässt sich beispielhaft am Schicksal von Norbert Elias nachvollziehen.

Norbert Elias (1897–1990) war jüdischer Herkunft, wie ein Drittel der deutschen Soziologen in den 1920er Jahren. Krieg und Inflation hatten das Geschäft seines Vaters, eines Breslauer Textilfabrikanten, in Mitleidenschaft gezogen, so dass dieser seinen einzigen Sohn nicht unbegrenzt finanziell unterstützen konnte. Vor dem Ersten Weltkrieg stammten junge Wissenschaftler in der Regel aus vermögendem Elternhaus. Ohne Vermögen war eine wissenschaftliche Karriere schwer zu bewerkstelligen, weil erst eine Professur ein sicheres und gutes Einkommen gewährleistete. Nach dem Ersten Weltkrieg und der Inflation fiel diese Vermögensbasis häufig aus. So auch bei Norbert Elias, der seinen Lebensunterhalt über Jahre durch Arbeit in einer Fabrik selbst verdienen musste. Er studierte zunächst Medizin (bis zum Physikum), Philosophie und Psychologie an der Universität Breslau, wo er 1924 zum Dr. phil. promovierte. Ab 1925 studierte er in Heidelberg Soziologie bei Alfred Weber und Karl Mannheim. 1930 wurde er dessen Assistent und begleitete ihn an die Universität nach Frankfurt am Main. Dort schrieb er seine Habilitationsarbeit »*Der höfische Mensch*«, die aber aufgrund der NS-Machtergreifung nicht mehr erscheinen konnte. Erst 1969 veröffentlichte man sie unter dem Titel »*Die höfische Gesellschaft*«. *Machtergreifung verhindert Publikation der Habilitation*

Aufgrund seiner jüdischen Herkunft musste Elias wie Karl Mannheim Deutschland verlassen. Ihn erwartete ein typisches, wechselvolles Emigrantenschicksal. Von 1933 bis 1935 lebte er als Privatgelehrter in Frankreich. Versuche, dort oder in der Schweiz eine Stelle an einer Universität zu bekommen, scheiterten. Auch versuchte sich Elias erfolglos als Unternehmer, wobei er seine Ersparnisse verlor. 1935 ging Elias, kaum der englischen Sprache mächtig, ins britische Exil. Ein jüdisches Flüchtlingskomitee unterstützte ihn zunächst mit dem Notwendigsten. Er übernahm Lehraufträge an Universitäten und Volkshochschulen, lehrte in London, Cambridge und Leicester. Gelegentlich arbeitete er auch als Psychiater. Im Zweiten Weltkrieg wurde er als feindlicher Ausländer für acht Monate interniert. Viele Jahre später, von 1962 bis 1964 wirkte Elias als Professor an der University of Accra in Ghana. *Gefährdete Existenz*

Als Soziologe blieb Elias über die meisten Jahre seines Lebens unbeachtet. Dabei hatte er 1939 seine groß angelegte Arbeit »*Über den Prozess der Zivilisation*« veröffentlicht. Aber das zweibändige Werk erschien in der Schweiz kurz vor Kriegsbeginn – kaum einer nahm davon Notiz. Das änderte sich erst 1976, als der Titel im Suhrkamp-Verlag als preiswerte Taschenbuchausgabe herauskam. Innerhalb weniger Monate waren 20.000 Exemplare verkauft. Mit einem Schlag wurde Elias von einem unbekannten Soziologen zum Klassiker der Sozialwissenschaften. Ehrungen folgten, und sein Werk wurde nun endlich aufmerksam gelesen, gelehrt und diskutiert. In seinem neunten Lebensjahrzehnt erfuhr Elias nun doch noch die verdiente Anerkennung, die ihm zuvor aufgrund der widrigen politischen Umstände versagt geblieben war. Wäre Elias z.B. mit siebzig Jahren gestorben und nicht erst 1990 mit über neunzig Jahren – die Wissenschaft hätte vielleicht nie nennenswert Notiz von ihm genommen. *Späte Würdigung der wissenschaftlichen Leistung*

4.2.3 | »Die höfische Gesellschaft«

Wie bereits erwähnt, schrieb Norbert Elias seine Habilitationsschrift unter dem Titel *»Der höfische Mensch«* bereits in der Endphase der Weimarer Republik. Unter dem Titel *»Die Höfische Gesellschaft«* gilt die Publikation mittlerweile als eines seiner Hauptwerke. Elias beschreibt darin eine spezifische historische Formation in der Zeit des späten 17. und des 18. Jahrhunderts bis zur Französischen Revolution, als sich die Herrschaftsform des absolutistischen Staates in Europa weitgehend durchsetzte. Ein Teil des Adels lebte seit der Zeit an Königs- und Fürstenhöfen. Der bekannteste Hof, Vorbild für alle Länder, war der französische Königshof in Versailles. Dieser bildet den Gegenstand von Elias' Analyse. Warum interessiert sich Elias als Soziologe für ein scheinbar rein historisches Thema?

Untersuchung des Königshofs von Versailles vor der Revolution

Während es dem Historiker vor allem darum geht, eine bestimmte geschichtliche Periode um ihrer selbst willen zu verstehen, verfolgt Elias andere Erkenntnisinteressen. Zum einen meint er, man könne die eigene Gegenwart durch historisch-soziologische Analysen besser begreifen:

»*Man lernt die gesellschaftlichen Zusammenhänge des eigenen Lebens besser verstehen, wenn man sich in das Leben von Menschen anderer Gesellschaften vertieft*« (Norbert Elias, *Die höfische Gesellschaft*. Frankfurt 1983, S. 115).

Menschliches Handeln unterliegt Fremd- und Selbstzwängen

Zum anderen will er anhand der höfischen Gesellschaft zeigen, wie stark menschliches Handeln Fremd- und Selbstzwängen unterliegt. Für dieses allgemeinsoziologische Interesse prägt er den Begriff der Figuration.

Definition

Figuration
Der Begriff der Figuration will sagen, dass Menschen nicht als Einzelwesen handeln, sondern in Verflechtung (»Interdependenz«) mit anderen Menschen, z. B. als Familie, als Schulklasse, als Fußballmannschaft oder, im 18. Jahrhundert, als höfische Gesellschaft. Damit wird impliziert, dass Menschen nicht frei handeln, sondern gesellschaftlichen Zwängen unterworfen sind. Gesellschaft besteht also nicht aus Einzelmenschen, sondern aus Figurationen.

Was ist mit *Figuration* gemeint? Elias setzt voraus, dass Menschen keine Einzelgänger sind, sondern in einem vielschichtigen wechselseitigen Verhältnis zueinander stehen. Elias nennt das *Interdependenz*. So sind wir in familiale Zusammenhänge eingebunden. Ein Beispiel: Vor einigen hundert Jahren durften junge Menschen nicht heiraten, wen sie wollten, sondern die Eltern entschieden darüber, in vielen Ländern ist es bis heute so.

Dass Menschen, die in der gesellschaftlichen Hierarchie unten stehen, Zwängen unterliegen, leuchtet ein. Aber von hierarchisch hochstehenden Menschen erwartet man, dass sie frei sind, dass sie tun und lassen können, was sie wollen. Elias behauptet dagegen, auch Menschen der Oberschicht seien Teil einer sozialen Figuration. Gesellschaft besteht eben nicht aus Individuen, die frei, rational und unabhängig entscheiden können. Sondern Gesellschaft besteht zur Gänze aus Figurationen – das sind dynamische soziale Netzwerke von untereinander abhängigen Individuen. Demnach bilden auch die Adligen des Königshofs eine gesellschaftliche Figuration.

Gesellschaft besteht aus Figurationen

So gliedert sich der Adel von oben nach unten in den Schwertadel, die hohe Geistlichkeit und den Verwaltungsadel. Alle drei Gruppen sind jeweils wieder in sich hierarchisch fein differenziert. Jeder Adlige hat in der höfischen Gesellschaft einen bestimmten Rang, den er nur bei entsprechender Lebensweise behaupten kann. Elias formuliert das so:

»*Ein Herzog muß sein Haus so bauen, dass es ausdrückt: ich bin ein Herzog und nicht nur ein Graf. Das gleiche gilt von seinem ganzen Auftreten. Er kann nicht dulden, dass ein anderer herzoglicher auftritt als er selbst. Er muß darüber wachen, dass er im offiziellen gesellschaftlichen Verkehr den Vorrang vor dem Grafen hat ... Ein Herzog, der nicht wohnt, wie ein Herzog zu wohnen hat, der also auch die gesellschaftlichen Verpflichtungen eines Herzogs nicht mehr ordentlich erfüllen kann, ist schon fast kein Herzog mehr.*« (Norbert Elias, *Die höfische Gesellschaft*. Frankfurt 1983, S.99)

Erwartet wird also eine standesgemäße Lebensweise nach dem Motto »Adel verpflichtet«. Wer sich nicht eine standesgemäße Lebensweise leisten will oder kann, verliert das Ansehen und den Respekt seiner Standesgenossen. Er wird zu einem Außenseiter, nach Maßstab aristokratischer Normen zu einer gescheiterten und sinnentleerten Existenz. Seine Ehre hängt davon ab, dass er standesgemäß lebt. Elias nennt das *Statuskonsum*.

Und hier sehen wir auch, wie sich die Normen der höfischen Gesellschaft von den heutigen Normen unterscheiden. Heutzutage gilt beispielsweise Sparsamkeit als eine Tugend. Doch Sparsamkeit ist keine schon immer gültige Norm, sondern sie wurde erst durch das Bürgertum eingeführt. Nur mit Hilfe der Sparsamkeit war es Bürgerlichen möglich, Kapital zum Ausbau von Unternehmen zu bilden. Ganz anders dachten und handelten die französischen Adligen. Für Sparsamkeit hatten sie nur Verachtung übrig. Elias erläutert das an einem Beispiel. Der Herzog von Richelieu vertraute einst seinem Sohn einen Beutel voller Geld an, damit er lernen konnte, Geld wie ein Edelmann auszugeben. Als der

Unterschiedliche Gültigkeit von Normen

Sohn zurückkehrt, ohne das Geld ausgegeben zu haben, wirft der Vater den Beutel vor den Augen des Sohnes aus dem Fenster hinaus.

Wie aber kann ein soziales System funktionieren, dessen Mitglieder stets dazu neigen (und neigen müssen), mehr auszugeben als sie einnehmen? Fest steht jedenfalls, dass das System des Statuskonsums ruinös ist. Die Schwächsten und Unfähigsten können nicht mithalten. Die Ressourcen von Adligen sind nicht unbegrenzt. Sie sind vor allem von den Einnahmen aus ihren Landgütern abhängig, eventuell aufgestockt durch Einkünfte aus Ämtern oder Zuwendungen des Königs. Aber der Weg bürgerlichen Gelderwerbs bleibt ihnen versperrt. Nicht individuelle Unfähigkeit, sondern das System konkurrierenden Statuskonsums muss notwendigerweise dazu führen, dass ein Teil der Adligen nicht mithalten kann, sich ruiniert und aus der höfischen Gesellschaft ausscheidet.

Ruinöser Statuskonsum

So weit gesehen, müsste sich das System der höfischen Gesellschaft eigentlich selbst zerstören, denn wenn immer mehr Adlige ruiniert ausscheiden, bleiben immer weniger und irgendwann keine Adligen mehr übrig. Aber es gibt nicht nur sozialen Abstieg. Im Dritten Stand, dem Bürgertum, hat sich unterdessen eine Schicht herausgebildet, die durch kommerzielle Tätigkeiten sehr reich geworden ist, reicher als die Adligen. Dazu zählen insbesondere Bankiers. Der König kann den Fähigsten und Erfolgreichsten aus dem Dritten Stand den Adelstitel verleihen. Sie ersetzen quasi die Adligen, die aus der höfischen Gesellschaft herausgefallen sind, und bringen frisches Geld in die höfische Gesellschaft. Durch diesen Mechanismus von Auf- und Abstieg kann die höfische Gesellschaft trotz ihres ruinösen Charakters theoretisch über lange Zeit existieren.

Bürgerliche bringen Geld in die höfische Gesellschaft und sichern deren Existenz

Dem König kommt, so Elias, bei diesem System des Auf- und Abstiegs besondere Bedeutung zu. Er kann den Abstieg von Adligen verhindern, indem er Geldgeschenke oder ein Amt gewährt. Doch auch der König ist Teil der Figuration der höfischen Gesellschaft und keineswegs frei von Zwängen: Die Adligen stehen ihm mit kritischer Distanz gegenüber, weil er sie ihrer Freiheit und Selbstbestimmung beraubt und seiner Herrschaft unterworfen hat. Im Bürgertum, insbesondere unter den Intellektuellen, gewinnen unterdessen die Ideen der Aufklärung an Boden, die mit königlicher Allmacht nicht ohne weiteres vereinbar sind. Der König muss beide Gruppen zufriedenstellen und zugleich eine Balance zwischen beiden anstreben, nur dann ist seine Position gesichert. Man sieht, dass selbst der absolutistische König, eigentlich die Verkörperung von Souveränität und Willkür, nicht wirklich frei ist, sondern Teil einer sozialen Figuration. Denn kommt der König den Erwartungen nicht nach, die an ihn gerichtet werden, ist seine Position gefährdet.

König ist Teil einer Figuration

»Der Prozess der Zivilisation« | 4.2.4

Warum essen wir eigentlich mit Messer und Gabel? Man kann auch mit den bloßen Fingern essen. Früher, vor einigen hundert Jahren, tat man das ja auch. Damit befinden wir uns mitten im Thema von Elias zweitem und noch berühmteren Hauptwerk »*Der Prozess der Zivilisation*«. Denn der Prozess vom Essen mit Fingern zum Essen mit Messern und Gabeln ist Teil des von ihm sogenannten *Zivilisationsprozesses*. Auch sonst änderten sich die Tischsitten im Laufe der Jahrhunderte. Ganz anders als wir heute fanden die Ritter des Mittelalters beispielsweise nichts dabei, sich während des Mahls in die Hand oder in den Ärmel zu schnäuzen, auf den Boden zu spucken, lustvoll zu schmatzen, aufzustoßen oder den Darmwinden freien und geräuschvollen Lauf zu lassen. Dies wurde dann als Zeichen gewertet, dass es gut geschmeckt hatte.

Zivilisationsprozess ablesbar an veränderten Tischsitten

Als ein anderes Beispiel für den Zivilisationsprozess wählt Elias den Umgang mit Nacktheit. So war beispielsweise die Hochzeitsnacht im Mittelalter ein durchaus öffentliches Ereignis. Die Gäste kamen mit ins Schlafzimmer und zogen das Hochzeitspaar nackt aus. Erst die Öffentlichkeit in der Hochzeitsnacht machte die Ehe gültig. In späterer Zeit beließ man es dabei, das Brautpaar in angezogenem Zustand zu Bett zu bringen. Noch später trug der Bräutigam die Braut über die Schwelle seines Hauses; die Hochzeitsgesellschaft blieb außen vor. Bis ins 16. Jahrhundert war der Anblick von Nacktheit, auch des anderen Geschlechts, etwas vollkommen Normales. Man zog sich komplett zu Hause aus, bevor man ins öffentliche Badehaus ging. Man übernachtete mit vielen Personen gemeinsam in einem Raum und schlief unbekleidet. Nachthemden kamen etwa zur gleichen Zeit in Gebrauch wie Gabel oder Schnupftuch.

Als weiteres Beispiel des Verhaltenswandels dient Norbert Elias die Angriffslust. So war körperliche Gewaltanwendung im Mittelalter etwas Selbstverständliches. Besonders sind hier die Ritter zu nennen, für die Gewaltanwendung sogar Teil ihrer »Berufsehre« war. Sie ergötzten sich daran, ihre Gefangenen zu verstümmeln. Aber auch unter der Dorfbevölkerung war es üblich, Meinungsverschiedenheiten mit den Fäusten auszutragen. In allen Schichten kam es über lange Zeit hinweg zu großen oder kleinen (Familien-)Fehden. Die eigenen Aggressionen im Zaum zu halten und sie nicht unvermittelt in körperliche Gewalt umzusetzen, das ist erst ein Phänomen der Neuzeit.

Die Zügelung der eigenen Aggressivität, die Verfeinerung der Tischsitten, der veränderte Umgang mit Nacktheit, mit dem anderen Geschlecht, die Privatisierung der Hochzeitsnacht – all dies sind Phänomene des Zivilisationsprozesses. Diesen sieht Elias allgemein durch folgende Merkmale gekennzeichnet:

- Die Kontrolle der eigenen Affekte nimmt zu. Man lässt sich nicht mehr so gehen, sei es am Esstisch oder in Streitsituationen.
- Die Peinlichkeitsschwelle steigt an. Viele Verhaltensmuster, die etwa im Mittelalter niemals als anstößig wahrgenommen worden wären, werden in späterer Zeit als peinlich empfunden. Dazu zählen z. B. der Umgang mit Nacktheit, mit körperlichen Ausscheidungen, mit Freudenhäusern, mit Sexualität allgemein.
- Es findet eine Trennung von öffentlicher und privater Sphäre statt, die es ebenfalls im Mittelalter noch nicht gab. Peinliche Praktiken wie körperliche Ausscheidungen oder Sexualität werden der Öffentlichkeit entzogen und Teil der privaten Sphäre.
- Selbstzwang ersetzt Fremdzwang. Die Grenzen unseres Handelns werden nicht »von außen«, etwa durch Gewaltandrohung oder durch Kontrolle gesetzt, sondern durch Selbstbeobachtung und Selbstbeherrschung.

Ausgangspunkt des Zivilisationsprozesses ist die jeweilige Oberschicht einer Gesellschaft. Von ihr aus sickern neue Arten des Empfindens und Verhaltens in andere Schichten durch.

Zusammenfassung

Der Zivilisationsprozess nach Norbert Elias
- Zunehmende Affektkontrolle
- Ansteigen der Peinlichkeitsschwelle
- Trennung von öffentlicher und privater Sphäre, der die »peinlichen« Praktiken vorbehalten bleiben
- Selbstzwang ersetzt Fremdzwang

Zivilisationsprozess entsteht durch Zusammenspiel von Psychogenese und Soziogenese

Der Zivilisationsprozess verläuft nicht etwa geplant, aber auch nicht rein zufällig. Er kommt durch ein Zusammenspiel von *Psychogenese* und *Soziogenese* zustande. *Psychogenese* bezieht sich auf die Mikroebene, also auf das Denken, Empfinden und Verhalten des einzelnen Menschen. *Soziogenese* bezieht sich auf die Makroebene gesellschaftlicher Strukturen und meint konkret die Differenzierung der Gesellschaft, die Herausbildung der Geldwirtschaft, die Durchsetzung der absolutistischen Monarchie und den sozialen Aufstieg des Bürgertums. Der Prozess der Zivilisation hängt mit den genannten Strukturprozessen zusammen. In der europäischen Geschichte differenzieren sich die gesellschaftlichen Funktionen immer weiter aus; d.h. es kommt zu einer zunehmenden Arbeitsteilung. Diese Arbeitsteilung kann nur funktionieren, wenn das Verhalten der Menschen aufeinander abgestimmt ist. Und das geht nur, wenn sich Menschen nicht von ihren affektiven Impulsen treiben lassen, sondern sich selbstdiszipliniert auf vorgegebene Aufgabenstellungen konzentrieren. Würde man z. B. jede Unstimmigkeit im Büro in einer Prügelei austragen, wäre schwer eine gedeihliche Kooperation möglich. Diesen Aspekt der psychischen Einstellung bezeichnet Elias mit dem oben bereits genannten Begriff der *Psychogenese*.

Besonders wichtig ist aus Sicht von Elias aber die Herausbildung des absolutistischen Staates. Der Monarch hat die renitenten Adligen besiegt und die absolute Herrschaft errungen. Die Adligen können nun nicht mehr nach Gutdünken von ihrem Faustrecht Gebrauch machen und willkürlich ihre affektiven Impulse ausleben. Sie sind am Hof des Königs, sind Teil – und damit sind wir wieder bei Elias' Ausgangsthema – der höfischen Gesellschaft. Im Konkurrenzkampf der Adligen am Hof um die Gunst des Königs bringen es diejenigen am weitesten, welche die Etikette am Hof beherrschen und sich »gut benehmen« können. Und gut benehmen bedeutet eben zunächst einmal, die eigenen Triebe und Gefühle unter Kontrolle zu haben. Das setzt sich bis heute fort. Wer es beispielsweise in einem Unternehmen ganz nach oben bringen will, der muss nicht nur über Fachwissen und Durchsetzungsfähigkeit verfügen, sondern die Verhaltensstandards der Oberschicht verinnerlicht haben – und das können am besten diejenigen, die selbst der Oberschicht entstammen. Deren Empfindungs- und Verhaltensstandards werden schließlich, mehr oder weniger zeitverzögert, von oben nach unten weiter gegeben.

Affektkontrolle als Aufstiegsbedingung

Definition

Psychogenese und Soziogenese
Psychogenese meint die Veränderung der persönlichen Empfindungs- und Verhaltensstandards.
  Soziogenese meint die Veränderung gesellschaftlicher Strukturen. Elias versteht darunter den Prozess der funktionalen Differenzierung, die Entstehung der Geldwirtschaft, die Herausbildung des absolutistischen Staates und den Aufstieg der bürgerlichen Klasse.

Grundsätzlich zeichnen die Soziologie von Elias folgende Merkmale aus: Es werden langfristige historische Prozesse rekonstruiert, die z. B. dem Historiker, der in der Regel über sehr viel kürzere Zeitabschnitte arbeitet, so nicht vor Augen treten. Dabei werden Entwicklungen in der Psyche der Menschen (Psychogenese) mit langfristigen gesellschaftlichen Strukturwandlungen (Soziogenese) in Zusammenhang gebracht. Auch wenn Norbert Elias mit seiner Figurationssoziologie und seiner Prozesssoziologie seit den 1970er Jahren noch die verdiente Anerkennung widerfuhr, so ist er doch, was seine wissenschaftlichen Wirkungen anbetrifft, eher ein Außenseiter geblieben. Ungleich einflussreicher wurde Talcott Parsons mit seiner viel abstrakter angelegten ahistorischen Handlungs- und Systemtheorie.

Lernkontrollfragen

1 Welche Folgen hatte das Exil für die betroffenen Wissenschaftler – für ihre Lebensumstände, für ihre wissenschaftliche Arbeit? Erörtern Sie die Frage anhand der Biografie von Norbert Elias.
2 Warum interessiert sich Norbert Elias als Soziologe für die höfische Gesellschaft? Versuchen Sie Unterschiede zum Forschungsinteresse von Historikern herauszuarbeiten.
3 Was ist eine Figuration?
4 Beschreiben Sie vergleichend die bürgerliche und aristokratische Auffassung zum Sparen.
5 Welchen Zusammenhang sieht Elias zwischen Psychogenese und Soziogenese?

Literatur

Norbert Elias, **Die höfische Gesellschaft. Untersuchungen zur Soziologie des Königtums und der höfischen Aristokratie.** Frankfurt am Main 1983 → Ursprünglich die Habilitationsschrift von 1933, später aber erheblich überarbeitet, in neuer Fassung 1969 erstmals erschienen.

Norbert Elias, **Über den Prozess der Zivilisation. Soziogenetische Untersuchungen.** 7. Aufl. Zwei Bände. Frankfurt am Main 1980 → Bekanntestes Werk von Elias, zuerst erschienen 1939.

Norbert Elias, **Norbert Elias über sich selbst.** Frankfurt am Main 1990 → Autobiografische Notizen und autobiografisches Interview, viel Aufschlussreiches über das Emigrantenleben.

Hermann Korte, **Über Norbert Elias. Das Werden eines Menschenwissenschaftlers.** Frankfurt am Main 1988 → Über die Biografie von Elias, die Rezeptionsgeschichte seines Werkes und die Grundgedanken seiner Soziologie.

Claus-Dieter Krohn: **Wissenschaft im Exil. Deutsche Sozial- und Wirtschaftswissenschaftler in den USA und die New School for Social Research.** Frankfurt am Main 1987 → Studie über die sozialwissenschaftliche Emigration in die USA mit Schwerpunkt auf die New Yorker Emigranten-Universität.

M. Rainer Lepsius (Hg.), **Soziologie in Deutschland und Österreich 1918–1945.** Opladen 1981, III. Teil → Enthält v.a. einen wichtigen Beitrag von

Lepsius über die Folgen der Emigration für die Sozialwissenschaften mit einem Verzeichnis emigrierter Sozialwissenschaftler.
Ilja Srubar (Hg.), **Exil, Wissenschaft, Identität. Die Emigration deutscher Sozialwissenschaftler 1933–1945**. Frankfurt am Main 1988 → Aufsatzsammlung zur Exilforschung.

Talcott Parsons und der Funktionalismus | 4.3

Inhalt

Während der deutschen und teilweise auch der europäischen Soziologie während des Dritten Reiches enge politische Grenzen gesetzt waren, bewegte sich in der USA-Soziologe eine Menge. Die empirische Forschung, nun verstärkt auch mit quantitativen, mathematisierten Methoden, schritt gut voran. Das war nicht zuletzt dem österreichischen Emigranten Paul Lazarsfeld zu verdanken. Die Theorie verzeichnete bahnbrechende Neuerungen, und die gingen vor allem auf das Konto von Talcott Parsons.

Talcott Parsons stellt zweifellos eine Schlüsselfigur in der Geschichte der Soziologie dar. Viele Fäden der Vergangenheit laufen in seinem Werk zusammen. Die Entwicklung seit den 1970er Jahren ist ebenfalls maßgeblich von Parsons beeinflusst, sei es durch kritische Anknüpfung an ihn, sei es durch Auseinandersetzung mit seinen Theorien. So ist die heutige Systemtheorie ohne seine grundlegenden Arbeiten kaum denkbar. Vor allem aufgrund der Arbeiten von Parsons galt der Funktionalismus in den fünfziger Jahren »als nahezu synonym mit der soziologischen Theorie« (Ralf Dahrendorf).

4.3.1 Zur Biografie von Talcott Parsons

4.3.2 Wie ist soziale Ordnung möglich? – Das Hobbes'sche Problem

4.3.3 Parsons' Handlungstheorie I – Der Handlungsakt

4.3.4 Parsons Handlungstheorie II – Die Pattern Variables

4.3.5 Der Funktionalismus

4.3.6 Parsons' Theorie sozialer Systeme

4.3.7 Zur Rezeption von Parsons in der Soziologie

4.3.8 Robert K. Mertons Weiterentwicklung des Funktionalismus

4.3.1 | Zur Biografie von Talcott Parsons

Talcott Parsons wurde 1902 in Colorado geboren und wuchs dort in einem asketisch geprägten protestantischen Elternhaus auf. Sein Vater brachte es zum Professor für Anglistik, war aber ursprünglich Pfarrer. (Wir werden noch sehen, dass Normen und Werte bei Parsons später eine herausragende Rolle spielten). Parsons studierte zunächst Biologie, später Wirtschaftswissenschaften in New York. 1924 ging er an die London School of Economics, wo er in engen Kontakt mit bedeutenden Vertretern der Kulturanthropologie kam, wie etwa mit Bronislaw Malinowski, einem Pionier in der Entwicklung des sogenannten *Funktionalismus* (→ Kapitel 4.3.5). 1925 wechselte er nach Heidelberg und studierte dort das Werk großer deutscher Sozialwissenschaftler. 1927 promovierte er mit einer Doktorarbeit über den Kapitalismusbegriff bei Karl Marx, Werner Sombart und Max Weber. Seit 1930 lehrte er in New York an der Harvard Universität im Soziologie-Department. 1937 erschien sein erstes klassisches Werk *»The Structure of Social Action«*. Parsons entwickelte darin eine eigene Handlungstheorie, welche Elemente von Max Weber, Emile Durkheim, Vilfredo Pareto, dem Ökonomen Alfred Marshall und auch Georg Simmel synthetisierte. Es dauerte Jahre, bis dieses Werk gebührende Beachtung erfuhr. Sein zweites großes Werk, *»The Social System«* von 1951, machte ihn endgültig berühmt. In den 1950er und 1960er Jahren galt Parsons unbestritten als angesehenster und bedeutendster Soziologe weltweit. In der Zeit schien es so, als könnte Parsons Theorie das einzig verbindliche Theoriegebäude in der Soziologie werden; sie hatte einen ähnlichen Stellenwert wie die Grenznutzentheorie in der Nationalökonomie. Doch Ende der 1960er Jahre ließ Parsons Ansehen schlagartig nach. Seine Theorie galt nun als konservativ und systemstabilisierend. Parsons selbst sah sich wohl als linken Liberalen, er empfand in den 1930er Jahren große Sympathien für Roosevelts Politik des New Deal. Aber in den 1970er Jahren erschien er als Theoretiker, über den die Zeit hinweg geschritten war. 1979 starb Parsons plötzlich und unerwartet auf einer Vortragsreise in Deutschland an Herzversagen. Nach seinem Tod stieg die Bedeutung von Parsons wieder; so war insbesondere seine Systemtheorie eine wichtige Grundlage für Niklas Luhmann (→ Kapitel 5.3). Es gibt aber auch Theorieentwürfe, die sich enger an Parsons anschließen, etwa der sogenannte Neo-Funktionalismus, auch Neo-Parsonianismus genannt (Jeffrey Alexander, Richard Münch). Neben seinen großen Theorien zum Handeln, zu sozialen Systemen und zur Evolution hat Parsons viele kleinere Arbeiten verfasst, beispielsweise beachtliche Analysen über das Dritte Reich.

Eigene Handlungstheorie

Wie ist soziale Ordnung möglich? – Das Hobbes'sche Problem | 4.3.2

Talcott Parsons Handlungstheorie entstand aus einer wissenschaftlichen Auseinandersetzung mit dem *Utilitarismus* – einer wichtigen Denkströmung in der englischen Philosophie im 18. und 19. Jahrhundert. Sie ist besonders verbunden mit dem Namen von Jeremy Bentham (1748–1832), später mit dem von John Stuart Mill (1806–1873). Benthams Grundthese war, dass Menschen handeln, um Schmerz zu vermeiden und Lust zu gewinnen, um den eigenen Nutzen zu vermehren. Daher sei es Norm menschlichen Handelns, zum größtmöglichen Glück der größtmöglichen Zahl beizutragen. Die utilitaristische Auffassung prägte auch die Wirtschaftswissenschaften, was ihre zentrale Bedeutung unterstreicht. Talcott Parsons war mit dieser Handlungstheorie jedoch nicht einverstanden, und so ging seine eigene Theoriebildung in »*The Structure of Social Action*« von einer Auseinandersetzung mit dem Utilitarismus aus.

Auseinandersetzung mit dem Utilitarismus

Definition

Utilitarismus
Utilitarismus ist eine Denkströmung in der neuzeitlichen englischen Philosophie. Demnach handeln Menschen, um ihren Nutzen zu maximieren und ihren Schaden zu minimieren. Entsprechend muss es die Maxime menschlichen Handelns sein, das größtmögliche Glück der größtmöglichen Zahl zu erstreben. Wenn alle Menschen nach ihrem größtmöglichen Nutzen streben, ist das auch gut für die Gesellschaft insgesamt. Als wichtigste Vertreter des Utilitarismus gelten Jeremy Bentham (1748–1832) und John Stuart Mill (1806–1873).

Parsons behauptete, dass utilitaristisches Denken schon vor Bentham aufgetreten sei, und er dachte dabei an den Philosophen Thomas Hobbes (1588–1679), den bedeutenden Theoretiker des absolutistischen Staates.

Hintergrund

Thomas Hobbes (1588–1679)
Thomas Hobbes war englischer Philosoph und Staatstheoretiker. In seinem Hauptwerk Leviathan (1651) behauptet er, dass »der Mensch des Menschen Wolf« sei. Diese pessimistische Sichtweise geht auf Hobbes' Erfahrung der englischen Bürgerkriege des 17. Jahrhunderts zurück, die mit der Enthauptung von König Karl I. 1649 endeten. Eine friedliche

Gesellschaft sei nur mit einem starken Staat und einem Monarchen mit absoluter Machtvollkommenheit an der Spitze möglich. Hobbes gilt als Vordenker der absolutistischen Monarchie.

Thomas Hobbes dachte über folgendes Problem nach: Was geschieht eigentlich, wenn alle Menschen utilitaristisch handeln, d.h. ohne äußere Regeln und Gesetze und entsprechend den utilitaristischen Vorstellungen nutzenorientiert, indem sie versuchen, ihre Lust zu steigern und Schmerz zu vermeiden?

Einsatz gewaltsamer Handlungsstrategien

Hobbes Antwort war, dass unter derartigen Umständen, also wenn alle Menschen nutzenorientiert handeln, gewaltsames und betrügerisches Handeln die Folge sei – eben weil in jener Konkurrenz um knappe Güter ohne einschränkende Regeln jeder nur seinen unmittelbaren Vorteil, seinen Nutzen suchen würde. Andere Menschen würden entweder als Mittel zur Befriedigung eigener Bedürfnisse eingesetzt und hierbei im Extremfall sogar mit Gewalt versklavt, oder sie würden über die eigenen Absichten getäuscht, beim Warentausch betrogen etc. Diese gewaltsamen oder hinterlistigen Handlungsstrategien würden schon deshalb zum Einsatz kommen, weil sie im Hinblick auf Zielerreichung häufig sehr effizient sind und weil jeder damit rechnen müsste, dass die Mitmenschen um ihrer eigenen Vorteile willen ebenfalls zu solchen Mitteln und Strategien greifen.

Starker Staat verhindert Krieg aller gegen alle

Was wäre das Resultat? Alltägliche Gewalt und ein permanentes Gefühl der Unsicherheit, Ruhelosigkeit, ja sogar Todesfurcht unter den Menschen. Selbst der Genuss des Besitzes würde fraglich werden. Denn auch diejenigen, die heute Nutznießer sind, können morgen die Leidtragenden sein. In einer solchen Situation, in der jeder ungehindert nur seinen egoistischen Nutzen verfolgt, kann es kein Vertrauen geben; im »Naturzustand« werde der »Krieg aller gegen aller« die notwendige Folge des rein nutzenorientierten Handelns von Menschen sein. Und dieser Zustand kann laut Hobbes niemanden wirklich zufrieden stellen. Hobbes zog daraus die Konsequenz, dass ein starker Staat vonnöten sei, der über das Gewaltmonopol verfüge. Nur so sei ein Krieg aller gegen alle zu vermeiden. Jeder Bürger gibt Freiheit an den Staat bzw. den absoluten Monarchen – den »Leviathan« – ab und erhält dafür Sicherheit.

> **Definition**
>
> **Hobbes'sches Problem**
> Der Philosoph Thomas Hobbes fragte sich, ob soziale Ordnung möglich ist, wenn jeder nur nutzenorientiert, nach seinem eigenen egoistischen Interesse handelt. Seine Antwort: Unter diesen Bedingungen kann keine soziale Ordnung entstehen, sondern nur ein Krieg aller gegen aller. Eine soziale Ordnung gibt es nur, wenn ein starker Monarch über das Gewaltmonopol verfügt.

Parsons griff unter Bezug auf Hobbes die Frage auf, wie es bei ausschließlich nutzenorientiertem Handeln zu einer sozialen Ordnungsbildung kommen könne. Er bezweifelte wie dieser grundsätzlich, dass sich unter der Bedingung eines rein nutzenorientierten Handelns eine stabile Ordnung herausbilden würde, in welcher Form auch immer. Wenn ein utilitaristisches Handlungsmodell aber unfähig ist, soziale Ordnung bzw. deren Entstehung befriedigend zu erklären, dann, so Parsons Schlussfolgerung, muss das utilitaristische Handlungsmodell von vornherein falsch oder zumindest unzureichend sein.

Wenn nutzenorientiertes Handeln ins Chaos führt, wie ist dann soziale Ordnung möglich? Wie ist es zu erklären, dass sich empirisch in den meisten Gesellschaften soziale Ordnung vorfindet, in welcher Form auch immer?

Die Antwort von Parsons: Jede soziale Ordnung beruht auf gemeinsamen *Normen und Werten*. Die Formen der sozialen Ordnung sind unterschiedlich, die Bindungskraft sozialer Normen und Werte variiert, in jedem Fall jedoch ist ein verbindliches Normen- und Wertesystem grundlegend. Normen und Werte strukturieren die je individuellen Handlungsziele vor und stellen damit sicher, dass die Handlungsziele der Akteure zueinander passen. Die soziale Welt ist deswegen eine geordnete, weil das menschliche Handeln fundamental durch gemeinsame Normen und Werte geprägt wird.

Soziale Ordnung beruht auf Normen und Werten

Parsons' Handlungstheorie I – Der Handlungsakt | 4.3.3

Wir kommen nun zu Parsons eigener Handlungstheorie: Menschliches Handeln orientiert sich also an gesellschaftlichen Normen und Werten. Erst so entsteht eine soziale Ordnung.

Diese Einsicht bildet eine wichtige Komponente in Parsons eigener Handlungstheorie. Laut Parsons lassen sich bei einem *Handlungsakt* (*unit act*) vier Elemente unterscheiden: Erstens gibt es die Person, den *Akteur*, der handelt. Zweitens ist Handeln auf ein *Ziel* ausgerichtet (*end, goal, purpose*). Drittens entsteht Handeln in einer bestimmten *Situation.* Dabei lassen sich Bedingungen unterscheiden, die zu beeinflussen sind, und solche, die nicht zu beeinflussen sind. Und es gibt viertens eben auch *Normen und Werte*, an denen wir unser Handeln orientieren.

Elemente des Handlungsakts

Diese beeinflussen auf zweierlei Weise die Richtung des Handelns: Sie wirken zum einen selektiv auf die *Handlungsmittel,* da aus normativen Gründen nur manche Mittel zulässig sind und andere eben nicht. Zum anderen strukturieren Normen und Werte auch in entscheidender Weise die *Handlungsziele*.

Definition

Handlung nach der Definition von Talcott Parsons
Eine Handlung (*unit act*) besteht aus vier Elementen:
- dem Akteur/ der handelnden Person
- dem Ziel des Handelns (end, goal, purpose)
- der Handlungssituation. Dabei lassen sich die Bedingungen, die zu beeinflussen sind und diejenigen, die nicht zu beeinflussen sind, unterscheiden
- den Normen und Werte, an denen sich das Handeln orientiert

Persönlichkeitssystem, soziales System, Kultursystem

In sämtliche Handlungen gehen kognitive (erkenntnismäßige), gefühlsmäßige und normative Momente ein, die bei der einzelnen Person unterschiedlich ausfallen, aber eine gewisse Regelmäßigkeit annehmen. Daher spricht Parsons von *Persönlichkeitssystemen*. Bündelungen von Handlungserwartungen gibt es nicht nur innerhalb einer Person, sondern auch zwischen Personen. Diese Dimension nennt Parsons *soziales System*. Werte, Normen, Religionen, Ideen, Kunststile und anderes mehr, also das, was wir häufig »Kultur« nennen, ist nicht nur eine ungeordnete Summe von Einzelelementen, sondern steht in einem geordneten Gesamtzusammenhang. Somit ist bei Parsons von *Kultursystemen* die Rede. Diese Begrifflichkeiten verstehen sich als analytische Unterscheidung. Denn niemand ist nur Persönlichkeitssystem, sondern immer auch Teil von sozialen Systemen. Und Kultursysteme existieren nicht aus sich heraus, sondern entstehen durch Handlungen und können durch Handlungen verändert werden. In reale Handlungen spielen meistens alle drei Systeme hinein.

Parsons' Handlungstheorie II – Die Pattern Variables | 4.3.4

Soweit wie bisher zu sehen war, hatte Parsons auf hochabstrakter Ebene vier Elemente formuliert, die *allen* Handlungen zueigen sind. Über den Inhalt von Handlungen war damit noch nichts ausgesagt. Doch Parsons hat im weiteren Verlauf versucht, auch den *Inhalt* von Handlungen allgemein näher zu bestimmen. Seine These lautet, dass sich alle Handlungen im Rahmen von fünf alternativen, entgegengesetzten Orientierungsmöglichkeiten bewegen. Diese Orientierungsmöglichkeiten nennt er *Pattern Variables*.

Handlungen bewegen sich im Rahmen von fünf Pattern Variables

Die erste Orientierungsalternative besteht darin, dass Menschen *affektiv* oder *affektiv neutral* handeln können. Menschen können sich von Gefühlsimpulsen leiten lassen. Das klassische Stereotyp dafür, das hier nicht fehlen darf, ist die Mutter, die ihren Säugling herzt und küsst. Von einem Ingenieur oder einer Ingenieurin in einem Atomkraftwerk hingegen wird erwartet, dass sie ihre Emotionen unter Kontrolle haben und streng sachgerecht vorgehen, also affektiv neutral handeln.

Affektives oder affektiv neutrales Handeln

Zweitens kann menschliches Handeln *kollektiv-* oder *selbstorientiert* sein. Wir können unser Handeln in den Dienst einer Gruppe stellen oder ganz am eigenen Interesse ausrichten. Im Dritten Reich wurde beispielsweise erwartet, dass jeder sein persönliches Interesse dem (vermeintlichen) Interesse des Volkes unterordnet: »Du bist nichts, Dein Volk ist alles.« In modernen Demokratien hingegen ist das Handeln eher selbstorientiert. Als Eltern kann man z. B. vor der Alternative stehen, ob man am Wochenende seinem persönlichen Hobby nachgeht (selbstorientiert) oder ob man sich um seine Kinder kümmert (kollektiv orientiert).

Kollektives oder selbstorientiertes Handeln

Drittens kann Handeln *partikular* oder *universalistisch* orientiert sein. Partikulares Handeln legt nicht für alle die gleichen Normen an. Eben dies geschieht bei universalistischem Handeln. Wenn ein Lehrer sein eigenes Kind bevorzugt, weil es sein eigenes Kind ist, dann handelt er partikularistisch. Wenn er alle Kinder gleich behandelt, dann agiert er universalistisch. In der modernen Gesellschaft hat sich zunehmend eine universalistische Orientierung durchgesetzt. Als beispielsweise Hotelerbin und Partygirl Paris Hilton nach wiederholtem Autofahren ohne Führerschein bereits nach einem Tag entlassen werden sollte, anstatt wie andere Täter 30 oder 60 Tage abzusitzen (universalistisch), erhob sich ein Sturm der Entrüstung, und sie musste ihre Strafe doch antreten. Wäre sie nach einem Tag entlassen worden, wäre diese Entscheidung partikularistisch orientiert gewesen. In der Sprache des Boulevards nennt sich das »Promi-Bonus«.

Partikulares oder universalistisches Handeln

Viertens kann Handeln *askriptiv* oder *leistungsorientiert* sein. So lassen sich andere Menschen nach Merkmalen beurteilen, die »schon da« sind,

Askriptives oder leistungsorientiertes Handeln

z. B. soziale oder nationale Herkunft oder Alter, oder man orientiert sich strikt an der gezeigten Leistung. Ein Unternehmer, der grundsätzlich keine älteren Arbeitnehmer einstellt, handelt nach askriptiven Kriterien, d. h. er schreibt älteren Arbeitnehmern geringere Leistungsfähigkeit zu als jüngeren. Ein Unternehmer, der nur fachliche Qualifikation und andere relevante Kompetenzen des einzelnen Arbeitnehmers als Entscheidungskriterien heranzieht, handelt dagegen leistungsorientiert. In der vormodernen Gesellschaft war man überwiegend askriptiv orientiert; in der Regel konnten nur Mitglieder der Königsfamilie Staatsoberhaupt werden, und als Adliger wurde man Offizier und nicht Soldat, als Bauer Soldat und nicht Offizier.

Spezifisches oder diffuses Handeln

Fünftens kann Handeln *spezifisch* oder *diffus* orientiert sein. Spezifisches Handeln bezieht sich auf einen bestimmten Aspekt. So werde ich bei der Bahnauskunft nach einer geeigneten Zugverbindung fragen, nicht aber, welches Fach ich am besten studieren soll. Als Studentin oder Student werde ich mit meinem Dozenten in der Regel nur über fachliche Fragen sprechen, aber kaum ihm gegenüber ausbreiten, dass ich mich gerade in der WG gestritten habe oder dass mein Kanarienvogel gestorben ist. Von Familienangehörigen oder guten Freunden hingegen erwarten wir, dass man mit ihnen »über alles reden kann«. Hier hat diffuses Handeln seinen Platz. Es geht nicht um einen spezifischen Aspekt, sondern ich werde als ganze Person mit meiner jeweiligen Befindlichkeit wahrgenommen.

Diese Variablen können theoretisch ganz unterschiedlich miteinander kombiniert sein. So können z. B. Affektivität oder affektive Neutralität jeweils mit den acht anderen Variablen auftreten. Doch am häufigsten treten diese Verbindungen auf: Affektivität, Kollektivbezogenheit, Partikularismus, Askription, Diffusität einerseits, affektive Neutralität, Selbstbezogenheit, Universalismus, Leistung und Spezifizität andererseits. Mit der ersten Variablenkombination wird Tönnies' Begriff der Gemeinschaft beschrieben, mit der zweiten sein Begriff der Gesellschaft (→ Kapitel 3.4). Mit anderen Worten: Das erste Variablenkombination beschreibt typischerweise die vormoderne Gesellschaft, die zweite die moderne Gesellschaft. Nur in der Familie und anderen persönlichen Beziehungen dominiert noch die erste Variablenkombination. Andererseits ist es laut Parsons für die moderne Gesellschaft kennzeichnend, dass ganz unterschiedliche Variablenkombinationen vorkommen können.

> **Definition**
>
> **Pattern Variables**
> *Pattern Variables* sind die von Talcott Parsons so definierten Orientierungsalternativen, zwischen denen menschliches Handeln zu entscheiden hat. Diese Alternativen sind:
> - Affektivität vs. affektive Neutralität
> - Kollektivbezogenheit vs. Selbstbezogenheit
> - Partikularismus vs. Universalismus
> - Askription vs. Leistung
> - Diffusität vs. Spezifizität

Der Funktionalismus | 4.3.5

Bisher war zu erkennen, dass Parsons soziologische Theorie als eine *Handlungstheorie* einzuordnen ist. Das heißt, sie fragt danach, welche typischen Handlungsmuster es gibt, warum Menschen so handeln, wie sie handeln, und wie aus unzähligen Handlungen der Menschen eine soziale Ordnung entsteht. Im weiteren Verlauf unternahm es Parsons, die Erkenntnisse des *Funktionalismus* in seine Theorie einzubeziehen. Doch bevor wir dazu kommen, wenden wir uns der Entwicklung des Funktionalismus zu.

Das ursprüngliche Leitbild des funktionalistischen Theorieansatzes ist der *Organismus*. Jeder, auch der menschliche Organismus besteht aus verschiedenen Organen, die jeweils eine bestimmte Funktion für den Organismus haben. Die Funktion des Auges ist es zu sehen, die Funktion des Ohres ist es zu hören usw. Funktionalistische Theoretiker denken die Gesellschaft als Organismus, dessen Teile eine bestimmte Funktion für das Ganze übernehmen. Urvater des modernen soziologischen Funktionalismus war Herbert Spencer, dessen Leben und Werk im Kapitel 2.2 näher beleuchtet worden ist.

Leitbild der Funktionalisten ist der Organismus

Die Analogie zum Organismus war einerseits hilfreich, führte aber auch zu Missverständnissen. Daher wurde im 20. Jahrhundert der Begriff des Organismus durch den Begriff *System* ersetzt. An die Stelle des Begriffs »Organ« traten die Begriffe *Struktur*, *Subsystem* oder *Funktionssystem*.

Eine andere geistige Wurzel des modernen Funktionalismus liegt in der *Kulturanthropologie*. Es waren zwei Kulturanthropologen, die hier grundlegende Arbeit leisteten, Bronislaw Malinowski und Alfred Radcliffe-Brown. Sie prägten auch den Begriff »Funktionalismus«.

Wurzel Kulturanthropologie

> Hintergrund

Bronislaw Malinowski (1884–1942)

Bronislaw Malinowski kam in Krakau zur Welt, wo er Mathematik und Naturwissenschaften studierte, bevor er sich der Ethnologie zuwandte. Später zog er nach England, wo er seit 1927 eine Stelle als Professor der Ethnosoziologie an der London School of Economics innehatte. In seinen letzten Lebensjahren lehrte Malinowski in den USA. Bekannt wurde Malinowski vor allem als Pionier des Funktionalismus; für ihn selbst standen seine ethnologischen Forschungen in Neuguinea, Nordwestmelanesien und in Afrika im Vordergrund. Bedeutsam wurde Malinowski auch dadurch, dass er die teilnehmende Beobachtung als Methode in der Ethnologie durchsetzte.

Malinowski hat das Grundprinzip des Funktionalismus so formuliert:
>»Die funktionale Kulturauffassung vertritt ... das Prinzip, dass in allen Zivilisationstypen jede Sitte, jedes materielle Objekt, jede Idee und Glaubenslehre eine gewisse Lebensfunktion erfüllt, eine bestimmte Aufgabe durchzuführen hat und einen unabdingbaren Teil innerhalb eines funktionierenden Ganzen darstellt.«
(zit. nach: I. S. Kon, *Der Positivismus in der Soziologie.* Berlin (Ost) 1973, S. 298)

Funktionen tragen zur Erhaltung des Systems bei

Funktionen sind also biologische und soziale Vorgänge, die zur Erhaltung eines Systems beitragen. Malinowski bezog den Begriff der Funktion auf Bedürfnisse der Menschen. Kultur hat für die Stammesgesellschaften die Funktion, sich der natürlichen Umwelt anzupassen und die Bedürfnisse der Menschen zu befriedigen. Malinowski unterschied sieben Grundbedürfnisse: Nahrung, Reproduktion, Komfort, Sicherheit, Entspannung, Bewegung und geistiges Wachstum. Kultur hat die Funktion, diese Bedürfnisse zu befriedigen. So dienen Jagd und Kochkunst dem Bedürfnis nach Nahrung, Heirat und Familie dem Bedürfnis nach Reproduktion. Die Kultur wird dabei als eine Einheit betrachtet, der einzelne Mensch ist dieser Einheit untergeordnet. Jede Kultur bildet ein unteilbares Ganzes, ihre Komponenten sind voneinander abhängig. Eine kulturelle Komponente, die keine Funktion hat, kann laut Malinowski nicht von Dauer sein.

> Hintergrund

Alfred R. Radcliffe-Brown (1881–1955)

Alfred R. Radcliffe-Brown lehrte Ethnosoziologie u. a. in Kapstadt, Sidney, Chicago und Oxford. Er forschte als Ethnologe vor allem über australische Naturvölker und afrikanische Stämme. Seine Forschungen waren stärker als bei Malinowski auf theoretische und gesetzeshafte Verallgemeinerungen ausgerichtet. Er begriff Gesellschaft analog zum biologischen Organismus. Radcliffe-Brown untersuchte besonders die Funktion von Tabus und Ritualen für einfache Gesellschaften und führte den Begriff des sozialen Netzwerks ein.

Auch der Ethnologe Radcliffe-Brown vertrat die funktionalistische Denkweise und wandte sie auf einfache Stammesgesellschaften an. Während Malinowski theoretische Überlegungen eher als ein Nebenprodukt seiner ethnologischen Untersuchungen verstand, verfolgte Radcliffe-Brown mit seinen ethnologischen Forschungen vor allem theoretische Interessen. Er orientierte sich dabei stärker als Malinowski an Spencer und damit an einem Gesellschaftsbegriff in Analogie zum Organismus. Dabei brachte er auch den Begriff des sozialen Systems ins Spiel, der dann bald mit Parsons eine große Karriere in der Soziologie machen sollte. Soziale Systeme, so Radcliffe-Brown, befinden sich stets in einem Prozess der Anpassung. Die einzelnen Komponenten des Systems leisten ihren Beitrag dazu. Zusammen bilden sie eine funktionale Einheit.

Begriff soziales System

Es geht beim Funktionalismus also nicht um den Inhalt einer bestimmten Komponente, sondern darum, was diese Komponente zur Aufrechterhaltung eines Systems leistet. Wenn Funktionalisten z. B. Religionen untersuchen, dann interessieren sie sich, anders als Religionswissenschaftler, nicht für bestimmte Dogmen und Glaubensinhalte, sondern dafür, was Religion für das jeweilige Gesellschaftssystem als Ganzes beiträgt – etwa indem sie Normen hervorbringt und erhält und damit den Zusammenhalt der Gesellschaft stärkt. Oder beim Schulsystem geht es den Funktionalisten nicht wie den Erziehungswissenschaftlern um konkrete Lehrpläne oder Lehrinhalte, sondern um die Frage, was Schule für das Bestehen einer Gesellschaft leistet, etwa mittels ihrer Qualifikationsfunktion.

Welche Komponente leistet was zur Aufrechterhaltung des Systems?

Definition

Funktionalismus

Funktionalismus ist ein soziologischer Denkansatz, der Gesellschaft als einen strukturierten Gesamtzusammenhang (»System«) sieht, in der die einzelnen Komponenten miteinander im Zusammenhang stehen und jeweils bestimmte Leistungen (»Funktionen«) für die Gesellschaft erbringen.

4.3.6 | Parsons' Theorie sozialer Systeme

Gesellschaft ist ein System, von dem jedes Teil eine bestimmte Leistung für ihren Bestand erbringt. Diesen Grundgedanken des Funktionalismus nimmt Parsons auf und versucht ihn mit seiner Handlungstheorie zusammenzuführen. Im Unterschied zu seinem Lehrer Malinowski wendet Parsons den Funktionalismus auch auf die moderne Gesellschaft an. Außerdem stellt er den bis dahin noch nicht prominenten Systembegriff ins Zentrum seiner Theorie. Seine spätere Theorie, die insbesondere in seinem zweiten Hauptwerk »The Social Systems« (1951) niedergelegt ist und später weiter verfeinert wurde, kann man etwa wie folgt skizzieren:

Systeme sind geordnete Einheiten mit vier Funktionen

Ein System ist eine in sich geordnete Einheit, die sich gegenüber einer Außenwelt abgrenzt. Parsons greift hier auch auf Spencers Analogie des Organismus zurück. Ein System kann also ein Organismus sein, etwa ein Wald (als Ökosystem), eine Person, eine Familie oder eine Universität. Allen Systemen, so Parsons, ist gemeinsam, dass sie, um bestehen zu können, vier Funktionen erfüllen müssen: Anpassung an die jeweilige Umwelt, Zielerreichung, Integration und Normerhaltung (*adaption, goalattainment, integration, latent pattern maintenance*). Entsprechend den englischen Anfangsbuchstaben spricht man von *AGIL-Schema*.

Allgemeines Handlungssystem mit vier Subsystemen

Gesellschaft ist ein System, das *soziale* System. Als solches ist es Teil, ein *Subsystem* einer übergeordneten Einheit, die Parsons *Allgemeines Handlungssystem* nennt. Die Hauptfunktion des sozialen Systems ist *Integration*. Außerdem gibt es drei weitere Subsysteme des Allgemeinen Handlungssystems: Kultur (Hauptfunktion: Normerhaltung, schöpferische Normveränderung), Persönlichkeit (Hauptfunktion: Zielverwirklichung) und Verhaltensorganismus (Hauptfunktion: Anpassung). In konkrete Handlungen fließen Elemente aller vier Subsysteme ein. Wenn Herr Meyer zum Beispiel einen Spaziergang mit seiner Frau unternimmt, so geht er auf erlaubten Wegen und nicht durch fremde Gärten (Kultur), er tut etwas für die familiale Integration und damit indirekt auch etwas für die gesellschaftliche Integration. Er verwirklicht ein bestimmtes Ziel, etwa über die Anschaffung eines neuen Autos zu sprechen, und befindet sich, indem er beim nächsten Schauer einen Regenschirm aufspannt, in einem Anpassungsprozess an die natürliche Umwelt.

Betrachten wir nunmehr die Gesellschaft als *soziales System*. Die Grundeinheit eines sozialen Systems sind die *handelnden* Menschen. *Handeln* versteht Parsons als motiviertes menschliches Verhalten. Die Handelnden stehen mehr oder weniger in irgendwie geregelten oder regelmäßigen, stabilen Beziehungsmustern zueinander. So treffen sich im System Seminar Dozent und Studierende regelmäßig zu einem bestimmten Termin, um ein bestimmtes Thema zu besprechen. Diese regelmäßigen, stabilen Beziehungsmuster nennt Parsons *Struktur*. Darin sind die Akteure meistens nicht als ganze Person beteiligt, sondern nur in einem bestimmten Ausschnitt. Diesen Ausschnitt bezeichnet Parsons als *Rolle*. Die Handelnden agieren mithin meist als Rollenträger: Frau Meyer tritt in der Schule in der Rolle einer Lehrerin auf, zuhause in der Rolle als Mutter, im Geschäft, wenn sie ein neues Kleid kauft, als Kundin usw.

Struktur als Begriff für regelmäßige Beziehungsmuster

Was genau ist nun eine Rolle, und wie entsteht sie? Eine Rolle beinhaltet eine Verhaltenserwartung der Gesellschaft oder einer gesellschaftlichen Gruppe, die an eine bestimmte Position gerichtet ist. Von einem Lehrer wird beispielsweise erwartet, dass er einigermaßen ordentlich gekleidet auftritt, Autorität ausstrahlt, fachlich auf der Höhe ist und gerechte Noten verteilt. Diese und andere Merkmale machen eine Lehrerrolle aus. Wer nicht in der Lage ist, »seine« Rolle auszuführen, bekommt Probleme. Er erfährt Missbilligung, Kritik, Ablehnung, Distanzierung, vielleicht auch Bestrafung. Er wird *sanktioniert*.

Gesellschaftliche Rollenerwartungen

Hinter gesellschaftlichen Rollenerwartungen stecken bestimmte gesellschaftliche Normen. Hier begegnet uns noch einmal der frühe Parsons mit seiner These, dass es Normen und Werte sind, die letztlich eine Gesellschaft zusammenhalten. Diese Normen müssen nicht gleich bleiben. So wurde vor fünfzig Jahren von einer Mutter selbstverständlich erwartet, dass sie nicht arbeiten geht, sondern ihre Kinder versorgt. Ging sie doch einem Beruf nach, galt sie als »Rabenmutter«. Diese Norm gilt bekanntlich heute nicht mehr. Gesellschaftliche Normen werden per Sozialisationsprozess, meist schon in früher Kindheit, verinnerlicht – *internalisiert*, wie die Soziologen es nennen. Normen- und Wertekomplexe, die ganz selbstverständlich als legitim gelten, heißen bei Parsons *Institutionen*.

Internalisierung von Normen

Erwähnt wurde bereits, dass jedes soziale System, also auch die Gesellschaft als das umfassende soziale System, vier Funktionen erfüllen muss, und zwar die folgenden:

1. *Adaption/Anpassung*: Die Anpassung des Systems an seine Umwelt muss hergestellt werden. Damit ist gemeint: Keine Gruppe besteht alleine, es gibt auch viele andere Gruppen und eine begrenzte Menge an Ressourcen für die Realisierung der Handlungsziele der Gruppen. Umwelt sind also andere Gruppen und die natürliche Umwelt.
2. *Goalattainment/Zielerreichung*: Ziele müssen gesetzt und die Bedingungen zu ihrer Realisierung bereitgestellt werden.
3. *Integration*: Die verschiedenen Aufgaben und die zu ihrer Realisierung notwendigen Ressourcen müssen so verteilt werden, dass keine Aufgabe »unerledigt« bleibt.
4. *Latent pattern maintenance/Normerhaltung*: Die für die unterschiedlichen Aufgaben vorausgesetzten Strukturen müssen aufrechterhalten werden (Beispiele sind die Studienordnung, Prüfungsordnung).

> **Definition**
>
> **Das AGIL-Schema**
> Die vier Funktionen des AGIL-Schemas – Anpassung, Zielerreichung, Normerhaltung und Integration– beschreiben Bedingungen, die in jedem beliebigen Handlungszusammenhang erfüllt werden müssen, damit dieser als solcher stabil bleiben kann. Diesen vier Funktionen, die Gesellschaft als soziales System erfüllen muss, ordnet Parsons vier Subsystemen zu.
> - Anpassung: System des wirtschaftlichen Handelns
> - Zielerreichung: System des politischen Handelns
> - Integration: System der gesellschaftlichen Gemeinschaft
> - Normerhaltung: Kulturelles System

Funktionen sind also soziale Vorgänge, die zur Erhaltung eines Systems beitragen. Es gibt laut Parsons vier Grundfunktionen, die geleistet werden müssen, damit eine Gesellschaft existieren kann: (1) die Anpassung des Systems an die natürliche und gesellschaftliche Umwelt, (2) die Setzung von und Ausrichtung der Systemmitglieder auf individuelle wie kollektive Ziele, (3) die Integration und (4) die Normerhaltung. Für jede dieser vier Funktionen ist ein Subsystem zuständig: (1) Wirtschaft, (2) Politik, (3) gesellschaftliche Gemeinschaft, (4) Kultur. Die Wirtschaft ermöglicht die Anpassung an die natürliche und gesellschaftliche Umwelt; die Politik setzt und realisiert kollektive Ziele; Familie und Schule besorgen die Erziehung und damit die Aufrechterhaltung des bestehenden Wertsystems und gesellschaftlicher Gemeinschaften, etwa Vereine, Religionsgemeinschaften usw. Diese Subsysteme kann man jeweils wieder differenzieren in Subsysteme zweiter Ordnung usw. Alle Subsysteme müssen diese vier Funktionen erfüllen und sind dabei füreinander Umwelt.

Strukturfunktionalismus

Mit seinem sogenannten »Strukturfunktionalismus« etablierte Parsons den Systembegriff als Grundbegriff der soziologischen Theorie. Jedes Problem muss demnach auf das System als Ganzes bezogen werden.

Soziales System	soziale Einheit, bestehend aus Handelnden, die vier Funktionen erfüllt: Anpassung, Zielerreichung, Normerhaltung, Integration.	**Tab. 20** *Grundbegriffe von Talcott Parsons Systemtheorie*
Subsystem	wörtlich: »Untersystem«, System zweiter Ordnung	
Handeln	motiviertes menschliches Verhalten	
Struktur	regelmäßiges Beziehungsmuster zwischen Akteuren	
Rolle	gesellschaftliche Verhaltenserwartungen, die mit einer bestimmten Position verknüpft werden.	
Institutionen	Normen- und Wertekomplexe, die selbstverständlich und unhinterfragt als gültig anerkannt werden	

Mit seinem Versuch, die Handlungstheorie der europäischen Sozialwissenschaften mit den ursprünglich organizistischen Denkansätzen des Funktionalismus zu verbinden, hat Talcott Parsons eine Theorie entwickelt, die es in dieser Allgemeinheit und auf solch abstraktem Niveau zuvor nicht gegeben hatte – einer Theorie, die beansprucht, auf alle gesellschaftlichen Bereiche und darüber hinaus anwendbar zu sein. Ins Zentrum rückt dabei das Konzept des Systems. Soziale Systeme bestehen aus Handelnden. Alle sozialen Systeme müssen, wie bereits dargelegt, vier Funktionen erfüllen: Anpassung an die äußere Umwelt, Zielerreichung, Normerhaltung und Integration (AGIL-Schema). Soziale Ordnung kommt durch gemeinsame Normen und Werte zustande. Dies sind die konstanten Grundmerkmale der Theorie, die von ihrem Urheber im Laufe der Zeit einige Male modifiziert wurde.

Neuartige Theorie mit Anspruch auf umfassende Anwendbarkeit

Zur Rezeption von Talcott Parsons in der Soziologie | 4.3.7

Unklar ist das Verhältnis von Handlungs- und Systemtheorie geblieben. Manche Beobachter lehnen diese Unterscheidung für das Werk von Parsons überhaupt ab; für sie war Parsons immer Handlungstheoretiker, und die Systemtheorie gilt ihnen nicht als eigenständiges Theoriegebäude, sondern nur als ein weiterer Schritt im Rahmen der Handlungstheorie. Von den Interpreten, welche die Unterscheidung akzeptieren, meinen manche, Parsons' Handlungs- und Systemtheorie passen zusammen. Andere sind der Ansicht, die beiden theoretischen Modelle passen *nicht* zusammen. Parsons selbst war der Ansicht, dass sein gesamtes theoretisches Werk eine in sich homogene Ganzheit darstellt. Das wird von vielen Soziologen anders gesehen.

Auseinandersetzung über das Verhältnis von Handlungs- und Systemtheorie

Parsons' Theorie war in der Soziologie nie unumstritten, aber doch über längere Zeit außerordentlich erfolgreich. In den 1950er und 1960er Jahren avancierte Parsons zum weltweit führenden Soziologen. Ja, zeitweise sah es sogar so aus, als sei in sein Werk alle nennenswerte soziologische Tradition eingegangen (und damit auch überflüssig geworden), mit seinem Entwurf eine exklusiv gültige Form soziologischer Theorie gefunden. Dass es dann doch nicht so kam, lag zum einen an der Ungunst der Zeitumstände (Protestbewegung der späten 1960er Jahre), zum anderen wohl auch an Schwachpunkten und Ungereimtheiten in Parsons' Theorie selbst.

Vorwurf der Systemstabilisierung

Ein Vorwurf, der Parsons vor allem aus gesellschaftskritischer Perspektive gemacht wurde, besagte, seine Systemtheorie sei systemstabilisierend in dem Sinn, dass sie bestehende gesellschaftliche Verhältnisse verfestige. Inwieweit dieses Argument wirklich stichhaltig ist, sei dahin gestellt, wirksam war es in Zeiten der Protestbewegung und der Aufbruchsstimmung mit dem verbreiteten Verlangen nach gesellschaftlicher Veränderung allemal.

In die gleiche Richtung geht die Kritik von Ralf Dahrendorf (→ Kapitel 5.1) an Parsons. Dahrendorf bemängelt, dass im funktionalistischen Gesellschaftsbegriff Konflikte ausgeblendet werden. Mehr noch: Konflikte seien in einem funktionalistischen Gesellschaftskonzept überhaupt nicht adäquat darstellbar. Dabei seien doch gerade Konflikte offenkundig ein wesentliches Element moderner Gesellschaftlichkeit. In der Parsonschen Systemtheorie, so ein daran anschließender Einwand, komme sozialer Wandel zu kurz. Parsons versuchte diesem Kritikpunkt in den 1960er Jahren mit einer Evolutionstheorie zu begegnen, die neben der Handlungs- und Systemtheorie als dritte große Säule seiner Theoriebildung gilt.

Der subjektive Sinn des Handelnden kommt zu kurz

Unzufriedenheit regte sich auch in Bezug auf Parsons Handlungstheorie. Der Handelnde kann dabei als eine Art funktionsadäquat reagierender Quasimechanismus erscheinen. Dabei wird der subjektive Sinn menschlichen Handelns, den Max Webers Handlungstheorie so betont hatte (→ Kapitel 3.5), ausgeblendet. Vor allem Alfred Schütz und seine Anhänger forderten eine Handlungstheorie, die sich am subjektiven Sinn der Akteure orientiert.

Fragwürdig erschien außerdem Parsons Konzipierung der Normen und Werte – sie sind bei ihm immer schon irgendwie »da«. Aber wo kommen sie her, wie entstehen sie, wie erhalten oder wie verändern sie sich? Darauf gab sein Gedankengebäude keine Antwort. Es war vor allem Parsons' Schüler Harold Garfinkel, der diese Fragen stellte und nach neuen theoretischen Lösungen suchte.

Und schließlich wurde die Annahme eines Handelnden als Grundeinheit sozialer Systeme überhaupt in Frage gestellt – von Garfinkel und vor allem von Niklas Luhmann. Die alte soziologische Theorie hatte gesagt, dass Gesellschaft aus Menschen bestehe. Luhmann soll diese Sichtweise einmal mit der scherzhaften Frage ad absurdum geführt haben: »Wenn der Friseur Haare abschneidet, schneidet er dann auch ein Stück Gesellschaft ab?« Damit wollte er sagen, dass man das Gesellschaftliche analytisch präziser bestimmen müsse. (Schließlich besteht ja der Mensch auch aus Haut und Haaren und Knochen, und das kann ja nicht Gesellschaft sein; allenfalls bildet die Körperlichkeit des Menschen die physische Voraussetzung für Gesellschaft). Max Weber war daher zu dem Schluss gekommen, es seien die wechselseitig aufeinander bezogenen Handlungen (»soziales Handeln«), welche Gesellschaft ausmachen. Ähnlich sah es auch Parsons. Luhmann stellte auch diese Lösung in Frage mit dem Argument, dass Handeln das Ergebnis von Kommunikation sei. Daher seien nicht Menschen, auch nicht Handlungen, sondern *Kommunikationen* als Grundelement von Gesellschaft zu betrachten.

Was genau macht Gesellschaft aus?

Aus den genannten Einwänden gegen Parsons sind diverse neue Theorieansätze hervorgegangen. Die fortdauernde Wirksamkeit von Parsons besteht nicht nur in seiner Theorie selbst, sondern auch in theoretischen Innovationen, die aus Kritik an Parsons hervorgegangen sind. Manches von dem, was heute zum Bestand aktueller soziologischer Theorie gezählt wird, hat seine Ursprünge in kritischen Auseinandersetzungen mit Parsons.

Fruchtbare Auseinandersetzung mit Parsons

Und so ist und bleibt Talcott Parsons die zentrale Figur in der Geschichte der soziologischen Theorie. Es gibt, sehr verkürzt gesehen, die soziologische Theorie *vor* Parsons, die dieser in eine umfassende theoretische Synthese zu integrieren versuchte. Und es gibt die Theorie *nach* Parsons, die versuchte, seine Ideen weiterzuentwickeln oder die aus einer kritischen Auseinandersetzung mit seinem Werk entstand.

Zusammenfassung

Kritik an Parsons
- Parsons Systemtheorie hat, gesellschaftspolitisch gesehen, eine konservative, systemstabilisierende Funktion.
- Konflikte und sozialer Wandel werden vernachlässigt oder sind in seiner Theorie nicht darstellbar.
- Parsons Handlungstheorie vernachlässigt den Sinn von Handlungen.
- Normen und Werte sind irgendwie »da«; ihre Herkunft bleibt ungeklärt.
- Grundelement von Gesellschaft sind nicht Handlungen, sondern Kommunikationen (Harold Garfinkel, Niklas Luhmann).

4.3.8 | Robert K. Mertons Weiterentwicklung des Funktionalismus

Als zweite große Persönlichkeit des sogenannten Strukturfunktionalismus gilt der US-amerikanische Soziologe Robert K. Merton (1910–2003). Merton strebte nicht wie Parsons nach einer umfassenden theoretischen Synthese, sondern propagierte stattdessen *Theorien mittlerer Reichweite* – also Theorien, die nicht allumfassend, sondern sachlich sowie räumlich und zeitlich begrenzt sein sollten. So entwickelte Merton etwa eine Theorie der Entstehung von Kriminalität. Merton bemühte sich aber auch um eine Klärung und Weiterentwicklung der funktionalistischen Theorie. Dabei führte er neue Begriffe in die funktionale Analyse ein.

Theorien mittlerer Reichweite

Merton bestritt, dass jeder Komponente eines sozialen Systems auch eine Funktion zum Bestand desselben innewohnen müsse. Es gebe auch Komponenten, die nicht dazu beitragen oder sich für das System sogar als schädlich erweisen. Derartige Komponenten sind, wie es Merton ausdrückte, *dysfunktional*, und sie sind durchaus gängiger Bestandteil sozialer Systeme. So existieren beispielsweise in Deutschland Verwaltungsabteilungen oder gesetzliche Vorschriften, die nicht nur überflüssig sind, sondern das Funktionieren sozialer Systeme stören – ein Phänomen, dass man im öffentlichen Diskurs als »Überregulierung« an den Pranger stellt, womit gemeint ist, dass zu viele bzw. falsche gesetzliche Regelungen dysfunktional sind. Merton hoffte, dass es über das Studium von Dysfunktionen möglich sein werde, sozialen Wandel zu verstehen und damit eine Schwachstelle der funktionalistischen Theorie auszuräumen.

Dysfunktionen

Merton kritisierte auch die Vorstellung des klassischen Funktionalismus, jede Komponente einer Gesellschaft habe eine genau definierte Funktion für das gesamte soziale System. Dies gelte allenfalls für einfache Stammesgesellschaften. Charakteristisch für moderne komplexe Gesellschaften sei hingegen, dass ein einzelnes Element mehrere Funktionen erfüllen könne. Merton unterschied dabei zwischen *manifesten* und *latenten Funktionen*. So ist es z.B. die Funktion von Bahnhöfen, das Reisen und Transportieren von Personen oder Gütern zu ermöglichen. Das wäre im Sinne von Merton eine manifeste Funktion, denn zu diesem Zweck werden Bahnhöfe schließlich gebaut. Eine andere Funktion von Bahnhöfen bestand lange Zeit darin, Obdachlosen eine halbwegs warme Übernachtung zu ermöglichen. Dazu waren die Bahnhöfe natürlich nicht eingerichtet worden. Insofern handelt es sich um eine latente Funktion. Da die Zahl der Obdachlosen zunahm, fühlten sich Fahrgäste gestört und begannen, den Aufenthalt auf den Bahnhöfen zu meiden. Im Sinne von Merton könnte man sagen, die Obdachlosen wurden dysfunktional, daher ließen die Behörden sie von den Bahnhöfen entfernen.

Manifeste und latente Funktionen

Funktionen sind nicht unbedingt an bestimmte konkrete Strukturen gebunden, sondern können von anderen Strukturen ersetzt werden. Merton spricht von *funktionalem Äquivalent*. So wurden seit den 1950er Jahren Eisenbahnen durch Busse ersetzt. Die Funktion der Eisenbahn, Menschen vom Ort A zum Ort B zu transportieren, übernahmen ebendiese Busse. Sie wurden damit zum funktionalen Äquivalent für die Eisenbahn.

Funktionales Äquivalent

Für das Obdachlosen-Beispiel ließe sich denken, dass neue Obdachlosen-Zentren eingerichtet werden, um den Bahnhof als Bleibe zu ersetzen. Die latente Funktion des Bahnhofs, Obdachlose zu beherbergen, würde damit durch die – manifeste – Funktion des Obdachlosen-Zentrums ersetzt. Das Obdachlosen-Zentrum wäre dann insoweit das funktionale Äquivalent für den Bahnhof.

Seit den 1970er Jahren ist ein Niedergang des Funktionalismus innerhalb der soziologischen Theorie festzustellen; es gibt heute kaum noch bekennende Funktionalisten. Dennoch sind die funktionalistische Denkweise und funktionalistische Begriffe, wie auch die von Merton geprägten, im heutigen soziologischen Denken allgegenwärtig.

Lernkontrollfragen

1. Wie stehen Sie zur Lösung des Hobbes'schen Problems? Gibt es auch Argumente, die für Hobbes sprechen?
2. Ist Heiraten affektives oder affektiv neutrales Handeln? Begründen Sie Ihre Auffassung.
3. Beschreiben Sie anhand der Pattern Variables, welche Verhaltenserwartungen an einen Arzt, an einen Pfarrer, an einen Ingenieur, an eine Mutter gestellt werden.
4. Erläutern Sie den Grundgedanken des Funktionalismus. Leuchtet Ihnen das funktionalistische Gesellschaftskonzept ein?
5. Halten Sie Handlungstheorie und Funktionalismus für miteinander vereinbar?

Literatur

Talcott Parsons, **The Structure of Social Action.** New York 1937 → Umfangreiches Hauptwerk von Parsons zur Handlungstheorie.

Talcott Parsons, **The Social System: Structure and Function.** New York 1951 → Parsons Hauptwerk zur Systemtheorie.

Talcott Parsons, **Beiträge zur soziologischen Theorie**, hg. und eingeleitet von Dietrich Rüschemeyer. Neuwied 1964 → Thematisch breit gestreute

Aufsatz-Sammlung von Parsons, zur strukturfunktionalen Theorie besonders S. 52 – 64 interessant.

Talcott Parsons, **Das System moderner Gesellschaften.** Weinheim 1972 → Analyse der Entstehung moderner Gesellschaften, Kapitel 2 fasst seine strukturfunktionale Theorie zusammen.

Talcott Parsons, **Die Entstehung der Theorie des sozialen Systems: Ein Bericht zur Person**, in: Talcott Parsons/Edward Shils/Paul F. Lazarsfeld, Soziologie – autobiographisch. Drei kritische Berichte zur Entwicklung einer Wissenschaft. Stuttgart 1975 S. 1–68.

Gerhardt, Uta, **Talcott Parsons. An Intellectual Biography.** Cambridge 2002 → Eine empfehlenswerte Darstellung von Parsons' Theorie im historischen Kontext.

Heinz Hartmann, **Stand und Entwicklung der amerikanischen Soziologie,** in: Moderne amerikanische Soziologie. Neuere Beiträge zur soziologischen Theorie, hg. von Heinz Hartmann, 2. Aufl. München 1973, S. 2– 134 → Der Aufsatz ist auch als Einleitung in die funktionalistische Theorie incl. Parsons geeignet, v. a. S. 2–17, 101–105.

Hans Joas/Wolfgang Knöbl, **Sozialtheorie. Zwanzig einführende Vorlesungen.** Frankfurt am Main 2004 → Der Band enthält in drei Kapiteln eine gut verständliche Einführung zu Parsons, insbesondere zum Hobbes'schen Problem.

Robert K. Merton, **Funktionale Analyse**, in: Moderne amerikanische Soziologie. Neuere Beiträge zur soziologischen Theorie, hg. von Heinz Hartmann, 2. Aufl. München 1973, S. 169–214 → Eine kritisch-konstruktive Bestandsaufnahme der funktionalistischen Theorie mit weiterführenden Vorschlägen.

Harald Wenzel, **Die Ordnung des Handelns. Talcott Parsons' Theorie des allgemeinen Handlungssystems.** Frankfurt 1990 → Anspruchsvolle Analyse der Handlungstheorie Parsons, die auch die philosophischen Hintergründe durchleuchtet.

Talcott Parsons und die Deutschlandpolitik der USA gegen Ende des Zweiten Weltkriegs | 4.4

Inhalt

Wie zu Beginn des vierten Kapitels dargelegt, brachte die Zeit zwischen 1933 und 1950 schwere Verwerfungen für die Soziologie in Deutschland und Europa. Auf der anderen Seite markiert dieser Zeitraum aber auch in gewisser Weise den Durchbruch der Soziologie als gesellschaftlich wirksame Kraft. Dies lässt sich verdeutlichen, wenn man die Politik der Siegermächte gegenüber Deutschland nach dem Ersten und nach dem Zweiten Weltkrieg vergleicht. In der amerikanischen Deutschlandpolitik unmittelbar vor und nach 1945 übernahm Talcott Parsons eine wichtige Rolle.

Nach dem Ersten Weltkrieg war selbst der moderate amerikanische Präsident Woodrow Wilson zu dem Schluss gekommen, die Deutschen seien *von Natur aus* ein kriegerisches Volk. Deshalb wollten er und die anderen Siegermächte es den Deutschen ein für allemal unmöglich machen, wieder einen Krieg zu führen. Entsprechend fiel der Versailler Vertrag 1919 aus. Das Deutsche Reich verlor nicht nur ein Siebtel seines Gebietes, sondern auch das Heer wurde auf eine Stärke von 100.000 Mann begrenzt. Horrende Reparationszahlungen sollten die Chancen zukünftiger wirtschaftlicher Entwicklung in Grenzen halten. Dass diese Politik scheiterte und vielleicht zur Machtergreifung Hitlers beitrug, ist bekannt.

Während des Zweiten Weltkriegs sah es zeitweise so aus, als würden die Siegermächte einen ähnlichen, sogar noch verschärften Kurs einschlagen. Dafür stand der Plan des amerikanischen Staatssekretärs Henry Morgenthau, der von der amerikanischen und britischen Regierung zeitweise als Grundlage alliierter Nachkriegspolitik gedacht war. Er sah vor, Deutschland zu einem reinen Agrarland zu machen. Ohne eine industrielle Basis, so das Kalkül, wird Deutschland in Zukunft nicht imstande sein, noch einmal Krieg zu führen. Eine andere Überlegung dabei war, das kriegsbedingt hochverschuldete Großbritannien durch die Möglichkeit einer Übernahme der ehemals deutschen Exportmärkte in Europa zahlungsfähig zu machen. Der Morgenthau-Plan wurde im August/September 1944 vom amerikanischen Präsidenten Franklin D. Roosevelt und vom britischen Premier Winston Churchill als Grundlage alliierter Nachkriegspolitik akzeptiert.

Doch gegen den Morgenthau-Plan formierte sich auch Widerstand. Einer der Opponenten war Talcott Parsons. Er hatte sich bereits seit Jahren mit den soziologischen Wurzeln des Dritten Reichs befasst und die Frage aufgeworfen, wie mit einem besiegten Deutschland nach dem Krieg umzugehen sei. Andere Wissenschaftler dachten ebenfalls intensiv über diese Frage nach.

Re-education gegen Morgenthau-Plan

Eine Frucht dieser Bemühungen war das *Re-education-Konzept*, das maßgeblich von dem New Yorker Psychiater Richard Brickner propagiert wurde. Die Nachkriegspolitik sollte auf Umerziehung der Deutschen setzen. Im Rahmen dieses Konzepts, an dessen Ausarbeitung viele Mediziner beteiligt waren, wurde Deutschland als ein quasi psychisch erkrankter Patient angesehen. Aber hinter den Überlegungen steckte auch eine grundlegende soziologische Einsicht: Menschen sind nicht von Natur aus so, wie sie sind, sondern sie werden es durch die gesellschaftlichen Umstände, in denen sie leben. Auf die Situation der Nachkriegszeit übertragen bedeutete dies: Die Deutschen müssen nicht für alle Zeiten Kriegstreiber sein. Wenn man sie richtig erzieht und umzieht, so die Einschätzung, dann können sogar die Deutschen zu Demokraten werden.

Plädoyer für wirtschaftlichen Wiederaufbau

Parsons, der mit Brickner eng zusammenarbeitete, entwickelte noch weiter gehende Konzepte: Anstatt Deutschland wirtschaftlich zu zerstören, wie es der Morgenthau-Plan vorsah, sollte man vielmehr seinen wirtschaftlichen Wiederaufbau fördern und unterstützen. Der Wissenschaftler sah in einer funktionierenden Wirtschaft mit Vollbeschäftigung, von der alle profitieren konnten, die beste Garantie gegen einen Rückfall in die nationalsozialistische Barbarei.

Aus Sicht von Parsons war Deutschland, verglichen mit den angelsächsischen Ländern, ein Land mit rückständigen gesellschaftlichen Institutionen. Das Dritte Reich manifestierte demgemäß einen Rückfall von rational-legaler Herrschaft zu einer Mischung aus charismatischer und traditionaler Herrschaft. Die deutsche Familie sah Parsons gekennzeichnet durch übertrieben autoritäre patriarchalischen Strukturen. Die kapitalistische Wirtschaft sei das am stärksten moderne, westliche Element der deutschen Gesellschaft. Es sollte durch den Abbau von Monopolen und staatlicher Bevormundung und die Förderung eines modernen Unternehmertums gestärkt werden. Parsons hoffte, dass das auf diese Weise reformierte Subsystem Wirtschaft zur Plattform der Demokratisierung Deutschlands werden könnte, das auf alle anderen Subsysteme ausstrahlt.

Gedanke der europäischen Integration

In dieser Weise ausgerichtet, sollte die deutsche Wirtschaft gemäß Parsons in neu zu gründende europäische Institutionen und in ein funktionierendes europäisches Wirtschaftssystem eingebettet werden. Dann würden von einem deutschen Wirtschaftsaufschwung auch die anderen europäischen Länder profitieren. Mit alledem war der Marshall-Plan und die Europäische Wirtschaftsgemeinschaft vorgedacht. Parsons war zwar nicht der Erfinder der Europa-Idee, aber er brachte sie als Lösung des Deutschland-Problems ins Spiel.

Weil Parsons über gute Kontakte zu Politikern, Planungsstäben zur Neuordnung Europas und zu anderen engagierten Wissenschaftlern verfügte, blieben seine Vorstellungen nicht nur auf dem Papier. Er selbst leitete seit 1943 die Sektion Deutschland im Harvard-Ausbildungsprogramm für Militäroffiziere, die auf die zukünftige Besatzungsherrschaft vorbereitet wurden. Sein ehemaliger Studienkollege John McCloy hatte es zum stellvertretenden Kriegsminister der USA gebracht, als solcher war er zuständig für den Kriegsschauplatz Europa. Parsons wurde zum Berater der Foreign Economic Administration (FEA), welche die Wirtschaftspolitik für Deutschland und Japan nach Kriegsende plante. Für diese wichtige Institution erarbeitete Parsons etliche Denkschriften mit seinen eben skizzierten Ideen, die er auch an hochrangige Politiker verschickte. Sie überzeugten den Leiter der FEA, Philip N. Kaiser, und die anderen Mitarbeiter der Behörde. In der Folge setzten sie sich entsprechend für eine Stärkung der deutschen Wirtschaft und für die Neugründung europäischer Institutionen ein. Bekannt unter dem Spitznamen »Friendly Aid Boys« waren sie an der Konzeption des Europäischen Wiederaufbau-Programms beteiligt, das als »Marshall-Plan« in die Geschichte einging. Verknüpft war diese europäische Aufbauhilfe mit der Auflage, langfristig eine Zollunion zu gründen – was auch geschah.

Originalzitat

Talcott Parsons

»Die Soziologie hat ein bisschen zur Kriegführung beigetragen. Es gab hier ein Institut mit dem Namen ›Institut für Verwaltung in anderen Kontinenten‹ ... Ich war dort am Lehrprogramm beteiligt. Man hatte sogenannte ›Gebiete-und-Sprachen‹-Programme, also mehrere davon, für Zivilverwaltungsoffiziere, die vorbereitet wurden auf ihre Arbeit in der Militärregierung in den besetzten Gebieten. Ich wurde ein bisschen so etwas wie ein Experte ... auch für Teile von Europa. Es war ganz interessant.« (Talcott Parsons bei einer Tischrede anlässlich seiner Emeritierung, zit. nach Uta Gerhardt, *Talcott Parsons als Deutschlandexperte*, in: Kölner Zeitschrift für Soziologie und Sozialpsychologie 43 (1991), S. 211.)

So hat auch die Soziologie ihren Anteil daran, dass Deutschland der Morgenthau-Plan erspart blieb, dass es nach dem Zweiten Weltkrieg als lebensfähiges Industrieland weiterbestehen und wieder in die internationale Gemeinschaft zurückkehren konnte. Man sieht, es ist eben nicht so, dass soziologische Theorie praktisch unbedeutend ist, etwa nach dem Motto »Das eine ist die Theorie, das andere ist die Praxis«. Tatsächlich verhält es sich genau umgekehrt. Sobald Theorie in die Köpfe der Menschen eindringt und ihr Handeln beeinflusst, wird sie auch praktisch wirksam.

Soziologisches Gedankengut als Handlungsmaxime

Für die amerikanischen Demokratisierungsbemühungen in Deutschland spielte die Soziologie ebenfalls eine wichtige Rolle. Man gründete Forschungsinstitute, um junge Soziologen auszubilden, und offerierte Stipendienprogramme für Studienaufenthalte in den USA. Dies war verknüpft mit zwei hauptsächlichen Erwartungen. Die jungen, in den USA ausgebildeten Soziologen würden den amerikanischen demokratischen Geist nach Deutschland tragen. Und soziologisches Wissen könnte helfen, die Gesellschaft im Nachkriegsdeutschland krisenfrei politisch zu steuern. Im Ergebnis trug der Zweite Weltkrieg also zum weiteren raschen internationalen Aufstieg der Soziologie bei, weil auf sie die Hoffnung friedlicher und krisenfreier Entwicklung projiziert wurde (→ Kapitel 5.1).

Unterstützung der soziologischen Forschung in Deutschland

Lernkontrollfragen

1 Welchen Beitrag leistete die Soziologie für die Konzeption der amerikanischen Nachkriegspolitik für Deutschland?
2 Welche Motive veranlassten Parsons zu seinem deutschlandpolitischen Engagement?
3 Parsons wurde vorgeworfen, seine soziologische Theorie sei konservativ und systemstabilisierend. Was halten Sie von dieser Kritik im Hinblick auf seine deutschlandpolitischen Aktivitäten?

Literatur

Uta Gerhardt, **Talcott Parsons als Deutschlandexperte während des Zweiten Weltkriegs**, in: Kölner Zeitschrift für Soziologie und Sozialpsychologie 43 (1991), S. 211–234 → Dieser Artikel beschreibt Parsons Analysen zum Dritten Reich.

Uta Gerhardt, **Die Geburt Europas aus dem Geist der Soziologie.** http://www.uni-heidelberg.de/uni/presse/RuCa2_96/gerhardt.htm → Hier wird Parsons Beitrag zur Deutschlandpolitik dargelegt.

Uta Gerhardt, **Talcott Parsons. An Intellectual Biography.** Cambridge 2002 → Vor allem die Seiten 58–129 beschreiben ausführlich Parsons Soziologie des Nationalsozialismus 1938–1945, das Buch stellt auch Zusammenhänge zur Systemtheorie von Parsons her.

Uta Gerhardt, **Soziologie der Stunde Null. Zur Gesellschaftskonzeption des amerikanischen Besatzungsregimes in Deutschland 1944–1945/46.** Frankfurt am Main 2005 → Eine Analyse der Transformationsperiode nach dem Ende des Zweiten Weltkriegs, bezieht auch soziologische Diagnosen ein.

Talcott Parsons, **Demokratie und Sozialstruktur in Deutschland vor der Zeit des Nationalsozialismus** (zuerst amerik. 1942), in: ders., Beiträge zur soziologischen Theorie, hg. und eingeleitet von Dietrich Rüschemeyer. Neuwied 1964, S. 256–281 → Parsons Analyse der sozialstrukturellen Wurzeln des Dritten Reiches.

5 | Soziologie in der Nachkriegszeit

Am 8. Mai 1945 kapitulierte die deutsche Wehrmacht. Das Kriegsende ist oft als Stunde Null bezeichnet worden – ein Ausdruck dafür, dass alles von vorn beginnt und die Karten neu gemischt werden.

Keine Stunde Null

Natürlich gab und gibt es im strengen Sinn keine Stunde Null. Gesellschaft beginnt nie völlig neu. Auch bei radikalen Strukturbrüchen, etwa nach Revolutionen oder eben nach totalen Niederlagen, gibt es keinen absoluten Neuanfang. Genauso wenig wie einzelne Personen können sich Gesellschaften als Ganzes ihrer Vergangenheit vollkommen entziehen. Insbesondere im Bereich der Kultur wirken gewachsene Normen- und Wertsysteme weiter. Für Deutschland zeigte sich aber auch im strukturellen Bereich bald, dass von einem voraussetzungslosen Neubeginn nicht die Rede sein konnte. So sah man beispielsweise bei den Eliten eine starke Kontinuität. Weniger bei der politischen Elite. Aber vor allem in der Wirtschaft, in der Justiz, im Militär standen bald wieder Personen an der Spitze, die bereits im Dritten Reich Karriere gemacht hatten. Dennoch, recht verstanden kann man durchaus von einer »Stunde Null« in dem Sinne sprechen, dass relativ offen und unklar war, wie es weiter gehen würde – so auch in der Soziologie.

In der deutschen Soziologie setzte sich, begünstigt durch US-amerikanische Förderung, eine Empirische Soziologie durch (→ Kapitel 5.1). Als ihr Gegenspieler erwuchs in den 1960er Jahren die sogenannte Frankfurter Schule Theodor W. Adornos und Max Horkheimers (→ Kapitel 5.2). Ein knapper Ausblick zur Entwicklung der Soziologie seit den 1970er Jahren (→ Kapitel 5.3) beschließt dieses Kapitel.

5.1 | Empirische Soziologie in Deutschland – René König, Helmut Schelsky, Ralf Dahrendorf

Inhalt

In der deutschen Nachkriegssoziologie setzte sich die Überzeugung durch, dass Soziologie *Empirische* Soziologie sein sollte. Dafür gab es nicht nur wissenschaftliche Gründe. Die strikt empirische Ausrichtung der deutschen Nachkriegssoziologie war auch Teil der sogenannten »Vergangenheitsbewältigung«.

5.1.1 Neuanfang und Traditionsbruch – Empirische Soziologie als Wissenschaftskonzept

5.1.2 Empirische Soziologen der Nachkriegszeit

5.1.3 Soziologie und »Vergangenheitsbewältigung«

5.1.4 Diagnosen zur Entstehung des Dritten Reichs

5.1.5 Ralf Dahrendorfs Konfliktsoziologie

5.1.6 Ist die Nachkriegsgesellschaft noch eine Klassengesellschaft?

5.1.7 Die gesellschaftspolitische Bedeutung der empirischen Soziologie in der Nachkriegszeit

Neuanfang und Traditionsbruch – Empirische Soziologie als Wissenschaftskonzept | 5.1.1

Bis Anfang der 1950er Jahre sah es ganz so aus, als würde die deutsche Soziologie wieder an ihre Tradition vor 1933 anknüpfen. Das schien auch selbstverständlich zu sein, denn die deutsche Soziologie genoss Weltruf. Namen wie Max Weber, Werner Sombart, Georg Simmel, Ferdinand Tönnies, Leopold von Wiese, Alfred Weber, Karl Mannheim oder Theodor Geiger besaßen international einen guten Klang. Gerade im Ausland erwartete man, dass sich die deutsche Soziologie der Nachkriegszeit wieder auf ihre Wurzeln besinnt.

In der Tat waren es nach 1945 zunächst die alten, schon vor 1933 hervorgetretenen Vertreter des Fachs, die – mit unentbehrlicher Hilfe seitens amerikanischer Besatzungsoffiziere – den institutionellen Wiederaufbau bewerkstelligten – etwa Alfred Weber in Heidelberg, Alfred von Martin in München, Leopold von Wiese in Köln. Es war Leopold von Wiese, der 1946 die Marschrichtung vorgab: »Wir nehmen den Faden dort, wo wir ihn fallen lassen mussten, wieder auf.« (in: Kölner Zeitschrift für Soziologie 1, 1948, S. 1)

In den 1950er Jahren begann eine neue Wissenschaftlergeneration, die Geburtsjahrgänge 1925 bis 1930, heranzuwachsen. Sie waren mit der nationalsozialistischen Weltanschauung aufgewachsen und hatten die Schrecken des Kriegs miterlebt – Bombenangriffe, Flakhelfer- und Soldateneinsätze. Erst nach dem Krieg wurden sie der unfassbaren, schockierenden deutschen Verbrechen der Nazizeit voll gewahr. In dieser Generation entwickelte sich das Bedürfnis nach einem totalen

Kontinuität und das Bedürfnis nach Neubeginn

Neubeginn. Die gesamte deutsche geistige Tradition schien ihr verdächtig, zum Nationalsozialismus indirekt beigetragen zu haben. Für sie war Soziologie mehr als eine Wissenschaft. Sie sollte ein Motor der gesellschaftlichen Modernisierung und geistigen Erneuerung Deutschlands sein.

Hintergrund

Renate Mayntz über ihren Umgang mit nationaler Identität und über die persönliche Bedeutung der Soziologie

Den Zusammenhang von nationalsozialistischer Erfahrung, persönlicher Entwicklung und Soziologie hat Renate Mayntz, Jahrgang 1927, in einem autobiografischen Rückblick so beschrieben: »Der zweijährige Aufenthalt in den USA war, neben den Kriegs- und Nachkriegserfahrungen, wahrscheinlich der zweite wichtige Faktor, der meinen Weg zur Soziologie bestimmte... Die soziologische Art zu denken, die die Aufmerksamkeit auf soziale statt auf psychische oder gar physische Ursachen menschlichen Verhaltens legt, eröffnete nicht nur einen neuen Weg zur Beantwortung der Frage ›wie ist so was möglich?‹; sie bot ... die Möglichkeit, den Kulturschock analytisch zu bewältigen, den der Wechsel vom Berlin der Blockadezeit an eines der prestigevollsten amerikanischen Mädchencolleges bedeutete. In gewisser Weise wurde die Soziologie damals für mich zum intellektuellen Schlüssel für das Verständnis meiner Umwelt, meiner Herkunft und meiner selbst.

Mit diesem meinem Selbst, und hier nicht zuletzt mit meiner nationalen Identität hatte ich zu jener Zeit große Probleme. Zwar identifizierte ich mich stark mit meiner Heimatstadt Berlin, doch dass ich Deutsche war, verschwieg ich aus Scham, aus diesem Land zu kommen, am liebsten. In den zwei Jahren in Amerika hatte ich keinerlei Kontakt mit Deutschen, sprach nie deutsch und träumte bald auch auf englisch. Als man mich (in West Virginia) zum ersten Mal für eine Amerikanerin (der Ostküste) hielt, wurde mir heiß vor Freude; als ich bei der Rückkehr nach Deutschland, von Paris kommend, die Zollpolizei an der Grenze deutsch sprechen hörte, brach ich unvermittelt in Tränen aus und wollte am liebsten umkehren. Hier liegt ohne Zweifel ein wichtiger Grund auch dafür, dass ich mich später stark an der amerikanischen Soziologie orientierte.« (Renate Mayntz, *Mein Weg zur Soziologie*, in: Wege zur Soziologie nach 1945. Biographische Notizen, hg. von Christian Fleck. Opladen 1996, S. 225–235, hier S. 228).

Dieses Bedürfnis der jungen Soziologengeneration traf sich mit dem Bestreben der alliierten Besatzungsmächte, die Soziologie zur Umerziehung der Deutschen zu nutzen. Die USA gründeten Forschungsinstitute und ermöglichten jungen Soziologen längere Auslandsaufenthalte. Diese waren von Amerika fasziniert. Deutschland war ein armes, zerstörtes Land, ohne geistige Identität. Die USA hingegen erschienen als ein moderner Hort der Demokratie und des Fortschritts, ein für damalige Verhältnisse ungeheuer reiches Land. Vorbild wurden sie auch in puncto Soziologie. Sie konzentrierte sich unter Verzicht auf große Ideologien auf die empirische Sozialforschung – sie sollte es bald ermöglichen, die Gesellschaft krisenfrei zu steuern.

Vorbild USA

Vor diesem Hintergrund vollzog sich in den Jahren 1955 bis 1960 in der deutschen Soziologie der Traditionsbruch – mit René König und Helmut Schelsky an der Spitze der Bewegung.

Die deutsche soziologische Tradition, vor allem aus der Zeit der Weimarer Republik mit ihren oft historischen und zeitdiagnostischen Arbeiten wurde nunmehr als Anknüpfungspunkt abgelehnt, weil sie als wissenschaftlich unzureichend und politisch bedenklich erschien. Die jungen Soziologen wandten sich ganz der in den USA gepflegten empirischen Sozialforschung zu. Man bevorzugte einen an den Naturwissenschaften orientierten Wissenschaftsbegriff, während die alte deutsche Soziologie sich meist als Geisteswissenschaft verstanden hatte. Die Nachkriegs-Soziologie in Deutschland definierte sich fortan als Fachwissenschaft wie andere wissenschaftliche Disziplinen auch. Die meisten deutschen Soziologen vor 1933 hatten Soziologie eher als interdisziplinäre Forschungsperspektive quasi »oberhalb« der einzelnen Fachwissenschaften verstanden.

Hinwendung zur empirischen Sozialforschung

Zusammenfassung

Traditionsbruch in der deutschen Nachkriegssoziologie:
- Entwicklung von »Deutscher Soziologie« zu »Soziologie in Deutschland«
- USA als Vorbild, deutsche Tradition wird grundsätzlich abgelehnt
- Soziologie wird zu einer professionalisierten Fachwissenschaft (vorher eher: interdisziplinäre Forschungsperspektive, Protagonist: z.B. Max Weber)
- Der enge, symbiotische Zusammenhang zur Nationalökonomie verschwindet
- Hauptschwerpunkt soziologischen Wissenschaftshandelns wird empirische Sozialforschung

- Verlust an Historizität
- Soziologie wird von einer Geisteswissenschaft zu einer anti-geisteswissenschaftlichen Disziplin, welche das Erbe der Geisteswissenschaften antreten möchte

»Traditionsbruch« ist in dem Sinn zu verstehen, dass die klassische Soziologie der zwanziger Jahre kein Leitbild mehr darstellte bzw. als solches explizit abgelehnt wurde. Faktisch finden sich aber, meist eher verborgen, inhaltliche und konzeptionelle Anknüpfungen an die alte deutsche Soziologie.

Zum wissenschaftlichen Leitbild der deutschen Nachkriegssoziologie avancierte das Wissenschaftskonzept einer Empirischen Soziologie. Es wurde vor allem von René König formuliert. René König, der in den 1950er Jahren den wichtigsten und einflussreichsten Beitrag zu einer Empirischen Soziologie in Deutschland erbracht hat, plädierte für Soziologie als eine »empirisch-analytische Einzelwissenschaft«. Das richtete sich gegen *Geschichts- und Sozialphilosophie* und *Kulturkritik*. Damit meinte König Denksysteme, welche Bestandteile von Erfahrungswissen mit Werten, Weltanschauungen, Ideologien vermischen.

König und Schelsky als wichtigste Vertreter der Empirische Soziologie

Helmut Schelsky (→ Kapitel 5.1.2), der zweite führende Vertreter einer Empirischen Soziologie, vertrat ein etwas anderes Konzept. Seiner Auffassung nach sollte Soziologie sowohl »empirische Funktionswissenschaft« als auch »sozialphilosophische Deutungswissenschaft« sein. Sozialphilosophische Deutungen sollten sich aber auf empirische Befunde stützen. In der Praxis war der Unterschied wenig relevant, weil auch König – gesammelt in seinem Band *Soziologische Orientierungen* (1965) – de facto gelegentlich sozialphilosophische Deutungswissenschaft im Sinne von Schelsky betrieb.

Im Dienst von Reformen und frei von Selbstzweck

König und Schelsky waren sich einig, dass die Empirische Soziologie letztendlich im Dienste gesellschaftspolitischer Reformen stehen solle. In diesem Sinne wandten sie sich gegen die Gefahr des Szientismus. Damit wollten sie sagen, dass wissenschaftliche Forschung kein reiner Selbstzweck sein dürfe. Zudem erwartete vor allem René König, dass aus den empirischen Forschungsergebnissen mit der Zeit auch theoretische Einsichten abgeleitet werden könnten.

Die empirischen Soziologen distanzierten sich nicht nur von der traditionellen deutschen historischen Soziologie. In den 1960er Jahren kam es zusätzlich zu einer Frontstellung gegen die *Kritische Theorie* der Frankfurter Schule (→ Kapitel 5.2).

Zusammenfassung

Soziologie der deutschen Nachkriegszeit: zwei Basiskonzepte
- Soziologie als empirisch-analytische Einzelwissenschaft (König)
- Soziologie als empirische Funktionswissenschaft und als sozialphilosophische Deutungswissenschaft (Schelsky)

Literatur

Uta Gerhardt, **Die Wiederanfänge der Soziologie nach 1945 und die Besatzungsherrschaft**, in: Soziologie an deutschen Universitäten: Gestern – heute – morgen, hg. von Bettina Franke und Kurt Hammerich. Wiesbaden 2006, S. 31 –114

Volker Kruse, **Soziologie und ›Gegenwartskrise‹. Die Zeitdiagnosen Franz Oppenheimers und Alfred Webers.** Wiesbaden 1990, S. 2 –29

Friedrich Tenbruck, **Deutsche Soziologie im internationalen Kontext. Ihre Ideengeschichte und ihr Gesellschaftsbezug**, in: Deutsche Soziologie seit 1945, hg. von Günther Lüschen, S. 70 –107

Empirische Soziologen der Nachkriegszeit | 5.1.2

René König (1906 –1992), aus einem deutsch-französischen Elternhaus stammend, emigrierte nach einer rechtsintellektuellen Phase Mitte der 1930er Jahre 1937 nach Zürich und lehrte dort unter schwierigen materiellen Bedingungen Soziologie. 1949 wurde er als Professor für Soziologie nach Köln berufen. 1955 übernahm er auch die Redaktion der »*Kölner Zeitschrift für Soziologie und Sozialpsychologie*«, dem wichtigsten Organ des Fachs. In nationalen wie internationalen Fachorganisationen spielte er eine führende Rolle.

König forderte, dass soziologisches Wissen und Denken auf empirischer Forschung fußen sollte. Mit anderen Worten: Hauptinhalt wissenschaftlicher soziologischer Arbeit hatte die empirische Forschung zu sein, nicht die rein geistige Konstruktion theoretischer Denksysteme. Empirische Methoden, empirische Forschung sah König aber nicht als Selbstzweck, sondern sie sollten sich auf reale gesellschaftliche Probleme beziehen und im Dienste von deren Lösung stehen.

Königs Konzept einer Empirischen Soziologie hatte auch eine politische Dimension. Es richtete sich gegen *Kulturkritik*, also gegen antimodernistische, fortschrittsskeptische Theorien und Weltanschauungen.

<small>Lösung gesellschaftlicher Probleme vs. Kulturkritik</small>

König war davon überzeugt, dass Kulturkritik ein Wiederaufleben des Nationalsozialismus begünstigen würde. Dagegen sollte die Empirische Soziologie dazu beitragen, die Chancen moderner Entwicklungen zu erkennen und zu nutzen.

Königs wissenschaftliche Arbeiten erstreckten sich auf unterschiedliche Felder wie Familiensoziologie, Soziologie der Mode und Gemeindesoziologie. Der Gelehrte war zudem ein begnadeter Kommunikator. Das von ihm herausgegebene und überwiegend erarbeitete »*Fischer-Lexikon Soziologie*«, 1958 erschienen, erreichte bis in die 1970er Jahre eine Auflage von über 400.000 Exemplaren und ist damit mit Abstand das am meisten verkaufte soziologische Buch in deutscher Sprache.

Ungeachtet der von ihm propagierten neuen Soziologenrolle blieb König selbst zeitlebens eher ein hochgebildeter Universalgelehrter und Intellektueller alten Stils als ein empirisch forschender Fachsoziologe. Aber seine Idee einer Empirischen Soziologie zog in den 1950er und 1960er Jahren zahlreiche Vertreter der jungen Soziologengeneration an, die sich bemühten, sein Konzept umzusetzen. In diesem Zusammenhang spricht man auch von der Existenz einer *Kölner Schule*.

Helmut Schelsky (1912–1984) hatte in den 1930er Jahren bei Hans Freyer (→ Kapitel 4.1.2) und Arnold Gehlen studiert und über ein philosophisches Thema promoviert. Er war auch NS-Studentenführer in Leipzig und wurde 1943 als Professor an die neugegründete Reichsuniversität Straßburg berufen – ein Amt, das er als Frontsoldat nicht antrat. Nach dem Zweiten Weltkrieg wirkte Schelsky zunächst als Leiter des Suchdienstes des Deutschen Roten Kreuzes, der Vermisstenschicksale aufzuklären versuchte. 1948 wurde er Professor für Soziologie an der Akademie für Gemeinwirtschaft Hamburg, 1953 an der Universität Hamburg, von 1960 bis 1970 lehrte er an der Universität Münster. Von 1970 bis 1973 war Schelsky Professor für Soziologie an der Universität Bielefeld, anschließend Professor für Rechtssoziologie an der Universität Münster. 1978 wurde er emeritiert und wirkte danach als Honorarprofessor an der Universität Graz.

Schelsky wandte sich von philosophischen Denksystemen ab – in der Überzeugung,

»*dass die Melodien der Geistes- und Ideengeschichte durchgespielt waren und das abstrakte philosophische, insbesondere das idealistische Denken den Boden einer unmittelbaren und sicheren Welterfahrung, auf den es sich in seiner Entstehung hatte stützen können, inzwischen unter den Füßen verloren hatte.*«
(Helmut Schelsky, *Ortsbestimmung der deutschen Soziologie*. Düsseldorf 1959, S. 37).

Demgegenüber sah er es nunmehr als Aufgabe der Soziologie an, Daten und Fakten der gesellschaftlichen Wirklichkeit zu ermitteln und denkerisch zu verarbeiten. Insbesondere die Gesellschaft der Nachkriegszeit bot dringenden Bedarf empirischer Forschung.

Schelskys erste Untersuchung galt den »*Wandlungen der deutschen Familie in der Nachkriegszeit*«. Am bekanntesten wurden seine Arbeiten zur sozialen Schichtung und zur Jugendsoziologie. Schelsky vertrat die These, dass die deutsche Gesellschaft nicht mehr dem Bild einer Klassengesellschaft im Marxschen Sinne entspreche, sondern sich zu einer nivellierten Mittelstandsgesellschaft entwickelt habe (→ Kapitel 5.1.6). Die Vorstellung einer solchen *nivellierten Mittelstandsgesellschaft* prägte das Selbstverständnis weiter Teile der bundesdeutschen Gesellschaft in den 1950er und 1960er Jahren.

Schelsky findet die nivellierte Mittelstandsgesellschaft

Auch in der Jugendsoziologie lieferte Schelsky einen klassischen Beitrag mit griffiger Pointierung: »*Die skeptische Generation*« (1957). Gegenstand dieser Studie war die Jugendgeneration in Westdeutschland im ersten Nachkriegsjahrzehnt. Deren Verhaltensprofil wurde mit der Jugendgeneration in der deutschen Gesellschaft vor dem Ersten Weltkrieg, in der Weimarer Republik und in der Zeit des »Dritten Reiches« verglichen. Schelsky spricht der »Generation der Jugendbewegung« vor dem Ersten Weltkrieg emanzipatorisch-ethische Ideale zu. In der Weimarer Republik und im Dritten Reich agierte die von ihm so deklarierte »Generation der politischen Jugend«, die Verhaltenssicherheit aus ihrem Einsatz für eine politische Mission gewann – vor allem für den Nationalsozialismus, aber auch für den Kommunismus. Dagegen habe, so Schelsky, die Jugend der 1950er Jahre mit einem kollektiven politischen Auftrag nichts mehr im Sinn. Sie sei ernüchtert, illusionslos, allen Ideologien abgeneigt – daher die Titulierung als »skeptische Generation«. Diese suche und finde Verhaltenssicherheit in einer Hinwendung zum Privaten, also zu Familie und Partnerschaft. Des Weiteren halte sie vorsichtig, aber zielgerichtet in der Arbeitswelt und der Freizeitwelt nach ihren individuellen Chancen Ausschau.

Beitrag zur Jugendsoziologie

In den 1960er Jahren beschäftigte sich Schelsky vor allem mit der Konzeption einer überfälligen Universitätsreform. Eine Frucht dieser Phase war die Gründung der Universität Bielefeld, die maßgeblich auf seine Initiative und Leitung zurückgeht und der er als Gründungsrektor vorstand. Ihm verdankt die Universität Bielefeld die größte soziologische Fakultät Europas.

Universitätsreformer

Schon 1971 schied Schelsky im Unfrieden und ging samt seinem Lehrstuhl an die Universität Münster zurück, diesmal an die juristische Fakultät. Die negativen Erfahrungen mit der studentischen Protestbewegung veranlassten ihn zur antisoziologischen Streitschrift »*Die Arbeit tun die Anderen. Die Priesterherrschaft der Intellektuellen*«, die lebhaften Anklang und Zustimmung in der konservativen Öffentlichkeit fand.

Ohne Ambitionen, eine eigene Schule zu bilden, hat Schelsky großzügig und liberal unterschiedlich orientierte Nachwuchswissenschaftler gefördert und habilitiert, u. a. – als »Quereinsteiger« aus der Verwaltung – den Großtheoretiker Niklas Luhmann.

Hans Albert, geb. 1921, war der führende wissenschaftstheoretische Vertreter der Empirischen Soziologie. Er setzte sich kritisch mit den Geisteswissenschaften einerseits und marxistischen Positionen andererseits auseinander, insbesondere im sogenannten *Positivismusstreit* (→ Kapitel 5.2.3.1). Albert stritt wie der Philosph Karl Popper für einen *Kritischen Rationalismus*. Damit ist Folgendes gemeint: Sozialwissenschaften sollten nicht große Theorien über die Gesellschaft entwerfen, wie sie ist oder sein sollte, sondern sich auf die Analyse und Lösung einzelner gesellschaftlicher Probleme konzentrieren *(Sozialtechnik der Einzelprobleme)*. Sie sollten dabei stets kritisch ihre eigene Position überprüfen und Fehler korrigieren, letztendlich sogar bestrebt sein, ihre eigenen Theorien zu widerlegen *(Fallibilismus)*. Eine kritisch-rationalistische Einstellung würde, so die Erwartung Alberts, für die wissenschaftliche Entwicklung wie für die Gesellschaft insgesamt am meisten zuträglich sein.

Heinrich Popitz (1925–2002), führte gemeinsam mit Hans Paul Bahrdt, Ernst August Jüres und Hanno Kesting die Untersuchung »*Das Gesellschaftsbild des Arbeiters. Soziologische Untersuchungen in der Hüttenindustrie*« durch – ein mittlerweile klassisches Werk deutscher empirischer Sozialforschung (→ Kapitel 5.1.7.4). Später veröffentliche Popitz, von 1959 bis 1964 Professor für Soziologie in Basel, seit 1964 in Freiburg, u. a. Beiträge zur Theorie der Macht, zum Begriff der sozialen Rolle und zur Bedeutung sozialer Normen in der Gesellschaft.

Erwin Kurt Scheuch (1928–2003) gehörte zur sogenannten Flakhelfer-Generation und bediente eine 8,8-cm-Flak, das modernste und wirkungsvollste Geschütz der Wehrmacht. Es verfügte bereits über einen Analog-Computer, der die optimale Flugbahn der Geschosse berechnete, allerdings auf unzureichende Weise, so dass die Bedienung selbst korrigierende Berechnungen anstellen musste. Wie Scheuch rückblickend beschreibt, sozialisierte ihn diese Erfahrung zum Umgang mit quantitativen Daten und Computern. So wurde er zum besten Methodenspezialisten in der deutschen Empirischen Soziologie. An der Einführung von empirischen Datenbanken und der Einrichtung von Instituten zur dauerhaften regelmäßigen Beobachtung der deutschen Gesellschaft im internationalen Vergleich hat er maßgeblich mitgewirkt.

Scheuch war es, der René Königs Programm einer empirisch-analytischen Soziologie mehr als ihr Urheber forschungspraktisch umsetzte – etwa in den 1960er Jahren mit Untersuchungen zur Elite und zum Rechtsextremismus in Deutschland. Ursprünglich linksliberal eingestellt, vollzog Scheuch als Reaktion auf die studentische Protestbewegung eine konservative Wendung. Er setzte sich aber weiterhin kritisch mit dem politisch-gesellschaftlichen Establishment auseinander und schrieb, teils gemeinsam mit seiner Ehefrau Ute, über den »*Kölner Klüngel*«, über »*Bürokraten in den Chefetagen*« (1992), »*Manager im Größenwahn*« (2003). Zuletzt beschäftigten ihn die hegemoniale Rolle der USA und die daraus erwachsenden Probleme.

Ralf Dahrendorf (geb. 1929) galt als das »Wunderkind« der deutschen Nachkriegssoziologie. Bevor er seinen 30. Geburtstag beging, war er bereits Professor und hatte Texte von geradezu klassischer Bedeutung veröffentlicht. Er war Sohn des SPD-Abgeordneten Gustav Dahrendorf, der, in die Verschwörung des 20. Juli 1944 verstrickt, nur mit viel Glück einem Todesurteil entkam. Auch Ralf Dahrendorf selbst hatte sich als Jugendlicher im Widerstand gegen das NS-Regime betätigt und wurde für sieben Wochen inhaftiert. Nach dem Krieg studierte er Philosophie und klassische Philologie und promovierte 1952 mit einer Arbeit über Karl Marx. 1957 übernahm er eine Professur in Hamburg, später in Tübingen und Konstanz. Wissenschaftlich bekannt wurde Dahrendorf besonders durch seine Konfliktsoziologie, die kritisch an Marx anknüpfte und das vorherrschende funktionalistische Paradigma herausforderte (→ Kapitel 5.1.6). Mit seinem noch heute viel gelesenen Werk »*Homo Sociologicus*« führte er die Rollentheorie in Deutschland ein. Einen weiteren Schwerpunkt seiner Arbeit bildete die Analyse der sozialen Schichtung der Bundesrepublik Deutschland. Als einziger Vertreter der Empirischen Soziologie unternahm er eine umfassende soziologische Analyse des Dritten Reichs (→ Kapitel 5.1.5). In den 1960er Jahren setzte er sich für die Bildungsexpansion zugunsten der unteren Schichten ein (»Bildung ist Bürgerrecht«).

Konfliktsoziologie und Rollentheorie

Von 1967 bis 1974 war Dahrendorf vornehmlich politisch tätig. Bis 1952 SPD-Mitglied, wechselte er später zur FDP und beteiligte sich an der (linksliberalen) programmatischen Neuausrichtung der Partei. 1968 wurde er Landtagsabgeordneter in Baden-Württemberg und zog 1969 in den Bundestag ein, den er aber schon nach einem Jahr wieder verließ. Außerdem wirkte er kurzzeitig als Parlamentarischer Staatssekretär im Auswärtigen Amt und ab 1970 als Kommissar der Europäischen Gemeinschaft. Dann kehrte Dahrendorf in die Wissenschaft zurück und leitete von 1974 bis 1984 die London School of Economics. Später wurde er britischer Staatsbürger, von der Königin geadelt und ins britische Oberhaus berufen. Seit 2005 ist Ralf Dahrendorf Forschungsprofessor am Wissenschaftszentrum Berlin für Sozialforschung.

Ausflug in die Politik

5.1.3 | Soziologie und »Vergangenheitsbewältigung«

Vergangenheitsbewältigung war im politischen und wissenschaftlichen Diskurs der Nachkriegszeit ein häufig verwendeter Begriff. Er enthielt das Postulat, die Ursachen der »deutschen Katastrophe« zu ergründen und dafür Sorge zu tragen, dass sich ein solches Desaster nicht noch einmal wiederholt.

Nach dem Zweiten Weltkrieg ging es für Nachkriegsdeutschland zunächst einmal darum, das nackte Überleben in den auf das Kriegsende folgenden Hungerjahren zu sichern, Tod und Gefangenschaft von Angehörigen zu bewältigen, das Alltagsleben ohne Ehemann oder Vater zu bewerkstelligen. Nicht wenige Deutsche waren – direkt oder indirekt – in die Verbrechen des Nationalsozialismus verstrickt gewesen. Der bald einsetzende Wirtschaftsaufschwung bot neue Perspektiven für die Zukunft. All dies trug dazu bei, dass vor allem in den 1950er Jahren das Dritte Reich wenig thematisiert, ja sogar oft genug verdrängt wurde. Bezeichnend ist, dass in westdeutschen Filmen der 1950er Jahre, die eine heile, unpolitische Welt darboten, die nationalsozialistische Vergangenheit kaum vorkam.

Verdrängung der Vergangenheit

Wie verhielt sich nun die Soziologie zur nationalsozialistischen Vergangenheit? Schließlich war sie als Gesellschaftswissenschaft besonders herausgefordert. Die Reaktionen waren unterschiedlich.

Einige der alten Vertreter der historischen Soziologie – etwa Alfred Weber, Alfred Müller-Armack und Alexander Rüstow – versuchten zu verstehen, wie und warum es ausgerechnet in Deutschland zu einer solchen katastrophalen Entwicklung kommen konnte. Sie suchten in großangelegten Werken nach den geschichtlichen Wurzeln des Dritten Reichs. Die meisten Nachkriegssoziologen wandten sich jedoch, wie bereits dargelegt, lieber der empirischen Erforschung der Nachkriegsgesellschaft zu. Für manche, die im Dritten Reich wissenschaftlich aktiv gewesen waren, geriet dies, bewusst oder unbewusst, auch zur Verdrängung ihrer persönlichen Verstrickungen. Speziell für die junge Generation der Jahrgänge 1925 bis 1930 war die empirische Sozialforschung, wie erwähnt, mehr als gewöhnliches wissenschaftliches Handeln, und die empirischen Methoden mehr als Forschungshandwerk. Sie bedeutete einen radikalen Bruch mit der nationalsozialistischen Vergangenheit und ihren nationalsozialistischen Wurzeln. Die Entscheidung für die Empirische Soziologie war für sie nicht nur eine wissenschaftliche, sondern auch eine politische Entscheidung und insofern »Vergangenheitsbewältigung«.

Ausweg empirische Sozialforschung

Auf die jungen Soziologen, die um 1950 dank der Stipendien amerikanischer Stiftungen die Trümmerlandschaften zerbombter deutscher

Städte hinter sich lassen und in die USA gehen konnten, übte dieses
»Land der unbegrenzten Möglichkeiten« eine gewaltige Faszinations-
kraft aus. Sie erwarteten, dass die empirische Erforschung gesellschaftlicher Probleme auch zu ihrer Lösung beitragen werde. Manche hofften,
durch die Akkumulation empirischen Wissens schrittweise zu einer
Theorie zu gelangen, die in der Lage sein werde, Gesellschaft krisenfrei   Krisensteuerungs-
zu steuern. Diese Vision war nach dreißig Jahren Krieg, politischen   instrument
Revolutionen und wirtschaftlichen Katastrophen nicht nur für Soziologen attraktiv und förderte die rasche Verbreitung der Sozialwissenschaften in den 1960er und 1970er Jahren.

Diagnosen zur Entstehung des Dritten Reichs | 5.1.4

Analysen zum Dritten Reich war vor allem Sache der alten, historisch
und geisteswissenschaftlich orientierten Wissenschaftlergeneration. Als
einziger junger Wissenschaftler setzte sich Ralf Dahrendorf mit den
Ursachen und Folgen des Dritten Reichs auseinander. In diesem Abschnitt
stellen wir die Diagnosen von Alfred Weber und von Ralf Dahrendorf vor.

Der nunmehr greise Alfred Weber gehörte zu den intellektuellen   Alfred Webers
Persönlichkeiten, die sich am intensivsten um eine geistige und gesell-   Bemühungen um geistige
schaftliche Erneuerung Deutschlands bemühten. Er warb für gesell-   und gesellschaftliche
schaftliche Reformen, die auf einen »dritten Weg« zwischen Kapitalis- Erneuerung
mus und Kommunismus hinausliefen, und für einen Anschluss an die
westliche Wertewelt. Gleichzeitig bemühte er sich um eine – damals
vieldiskutierte – Diagnose zur Entstehung der deutschen Katastrophe.

Webers Analyse bewegte sich auf zwei Ebenen. Zum einen machte er
den geistigen Sonderweg Deutschlands verantwortlich, das den Pfad der
Aufklärung verlassen und dafür den Staat, aber auch Gewalt, unzulässi-
gerweise idealisiert habe. Zum anderen versuchte Weber zu zeigen, dass
gesellschaftliche Strukturwandlungen einen neuen Typus von Mensch
hervorgebracht hatten, der totalitäre Diktaturen wie das Dritte Reich
begünstigte. Wie sein Bruder Max sah Alfred Weber in der Bürokratisie-   Bürokratisierung als
rung eine bestimmende Kraft modernen gesellschaftlichen Lebens, die   verändernde Kraft
nicht nur den Staat, sondern auch die Privatwirtschaft erfasst hatte. Die
Bürokratisierung verändert, so Alfred Weber, das »Wesen« des Menschen –
heute würden wir sagen: seine Mentalität oder seinen Sozialcharakter.

Seit der Aufklärung, so Weber, haben sich in Europa Freiheit, Menschlichkeit und Verantwortlichkeit gegenüber den Mitmenschen als hand-
lungsleitende Werte durchgesetzt. Diese waren aus den kulturellen
Quellen des Christentums, des Humanismus und der Aufklärung hervorgegangen. Menschen, die nach diesem Wertesystem agieren, nennt

Weber »dritter Mensch«. Der Mensch hingegen, der in einer modernen Großorganisation arbeitet, sieht sich einer Spannung zwischen den Werten des »dritten Menschen« (Freiheit, Menschenwürde, Verantwortung für den Nächsten) und dem Organisationsziel ausgesetzt. Letzteres kann den Werten des »dritten Menschen« widersprechen. Besonders groß ist die Diskrepanz zwischen den Werten des »dritten Menschen« und dem Organisationsziel in totalitären Diktaturen, vor allem im Dritten Reich. Dabei entsteht ein Typus, den Weber als persönlichkeitsgespaltenen »*vierten Menschen*« bezeichnet. Dieser Typus lebt im Privatleben nach den Werten des dritten Menschen. Im Berufsleben, in seiner Organisation begeht er hingegen unter Umständen unmenschliche Verbrechen. Prototyp ist für Weber der NS-Funktionär, der am Wochenende treusorgender Familienvater ist und in der Woche von seinem Schreibtisch aus Tausende Menschen in den Tod schickt. Aber auch der Naturwissenschaftler, der Erfindungen mit menschenfeindlichen Effekten zum Einsatz bringt (Beispiel Atombombe), fällt für Alfred Weber unter den Typus des »vierten Menschen«.

<small>Der »dritte Mensch«</small>

<small>Der »vierte Mensch«</small>

Als Spaltpilz fungiert der persönliche Ehrgeiz. Vor allem Angehörige der Mittelschichten möchten in ihrer jeweiligen Organisation aufsteigen. Dies können sie vor allem, indem sie strikt im Sinne des Organisationsziels handeln. Die Arbeiterschaft sah Weber im Gegensatz zu den Mittelschichten wenig gefährdet, weil sie sich von ihrer Arbeit distanziert.

Folgt man Weber, so beruhen totalitäre Diktaturen, insbesondere das Dritte Reich, auf der Bürokratisierung der Gesellschaft und der wachsenden Bedeutung von Großorganisationen in Staat und Gesellschaft. Darüber hinaus begünstigte die spezifische deutsche Kulturtradition die Entstehung des NS-Staats.

Auch Ralf Dahrendorf fragte, warum sich ausgerechnet ein industrialisiertes, zivilisiertes, westliches Land wie Deutschland zu einer nationalsozialistischen Diktatur wandeln konnte. Seine Analyse thematisiert vor allem Eigenarten der deutschen Sozialstruktur:

Im Gegensatz etwa zu Großbritannien und den USA konnte sich laut Dahrendorf in Deutschland keine »klassische Bourgeoisie« entwickeln. In Westeuropa setzte sich eine starke Bourgeoisie gegen den Adel durch. Sie war strikt antiaristokratisch und liberal eingestellt. In Deutschland hingegen unterwarf sich die Bourgeoisie in ihrer sozialen und politischen Stellung und ihrer Mentalität jener älteren feudalen Schicht, die nach dem englischen Vorbild ihr Gegner hätte sein sollen. Das Fehlen einer liberalen Bourgeoisie führte dazu, dass das traditionale Wertesystem des Adels auch in der Weimarer Republik vorherrschend blieb. Der Staat wurde ideell überhöht, galt als Wert an sich. Die Werte der Disziplin, der Pflicht und des Gehorsams blieben vorherrschend, z.B. in der

<small>Kein liberales Bürgertum</small>

Familie oder in der Schule. Der Einzelne hatte sich unter das Ganze unterzuordnen. Konflikte sah man als etwas prinzipiell Schlechtes an, was unbedingt zu vermeiden und zu unterbinden war. Dabei, so Dahrendorf, ist es aber fundamental für jede Demokratie, dass die Existenz gegensätzlicher Interessen anerkannt und ihre regulierte Austragung ermöglicht wird.

Ohne Konfliktfähigkeit keine demokratische Kultur

Die deutsche politische Kultur war stattdessen von einem »Autoritarismus« in den Institutionen Schule, Universität, Familie und Kirche bestimmt – eine demokratische Kultur konnte sich so nicht entwickeln. Unter diesen Voraussetzungen war insbesondere der Mittelstand, der seine Proletarisierung fürchtete, anfällig für die nationalsozialistischen Ideologien. In der Weltwirtschaftskrise der frühen 1930er Jahre kam es schließlich zum Bündnis zwischen traditioneller Oberschicht und den bedrohten Mittelschichten – auf diese Weise wurde das Schicksal der Weimarer Republik besiegelt.

Wie aber wirkte sich das Dritte Reich auf die gesellschaftliche Entwicklung Nachkriegsdeutschlands aus? Dahrendorf wartete mit einer verwegenen, scheinbar paradoxen These auf: Das Dritte Reich habe, von seiner Führung ungewollt, objektiv einen modernisierungsfördernden Effekt gehabt. In der Zeit des Dritten Reichs sei der traditionelle Adel – der große Bremsklotz auf dem Weg zu einer modernen kapitalistischen und demokratischen Entwicklung Deutschlands – weitgehend beseitigt worden und spielte im Nachkriegsdeutschland keine Rolle mehr. Der Neuaufbau – für Dahrendorf nach den Zerstörungen durch Krieg und Demontagen eine neue, zweite Industrialisierung – konnte ohne diese Hypothek stattfinden. Die ständischen Relikte des vorindustriellen Zeitalters waren durch die Gleichheit in der NS-Volksgemeinschaft weitgehend eingeebnet worden – der Sohn des Generaldirektors ging ebenso zur Hitlerjugend wie das Arbeiterkind, und beide trugen die gleiche Uniform. Alle waren nun Volksgenossen, und das war, bei allen Defiziten, doch so etwas wie eine Vorstufe staatsbürgerlicher Gleichheit oder bereitete zumindest den Boden dafür. So hatte das nationalsozialistische Regime laut Dahrendorf ungewollt den Grundstein für eine moderne kapitalistische und liberaldemokratische Entwicklung nach westlichem Vorbild gelegt, jenseits des deutschen Sonderweges. Und so gab Dahrendorf schon um 1960 eine optimistische Prognose für die zukünftige Entwicklung der deutschen Demokratie ab. Gleichzeitig machte er aber auch noch erhebliche Modernitätsdefizite der westdeutschen Nachkriegsgesellschaft aus, dazu gehörte die offenkundige Benachteiligung der unteren Schichten im Rechts- und im Bildungssystem.

Unbeabsichtigte Modernisierungseffekte des Dritten Reichs

5.1.5 | Ralf Dahrendorfs Konfliktsoziologie

Die Empirische Soziologie hatte wie bereits dargelegt mit großer Theorie nach Art von Talcott Parsons wenig im Sinn; sie wollte sich auf empirische Forschung konzentrieren und erwartete, dass sich theoretische Einsichten nach und nach aus empirischer Forschung ergeben würden. Einen bedeutenden theoretischen Entwurf hat sie dennoch hervorgebracht: die Konflikttheorie von Ralf Dahrendorf. Diese setzte sich kritisch mit dem damals vorherrschenden Funktionalismus auseinander und brachte eine eigenständige Note in die internationale Theoriediskussion.

In Kapitel 4.3.5 wurde schon darauf hingewiesen, dass der Funktionalismus Gesellschaft als System von Teilen oder Strukturen verstand, wobei jedes von ihnen einen Beitrag zum Bestehen des Ganzen leistet. Oder in der Interpretation Ralf Dahrendorfs:

»Der Funktionalismus ist daher jene Schule des soziologischen Denkens, die jedes Problem unter dem Aspekt des gleichgewichtig reibungslosen Funktionierens von Gesellschaften und ihren ‚Subsystemen' anpackt, jedes Phänomen daher auf seinen Beitrag zur Erhaltung des Gleichgewichts im System abklopft.« (in: Ralf Dahrendorf, *Pfade aus Utopia*. München 1974, S. 265)

Funktionalismus pathologisiert Konflikte

Dahrendorf kritisiert nun, dass im funktionalistischen Gesellschaftsbild das allgegenwärtige Phänomen des Konflikts nicht angemessen erfasst werden kann. So prangert er den berühmten Industriesoziologen Elton Mayo (1880–1949) an, der Konflikte für etwas Anormales, Pathologisches hält und sie auf psychische Störungen Einzelner zurückführt. Nicht viel besser kam Robert K. Merton (→ Kapitel 4.3.8) weg, der Konflikte als Dysfunktionen interpretierte, als etwas, was zum Nicht-Funktionieren, Zerstören einer Gesellschaft beiträgt. Der funktionalistische Ansatz ist aus der Sicht von Dahrendorf prinzipiell ungeeignet, soziale Konflikte zu konzeptualisieren.

Konflikte fördern den Wandel

Hingegen vertritt Dahrendorf die These, dass die permanente Aufgabe, der Sinn und die Konsequenz sozialer Konflikte darin liegt, den Wandel globaler Gesellschaften aufrechtzuerhalten und zu fördern. Konflikte sind alle strukturell erzeugten Gegensatzbeziehungen von Normen und Erwartungen, Institutionen und Gruppen, etwa parlamentarische Debatten, Revolutionen, Lohnverhandlungen, Streiks oder Machtkämpfe in gesellschaftlichen Gruppen.

In Anlehnung an Marx geht Dahrendorf davon aus, dass alle Gesellschaften in sich ständig Antagonismen, Widersprüche erzeugen, die weder zufällig entstehen noch willkürlich beseitigt werden können. Konflikte erwachsen letztendlich aus sozialer Ungleichheit und Herrschaft. Sie bedeuten aus Sicht von Dahrendorf nicht Störung eines sozialen Systems, sondern sie sind Motor für den sozialen Wandel. Mit anderen Worten: Wenn Konflikte unterdrückt werden, wird auch sozialer Wandel unterdrückt, und die gegebenen Herrschaftsverhältnisse bleiben bestehen.

Als Beispiel für die segensreiche Wirkung frei ausgetragener sozialer Konflikte lässt sich der Konflikt zwischen Kapital und Arbeit anführen, für Dahrendorf vielleicht das Grundmuster eines sozialen Konflikts schlechthin. Ursprünglich, in der Zeit der frühen Industrialisierung, wurden Konflikte zwischen den beiden genannten Parteien gewaltsam ausgetragen. Empörte Arbeiter zerstörten Maschinen, Fabriken oder Wohnhäuser von Unternehmern. Sie hatten auch kaum Möglichkeiten, auf legalem Wege ihre Anliegen zu vertreten. Immerhin führten derartige gewaltsame Proteste dazu, die schlimmsten Auswüchse unternehmerischer Herrschaft gesetzlich einzudämmen. Im Zuge der Demokratisierung von Staat und Gesellschaft konnten sich die Arbeiter zu Gewerkschaften, die Unternehmer zu eigenen Interessenverbänden zusammenschließen. Die Löhne und Arbeitsbedingungen wurden nun, besonders seit den 1950er Jahren, kollektiv ausgehandelt. Für die gemeinschaftlich vertretenen Arbeiter hatte das den Vorteil, dass man ihnen höhere Löhne zugestand, als wenn sie einzeln den Unternehmern gegenübergetreten wären. Die Unternehmer wiederum konnten als Pluspunkte sozialen Frieden (keine gewaltsamen Proteste, keine wilden Streiks) und Berechenbarkeit der Lohnkosten durch befristete Tarifverträge verbuchen. So haben die sozialen Konflikte des 19. und frühen 20. Jahrhunderts Institutionen hervorgebracht, welche regulierend wirken und im Ergebnis für beide Seiten von Vorteil sind. Die funktionalistische Theorie mit ihrer Negierung von Konflikten hingegen sieht Dahrendorf in der Nähe totalitärer Gesellschaften.

Konflikt zwischen Kapital und Arbeit

Literatur

Literatur
Ralf Dahrendorf, **Die Funktionen sozialer Konflikte** (zuerst 1960), in: Pfade aus Utopia. Zur Theorie und Methode der Soziologie. München 1974, S. 263–277

Ist die Nachkriegsgesellschaft noch eine Klassengesellschaft? | 5.1.6

Diese Überschrift verweist auf die wichtigste inhaltliche Frage, welche die Nachkriegssoziologie bis in die 1960er Jahre und darüber hinaus diskutierte. Sie ging aus von der Marxschen Klassenanalyse. Marx hatte

Ausgangspunkt: die Marxsche Verelendungstheorie

erwartet, dass der Mittelstand zwischen Großkapital und Proletariat zerrieben werde bzw. ins Proletariat zurückfallen würde. Das Proletariat würde wachsen und verelenden, wobei die Interpreten sich darum stritten, ob »verelenden« absolut oder relativ gemeint war (→ Kapitel 2.3).

Vor 1933 konnte man in vieler Hinsicht noch von einer Klassengesellschaft in Deutschland sprechen. Es gab eine bürgerliche und eine proletarische Welt, letztere enthielt beispielsweise proletarische Wohnviertel, proletarische Sportvereine, Arbeiterparteien, Gewerkschaften, eine eigene Arbeiterkultur. Allerdings gab es gerade in den 1920er Jahren Phänomene, die nicht oder schlecht in das Denkmodell der Klassengesellschaft passten, dazu zählte das Wachstum der Angestellten (→ Kapitel 3.6).

Weltwirtschaftskrise als Bankrotterklärung des Kapitalismus?

Die Weltwirtschaftskrise schien die Theorie von Karl Marx zu bestätigen. Der Mittelstand geriet in eine schwere Krise, welche der nationalsozialistischen Agitation in die Hände spielte. Noch schlechter ging es der Arbeiterschaft. Sie verlor einen Großteil ihrer sozialen Errungenschaften aus den 1920er Jahren, z.B. den Acht-Stunden-Tag, und die Real-Löhne sanken rapide. In Deutschland gab es 1932/33 über 6 Millionen Arbeitslose, nur sehr notdürftig und unzureichend unterstützt. Die Weltwirtschaftskrise kam in den Augen vieler Zeitgenossen einer Bankrotterklärung des Kapitalismus gleich.

Die Reaktion auf die Krise war eine verstärkte wirtschafts- und sozialpolitische Intervention des Staates. In Deutschland verfügte die Hitler-Regierung massive öffentliche Arbeitsbeschaffungsmaßnahmen, Stichwort Autobahnbau. Auch für den Mittelstand wurde einiges getan. In den USA setzte die New Deal-Politik unter Präsident Franklin D. Roosevelt ebenfalls auf Arbeitsbeschaffungsmaßnahmen, die Rechte der Gewerkschaften wurden gestärkt. In Großbritannien führte man 1946 den Wohlfahrtsstaat ein, der für seine Bürger »von der Wiege bis zur Bahre« sorgte. Ähnliche Tendenzen waren in den skandinavischen Staaten zu verzeichnen.

Zudem hatten die faschistischen Diktaturen und der Zweite Weltkrieg bestehende soziale Strukturen verändert. So waren die Arbeiterbewegungen weitgehend ausgelöscht. Viele Städte lagen zerstört danieder. Millionen Menschen mussten fliehen oder waren vertrieben worden, allein aus den deutschen Ostgebieten über 10 Millionen Menschen.

Soziologische Fragen nach Gesellschaftssystem

Aus alldem ergaben sich für die Soziologen der Nachkriegszeit die folgenden Fragen: In welcher Gesellschaft leben wir eigentlich? Ist das noch eine Klassengesellschaft? Wenn nicht, wie kann man sie sonst bezeichnen? Nachfolgend werden vier Positionen maßgeblicher Soziologen skizziert, welche die Diskussion bestimmten: Theodor Geiger, René König, Helmut Schelsky und Vertreter der jungen Soziologengeneration, hier Hans-Paul Bahrdt und Heinrich Popitz.

Theodor Geiger | 5.1.6.1

Theodor Geigers Werk »*Die Klassengesellschaft im Schmelztiegel*« (1949) wurde zum Ausgangspunkt der Diskussion: Geiger spricht allerdings nicht von einem grundsätzlichen Verschwinden der Klassengesellschaft. Seiner Meinung nach bleibt insbesondere der Gegensatz von Kapital und Arbeit erhalten, relativiert sich aber durch andere sozialstrukturelle Entwicklungen.

Wie schon in seiner Diagnose von 1932 (→ Kapitel 3.6.5) geht Geiger wieder von der Marxschen Prognose des Verschwindens der Mittelschichten, der Vereinheitlichung und Verelendung der proletarischen Lage und der Verschärfung des Klassengegensatzes aus. Dagegen konstatiert er die Stabilisierung der traditionellen selbstständigen Mittelschichten. Dies führt er vor allem auf die Einführung des Elektromotors um 1890 zurück, der auch den selbständigen Mittelstand an der Industrialisierung teilhaben lässt. Für die große Industrie übernimmt der Mittelstand Reparaturarbeiten; ein anderer Markt sind hochwertige Markenartikel für Besserverdienende, die sich mit industrieller Massenproduktion nicht oder nicht in hochwertiger Qualität herstellen lassen.

Stabile Mittelschicht

Auch eine Verelendung des Proletariats vermag Geiger nicht erkennen, stattdessen sieht er Tendenzen zu einer Entproletarisierung und Verbürgerlichung in der Arbeiterschaft. Zum einen sind neue Gruppen spezialisierter und qualifizierter Facharbeiter entstanden, die aufgrund ihrer Unersetzbarkeit höhere Löhne und bessere Arbeitsverträge erkämpfen können. Außerdem heben sozialpolitische Maßnahmen des Staates die materielle und soziale Lage der Arbeiter. Der demokratische Staat verbessert durch Bildungspolitik die Aufstiegschancen von Arbeiterkindern. Allerdings bleibt die Lage vieler Arbeiter prekär, so Geigers Einschätzung vor den großen sozialpolitischen Reformen der Nachkriegszeit, weil Invalidität und Alter leicht zu äußerster Armut führen können.

Verbürgerlichung der Arbeiter

Der Klassengegensatz ist laut Geiger nicht verschwunden, aber »institutionalisiert«. Der Kampf zwischen Kapital und Arbeit geht weiter, aber er richtet sich nach bestimmten Spielregeln. Denn in den demokratischen Staaten ist der individuelle Arbeitsvertrag durch den kollektiven Tarifvertrag ersetzt worden. 1949 rechnet Geiger damit, dass sich die Kräfteverhältnisse zwischen den Klassen weiter zugunsten der Arbeiterschaft verschieben werden.

Institutionalisierter Klassengegensatz

Geiger baut ferner auf zunehmende planwirtschaftliche Tendenzen, weil sich die »breite Masse« nicht mehr auf eine unregulierte Wirtschaft einlassen wird. In diesem Prozess entstehe eine neue lenkende staatliche Bürokratie, welche sich zu einer neuen herrschenden Klasse verselbständigen könne, die von den Parlamenten nur unzureichend zu kontrollieren sei (»Herrschaft der Experten«).

> **Zusammenfassung**
>
> **Theodor Geiger: Neue sozialstrukturelle Tendenzen der Nachkriegszeit**
> - Nachständische Stabilisierung der selbständigen Mittelschichten (dezentrale Industrietechnologien, Funktionsteilung zwischen Groß- und Kleinbetrieben, Markenartikel für Besserverdienende)
> - Entproletarisierung der Arbeitnehmerlagen (Fachwissen, Sozialleistungen, progressive Besteuerung, Umverteilung)
> - Institutionalisierung des Klassengegensatzes (kollektiver Tarifvertrag)
> - Neue bürokratische Klasse

5.1.6.2 | René König

Die von René König 1949 vorgelegte Analyse »*Soziologie heute*« ging in eine ähnliche Richtung wie die von Theodor Geiger, setzte aber einen anderen Akzent.

Noch radikaler als Geiger vertritt König die These, dass die Marxsche Diagnose einer sich in zwei Hauptklassen polarisierenden Gesellschaft mit revolutionären Konsequenzen nicht mehr zeitgemäß sei. Die technischen Innovationen um die Jahrhundertwende, insbesondere der Elektromotor, so König weiter, hätten Klein- und Mittelbetrieben neue wirtschaftliche Chancen eröffnet. Der alte Mittelstand konnte sich stabilisieren, ein neuer Mittelstand trat hinzu. Insgesamt, so Königs Beobachtung, wächst der Mittelstand, während das Proletariat schrumpft oder jedenfalls schwächer zunimmt als der Mittelstand. Die soziale Mobilität wird größer, die Klassenproblematik tritt zurück, wichtigstes Merkmal der modernen Wirtschaftsgesellschaft wird ihre Differenzierung.

Wachsender Mittelstand, schrumpfendes Proletariat

Im Unterschied zu Geiger akzentuiert König stärker die Bewusstseinsebene. Die Stabilität moderner Gesellschaft hängt laut König entscheidend davon ab, dass im Bewusstsein und in der Mentalität der Menschen eine adäquate Anpassung an gesellschaftliche Strukturentwicklungen stattfindet. Das gilt insbesondere für Mittelständler, wenn sie die Chancen nutzen wollen, die der Prozess der Moderne bietet. Aufgabe der Soziologie dabei ist es, die Planung zu optimieren und zur Überwindung eines möglichen *cultural lag* beizutragen. Damit ist gemeint, dass das Bewusstsein hinter den »realen« gesellschaftlichen und technischen Entwicklungen hinterherhinkt und daher die Chancen von Modernisierung nicht genutzt werden.

Anpassung der Mentalität an neue Verhältnisse

> **Zusammenfassung**
>
> **René König: Mittelschicht und Bewusstsein**
> - Der alte Mittelstand stabilisiert sich, ein neuer Mittelstand wächst heran, der Anteil des Proletariats nimmt relativ ab, die soziale Mobilität nimmt zu.
> - Es kommt darauf an, ein den aktuellen realen gesellschaftlichen Verhältnissen entsprechendes Bewusstsein jenseits von Kulturpessimismus zu schaffen, damit insbesondere der Mittelstand die Chancen moderner Strukturentwicklungen nutzt.

Helmut Schelsky

| 5.1.6.3

Wie Geiger und König verabschiedet sich auch Helmut Schelsky von den Theoremen der Marxschen Klassengesellschaft. Die neue Sozialstruktur nach dem Zweiten Weltkrieg charakterisiert er erstmals 1953 mit dem Begriff der *nivellierten Mittelstandsgesellschaft*. Die Semantik lässt eine Nähe zu Geigers Klassengesellschaft im Schmelztiegel vermuten, gemeint ist aber etwas anderes.

Geiger sah differenzierende Umschichtungen in der modernen Gesellschaft, in welcher der traditionelle Klassenantagonismus zwischen Kapital und Arbeit etwas zurücktritt, aber keineswegs verschwindet. Hier Umstrukturierung, dort Entstrukturierung: Schelsky geht nicht von Differenzierung, sondern von weitgehender Einebnung der vertikalen ökonomischen, sozialen und kulturellen gesellschaftlichen Unterschiede aus. Demnach gibt es aktuell zwei dominante Mobilitätstendenzen: der Abstieg von Bildungs- und Besitzbürgern »von oben« und der Aufstieg der Angestellten und Industriearbeiter »von unten«. Das Resultat dieser Prozesse ist die nivellierte Mittelstandsgesellschaft mit nicht nur verhältnismäßig einheitlichen sozialen Lagen, sondern auch einheitlichen Lebensstilen. Als Relikt aus der vergangenen Klassenstruktur sieht Schelsky Vorstellungen von Klasse, Klassenzugehörigkeit und Klassenkampf.

Einebnung der gesellschaftlichen Unterschiede

Innerhalb der Soziologie hat Schelsky überwiegend Kritik geerntet und seine Thesen später relativiert. Aber die öffentliche Resonanz war groß. »Soziologische Theorien diffundieren offensichtlich – unabhängig von ihrem ›Wahrheitsgehalt‹ – in der sozialen Wirklichkeit, wenn sie den Wahrnehmungs- und Deutungsbedürfnissen größerer Gruppen entgegenkommen.« (Rainer Geißler, *Das mehrfache Ende der Klassengesellschaft*, in: Die Diagnosefähigkeit der Soziologie, hg. von Jürgen Friedrichs, M. Rainer Lepsius, Karl Ulrich Mayer. Opladen 1998, S. 215)

Theorie und Begriff der nivellierten Mittelstandsgesellschaft suggerierten, dass die bundesrepublikanische Gesellschaft frei von sozialen Privilegien und die Arbeiterfrage ein für allemal erledigt sei – was so dann doch nicht zutreffend war. Doch eines hatte Schelsky richtig erfasst: die zunehmende Konzentration sozialer Positionen in Mittellagen.

Zusammenfassung

Helmut Schelsky, Nivellierte Mittelstandsgesellschaft
- Verschmelzung der absteigenden Bildungs- und Besitzbürger mit der kollektiv aufsteigenden Industriearbeiterschaft und mit den Angestellten des neuen Mittelstandes (»Nivellierung«)
- Vereinheitlichung der sozialen und kulturellen Verhaltensformen auf kleinbürgerlich-mittelständischen Niveau.

5.1.6.4 | Untersuchungen zum Gesellschaftsbild der Arbeiter

Die wohl interessanteste empirische Untersuchung der Nachkriegssoziologie ist diejenige über das Arbeiterbewusstsein, die Hans Paul Bahrdt, Heinrich Popitz, Ernst August Jüres und Hanno Kesting 1953/1954 in der saarländischen Hüttenindustrie durchführten. Die Ergebnisse wurden 1957 und 1961 veröffentlicht.

Vorhandensein von proletarischem Bewusstsein

In den 1950er Jahren war durchaus unklar, was nach der nationalsozialistischen Diktatur noch an proletarischem Klassenbewusstsein geblieben war. Die Untersuchung brachte ans Licht, dass die Mehrheit der Arbeiter nach wie vor über ein proletarisches Gruppenbewusstsein verfügt. Dies betraf zum einen den Begriff von Arbeit. Demnach war werteschaffende Arbeit körperliche Arbeit und Leistung körperliche Leistung. Nach wie vor gab es die Einschätzung, einem gemeinsamen Kollektiv, der Arbeiterschaft anzugehören. Eine Abgrenzung erfolgte »nach außen«, zur Angestelltenschaft, und »nach oben«, zu Management und Unternehmern. Nach wie vor dominierte ein dichotomisches Gesellschaftsbild, wonach die Gesellschaft ein Oben und Unten hat und die Arbeiter das »Unten« bilden. Ein großer Teil der Befragten erfuhr das Arbeiterdasein als kollektives Schicksal; nur eine kleine Minderheit glaubte, dass es durch Reformen oder Revolution zu überwinden sei.

Die Ergebnisse waren nicht geeignet, Befürchtungen einer proletarischen Revolution zu nähren. Sie widersprachen aber auch vorschnellen Versuchen, die kapitalistische Klassengesellschaft zu verabschieden und die Epoche einer nivellierten Mittelstandsgesellschaft auszurufen.

> **Zusammenfassung**

**Das Gesellschaftsbild des Arbeiters in den 1950er Jahren
(H. P. Bahrdt, H. Popitz, E. A. Jüres, H. Kesting)**
- Die Masse der Arbeiterschaft fühlt sich nach wie vor als Arbeiter und grenzt sich als solche von Angestellten, Management und Unternehmern ab.
- Nach wie vor gibt es ein dichotomisches Gesellschaftsbild mit »denen da oben«, welche die Macht innehaben und über die Reichtümer verfügen, und »uns da unten«.

> **Literatur**

Rainer Geißler, **Das mehrfache Ende der Klassengesellschaft**, in: Die Diagnosefähigkeit der Soziologie, hg. von Jürgen Friedrichs, M. Rainer Lepsius und Karl Ulrich Mayer, Opladen 1998, S. 207–233.

Michael Vester, **Was wurde aus dem Proletariat? Das mehrfache Ende des Klassenkonflikts: Prognosen des sozialstrukturellen Wandels**, in: Die Diagnosefähigkeit der Soziologie, hg. von Jürgen Friedrichs, M. Rainer Lepsius und Karl Ulrich Mayer, Opladen 1998, S. 164–206.

Die gesellschaftspolitische Bedeutung der Empirischen Soziologie in der Nachkriegszeit | 5.1.7

Die Bundesrepublik musste nicht nur politisch mit dem Grundgesetz von 1949 und wirtschaftlich mit der Einführung der sozialen Marktwirtschaft 1948, sondern auch *kulturell-intellektuell* neu gegründet werden. Genau wie die Bundesrepublik eine neue Verfassung und eine neue Wirtschaftsordnung brauchte, so benötigte sie auch eine neue Identität. Clemens Albrecht und seine Mitautoren haben ihr Buch über die Frankfurter Schule deshalb wie folgt betitelt: »*Die intellektuelle Neugründung der Bundesrepublik*«. Das ist treffend und kann mit erheblichen Einschränkungen und Modifikationen auch auf die Empirische Soziologie übertragen werden.

Neue kulturelle Identität

  Soziologie ist bekanntlich nicht nur Teil eines funktional ausdifferenzierten Wissenschaftssystems, sondern auch Teil der Kultur. Als ein solcher war die Soziologie nach dem Zweiten Weltkrieg besonders wichtig. Der totale moralische Bankrott des NS-Regimes hatte ein beispielloses kulturelles Vakuum hinterlassen. Die frühe Bundesrepublik musste sich eine neue Identität aufbauen. Daran waren die Soziologen in einem nicht unerheblichen Maße beteiligt: »Soziologie wurde zu einem intellektuellen Medium des Neubeginns.« (Karl-Siegbert Rehberg)

Wunsch nach Festigung der Demokratie

Die Empirischen Soziologen verfolgten recht einheitliche gesellschaftspolitische Zielsetzungen. Sie wollten wie bereits erwähnt einen Rückfall in nationalsozialistische Verhältnisse verhindern, die Demokratie in Deutschland festigen und die westdeutsche Gesellschaft modernisieren. So beobachteten sie z. B. besonders kritisch die deutschen Eliten und fragten nach Kontinuitäten zur NS-Zeit. Sie bekämpften die restaurativen Tendenzen der Adenauer-Ära und setzten sich für gesellschaftspolitische Reformen ein. Besonders wichtig war ihnen das Bildungssystem.

Fokus Bildungssystem

Dabei ging es ihnen nicht um die internationale Wettbewerbsfähigkeit Deutschlands, sondern um »Bildung als Bürgerrecht« (Ralf Dahrendorf), als Chance zur persönlichen Emanzipation und zum sozialen Aufstieg.

Die gesellschaftspolitische Bedeutung der Empirischen Soziologie war am stärksten in den 1950er und 1960er Jahren. Unter dem Eindruck der studentischen Protestbewegung verblasste und verzerrte sich dann ihr Bild. Sie erschien nunmehr als unpolitische Fachwissenschaft. Richtig ist jedoch, dass die Empirische Soziologie der Nachkriegszeit sich auch als ein politisches Projekt verstanden und wichtige Beiträge zur »intellektuellen Neugründung der Bundesrepublik« geleistet hat.

Lernkontrollfragen

1 Was bedeutet »Traditionsbruch in der deutschen Nachkriegssoziologie«? Erläutern Sie die Ursachen.
2 Beschreiben Sie das Wissenschaftskonzept einer Empirischen Soziologie.
3 Ist die westdeutsche Nachkriegssoziologie noch eine Klassengesellschaft? Beschreiben Sie die Positionen dieser Diskussion.
4 Beschreiben Sie den Grundgedanken von Dahrendorfs Konfliktsoziologie.
5 Inwiefern kann man die Empirische Soziologie der Nachkriegszeit auch als politisches Projekt verstehen?

Literatur

Volker Kruse, **Soziologie als »Schlüsselwissenschaft« und »angewandte Aufklärung«. Der Mythos der Empirischen Soziologie**, in: Der Gestaltungsanspruch der Wissenschaft. Aufbruch und Ernüchterung in den Rechts-, Sozial- und Wirtschaftswissenschaften auf dem Weg von den 1960er zu den

1980er Jahren, hg. von Karl Acham, Knut Wolfgang Nörr und Bertram Schefold. Stuttgart 2006 → Ein Beitrag über die Visionen, die mit Empirischer Soziologie in den 1950er und 1960er Jahren verbunden wurden.

M. Rainer Lepsius, **Die Entwicklung der Soziologie nach dem Zweiten Weltkrieg 1945 bis 1967**, in: Deutsche Soziologie seit 1945, hg. von Günther Lüschen. Opladen 1979 → Ein institutionell orientierter Überblick über die Nachkriegssoziologie.

Johannes Weyer, **Westdeutsche Soziologie 1945 bis 1960. Deutsche Kontinuitäten und nordamerikanischer Einfluss**, Berlin 1984 → Beleuchtet die politische Dimension der westdeutschen Soziologieentwicklung.

Die Kritische Theorie | 5.2

Inhalt

Dieses Kapitel befasst sich mit der Kritischen Theorie, die auch unter den Namen »Institut für Sozialforschung« und »Frankfurter Schule« bekannt geworden ist. »Institut für Sozialforschung« meint die institutionell-organisatorische Gestalt. »Kritische Theorie« bezeichnet das wissenschaftlich-theoretische Profil. »Frankfurter Schule« bürgerte sich in den 1960er Jahren als Bezeichnung ein, als in der deutschen Soziologie einzelne Schulen unterschieden wurden.

5.2.1	Die Anfänge des Instituts für Sozialforschung
5.2.2	Vertreter des Instituts für Sozialforschung
5.2.3	Das Institut für Sozialforschung im Exil
5.2.4	Traditionelle und Kritische Theorie
5.2.5	Dialektik der Aufklärung
5.2.6	Rückkehr nach Frankfurt
5.2.7	Die Frankfurter Schule in den 1950er Jahren und 1960er Jahren
5.2.8	Der »Positivismusstreit«
5.2.9	Herbert Marcuse, Der eindimensionale Mensch
5.2.10	Kritische Theorie und Studentenbewegung

5.2.1 | Die Anfänge des Instituts für Sozialforschung

Die Ursprünge dessen, was später »Frankfurter Schule« genannt wurde, liegen in den 1920er Jahren mit Hermann und Felix Weil. Beide sind nicht als Soziologen hervorgetreten. Aber ohne sie hätte es die Frankfurter Schule und damit ein wichtiges und unverwechselbares Stück deutscher Soziologie nicht gegeben.

Hermann Weil, (1868–1927), stammte aus einer jüdischen Kaufmannsfamilie nahe Heidelberg. 1890 ging er als Angestellter einer Amsterdamer Getreidehandlung nach Argentinien. 1898 machte er sich selbständig und baute in kurzer Zeit eine der größten Getreidehandelsfirmen Argentiniens auf. Das Unternehmen entwickelte sich zu einer Weltfirma mit Millionenumsätzen. 1908 kehrte Hermann Weil als Multimillionär nach Deutschland zurück und ließ sich mit seiner Familie in Frankfurt am Main nieder. Hier erweiterte er sein kapitalistisches Aktionsspektrum um Fleischhandel und Grundstücksspekulationen.

Unternehmer stiftet Gründungskapital

Hermann Weils Sohn *Felix Weil* (1898–1975) wurde durch den Ersten Weltkrieg und die Novemberrevolution politisiert. Er war von der Realisierbarkeit und Überlegenheit des Sozialismus überzeugt, engagierte sich in der Kommunistischen Partei Deutschlands (KPD). Er rechnete früher oder später mit dem Ausbruch einer sozialistischen Revolution. Ihm war nicht entgangen, dass der Wissenschaftsbetrieb ein rein bürgerlicher war und die Arbeiterbewegung außen vor blieb. Sein Ehrgeiz war nun, eine wissenschaftliche Institution zu schaffen, die auf der Basis des Marxismus dachte und forschte. Mit dieser neuen Institution sollte nach der Revolution der sozialistische Aufbau wissenschaftlich geleitet und begleitet werden.

Basis Marxismus

Dass sich ein reicher Unternehmersohn in dieser Weise engagierte, war nicht eben selbstverständlich. Noch mehr überrascht, dass es ihm gelang, seinen erzkapitalistischen Vater für dieses Projekt zu gewinnen. Warum dieser sich engagierte, bleibt unklar. Möglicherweise empfand er Schuldgefühl gegenüber seinem Sohn, um den er sich aufgrund seiner unternehmerischen Aktivitäten wenig gekümmert hatte. Vielleicht auch war das Kalkül im Spiel, mit der jungen Sowjetunion wirtschaftlich ins Geschäft zu kommen.

Liberales Frankfurt

Jedenfalls stellte Hermann Weil seinem Sohn Geld als Gründungskapital zur Verfügung. So wurde 1924 in Frankfurt, der liberalen und weltoffenen Heimatstadt des Felix Weil, das Institut für Sozialforschung (IfS) eingerichtet. Es war der Universität angeschlossen, aber ihr nicht untergeordnet, sondern dem – sozialdemokratischen – Ministerium direkt unterstellt. Die Weils finanzierten die Einrichtung und zusätzlich noch einen Lehrstuhl in der wirtschaftswissenschaftlichen Fakultät, um diese gewogen zu stimmen. Die Gelder flossen zuverlässig, auch in der Zeit des Exils. Felix Weil durfte den Leiter des Instituts bestimmen, dem weitgehend diktatorische Vollmachten zustanden.

Erster Rektor des Instituts wurde Carl Grünberg, ein erklärter Marxist. In Deutschland war es zu der Zeit eine Seltenheit, dass ein Marxist eine Professorenstelle besetzen konnte. In den ersten Jahren seines Wirkens befasste sich das Institut, entsprechend dem von Marx postulierten Basis-Überbau-Theorem (→ Kapitel 2.3.3.3), insbesondere mit ökonomischen Fragen. Als Assistenten Grünbergs fungierten Friedrich Pollock (1894–1970) und Hendryk Grossmann (1881–1950). Friedrich Pollock – Soziologe und Wirtschaftswissenschaftler – verfasste das Werk *Die planwirtschaftlichen Versuche in der Sowjetunion 1917–1927*, und der Ökonom und Historiker Hendrick Grossmann schrieb über »*Das Akkumulations- und Zusammenbruchsgesetz des kapitalistischen Systems*«. Ein anderer früher Mitarbeiter war der Soziologe und Sinologe Karl August Wittfogel (1896–1988), der über »*Wirtschaft und Gesellschaft Chinas*« forschte.

1928 erlitt Carl Grünberg einen Schlaganfall, von dem er sich nicht wieder erholte. Als sein Nachfolger wurde Max Horkheimer bestellt. Dieser leitete dann faktisch seit 1930, offiziell seit 1931 das Institut für Sozialforschung.

Gründungsdirektor Carl Grünberg

Vertreter des Instituts für Sozialforschung

| 5.2.2

Carl Grünberg (1861–1940) wurde, wie gerade erwähnt, 1924 erster Direktor des Instituts. Als Marxist war er davon überzeugt, dass früher oder später der Sozialismus den Kapitalismus ablösen werde. Unter seiner Leitung orientierte sich das Institut streng an der marxistischen Methode und förderte vor allem ökonomische Studien. Auf Grund seines 1928 erlittenen Schlaganfalls konnte Grünberg von da an seine Funktion nicht mehr ausüben.

Carl Grünberg

Max Horkheimer (1895–1973) stammte aus einer jüdischen Fabrikantenfamilie. Er studierte Philosophie in München, Frankfurt und Freiburg, promovierte 1922 und habilitierte 1925 in Frankfurt. Horkheimer übernahm 1930/31 die Leitung des Instituts für Sozialforschung. Im Gegensatz zu seinem Vorgänger war er eher philosophisch als ökonomisch orientiert und setzte die Schwerpunkte des Instituts entsprechend anders. Horkheimer erkannte die drohende nationalsozialistische Gefahr und transferierte rechtzeitig das Vermögen des Instituts ins Ausland. 1933 musste die Einrichtung in Frankfurt schließen. Nach Zwischenstationen in Genf und Paris konnte Horkheimer das Institut für Sozialforschung an der Columbia University/New York neu aufbauen.

Max Horkheimer

In der Emigration entstanden seine bekanntesten Werke »Traditionelle und Kritische Theorie?« (1937) und, gemeinsam mit Theodor W. Adorno, »Dialektik der Aufklärung« (1944/1947). 1949 kehrte Horkheimer samt seinem Institut nach Frankfurt zurück. Er agierte von da an nicht mehr in erster Linie als Wissenschaftler, sondern engagierte sich vor allem für die demokratische Erneuerung der Bundesrepublik Deutschland.

Theodor W. Adorno

Theodor Wiesengrund Adorno (1903–1969) wurde als Sohn des jüdischen Weingroßhändlers Alexander Wiesengrund und seiner Frau Maria Barbara, geb. Cavelli-Adorno, einer Sängerin geboren. Von ihr übernahm er später den Namen und sie vererbte ihm die musikalische Begabung – Adorno war ein ambitionierter Komponist und begnadeter Pianist. Er studierte seit 1921 Philosophie, Psychologie und Soziologie und blieb dabei der Musik zeitlebens mit musiksoziologischen Arbeiten verbunden. Seine Promotion erfolgte 1924. Er habilitierte in Frankfurt 1931 und – nach seiner Emigration – nochmals in Oxford 1934. 1938 wurde Adorno Mitarbeiter des IfS und avancierte bald zum kongenialen Partner und nächsten Mitarbeiter Horkheimers, was sich u.a. in der gemeinsamen Schrift *»Dialektik der Aufklärung«* niederschlug. Ferner stellte er im Exil Studien über den autoritären Charakter an, die zum Verständnis der nationalsozialistischen Diktatur beitragen sollten. Nach dem Zweiten Weltkrieg ging Adorno mit Horkheimer zurück nach Frankfurt. In den 1950er und 1960er Jahren wurde Adorno zu einem der einflussreichsten Intellektuellen Deutschlands und zu einem der führenden Soziologen. Eine herausgehobene Rolle spielte er im sogenannten *Positivismusstreit* (→ Kapitel 5.2.8) der 1960er Jahre. Während der Zeit der Studentenbewegung geriet Adorno in heftige Auseinandersetzungen an seinem Institut. Im Sommer 1969 erlag er einem Herzinfarkt.

Herbert Marcuse

Herbert Marcuse (1898–1979), Sohn eines jüdischen Textilfabrikanten, nahm als Soldat am Ersten Weltkrieg teil. Während der Revolution1918 wurde er in einen Berliner Soldatenrat gewählt. Von 1918 bis 1922 studierte Marcuse Germanistik und Philosophie, promovierte 1922 in Freiburg. Eine Habilitation bei dem Philosophen Martin Heidegger scheiterte wegen politischer Differenzen. 1933 trat Marcuse ins Institut für Sozialforschung ein und arbeitete an der Zweigstelle in Genf. Nach einer Zwischenstation in Paris emigrierte er 1934 in die USA, wo er weiter für das Institut für Sozialforschung tätig war. 1940 erhielt er die amerikanische Staatsbürgerschaft und arbeitete 1942 bis 1951 für das Office of Strategic Services in Washington, der US-Spionageabwehr. 1954 wurde Marcuse Professor für Politische Wissenschaft an der Brandes-University in Waltham/Massachussetts, 1965 in San Diego (Kalifornien). Die deutsche Übersetzung seines Spätwerks *»Der eindimensionale Mensch«* machte ihn zum Heros der hiesigen Studentenbewegung, für die sich Marcuse, anders als Adorno und Horkheimer, bereitwillig engagierte. 1979 starb Marcuse während einer Deutschlandreise in Starnberg.

Was diese älteren Vertreter der Kritischen Theorie eint, ist ihre großbürgerliche Herkunft, die jüdische Abstammung, ein philosophisch-geisteswissenschaftliches Studium, ein ausgeprägtes Interesse an kulturellen Fragen sowie eine politische und theoretische Nähe zu Marx – wenn auch nach dem Zweiten Weltkrieg mit abnehmender Tendenz.

Jürgen Habermas (geb. 1929), Sohn des Leiters der Industrie- und Handelskammer in Gummersbach, studierte 1949 bis 1954 Philosophie, Geschichte, Psychologie, Deutsche Literatur und Ökonomie bei vornehmlich konservativ und geisteswissenschaftlich eingestellten Professoren. Intellektuell beeinflusst wurde er zunächst von Martin Heidegger, einem der führenden Philosophen des 20. Jahrhunderts, von dessen politischer Nähe zum Nationalsozialismus er sich aber früh distanzierte. 1956 ging Habermas als Forschungsassistent an das Institut für Sozialforschung und wurde dort mit dem Denken der Kritischen Theorie vertraut. Er beteiligte sich maßgeblich an einer Studie »Student und Politik«, welche das politische Bewusstsein der deutschen Studenten untersuchte. Aufgrund von Unstimmigkeiten mit Horkheimer habilitierte Habermas 1961 in Marburg bei Wolfgang Abendroth – damals einer der wenigen Marxisten mit Soziologie-Professur. Thema der Habilitation war der »*Strukturwandel der Öffentlichkeit. Untersuchungen zu einer Kategorie der bürgerlichen Gesellschaft*«. Von 1961 bis 1964 lehrte Habermas in Heidelberg und wurde anschließend als Nachfolger von Horkheimer nach Frankfurt berufen. Er profilierte sich neben Adorno als der wichtigste Protagonist der Kritischen Theorie im Positivismusstreit. In diesem Zusammenhang erschien eines seiner am meisten beachteten Werke, »*Erkenntnis und Interesse*«, in dem er der Kritischen Theorie eine neue erkenntnistheoretische Grundlage zu geben versuchte. Seit den 1970er Jahren ging Habermas zunehmend eigene theoretische Wege – unabhängig von der Kritischen Theorie. Immer wieder mischte er sich in gesellschaftspolitische Debatten ein, insbesondere wenn es um die nationalsozialistische Vergangenheit ging.

Jürgen Habermas

Das Institut für Sozialforschung im Exil | 5.2.3

Nach der nationalsozialistischen Machtübernahme wurde das Institut für Sozialforschung schon am 13. März 1933 gewaltsam geschlossen. Doch der Institutsdirektor, Max Horkheimer, hatte rechtzeitig die Gefahr erkannt, welche dem Institut durch die Nazis drohen könnte, und bereits 1931 das Stiftungsvermögen in die Niederlande transferiert. Im gleichen Jahr richtete er eine Zweigstelle des Instituts in Genf ein – die erste Anlaufstelle für die vertriebenen Mitarbeiter des Instituts. 1934 emigrierten Horkheimer, Herbert Marcuse, Leo Löwenthal und Karl Wittfogel in die USA, 1938 folgte Theodor Adorno.

Keine Geldnöte

Die exilierten »Frankfurter« mit ihrem gut ausgestatteten Institut befanden sich gegenüber anderen Emigranten finanziell zunächst in einer relativ günstigen Lage. Sie konnten zudem ihre Kultur beibehalten, insbesondere weiterhin in deutscher Sprache reden und schreiben. Bis 1939 gaben sie eine eigene deutschsprachige Zeitung heraus, die 1932 gegründete *Zeitschrift für Sozialforschung*. Als Ende der 1930er Jahre die Stiftungsmittel schwanden, mussten sich die Institutsmitarbeiter Betätigungsfelder außerhalb suchen. Franz L. Neumann (1900–1954), Otto Kirchheimer (1905–1965), Herbert Marcuse, Leo Löwenthal (1900–1993) und Friedrich Pollock übernahmen Aufgaben in amerikanischen Regierungs- und Armeestäben. Horkheimer übersiedelte 1941 nach Kalifornien, später folgten Marcuse, Adorno und Pollock. Das Institut für Sozialforschung wurde auf eine von Leo Löwenthal verwaltete New Yorker Stabsstelle reduziert.

Arbeitsgemeinschaft Horkheimer / Adorno

Während des Exils veränderte sich die innere Struktur der Frankfurter Schule. Schon vorher war Horkheimer ein Leiter mit nahezu diktatorischen Vollmachten gewesen. Das Exil steigerte die Abhängigkeit der Mitarbeiter eher noch, denn es war für sie schwierig, eine Alternative zum Institut für Sozialforschung zu finden. Mit der Zeit bildete sich aber eine Art »privilegierte Arbeitsgemeinschaft« (Harald Homann) zwischen Horkheimer und Adorno heraus. Adorno bemühte sich besonders um die Gunst des Chefs, und Horkheimer empfand Adorno mehr und mehr als kongenialen Partner. Das kam im gemeinsamen Werk »*Dialektik der Aufklärung*« (→ Kapitel 5.2.5) zum Ausdruck. Bezeichnend allerdings ist, dass Horkheimer als erster Autor aufgeführt wird, obwohl er alphabetisch nach Adorno rangiert.

Verknüpfung von Marxismus und Psychoanalyse

Unter Horkheimer änderte sich das wissenschaftliche Profil des Instituts. Obwohl inhaltlich weiterhin dem Marxismus verpflichtet, verlagerte sich der Akzent von der Ökonomie in Richtung Kultur. Außerdem versuchten die Frankfurter, den Marxismus mit der Psychoanalyse zu verknüpfen. 1936 erschien, eingeleitet durch Aufsätze von Horkheimer, Erich Fromm (1900–1980) und Marcuse, ein Sammelwerk über Autorität und Familie im Umfang von fast 1000 Seiten. 1937 verfasste Horkheimer seinen im nächsten Abschnitt näher behandelten berühmten programmatischen Aufsatz »*Traditionelle und kritische Theorie*«. Darin versuchte er, die Identität des Instituts zu klären und von der herkömmliche Sozialwissenschaft abzugrenzen.

Traditionelle und Kritische Theorie | 5.2.4

Die »traditionelle Theorie«, wie Horkheimer sie sieht, prägt die modernen Fachwissenschaften, insbesondere die Naturwissenschaften, aber auch zunehmend die Sozialwissenschaften. Nach Horkheimer begreift traditionelle Theorie die Theoriebildung als einen autonomen geistigen Prozess, der unabhängig von der gesellschaftlichen Lage entsteht und deren Wahrheitsgehalt nach immanenten logischen Prinzipien (z. B. innere Widerspruchsfreiheit, Übereinstimmung mit den gegebenen Fakten) zu entscheiden ist. Dagegen sehen Vertreter der Kritischen Theorie, ähnlich wie Mannheim (→ Kapitel 3.7), Denken als gesellschaftlich bedingt an (Mannheim würde es als seinsgebunden bezeichnen). Über Mannheim hinausgehend betont die Kritische Theorie, dass auch Theorie Wirklichkeit verändert und insofern Teil gesellschaftlicher Praxis ist. Theorie und Praxis lassen sich also nicht trennen, sondern sie bilden eine dialektische Einheit, d. h. sie beeinflussen sich wechselseitig.

Theorie und Praxis als dialektische Einheit

Originalzitat

Max Horkheimer zur gesellschaftlichen Bedingtheit des Denkens
»Die Tatsachen, welche die Sinne uns zuführen, sind in doppelter Weise gesellschaftlich präformiert, durch den geschichtlichen Charakter des wahrgenommenen Gegenstands und den geschichtlichen Charakter des wahrnehmenden Organs.« (Max Horkheimer, *Traditionelle und kritische Theorie*. Frankfurt am Main 1968, S. 22)

Entsprechend der Einheit von Theorie und Praxis lassen sich Aussagen über die Welt, wie sie *ist*, und wie sie sein *soll*, nicht trennen. Hier dachte Horkheimer anders als beispielsweise Max Weber, der eine Unterscheidung zwischen Werturteilen und Tatsachenurteilen postuliert hatte (→ Kapitel 3.5.2). Laut Weber kann die Wissenschaft begründete Aussagen darüber treffen, was ist, aber nicht, was sein soll. Letzteres sei eine ethische bzw. politische Frage, zu deren Entscheidung die Erfahrungswissenschaft zwar Argumente beisteuern könne, aus denen sich aber kein zwingendes Urteil ableiten lasse. Anders Horkheimer, seiner Meinung nach kann es aufgrund der dialektischen Einheit von Theorie und Praxis eine Trennung von Seinsaussagen und Sollensaussagen nicht geben. Aufgabe der Kritischen Theorie ist demnach auch die Kritik, Maßstab dafür ist die menschliche Vernunft – begriffen als ein der Gesellschaft innewohnendes Prinzip; so lässt sich Arbeit nicht ohne Vernunft

Kritik als Aufgabe der Kritischen Theorie

organisieren. Kritische Theorie, so Horkheimer, »zielt nirgends bloß auf Vermehrung des Wissens als solches ab, sondern auf die Emanzipation des Menschen aus versklavenden Verhältnissen«. (Max Horkheimer, *Traditionelle und kritische Theorie.* Frankfurt am Main 1968, S. 58)

Keine Loslösung einzelner Phänomene

Im Zuge ihrer soziologischen Analyse will die Kritische Theorie, anders als die traditionelle Theorie, einzelne gesellschaftliche Phänomene nicht isoliert betrachten, sondern stets als Teil der gesellschaftlichen Totalität, also der Gesellschaft als Ganzes ansehen. Der sozialwissenschaftliche Forscher soll demnach über einen Begriff der Gesellschaft als Ganzes verfügen, und zwar als kapitalistischer Gesellschaft, und das zu untersuchende Phänomen in diese Ganzheit einfügen.

Tab. 21 |

Unterschiede zwischen traditioneller Theorie und Kritischer Theorie

Traditionelle Theorie	Kritische Theorie
Autonomie des Denkens	Denken gesellschaftlich gebunden
Trennung von Theorie und Praxis	Dialektische Einheit von Theorie und Praxis
Werturteilsfreiheit	Werturteile für das Vernünftige
Zerlegung der Gesellschaft in einzelne Phänomene	Gesellschaft als Totalität

Gesellschaft als dynamischer Prozess

Folgt man Vertretern der Kritischen Theorie, dann darf Gesellschaft nicht als etwas Statisches betrachtet werden wie in der traditionellen Theorie. Sondern Gesellschaft gilt als historischer, dynamischer Prozess, dementsprechend muss die sozialwissenschaftliche Theorie sie auch darstellen. Marx' Analyse der kapitalistischen Gesellschaft im »Kapital« gibt auch hier das Vorbild ab.

Theoretische Leistung der Intellektuellen

Skeptischer als Marx schätzt Horkheimer hingegen das Arbeiterbewusstsein ein. Für ihn ist die Arbeiterklasse nicht per se im Besitz des wahren Bewusstseins. Seiner Meinung nach bedarf es vielmehr der kritischen theoretischen Anstrengungen der Intellektuellen. Horkheimer nähert sich damit in gewisser Weise Mannheims Theorie der freischwebenden Intelligenz an (→ Kapitel 3.7.6), von der er sich jedoch gleichzeitig distanziert.

Zusammenfassung

Grundsätze der Kritischen Theorie

1. Theorie und Praxis bilden eine dialektische Einheit, d. h. sie beeinflussen sich wechselseitig.

2. Fakten sind nicht wertneutral; sie sind nicht nur festzustellen, sondern auch zu bewerten. Maßstab ist die menschliche Vernunft. Der Vergleich mit dem Möglichen zeigt die Irrationalität des Bestehenden.
3. Einzelne Fakten sind als Teil der historischen Totalität zu betrachten, d.h. sie müssen in einen Gesamtzusammenhang, in einen gesamtgesellschaftlichen Kontext gestellt werden.
4. Kritische Theorie begreift Gesellschaft als dynamischen, historischen Prozess. Sie denkt damit über aktuell gegebene gesellschaftliche Zustände hinaus und erfasst das zukünftig Mögliche. Mehr noch: Sie zielt auf Aufhebung der bestehenden gesellschaftlichen Verhältnisse ab.
5. Auch das Proletariat ist nicht im Besitz des wahren Bewusstsein. Das Denken der Intellektuellen gehört als kritisches und progressives Element untrennbar zur Entwicklung des Proletariats dazu.

Natürlich fragten auch die Wissenschaftler der Frankfurter Schule nach den Ursachen des Nationalsozialismus. Ihre Antworten waren nicht einheitlich. Friedrich Pollock und Franz L. Neumann brachten die nationalsozialistische Herrschaft in Zusammenhang mit der ökonomischen Entwicklung des Kapitalismus. Ihrer Meinung nach hatte sich der Wettbewerbskapitalismus in einen Monopolkapitalismus entwickelt – mit einem totalitären Staat als Überbau der monopolkapitalistisch strukturierten Wirtschaft.

Suche nach der Ursache des Nationalsozialismus

Andere, wie Erich Fromm und Theodor W. Adorno, suchten die Antwort eher im Bereich der Sozialpsychologie. Adorno vertrat die Hypothese, ein bestimmter Sozialcharakter begünstige die Entwicklung zum Faschismus. Diesen »autoritären Charakter« sah er durch folgende Merkmale gekennzeichnet:

Autoritärer Charakter

- Konventionalismus: Starre Bindung an die konventionellen Werte des Mittelstandes
- Autoritäre Unterwürfigkeit: Unkritische Unterwerfung unter idealisierte Autoritäten der Eigengruppe
- Machtausübung: Tendenz, nach Menschen Ausschau zu halten, die konventionelle Werte missachten, um sie verurteilen, ablehnen und bestrafen zu können
- Anti-Intrazeption: Abwehr des Subjektiven, des Phantasievollen, Sensiblen
- Aberglaube und Stereotypie: Glaube an die mystische Bestimmung des eigenen Schicksals
- Machtdenken und Kraftmeierei: Denken in Dimensionen wie Herrschaft – Unterwerfung, stark – schwach, Führer – Gefolgschaft, Identi-

fizierung mit Machtgestalten; übertriebene Zurschaustellung von Stärke und Robustheit
- Destruktivität und Zynismus: Allgemeine Feindseligkeit, Diffamierung des Menschlichen
- Projektivität: Disposition, an wüste und gefährliche Vorgänge in der Welt zu glauben: die Projektion unbewusster Triebimpulse auf die Außenwelt
- Sexualität: übertriebene Beschäftigung mit sexuellen »Vorgängen«

5.2.5 | Dialektik der Aufklärung

Die *Dialektik der Aufklärung* von Max Horkheimer und Theodor W. Adorno entstand etwa 1942/43, wurde aber erst 1947 veröffentlicht. Sie gilt vielen als das wichtigste Werk der Frankfurter Schule. Nicht zuletzt stellt sie einen Versuch dar, das Unbegreifliche der Nazi-Verbrechen und des Krieges begreiflich zu machen. Die Grundfrage des Buches war, »warum die Menschheit, anstatt in einen wahrhaft menschlichen Zustand einzutreten, in eine neue Art der Barbarei versinkt« (Max Horkheimer/Theodor W. Adorno, *Dialektik der Aufklärung*. Frankfurt am Main 1986, S. 1). Die Nazi-Barbarei wurde häufig als Abkehr von der Aufklärung und als Rückfall in eigentlich überwundene vormoderne Zustände verstanden.

Nazi-Verbrechen als Konsequenz der Aufklärung

Horkheimer und Adorno sehen es genau umgekehrt: Die »neue Art der Barbarei« ist für sie letztendlich eine Konsequenz der Aufklärung. Wie ist das zu verstehen?

Macht der Götter und vorherbestimmtes Schicksal

Die Aufklärung setzte sich seit dem 17. Jahrhundert allmählich in Europa durch, bereits in der griechischen Antike hatte sie bedeutende Ansätze hervorgebracht. Der Aufklärung geht die Welt des Mythos voraus. Die Menschen des voraufgeklärten mythischen Zeitalters sahen die Welt von Geistern und Göttern durchwirkt und die Menschen der Macht der Götter schicksalhaft ausgeliefert.

Beispielhaft dafür ist die Sage des Ödipus. Ödipus wird als Sohn des Königs von Theben, Lakoon und seiner Frau Iokaste geboren. Nach der Geburt prophezeit ihm das Orakel, er würde seinen Vater erschlagen und seine Mutter heiraten. Um dieses Schicksal abzuwenden, lassen die Eltern die Sehnen des Säuglings durchschneiden. Sie beauftragen einen Hirten, den hilflosen Säugling gefesselt im unwirtlichen Gebirge auszusetzen. Aber der Hirte bekommt Mitleid und zieht den Jungen auf. Als erwachsener Mann trifft Ödipus, ohne es zu wissen, zufällig auf seinen Vater und erschlägt ihn im Streit. Später wird er, weil er die Stadt vor einer Katastrophe gerettet hat, König von Theben. Er heiratet Iokaste und zeugt mit ihr vier Kinder. Die Götter bestrafen die Stadt mit der

Pest. Auf der Suche nach der Ursache befragt man den blinden Seher Theiresias, der die ganze Wahrheit ans Licht bringt. Iokaste erhängt sich, Ödipus sticht sich die Augen aus und verlässt am Bettelstab die Stadt. – Die Moral der Geschichte: Die Menschen können ihrem vorherbestimmten Schicksal nicht entrinnen.

Wie es denen ergeht, die sich gegen die Macht der Götter erheben, zeigt die Sage des Prometheus. Prometheus, selbst göttlicher Abstammung, Schöpfer und Lehrmeister der Menschen, stiehlt den Göttern das Feuer und bringt es den Menschen. Göttervater Zeus bestraft diese dafür mit Krankheiten. Prometheus lassen die Götter an den Berg Kaukasus schmieden. Zeus schickt einen Adler, der ihm die Leber aushackt. Um Prometheus' Qualen noch zu vergrößern, lässt Zeus die Leber nachwachsen, damit der Adler sie ihm immer wieder neu entreißen kann.

Doch die mythischen Erzählungen lassen auch die Möglichkeit erkennen, dass der Mensch sein Schicksal selbst in die Hand nimmt. Die Sage des Prometheus ist dafür ein Beispiel. Zwar wird Prometheus für seine Tat von den Göttern bestraft, den Menschen bleibt das Feuer jedoch erhalten. Auch in der Schöpfungsgeschichte der Bibel wird der Mensch zum Herren über die Erde eingesetzt – aus der Sicht von Horkheimer und Adorno ist das schon ein Stück Aufklärung. In ihrem Buch beschreiben sie die aufklärerischen Elemente im Mythos am Beispiel der Sage des Odysseus.

<small>Mensch nimmt sein Schicksal in die Hand</small>

Aufklärung bedeutet, so ein berühmter Satz des Philosophen Immanuel Kant, den Ausgang des Menschen aus seiner selbst verschuldeten Unmündigkeit. Der Mensch versteht sich als Herr der Welt. Aufklärung ist eine Selbstbefreiung des Menschen aus seiner schicksalhaften Verstrickung in die Widrigkeiten der Natur und die Welt der Geister und Götter. Sie nimmt den Menschen die Furcht und gibt ihnen neues Selbstbewusstsein. Einbildungskraft wird durch Wissen ersetzt (→ Kapitel 2.1 über Auguste Comte). Freiheit, Selbstverantwortung, Selbstgestaltung und Vernunft sind ihre Werte.

<small>Aufklärung als Selbstbefreiung</small>

So weit, so gut. Aber die Aufklärung hat, so Horkheimer und Adorno, noch eine zweite, dunkle Seite. Das ist die »instrumentelle Vernunft«. Um die Natur zu beherrschen, müssen die Menschen ihre Gesetze erfassen und entdecken. Um das Wissen anzuwenden, brauchen sie technisch immer ausgefeiltere Produktionsmittel. Um Produktionsmittel und Technik zu nutzen, ist Organisation notwendig. So ist die Eisenbahn nicht nur ein technisches Hilfsmittel, um Räume rasch zu überwinden, sondern man benötigt eine große Organisation, um den Eisenbahnverkehr zu regeln. Kurz: Um die Natur zu beherrschen und die Früchte ihres Wissens zu genießen, erschaffen die Menschen einen riesigen Mittelapparat, der sich quasi zwischen sie und die Natur schiebt.

<small>Mächtiger Mittelapparat</small>

Die Idee der Aufklärung war ja, dass der Mensch frei und souverän wird. Was aber bedeutet es für die Freiheit und Souveränität des Menschen, wenn der Mittelapparat an Wissen, Technik und gesellschaftlicher Organisation wächst? Horkheimer und Adorno sagen: Der Mensch verliert seine Freiheit und Souveränität an eben diesen Mittelapparat. So bleibt dem Fließbandarbeiter über einen großen Teil seines wachen Tages nichts mehr zu tun, als wenige vorgegebene Handgriffe zu verrichten. Der einzelne Mensch wird ein Rädchen im Getriebe des Mittelapparats, und ihm kommt zusehends der Sinn für seine eigenen Bedürfnisse abhanden.

Mensch verliert Souveränität

Und so befindet sich der moderne Mensch wieder in einer ähnlichen Lage wie der vormoderne, mythische Mensch. Er ist nicht (mehr) Souverän seines Lebens, seine Existenz ist erneut schicksalhaft bestimmt – diesmal nicht durch Natur oder Götter, sondern durch den selbstgeschaffenen Mittelapparat. Das ist die »Dialektik der Aufklärung«, und das meinen Horkheimer und Adorno, wenn sie davon sprechen, dass die Aufklärung ins Mythische umschlägt. Und so gesehen ist Faschismus nichts Archaisches, Anti-Aufklärerisches, sondern letztendlich Ergebnis umgeschlagener Aufklärung und fehlgeleiteter instrumenteller Vernunft.

Die *Dialektik der Aufklärung* und ihre Kritik an der instrumentellen Vernunft beeinflusste später die Studentenbewegung der 1960er Jahre (→ Kapitel 5.2.10).

Originalzitat

Horkheimer und Adorno über die Selbstzerstörung der Aufklärung

»Die Aporie, der wir uns bei unserer Arbeit gegenüber fanden, erwies sich somit als der erste Gegenstand, den wir zu untersuchen hatten: die Selbstzerstörung der Aufklärung. Wir hegen keinen Zweifel..., daß die Freiheit in der Gesellschaft vom aufklärenden Denken unabtrennbar ist. Jedoch glauben wir, genauso deutlich erkannt zu haben, daß der Begriff eben dieses Denkens, nicht weniger als die konkreten historischen Formen, die Institutionen der Gesellschaft, in die es verflochten ist, schon den Keim zu jenem Rückschritt enthalten, der heute überall sich ereignet. Nimmt Aufklärung die Reflexion auf dieses rückläufige Moment nicht in sich auf, so besiegelt sie ihr eigenes Schicksal ... Die dabei an Aufklärung geübte Kritik soll einen positiven Begriff von ihr vorbereiten, der sie aus ihrer Verstrickung in blinder Herrschaft löst.« (Max Horkheimer/Theodor W. Adorno, *Dialektik der Aufklärung*, Einleitung. Frankfurt am Main 1986, S. 3 u. S. 5)

Rückkehr nach Frankfurt | 5.2.6

Nach dem Ende des Zweiten Weltkriegs standen die Frankfurter Wissenschaftler vor der Entscheidung, in den USA zu bleiben oder doch nach Deutschland zurückzugehen. Für eine Rückkehr sprach, dass die Mitarbeiter des Instituts sich nach wie vor in der deutschen Kultur verwurzelt fühlten. Andererseits scheuten nach den schrecklichen Verbrechen der Nazizeit viele Emigranten davor zurück, nach Deutschland zurückzukehren.

Vertreter der Stadt und der Universität Frankfurt boten Max Horkheimer schon 1946 an, sich wieder mitsamt dem Institut in seiner Heimatstadt niederzulassen. Horkheimer zögerte lange. Anlässlich des 100. Jahrestages der Frankfurter Nationalversammlung 1948 reiste er erstmals wieder nach Deutschland und wurde herzlich willkommen geheißen. Die Stadtväter wollten gerne etwas von dem intellektuellen Ruf, den die Stadt Frankfurt in den 1920er Jahren genossen hatte, zurückgewinnen. Unter der Bedingung, dass er seine amerikanische Staatsbürgerschaft behalten konnte, sagte Horkheimer schließlich seine Rückkehr zu. Am 13. Juli 1949 wurde sein sechzehn Jahre zuvor gestrichener Lehrstuhl wieder eingerichtet – als Lehrstuhl für Soziologie und Philosophie. Mit Horkheimer kehrte auch das Institut samt Apparat und Bibliothek nach Frankfurt zurück.

Lockruf aus Frankfurt

Nicht alle Institutsmitglieder folgten ihm. Nur sein alter Freund Friedrich Pollock und sein kongenialer Partner Theodor W. Adorno gingen mit. Damit begann eine ganz neue und gleichzeitig auch die letzte Phase des Instituts, die eigentliche Phase der »Frankfurter Schule«.

Die Frankfurter Schule in den 1950er und 1960er Jahren | 5.2.7

Die größte wissenschaftliche Produktivität des Instituts für Sozialforschung hatte in der Zeit des Exils gelegen. Zurückgekehrt nach Deutschland, ging es Adorno und Horkheimer weniger um wissenschaftliche Großtaten und auch nicht um die Weltrevolution. Sie versuchten sogar, ihr Profil als Protagonisten der Kritischen Theorie eher zu verbergen, waren peinlich darauf bedacht, jegliche revolutionäre Attitüde zu vermeiden und gaben sich als liberale Bildungsbürger. In den 1950er Jahren war die in Frankfurt praktizierte Soziologie zunächst Teil der Empirischen Soziologie. Ihr theoretisches Engagement blieb gering. Horkheimer glaubte nicht mehr wie früher an die revolutionäre Kraft des Proletariats. Vielmehr wusste er nun die liberale Demokratie zu schätzen, die zwar unvollkommen sei, aber auf jeden Fall ein schützenswertes Gut darstelle. Ihre eigentliche Mission, die sie auch maßgeblich zur Rückkehr bewogen hatte, sahen Horkheimer und Adorno in der *demokratischen Umerziehung des deutschen Volkes*. Im Einzelnen verfolgten sie dabei folgende Ziele:

Mitwirkung an demokratischer Umerziehung

- An den Universitäten soll die Dominanz der konservativen und reaktionären Professoren gebrochen werden.
- Für die Schulen ist eine neue, demokratisch überzeugte Generation von Lehrern auszubilden.
- Die Sozialwissenschaften müssen nach amerikanischem Vorbild ausgebaut und für die Formung des politischen Bewusstseins eingesetzt werden.
- Alle gesellschaftlichen Bereiche, nicht nur die politischen Institutionen sind zu demokratisieren.
- Die Jugend muss für die Demokratie gewonnen werden.

Horkheimer und Adorno versuchten, über eine geschickte Netzwerkbildung Einfluss zu gewinnen und diesen stetig zu vergrößern. Horkheimer wurde zum Rektor der Frankfurter Universität gewählt, neben Wilhelm Richter, einem Bonner Rektor, der einzige Emigrant, der in eine solche Stellung aufrücken konnte – das wurde in der Öffentlichkeit registriert. In dieser Funktion empfing Horkheimer 1952 den Bundeskanzler Konrad Adenauer und später den Bundespräsidenten Theodor Heuss, was ebenfalls Publizität sicherte. Gute Kontakte pflegte das Institut zum Frankfurter Oberbürgermeister Walter Kolb und dem langjährigen hessischen Ministerpräsidenten Georg August Zinn. Vor allem schaffte es Horkheimer, enge Beziehungen zum hessischen Kultusministerium aufzubauen. Für die Politiker wiederum war es von Vorteil, sich durch Kontakte mit dem jüdischen Emigranten und amerikanischen Staatsbürger Horkheimer bei den Westalliierten in ein gutes Licht zu stellen. Um seinen Anliegen Nachdruck zu verleihen, deutete Horkheimer gelegentlich eine mögliche Rückkehr in die USA an. Er vermochte es auch, Berufungen auf Lehrstühle zu beeinflussen bzw. zu verhindern. Dabei waren vor allem politische Gesichtspunkte im Spiel.

Enge Beziehungen zur Politik

Horkheimer und Adorno pflegten einen virtuosen Umgang mit den Medien. Frankfurt war ein günstiger Medien-Standort. Hier erschienen zwei überregionale Tageszeitungen. Auch im Rundfunk und sogar im Fernsehen traten die beiden Gelehrten relativ oft auf, weitaus häufiger als andere prominente Soziologen. Ihre meisten Rundfunkvorträge setzten sich mit dem Thema Vergangenheitsbewältigung auseinander. Horkheimer und Adorno waren so etwas wie Medienstars.

Starke Medienpräsenz

Nachdem sich in der Soziologie die empirische Richtung durchgesetzt hatte, verstärkten sich die Differenzen zwischen den einzelnen Schulen bzw. kam es erst jetzt zur Schulbildung. Dies wurde erstmals auf dem Soziologentag 1959 augenfällig. 1961 brach dann der sogenannte Positivismusstreit aus. Er markierte insofern eine Zäsur, als sich nun die Kritische Soziologie wieder als eigener Ansatz profilierte, nachdem sie vorher in der Empirischen Soziologie aufgegangen war.

Der »Positivismusstreit« | 5.2.8

1961 beruft die Deutsche Gesellschaft für Soziologie eine Arbeitstagung in Tübingen ein, um die unterschiedlichen methodologischen Positionen und die dahinter stehenden moralischen und politischen Überzeugungen in der deutschen Soziologie zu klären. Hauptreferenten sind der Philosoph und Wissenschaftstheoretiker Karl Popper (1902–1994) und Theodor W. Adorno. Popper versteht sich als »Kritischer Rationalist«. Damit ist Folgendes gemeint: Wissenschaft soll sich an den Prinzipien des *Kritizismus* und *Fallibilismus* orientieren, d. h. sie soll ihre eigenen Theorien stets kritisch hinterfragen und versuchen, sie zu widerlegen. Nur dadurch, dass Theorien widerlegt und durch bessere ersetzt werden, kommt laut Popper wissenschaftlicher Fortschritt zustande. Als wissenschaftliches Ideal schweben ihm naturwissenschaftliche Verfahren des Experiments, des Tests und der deduktiven Beweisführung vor. Im Sinne von Popper sollte Wissenschaft praxisorientiert sein, d. h. sie geht von einem Problem aus und steht im Dienst von dessen Lösung. Aber nicht die Gesellschaft als Ganzes ist das Problem, sondern aus der Sicht von Popper existieren in jeder Gesellschaft eine Vielzahl von Einzelproblemen, für die mit wissenschaftlichen Methoden eine Lösung gefunden werden kann. Popper nennt dies die *Sozialtechnik der Einzelprobleme.*

Popper und der Kritische Rationalismus

Adornos Auffassung ist eine andere. Seiner Meinung nach lässt sich der naturwissenschaftliche Wissenschaftsbegriff nicht ohne weiteres auf die Gesellschaft übertragen, diese erfordere vielmehr eine eigene, dialektische Methode. Adornos Position ähnelt im Grundsatz derjenigen, die Horkheimer in »*Traditionelle und kritische Theorie*« 1937 entwickelt hatte. Vor allem hebt er die Kategorie der Totalität heraus: Die Soziologie darf Gesellschaft nicht auf eine Summe von Einzelproblemen reduzieren, sondern muss jedes gesellschaftliche Faktum als Teil der Gesellschaft insgesamt sehen. Soziologie muss also über eine gesamtgesellschaftliche Theorie verfügen, nicht oder nicht nur über viele verschiedene und isolierte Teiltheorien. Gesellschaft ist laut Adorno immer konkret und historisch. Adorno hält am Anspruch fest, die Gesellschaft insgesamt in einem für den einzelnen Menschen emanzipativen Sinne zu verändern. Dazu beizutragen, sei auch Aufgabe der Soziologie. Empirische Sozialforschung hingegen, so hatte Adorno schon in einem Beitrag von 1956 betont, sei systemstabilisierend und bewirke keine Veränderung der Gesellschaft.

Notwendigkeit einer gesamtgesellschaftlichen Theorie

Jüngere Vertreter beider Positionen, insbesondere Hans Albert und Jürgen Habermas, führen die Kontroverse fort. Die Protestbewegung heizt den »Positivismusstreit« an, verleiht ihm eine politische Dimension und verschafft ihm zusätzliche Publizität.

5.2.9 | Herbert Marcuse, Der eindimensionale Mensch

Als wichtigste Publikation der Kritischen Theorie in den 1960er Jahren gilt Herbert Marcuses »The One-Dimensional Man« (1964). Es erscheint 1967 in deutscher Übersetzung.

Was ist mit dem Begriff *eindimensionaler Mensch* gemeint? Dieser Begriff beschreibt einen Menschentypus, dessen – eindimensionales – Denken sich nur im Rahmen der bestehenden gesellschaftlichen Verhältnisse bewegt. Er ist nicht imstande, eine andere und bessere Gesellschaft zu denken. Der eindimensionale Mensch ist eine Erscheinung ohne schöpferische, utopische Kraft – typisch für die »fortgeschrittenen Industriegesellschaften« der Nachkriegszeit.

Denken im Rahmen des Bestehenden

Marcuses Konzept des eindimensionalen Menschen bezieht sich vor allem auf den Niedergang der revolutionären Arbeiterbewegung in Europa. Diese hatte den bestehenden kapitalistischen Verhältnissen stets das Gegenbild einer anderen, besseren, sozialistischen und kommunistischen Gesellschaft entgegengestellt. Nach dem Zweiten Weltkrieg schrumpften die kommunistischen Parteien in Westeuropa rasch zusammen, und die sozialdemokratische Arbeiterbewegung wandte sich von Marx als leitendem Theoretiker ab. Die Sozialdemokratie verstand sich nunmehr als Reformpartei innerhalb des bestehenden kapitalistischen Systems (Godesberger Programm der SPD von 1959).

Ende der revolutionären Arbeiterbewegung

Hintergrund

Godesberger Programm der SPD
In dem in Godesberg verabschiedeten Parteiprogramm von 1959 akzeptierte die SPD erstmals grundsätzlich das kapitalistische System und propagierte die Vertretung der Arbeiterinteressen im Rahmen der sozialen Marktwirtschaft. Dies bedeutete den Verzicht auf eine Überwindung des Kapitalismus durch Revolution oder systemüberwindende Reformen. Das neue Parteiprogramm und der Regierungseintritt der SPD 1966 förderten die Entstehung einer außerparlamentarischen Opposition (APO).

Marcuse spricht in diesem Zusammenhang von »einer Gesellschaft ohne Opposition«. Die Installation einer großen Koalition in Deutschland 1966 konnte diese Diagnose nur bestätigen.

Wie entsteht eindimensionales Denken? Wie ist die Paralyse der kritischen Kräfte in Gesellschaft und Politik zu erklären? Marcuse sucht die Antwort in den Strukturen der fortgeschrittenen Industriegesellschaften. Diese zeichnen sich, so Marcuse, durch »überwältigende Leistungsfähigkeit« aus. Und das bedeutet, jedenfalls in der gegebenen Lage, einen wachsenden Lebensstandard für alle Schichten, frei von Arbeitslosigkeit und Wirtschaftskrise – es ist die Periode, die später als »Wirtschaftswunder« in die Geschichte eingegangen ist. Angesichts seiner unbestreitbaren materiellen Erfolge erscheint eine Gegnerschaft gegen das bestehende System absurd.

Die technischen und zivilisatorischen Errungenschaften, die das Leben auf der einen Seite so angenehm machen, verändern und manipulieren aber gleichzeitig das Bewusstsein der Menschen: Ökonomische Errungenschaften manipulieren Bewusstsein

»*Die Mittel des Massentransports und der Massenkommunikation, die Gebrauchsgüter Wohnung, Nahrung, Kleidung, die unwiderstehliche Leistung der Unterhaltungs- und Nachrichtenindustrie gehen mit verordneten Einstellungen und Gewohnheiten, mit geistigen und gefühlsmäßigen Reaktionen einher, die die Konsumenten mehr oder weniger angenehm an die Produzenten binden und vermittels dieser ans Ganze. Die Erzeugnisse durchdringen und manipulieren die Menschen, sie befördern ein falsches Bewusstsein, das gegen seine Falschheit immun ist.*« (Herbert Marcuse, *Der eindimensionale Mensch*. Neuwied 1967, S. 31 f.)

Aus Sicht von Marcuse hat die moderne Konsumgesellschaft einen totalitären Charakter. Die fortgeschrittene kapitalistische Industriegesellschaft, auch wenn sie als Verkörperung der Vernunft schlechthin erscheint, ist gemäß Marcuse letztendlich irrational. Ihre Produktivität zerstört die freie Entfaltung der menschlichen Bedürfnisse und Anlagen. Fortschritt der Technik bedeutet auch lebensbedrohliche atomare Aufrüstung. Die fortgeschrittene Gesellschaft unterbindet die allseitige, autonome Entfaltung des menschlichen Subjekts. Und sie unterbindet die Chancen auf arbeitsfreie Lebensräume, die das Produktivitätsniveau eigentlich zulassen würde. Totalitärer Charakter der Konsumgesellschaft

Sieht Marcuse eine Möglichkeit, dem so überwältigend leistungsfähigen und manipulativen fortgeschrittenen Kapitalismus entgegenzutreten und gemäß der Tradition der Kritischen Theorie »das Ziel wahrhafter Selbstbestimmung der Individuen« (*Der eindimensionale Mensch*, S. 262) zu erreichen? Marcuse propagiert in diesem Zusammenhang die »große Weigerung«. Er meint damit, dass sich die Menschen dem Einfluss der Konsumgesellschaft entziehen sollen. Indem sie sich dem Einfluss Gegenmittel Verweigerung moderner Technik und kapitalistischer Konsumgüter verweigern, eröffnet sich ihnen die Chance, wieder zu selbstbestimmten Subjekten zu werden. Der eindimensionale Mensch könnte wieder die zweite Dimension einer – zunächst gedachten – anderen und besseren Gesellschaft zurück gewinnen. Eine Opposition erwartet Marcuse am ehesten von Geächteten und Außenseitern, von aus rassischen Gründen Verfolgten, von Arbeitslosen und Arbeitsunfähigen.

Die studentische Protestbewegung Ende der 1960er Jahre kam genau zur rechten Zeit, um Marcuses Werk vom »eindimensionalen Menschen« eine gewaltige Resonanz zu verschaffen.

5.2.10 | Die Kritische Theorie und die Studentenbewegung

Hohe öffentliche Aufmerksamkeit in den 1960er Jahren

In der Weimarer Republik nahm das Institut für Sozialforschung eine eher unbedeutende Randposition in der deutschen Soziologie ein. In der Zeit des Exils veröffentlichten seine Vertreter hervorragende Werke, aber die Aufmerksamkeit, die diese erfuhren, blieb gering. Das änderte sich nach der Rückkehr des Instituts nach Frankfurt. In der sogenannten Restaurationsphase der Bundesrepublik in den 1950er und frühen 1960er Jahren profilierten sich Horkheimer und Adorno als kritische und medial einflussreiche Intellektuelle. Mit der studentischen Protestbewegung seit 1967 gerieten die inzwischen betagten Vertreter der Kritischen Theorie vollends in den Fokus des öffentlichen Interesses.

Hintergrund

Studentische Protestbewegung in den 1960er Jahren
Seit Mitte der 1960er Jahre kam es in den USA und in Europa zu Protestbewegungen, die vor allem von Studenten getragen wurde. Sie richteten sich gegen traditionell-autoritäre Strukturen im Hochschulwesen, in der Familie und im Staat, gegen den Vietnamkrieg, gegen die bestehenden Macht- und Herrschaftsverhältnisse allgemein, in Deutschland auch gegen die Verdrängung der nationalsozialistischen Vergangenheit. Die Studenten forderten eine Demokratisierung der Hochschule und von Staat und Gesellschaft, persönliche (sexuelle) Befreiung und Emanzipation, neue Lebensformen sowie eine basisdemokratische und sozialistische Gesellschaft. Sie bedienten sich dabei neben Massendemonstrationen neuer, provokanter Protestformen (Teach-ins, Sit-ins, Go-ins). In Deutschland lagen die Zentren in Bremen, Frankfurt und besonders in West-Berlin, der unbestrittene charismatische Führer war Rudi Dutschke.

Nachdem der Student Benno Ohnesorg am 2. Juni 1967 im Rahmen eines gewaltsamen Polizeieinsatzes getötet wurde, eskalierten die Konflikte. Einen letzten Höhepunkt erreichte die Bewegung nach dem Attentat auf Dutschke 1969, dessen Spätfolgen der Studentenführer 1979 erlag. Danach spaltete sich die Bewegung in linksradikale Grüppchen. Viele Studenten setzten nun auf den »Marsch durch die Institutionen«, andere engagierten sich in der Umwelt-, Friedens- und Frauenbewegung der 1970er und 1980er Jahre, einige gingen auch in den Untergrund und bekämpften das bestehende System mit Gewalt – als Mitglieder der terroristischen Rote Armee Fraktion.

Es sind vor allem die kritischen Studenten, die sich mit Begeisterung auf die Schriften der Frankfurter Gelehrten stürzen. Aus ihrer Sicht ist das eine willkommene Alternative zu den Forschungen der empirischen Soziologie (→ Kapitel 5.1), die ihnen oft hausbacken, belanglos und systemstabilisierend erscheint. Sie interessieren sich allem für die älteren, radikaleren und kritischeren Arbeiten des Instituts. Das ist nicht im Sinne Horkheimers und Adornos, die eine Neupublikation ihrer frühen Schriften zunächst verhindern. Daraufhin stellen die Studenten illegale Raubdrucke her. So sehen sich Adorno und Horkheimer schweren Herzens genötigt, doch die Neupublikation einiger früher Schriften zuzulassen. *Interesse an älteren Arbeiten*

Das Verhältnis der Frankfurter zur Protestbewegung ist ambivalent. Einerseits begrüßen sie das politische Engagement der Studenten als Zeichen der Demokratisierung der deutschen Jugend, auf die sie ja viele Jahre lang hingearbeitet haben. Andererseits sind sie mit vielen Methoden der Studentenbewegung nicht einverstanden und grenzen sich auch inhaltlich von ihr ab. Nach einer Diskussion mit dem Studentenführer Rudi Dutschke 1967 stellt Jürgen Habermas die Frage in den Raum, ob dessen Ideen nicht als »linker Faschismus« zu verstehen sei. Als Adorno wenige Wochen nach der Erschießung des Studenten Benno Ohnesorg, der an einer Protestdemonstration gegen den in Berlin als Gast geladenen Schah von Persien teilgenommen hatte, zu einem wissenschaftlichen Vortrag in Berlin weilt, ist er nicht bereit, auf den Vortrag zu verzichten und sich auf eine politische Diskussion einzulassen. Anders steht es mit Herbert Marcuse, der sich mit den protestierenden Studenten solidarisiert und auf zahlreichen politischen Veranstaltungen auftritt. Aber Marcuse kann die hochgesteckten Erwartungen, die durch seinen »eindimensionalen Menschen« geweckt worden sind, nicht erfüllen. Seine Ausführungen erscheinen zu vage und unverbindlich, er kann auf drängende Fragen keine Antworten geben. Marcuse seinerseits spricht den *Ambivalentes Verhältnis zur Protestbewegung*

Studenten ab, eine unterdrückte Minderheit und eine revolutionäre Kraft zu sein.

Insgesamt gesehen war das Verhältnis von Studentenbewegung und Kritischen Theoretikern also ambivalent und wenig harmonisch. Kein Zweifel besteht jedoch daran, dass die Kritische Theorie das Denken der Protestbewegung und weite Kreise der Intellektuellen massiv beeinflusste und prägte. Über Jahre errang die Kritische Theorie die intellektuelle Hegemonie in Deutschland.

Intellektuelle Hegemonie der Kritischen Theorie

1968/69 spitzen sich die Auseinandersetzungen mit den Studenten am Frankfurter Institut zu. Adorno sieht sich veranlasst, die Polizei zu Hilfe zu rufen, um die Tumulte aufzulösen. Im April 1969 sprengen linke Studentinnen eine Vorlesung Adornos. Auf der anderen Seite fehlt es nicht an heftiger konservativer Polemik, welche die Frankfurter Soziologen als geistige Brandstifter der Studentenbewegung brandmarkt.

Adornos Tod als Zäsur

Am 6. August 1969 stirbt Adorno während seines Urlaubs in der Schweiz plötzlich an einem Herzinfarkt. Es ist die Zeit, in der die Studentenbewegung allmählich abebbt. Ihr wichtigstes Organ, der Sozialistische Deutsche Studentenbund, löst sich zu Beginn des Jahres 1970 auf.

Für viele heutige Beobachter markiert der Tod Adornos das Ende der Kritischen Theorie. Horkheimer war bereits emeritiert, er lebte in der Schweiz und starb 1973. Habermas als die prädestinierte neue Spitzenfigur entfernte sich allmählich von den Positionen der Kritischen Theorie. Sein 1981 erschienenes Hauptwerk, die »*Theorie des kommunikativen Handelns*«, ist vor allem auf »bürgerliche« Sozial- und Sprachtheorien gegründet. Manche interpretieren die Publikation als Fortführung der Kritischen Theorie.

Tab. 22 |

Daten zur Geschichte des Instituts für Sozialforschung

1924	Gründung des Instituts für Sozialforschung auf Initiative von Felix und Hermann Weil. Erster Leiter: Carl Grünberg
1930	Horkheimer wird Nachfolger von Carl Grünberg, der 1928 einen Schlaganfall erlitten hat. Erich Fromm und Leo Löwenthal werden Mitglieder des Instituts
1931	Das Stiftungsvermögen wird in die Niederlande transferiert
1932	Die »Zeitschrift für Sozialforschung«, Journal des Instituts, erscheint erstmals
1933	Das Institut für Sozialforschung wird geschlossen. Übersiedlung nach Genf. Herbert Marcuse wird Mitarbeiter
1934	Übersiedlung des Instituts nach New York
1936	Das Sammelwerk »Studien über Autorität und Familie« erscheint
1937	Max Horkheimer, Traditionelle und kritische Theorie
1938	Adorno wird Mitarbeiter des Instituts

1941	Übersiedlung von Horkheimer nach Kalifornien. Marcuse, Adorno und Pollock folgen
1942/43	Horkheimer / Adorno, Dialektik der Aufklärung
1952	Wiedereinrichtung des Instituts für Sozialforschung in Frankfurt am Main
1957	Adorno wird auf einen Lehrstuhl für Philosophie und Soziologie in Frankfurt berufen
1961	Beginn des »Positivismusstreits«
1964	Jürgen Habermas übernimmt Horkheimers Frankfurter Lehrstuhl für Philosophie und Soziologie; Herbert Marcuse, *The One-Dimensional-Man* (deutsch 1967)
1969	Tod Adornos
1973	Tod Horkheimers

Lernkontrollfragen

1 Was sind die spezifischen Merkmale der Kritischen Theorie, die sie von anderen »bürgerlichen« soziologischen Theorierichtungen unterscheiden?
2 Warum war die Kritische Theorie so erfolgreich? Nennen Sie wissenschaftliche, politische und kulturelle Gründe.
3 Kommen Ihnen Gedanken aus der Dialektik der Aufklärung bekannt vor? Denken Sie beispielsweise an Comte, Simmel und Weber.
4 Worin sehen Sie die Bedeutung der Frankfurter Schule für die politische Kultur der Bundesrepublik Deutschland?

Literatur

Gesammelte Schriften von Horkheimer und Adorno sind im Frankfurter Suhrkamp Verlag erschienen.

Zur Einführung sind aufgrund von Informationsgehalt und Lesbarkeit folgende Bände empfehlenswert:

Clemens Albrecht, Günter C. Behrmann, Michael Bock, Harald Homann, Friedrich H. Tenbruck: **Die intellektuelle Gründung der Bundesrepublik. Eine Wirkungsgeschichte der Frankfurter Schule**. Frankfurt u.a. 1999 → Dieser Band untersucht vor allem die Wirkungen der Frankfurter Schule auf die politische Kultur der frühen Bundesrepublik.

Axel Honneth (Hg.), **Schlüsseltexte der Kritischen Theorie.** Wiesbaden 2006 → enthält kompetente Einführungen zu den einzelnen Werken der Kritischen Theorie.

Martin Jay, **Dialektische Phantasie. Die Geschichte der Frankfurter Schule und des Instituts für Sozialforschung 1923–1950.** Frankfurt 1976 → Anerkannte Einführung zur Geschichte der Frankfurter Schule.

Emil Walter-Busch, **Geschichte der Frankfurter Schule. Kritische Theorie und Politik.** Paderborn 2010 → gut strukturierte, leicht verständliche Einführung eines ehemaligen Adorno-Doktoranden.

Rolf Wiggershaus, **Die Frankfurter Schule. Geschichte, Theoretische Entwicklung, Politische Bedeutung.** München 1988 → Das Buch beschreibt die Geschichte der Frankfurter Schule von ihren Anfängen bis zum Tod Adornos 1969; dabei werden Mitarbeiter und Theorien des Instituts eingehend vorgestellt.

5.3 | Entwicklungstendenzen der Soziologie seit den 1970er Jahren

Inhalt

1973 drosselten die Erdöl produzierenden Staaten ihre Förderung, der Ölpreis stieg dramatisch an. Nach Jahrzehnten des wirtschaftlichen Aufschwungs, mit Wachstumsraten von durchschnittlich 5 Prozent pro Jahr in der Bundesrepublik Deutschland von 1950 bis 1973, und der Vollbeschäftigung tauchten erstmals wieder die längst gebannt geglaubten Gespenster der Wirtschaftskrise und der Arbeitslosigkeit in den westlichen Ländern auf. Etwa zur gleichen Zeit erschien der vielbeachtete Bericht des »Club of Rome« über »*Die Grenzen des Wachstums*«, der das Szenario einer weltweiten ökologischen Katastrophe heraufbeschwor.

Diese etwa zeitgleichen Ereignisse beendeten die optimistische Aufbruchsstimmung der 1950er, 1960er und frühen 1970er Jahre, was sich auch auf die institutionelle und theoretische Entwicklung der Soziologie auswirkte.

5.3.1 Soziologie und Gesellschaft

5.3.2 Die institutionelle Entwicklung der Soziologie

5.3.3 Alfred Schütz und die kulturwissenschaftliche Wende in der Soziologie

5.3.4 Die antipositivistische Wende in der Wissenschaftstheorie

5.3.5 Entwicklungstendenzen in der soziologischen Theorie

In diesem Kapitel geht es lediglich darum, Entwicklungstendenzen knapp zu skizzieren, welche die Zeit seit den 1970er Jahren zu einer neuen Periode in der Soziologie werden ließen.

Soziologie und Gesellschaft

| 5.3.1

Als sich die Soziologen 1964 zu ihrem größten nationalen Fachkongress, dem »Deutschen Soziologentag« versammelten, begrüßte sie der damalige baden-württembergische Kultusminister Gerhard Storz mit folgenden Worten:
»(Die Soziologie) ist für diejenigen, die politische Verantwortung tragen, eine unentbehrliche Wissenschaft geworden. Die Politiker haben Anlass, bei den Soziologen in die Schule zu gehen.«

In diesen Sätzen spiegeln sich Hoffnungen und Erwartungen, die in der Politik und in der intellektuellen Öffentlichkeit mit der Soziologie verbunden wurden. Helmut Schelsky hatte erklärt, Soziologie sei die »Schlüsselwissenschaft« des 20. Jahrhunderts. Die Soziologen erschienen als Meister der Modernität und des Fortschritts.

Unter dem Eindruck der studentischen Protestbewegung der späten 1960er Jahre änderte sich dann das Bild der Soziologie in der Öffentlichkeit. Die Zahl der Soziologiestudierenden wuchs sehr rasch, viele von ihnen sympathisierten mit der Protestbewegung, und manche, wie Rudi Dutschke, gehörten zu ihren Anführern. Vor allem im konservativen Bürgertum erschien Soziologie nun als »linke«, unseriöse Wissenschaft. Dieses Bild war objektiv immer falsch, zumindest insofern, als die Anhänger der Protestbewegung unter den soziologischen Wissenschaftlern, insbesondere den Professoren, nie über einen Minderheitenstatus hinaus kamen. Aber es hat sich in gewissen Teilen der Bevölkerung bis heute gehalten.

Wie zu Beginn des 5. Kapitels dargelegt, war der intellektuelle Einfluss der Soziologie in der bundesdeutschen Gesellschaft in den 1950er und 1960er Jahren groß gewesen. Das galt besonders für die Kritische Theorie, aber auch für die Empirische Soziologie. Ihre Bedeutung lag nicht zuletzt in der »intellektuellen Neugründung« der Bundesrepublik Deutschland, die in den 1970er Jahren im Wesentlichen abgeschlossen war.

Nach dem Sinken ihres intellektuellen Einflusses in der Gesellschaft nahm und nimmt die Bedeutung von Soziologen als »Experten« zu. Zwar verabschiedeten sich die Soziologen in den späten 1970er Jahren leise und ein wenig verschämt von dem Anspruch, Schlüsselwissenschaft des 20. Jahrhunderts zu sein. Aber Soziologen sitzen zunehmend in Regierungs- und Expertenkommissionen und wirken unauffällig an der politischen Steuerung der Gesellschaft mit.

5.3.2 | Die institutionelle Entwicklung der Soziologie

In den 1950er und 1960er Jahren expandierten die Wissenschaften. Neue Universitäten wurden gebaut, neue Stellen für Lehre und Forschung eingerichtet. Aber in keiner Wissenschaft verlief die Entwicklung derartig rasant wie in der Soziologie. Als in den 1970er Jahren dann die »Schlüsselwissenschaft« entzaubert wurde, gelangte das rasche Wachstum jedoch zu einem Stillstand, vor allem angesichts zunehmender finanzieller Engpässe der Politik.

Ungeachtet dessen konsolidierte sich Soziologie als Lehrfach. Lange Zeit war ungeklärt gewesen, welchen Status die Soziologie an der Universität einnehmen sollte. In den frühen 1950er Jahren hatte man daran gedacht, mit den Wirtschaftswissenschaften gemeinsame Studiengänge einzurichten. Doch der anvisierte Partner zeigte die kalte Schulter. Neue Lösungen mussten gefunden werden. Einige meinten, Soziologie solle sich auf den Status eines Nebenfachs beschränken. Seit den späten 1960er Jahren setzte sich jedoch das Konzept eines eigenen Diplom-Studiengangs durch. Damit war Soziologie nicht nur eine eigene Wissenschaft, sondern auch ein vollwertiges Lehrfach geworden.

Die große Frage war nun: Was sollte aus den Absolventen werden? In den 1960er Jahren war die kleine Zahl der Soziologie-Studierenden noch an den rasch expandierenden Hochschulen untergekommen. Seit den späten 1960er Jahren hatte sich die Soziologie von einem Orchideen- zu einem Massenfach entwickelt. Die Lage wurde noch dadurch verschärft, dass für das bürgerliche Establishment die Soziologie nun als linke und unseriöse Wissenschaft erschien. Legendär ist in diesem Zusammenhang ein Satz von Ex-Bundeskanzler Helmut Schmidt: »Wir haben zu viel Soziologen und Politologen. Wir brauchen viel mehr Studenten, die sich für anständige Berufe entscheiden, die der Gesellschaft auch nützen.« Düstere Szenarien von brotloser Wissenschaft und akademischem Proletariat machten die Runde.

Was tun? Einige Soziologen gaben die Losung der »aktiven Professionalisierung« aus. Hinter diesem wohlklingenden Wort versteckte sich ein wenig die Verlegenheit, selbst keine klare Vorstellung zu haben, was zu tun war und wohin die Reise ging. Gemeint war damit: Die Absolventen der Diplom-Studiengänge sollten versuchen, sich auf eigene Faust neue Berufsfelder zu erschließen.

Allen Unkenrufen zum Trotz ging die Rechnung auf. Die meisten Soziologieabsolventen haben eine Anstellung, und oftmals eine gut dotierte, gefunden. Dabei hat sich kein spezifisches Berufsfeld für Soziologen ergeben wie z. B. Richter oder Rechtsanwalt für Juristen. Soziologen sind in unterschiedlichen Bereichen tätig geworden – Verbände, Verwaltung, Wissenschaft, Medien und zunehmend die Wirtschaft gehören zu den Arbeitgebern.

Die Wissenschaft Soziologie hat sich zunehmend spezialisiert. König, Schelsky oder Dahrendorf hatten sich in den 1950er und 1960er Jahren noch auf ganz unterschiedlichen Forschungsfeldern bewegt. Wer in der Wissenschaft heute vorankommen will, muss sich auf eine spezielle Soziologie (»Bindestrich-Soziologie«) konzentrieren, z.B. auf Soziologie der Sozialpolitik, Geschlechtersoziologie, Organisationssoziologie, Wirtschaftssoziologie, Entwicklungssoziologie, Politische Soziologie usw. Manche befürchten, dass dies auf lange Sicht die Soziologie als einheitliche Wissenschaft gefährden könnte.

Alfred Schütz und die kulturwissenschaftliche Wende in der Soziologie | 5.3.3

In der Soziologie der 1950er, 1960er und frühen 1970er Jahre hatten Theorien dominiert, die Gesellschaft als ein objektives, nach strukturellen Eigengesetzlichkeiten ablaufendes Geschehen begriffen. Das waren insbesondere funktionalistische, modernisierungstheoretische und auch neomarxistische Ansätze. Die subjektive, interpretative Dimension, also die Frage, wie Menschen ihre Lebenswelt wahrnehmen und deuten, blieb dabei weitgehend ausgeblendet. Doch spätestens seit den 1970er Jahren bildete sich auf breiter Front eine Gegenbewegung, die versuchte, das menschliche Subjekt und seine Interpretation der Welt zur Grundlage soziologischer Theorie zu machen. Diesen Prozess kann man als kulturwissenschaftliche Wende in der Soziologie bezeichnen, auch *cultural turn* oder *interpretative turn* genannt. Soziologiegeschichtliche Bezugspunkte dabei bildeten etwa Max Weber, Georg Simmel und George Herbert Mead. Vor allem aber gründete die kulturwissenschaftliche Wende wesentlich auf der phänomenologischen Soziologie von Alfred Schütz.

Hintergrund

Zur Biografie von Alfred Schütz
Alfred Schütz (1899–1959), inzwischen unbestrittener »Klassiker« der Soziologie, war ursprünglich kein Wissenschaftler, sondern arbeitete bis Anfang der 1950er Jahre hauptberuflich als Finanzjurist. Tagsüber war er in der Bank tätig oder auf Reisen, nachts oder im Urlaub arbeitete er an seiner Soziologie. Sein Interesse galt der philosophischen Grundlegung der Soziologie. 1932 erschien sein einziges zu Lebzeiten veröf-

fentlichtes Buch »*Der sinnhafte Aufbau der sozialen Welt.*« Darin erweiterte, vertiefte und differenzierte er Webers Konzept des sinnhaften sozialen Handelns. 1939 emigrierte Schütz in die USA und konnte dort eine Stelle bei einer Bank antreten. Erst 1952 wurde Schütz Professor an der New Yorker New School of Social Research. In der deutschen Nachkriegssoziologie war er so gut wie unbekannt. 1959 starb Alfred Schütz in New York. Erst nach seinem Tod gelangte er zu wissenschaftlichen Ruhm.

Schütz' Ausgangspunkt ist eine konstruktivistische Erkenntnistheorie, die auf den Philosophen Edmund Husserl (1859–1938) zurückgeht. Damit ist gemeint: Erkenntnis, auch scheinbar einfache sinnliche Erkenntnis von Gegenständen, ist weit mehr als eine Abbildung der Dinge in unseren Sinnen. Sie ist ein gedanklicher Gegenstand, eine Konstruktion höchst komplizierter Natur. Unser gesamtes Denken von der Welt, sei es im wissenschaftlichen oder im alltäglichen Denken, enthält Konstruktionen. Der Volksmund bringt es treffend in der Redensart zum Ausdruck: »Schönheit liegt im Auge des Betrachters.« Schönheit hängt demnach nicht oder jedenfalls nicht nur vom Objekt ab, von der Person, die wir als schön empfinden, sondern wir haben in unserem »Auge«, besser in unserem Kopf ein Bild von Schönheit »konstruiert«, das letztendlich entscheidet, welche Personen wir als schön empfinden oder nicht.

Wir nehmen also die Wirklichkeit nicht wahr, »wie sie ist«, und wir nehmen nicht »die« Wirklichkeit war, sondern nur bestimmte Aspekte an ihr. *Welche* Aspekte wir wahrnehmen, das hängt von unserer *Relevanzstruktur* ab. Wir haben im Kopf eine Vorstellung davon, was wir als wichtig und unwichtig empfinden. Diese ist nicht von Natur aus gegeben, sondern Ergebnis der interpretativen Tätigkeit des Menschen. Diese Relevanzstruktur bestimmt unsere Wahrnehmung. Wahrnehmung ist, wie Edmund Husserl einmal bemerkte, immer intentional.

So weit gesehen, besteht die Welt aus lauter Einzelmenschen, die, jeder für sich und mit einem eigenen Relevanzsystem ausgestattet, ihre Welt konstruieren und ordnen. Wie kann aber daraus gesellschaftliches Zusammenleben, soziale Ordnung entstehen?

Die erste Antwort von Schütz bezieht sich auf die Tatsache, dass wir nicht »von vorn« anfangen, sondern in einer kulturell vorgeformten Alltagswelt aufwachsen. Diese Alltagswelt bestand schon vor unserer Geburt, sie wurde von Anderen, unseren Vorgängern, als eine geordnete Welt erfahren und gedeutet. Unsere Interpretationen der Welt gründen sich auf einem Vorrat eigener oder uns von Eltern oder Lehrern vermittelter früherer Welterfahrungen. Unsere Alltagswelt ist also keine Privatwelt, sondern, wie Schütz es ausdrückt, eine »*intersubjektive Kulturwelt*«. Intersubjektiv heißt: Wir leben als Menschen unter Menschen, an welche wir durch gemeinsames Einwirken und Arbeiten gebunden sind, welche wir verstehen und von welchen wir verstanden werden.

Aufgrund der gemeinsam erfahrenen Alltagswelt gibt es in punkto Wahrnehmung und Relevanzsystem also erhebliche gemeinsame Schnittmengen. Was aber ist, wenn und soweit individuelle Differenzen bestehen? Wie können wir dann auf einen gemeinsamen Nenner kommen? Laut Schütz funktioniert es so: Wir vertauschen die Perspektiven. Wir versuchen die Welt aus der Perspektive des oder der Anderen zu sehen. Dabei nähern sich die Relevanzstrukturen an. Wir interpretieren die beiden Perspektiven so, dass wir das Gemeinsame betonen und das Unterschiedliche herunterspielen. In der Tendenz werden damit die unterschiedlichen Relevanzstrukturen nicht als gleich, aber kongruent angesehen; sie passen zueinander und widersprechen sich nicht.

Die Problematik unterschiedlicher Relevanzstrukturen vertieft Schütz am Beispiel des »Fremden«. Darunter versteht Schütz einen Erwachsenen in der modernen Gesellschaft, der von der Gruppe, welcher er sich nähert, dauerhaft akzeptiert oder zumindest geduldet werden möchte. Das kann beispielsweise ein Einwanderer, ein zukünftiger Bräutigam in einer Familie oder ein Junge vom Land, der in der Stadt studieren möchte, sein. Der Fremde trifft nun auf ein soziales Milieu, das eine »In-Group« darstellt. Was eine In-Group ausmacht, ist, dass sie über ein gemeinsames Relevanzsystem verfügt, das als selbstverständlich und natürlich angesehen wird. Der Fremde hingegen ist in einer ganz anderen Sinn- und Relevanzstruktur »zu Hause«. Er steht vor dem Problem, diese Kluft zu überwinden, denn er möchte Teil der Gruppe werden. Die Anpassung an die neue Gruppe ist ein langfristiger und kontinuierlicher Prozess. Es kann sein, dass diese Anpassung nicht recht gelingt und der Fremde ein Außenseiter bleibt. Es kann auch sein, dass der Prozess erfolgreich verläuft und der Fremde gut in die neue Gruppe integriert wird. Aber ein wenig, so das Resümee von Alfred Schütz, wird er auch dann immer der Fremde bleiben, denn er ist in jedem Fall von den vergangenen Erfahrungen der Gruppe ausgeschlossen.

Während Schütz und seine phänomenologische Begründung der Soziologie zu seinen Lebzeiten weitgehend unbeachtet blieb, holten seine Schüler Peter Berger (*1929) und Thomas Luckmann (*1927) ihn mit ihrem vielgelesenen Werk »*The Social Construction of Reality*« (1966, die deutsche Ausgabe erschien erstmals 1969) aus der Vergessenheit und lieferten einen entscheidenden Anstoß zur kulturwissenschaftlichen Wende. Besonders wichtig für dieses Phänomen wurden auch Michel Foucault, Claude Levi-Strauss, Erving Goffman, Clifford Geertz und

Harold Garfinkel, für Deutschland sind Friedrich Tenbruck und Joachim Matthes zu nennen.

> **Definition**
>
> **Kulturwissenschaftliche Soziologie**
> Der Grundgedanke einer kulturwissenschaftlichen Soziologie bzw. einer verstehenden Soziologie liegt in der Vorstellung, dass der Mensch ein sinnhaft handelndes Wesen ist und alle soziologische Betrachtung von diesem sinnhaft handelnden Menschen auszugehen hat. Indem er handelt, schafft der Mensch eine objektive Welt, die ihm als Bedingungsrahmen seines Handelns gegenübertritt. Max Weber nannte diese Welt »Ordnungen«, die neuere kulturwissenschaftliche Soziologie nennt dies »Institutionen«.

> **Literatur**
>
> *Alfred Schütz*, **Wissenschaftliche Interpretation und Alltagsverständnis menschlichen Handelns**, in: ders.: Gesammelte Aufsätze, Bd. 1. Das Problem der sozialen Wirklichkeit. Den Haag, S. 3–54 → Zeigt aus phänomenologischer Sicht, wie Wirklichkeit sozial konstruiert wird.
>
> *Peter L. Berger/Thomas Luckmann*, **Die gesellschaftliche Konstruktion der Wirklichkeit. Eine Theorie der Wissenssoziologie.** 21. Aufl. Frankfurt am Main 2007 → Erschien zuerst 1966 in den USA. Inzwischen ist das Buch ein klassischer Text zur Einführung in die kulturwissenschaftliche Gesellschaftstheorie.
>
> *Andreas Reckwitz*, **Die Transformation der Kulturtheorien. Zur Entwicklung eines Theorieprogramms.** Weilerswist 2000 → Umfassende Darstellung der Theorien der kulturwissenschaftlichen Wende.

5.3.4 | Die antipositivistische Wende in der Wissenschaftstheorie

Innerhalb der Wissenschaft Soziologie hat sich empirische Sozialforschung als vorherrschendes Forschungshandeln durchgesetzt. Es ist unter Soziologen seit langem unstrittig, dass Soziologie als Erfahrungswissenschaft zu verstehen ist, die sich dazu der Erhebung empirischer Daten bedient. Doch Erwartungen der 1950er und 1960er Jahre, mit empirischer Sozialforschung soziale Reformen anzustoßen und wissenschaftlich zu begleiten, ja sogar politikberatend die Gesellschaft wissenschaftlich steuern zu können, sind weitgehend verflogen. Gleichzeitig wurden aber auch die erkenntnismäßigen Grenzen empirischer Forschung deutlicher. In den 1960er Jahren war man davon ausgegangen, mittels empirischer Daten entscheiden zu können, welche Aussagen, welche Theorien richtig und welche falsch sind. Dies änderte sich im Zuge der antipositivistischen Wende in der Wissenschaftstheorie in den 1970er Jahren, eingeleitet durch Arbeiten von Thomas Kuhn, Paul Feyerabend und Imre Lakatos. Sie brachte zwei fundamentale Einsichten ins Spiel: (a) Theorien sind empirisch unterdeterminiert und (b) empirische Beobachtung ist theoriegeladen.

Die erste These besagt, dass Theorien durch »Fakten« (also Beobachtungsdaten) nicht eindeutig bestimmbar sind. Eine bestimmte Menge von Beobachtungsdaten kann mit mehreren Theorien kompatibel sein. Es können sogar sich widersprechende Theorien mit der gleichen Menge von Beobachtungsdaten vereinbar sein. Dazu ein Beispiel: In Deutschland werden ein Drittel aller Ehen geschieden. Manche Beobachter sehen darin ein Zeichen der Krise von Ehe und Familie. Andere interpretieren die gleichen Daten genau umgekehrt: Sie machten geltend, dass immerhin zwei Drittel der Ehen bestehen bleiben und die Mehrzahl der Geschiedenen neu heiratet. Außerdem werten sie Scheidung als Bekenntnis zur Ehe. Letztere sei den Geschiedenen als Institution so wichtig gewesen, dass sie nicht bereit gewesen seien, eine schlechte Ehe weiter fortzuführen.

Die zweite These stellt fest, dass es keine voraussetzungslose Beobachtung gibt. Jede Beobachtung findet auf der Grundlage von theoretischen und kulturellen Vorannahmen statt. Wissenschaftliche Daten präsentieren sich unserer Beobachtung unterschiedlich, je nachdem, an welcher Theorie wir uns orientieren. In der Begrifflichkeit von Karl Mannheim (→ Kapitel 3.7) ausgedrückt: Beobachtung ist relational und perspektivisch.

Beide Einsichten ändern natürlich nichts daran, dass die Erhebung von Daten die unverzichtbare Grundlage aller Erfahrungswissenschaft ist.

Literatur

Bettina Heintz, **Wissenschaft im Kontext. Neuere Entwicklungstendenzen der Wissenschaftssoziologie**, in: Kölner Zeitschrift für Soziologie und Sozialpsychologie 45 (1993), S. 528–552 → Leicht verständliche Darstellung der antipositivistischen Wende, auch als Einführung in die neuere wissenschaftsphilosophische Diskussion geeignet.

5.3.5 | Zur Entwicklung soziologischer Theorie seit den 1970er Jahren

Ausgangspunkt der Entwicklungen soziologischer Theorien seit den 1970er Jahren ist der Niedergang des strukturfunktionalistischen Paradigmas (Talcott Parsons, Robert K. Merton; → Kapitel 4.3). Den Zustand soziologischer Theorie danach hat Jürgen Habermas mit »neue Unübersichtlichkeit« charakterisiert. Es ist keinem Theorieansatz gelungen, die Vorherrschaft zu erringen.

Jürgen Habermas veröffentlicht 1981 seine *»Theorie des kommunikativen Handelns«*, die manche als Fortführung, andere als Abkehr von der Frankfurter Schule deuten. Habermas versucht, die Tradition der Frankfurter Gründergeneration von ihren hegelianischen Elementen zu befreien und geschichtsphilosophische Metaphysik durch die Integration kommunikationstheoretischer Ansätze zu ersetzen. Von hier aus leitet sich seine Idee eines *herrschaftsfreien Diskurses* ab. Dass diese auf vernünftigen Konsens gerichtete freie Diskussion mündiger Individuen eine weit von der Wirklichkeit entfernte Idealvorstellung bedeutet, ist Habermas selbstverständlich bewusst. Denn er diagnostiziert eine zunehmende Kolonialisierung der Lebenswelt durch das »System«, dem Bereich bürokratischer Rationalität und Monetarisierung.

Während die meisten heutigen soziologischen Theorien mehr oder weniger an frühere, »klassische« Ansätze anknüpfen, hat *Niklas Luhmann* (1927–1998) einen radikalen Neuanfang jenseits des »alteuropäischen Denkens« propagiert. Luhmann behauptet, dass noch keine adäquate Theorie der modernen Gesellschaft vorhanden sei, schon gar nicht bei den soziologischen Klassikern. Eine grundlegende Alternative verspricht er sich in einer an Parsons, die Phänomenologie Edmund Husserls und kybernetische und biologische Überlegungen anknüpfenden Systemtheorie. Sie begreift Gesellschaft als allumfassendes Kommunikationssystem, das sich in *autonom operierende Funktionssysteme* (etwa Recht, Wirtschaft, Politik, Wissenschaft, Erziehung, Religion, Kunst und Sport) ausdifferenziert hat. Keines dieser Systeme ist durch ein anderes ersetzbar oder kann die Gesellschaft als Ganzes steuern, auch nicht die Politik. Die Differenzierung der modernen Gesellschaft in autonom operierende Funktionssysteme bringt enorme Effektivität, zugleich aber auch erhöhte Störanfälligkeit und Risikobehaftetheit mit sich. Unter modernen Bedingungen ist es illusionär, auf Gesellschaftskritik z.B. nach Art der Kritischen Theorie zu setzen. Es gibt keinen privilegierten Platz, von dem aus man Gesellschaft als Ganzes adäquat, sozusagen »von oben« beobachten könnte. Jedes Funktionssystem »entwirft« sich nämlich die Welt nach seinen internen Gesichtspunkten (*Codes*), z.B. die Politik nach Fragen der Machtverteilung, das Recht nach Gesichtspunkten der Rechtmäßigkeit, die Wirtschaft nach Fragen der Profitabilität usw. Diese Eingeschränktheit gilt aber auch für die Soziologie bzw. Systemtheorie selbst: Sie ist Kommunikation im Wissenschaftssystem. Aus der Differenzierung der Gesellschaft ergibt sich eine Unzahl von Blickwinkeln auf diese, die sich nicht wieder zu einer Ganzheit zusammenfügen lassen. Da sie nicht aus einer einheitlichen Perspektive zentral gesteuert werden kann, verläuft gesellschaftliche Evolution weitgehend »blind«. So kann, wie Luhmann in seinem Buch »Ökologische Kommunikation« (1986) zeigt, nicht »die« Gesellschaft (»als Ganzes«) auf die ökologische Gefährdung reagieren, sondern jedes Funktionssystem operiert nach Maßgabe eines eigenen Codes, mit dem es diese Bedrohung wahrnimmt.

Zu den »Aufsteigern« seit den 1970er Jahren zählt auch die *Rational Choice Theorie* (RC-Theorie). Ihr Grundprinzip ist, menschliches Handeln aus rationalen Wahlakten heraus zu erklären. Als solche ist sie uralt, z. B. bereits angewandt von Adam Smith und ist als *Homo Oeconomicus* selbstverständlicher Bestandteil wirtschaftswissenschaftlicher Lehrbücher. Ein Ökonom, der Wirtschafts-Nobelpreisträger *Gary Becker*, kam auf die Idee, dass man das Prinzip des Homo Oeconomicus auch auf andere gesellschaftliche Bereiche außerhalb der Wirtschaft anwenden könne. Alles menschliche Handeln besteht demnach aus ökonomischen Wahlhandlungen. Handeln ist also als rationale Wahl zwischen unterschiedlichen Alternativen zu verstehen, die anhand einer individuellen Präferenzenhierarchie die erwartbaren Ergebnisse unterschiedlicher Handlungsoptionen im Verhältnis zu ihren Kosten bewertet und sich für die subjektiv am ehesten befriedigende Option entscheidet. Dabei besteht aus Sicht der RC-Theorie kein grundsätzlicher Unterschied zwischen etwa einem Autokauf und einer Heiratsentscheidung. Für Autos gibt es einen Markt, es gibt verschiedene Modelle, die angeboten werden, und wir schauen, welches Auto für unsere Bedürfnisse und unseren Geldbeutel am besten passt. Und wie es einen Automarkt gibt, so gibt es einen Heiratsmarkt, dort suchen wir uns eine Person aus, die zu unseren Bedürfnissen und Ansprüchen passt. In beiden Fällen finden rationale Wahlhandlungen statt. *James Coleman* (1926–1995) hat die RC-Theorie für die Soziologie weiter entwickelt, indem er zwischen Makro- und Mikroebene differenziert. Makroebene meint, dass wir Gesellschaft aus der Vogelflugperspektive betrachten, während wir auf der Mikroebene den einzelnen Menschen und seine Lebenswelt fokussieren. Coleman versucht nun, Prozesse auf der Makroebene, Zunahme der Ehescheidungen, Abnahme von Geburten und anderes mehr zu erklären, indem er sie auf rationale Wahlentscheidungen auf der Mikroebene zurückführt bzw. als (Aggregations-)Effekte rationaler Wahlhandlungen erklärt. Das ist das sogenannte »Badewannen-Modell«.

Zu den am meisten diskutierten Soziologen gehört *Pierre Bourdieu* (1930–2002). Seine Theorie knüpft an Marx an und arbeitet mit dem Klassenbegriff. Die Marxsche Perspektive wird dabei kulturell erweitert. Klassenkämpfe finden, wie Bourdieu in seinem berühmten Hauptwerk »*Die feinen Unterschiede*« gezeigt hat, nicht nur in der ökonomischen Sphäre statt. Sondern Menschen versuchen, sich durch Konsumverhalten, Lebensstil, Titel, Kleidung, Geschmack und Sprache von anderen kollektiv abzugrenzen, insbesondere »nach unten« hin. Charakteristisch für Bourdieu ist auch, dass er den Marxschen ökonomischen Kapitalbegriff um die Begriffe des *sozialen Kapitals* und *kulturellen Kapitals* ergänzt. Die Praktiken sozialer Klassen sieht Bourdieu weniger stark determiniert als Marx. Doch über den Begriff des *Habitus*, der kollektive (unbewusste) Denk-, Wahrnehmungs- und Handlungsmuster bezeichnet, sind jene mit der sozioökonomischen Lage verknüpft.

Große Aufmerksamkeit fand zeitweise die *Weltsystem-Theorie* von *Immanuel Wallerstein* (1930) – neben Bourdieu der bedeutendste Versuch der letzten Jahrzehnte, die Theorie von Marx weiterzuentwickeln und zu aktualisieren. (Hauptwerk: »*The Modern World System*«, vier Bände, erster Band 1974). Die Ausgangsthese ist: Der moderne Kapitalismus ist ein historisches Phänomen, das sich nicht isoliert in einzelnen Ländern, sondern als *Weltsystem* entfaltet. Primäre Analyseeinheit ist daher nicht der Nationalstaat, sondern das Weltsystem, in das nicht alle, aber die überwiegende Mehrzahl der Länder der Welt einbezogen sind. Das moderne Weltsystem wird besonders durch ökonomische Prozesse konstituiert. Innerhalb des kapitalistischen Weltsystems findet eine Arbeitsteilung statt. Es gibt Regionen, die vor allem hochwertige, technisch und wissensmäßig voraussetzungsvolle Industrieprodukte herstellen. Diese Länder bezeichnet Wallerstein als *Zentrum*. Und es gibt auf der anderen Seite Länder und Regionen, in denen vor allem Rohstoffe gefördert und Agrargüter produziert werden. Diese Länder nennt Wallerstein *Peripherie*. Zentrum und Peripherie entwickeln sich stets aufeinander bezogen, sie sind in ein gemeinsames System integriert – das kapitalistische Weltsystem. Diese Integration erfolgte früher durch koloniale Handelsmonopole, inzwischen durch multinationale Konzerne, Weltbank und Internationalen Währungsfond. Kapitalakkumulation findet hauptsächlich im Zentrum statt. Zwischen Zentrum und Peripherie kommt es zu einem ungleichen Tausch, der sich u. a. in niedrigen Preisen für Rohstoffe manifestiert. Vom ungleichen Tausch zwischen Zentrum und Peripherie profitiert auch die Arbeiterschaft des Zentrums. Die primäre Konfliktlinie im kapitalistischen Weltsystem liegt nicht innerhalb der einzelnen Länder zwischen Bourgeoisie und Proletariat (wie bei Marx), sondern zwischen entwickelten und unterentwickelten Ländern.

Die Weltsystemtheorie Wallersteins wird häufig auch als ein Teil der *Historischen Soziologie* gesehen. Historische Soziologie befasst sich mit langfristigen geschichtlichen Prozessen, Vordenker waren Max Weber oder Norbert Elias. Sie ist nicht so abstrakt angelegt wie z.B. die Systemtheorie von Parsons oder Luhmann und befindet sich in Nachbarschaft zur Geschichtswissenschaft. Die Historische Soziologie war im ersten Drittel des 20. Jahrhunderts eine Domäne der deutschen Sozialwissenschaften (→ Kapitel 3.4 – 3.7). Ihre Renaissance seit den 1960er Jahren vollzieht sich vor allem in den USA. *Reinhard Bendix* (1916 –1991) untersuchte in der vergleichenden Studie »*Könige oder Volk*« Grundlagen und Zerfall der Königsherrschaft. *Barrington Moore* (1913 –2005) forschte über »*Soziale Ursprünge von Demokratie und Diktatur*«. *Michael Mann* (*1942) schrieb eine Geschichte der Macht, welche Machtformen und Machtbeziehungen universalgeschichtlich verfolgt.

Bedeutsam ist nach wie vor die *Modernisierungstheorie*, die in den 1960er Jahren im Zeichen des Kalten Krieges als makrotheoretische Alternative zum Marxismus entstand. Als ihre wichtigsten Vertreter gelten David Lerner, Robert Bellah, Shmuel N. Eisenstadt, Samuel Huntington, Talcott Parsons, in Deutschland Wolfgang Zapf und Peter Flora. Ähnlich wie Comte betrachten die Modernisierungstheoretiker ursprünglich Modernisierung als einen universalen Prozess, der von allen Gesellschaften früher oder später durchlaufen wird – von unterentwickelten Ländern zu entwickelten Ländern. Inhalt dieses Prozesses sind u.a. wirtschaftliches Wachstum, strukturelle Differenzierung, politische Partizipation, Sozialstaat, institutionelle Regelung von Konflikten und universalistische Werte. An der Modernisierungstheorie wurde kritisiert, sie habe Phänomene wie Krieg, Kolonialismus, soziale Konflikte, Politik und Kultur vernachlässigt. Die Modernisierungserfolge asiatischer Schwellenländer werden von Modernisierungstheoretikern als Bestätigung ihrer Theorie interpretiert.

Für Deutschland seien noch die Theorien von *Ulrich Beck* (*1944) erwähnt, der mit »*Risikogesellschaft*« (1986) das meistverkaufte deutschsprachige soziologische Buch der letzten Jahrzehnte geschrieben hat. Dass es just zur Zeit der Tschernobyl-Katastrophe erschien, gab seiner Publizität zusätzlichen Auftrieb. Die Grundthese lautet, dass in der fortgeschrittenen Moderne der Zuwachs an Reichtum und Wohlstand tendenziell abnimmt, der Zuwachs an Risiken hingegen zunimmt – daher Risikogesellschaft. Entsprechend würden die Probleme der Reichtumsverteilung von Problemen der Risikoverteilung überlagert werden. Zugleich vertrat Beck die These, dass die Begriffe Klasse und Schicht, die Herzstücke soziologischer Sozialstrukturanalyse, zunehmend unbrauchbar geworden sind, denn das Bewusstsein und Handeln der Einzelnen werde immer weniger durch Klassen- oder Schichtenzugehörigkeit bestimmt. Beck prägte für dieses Phänomen den Begriff der *Individualisierung*. Im Zuge der Nachkriegsprosperität sei die Klassengesellschaft bei gleichbleibenden Ungleichheitsrelationen eine Etage nach oben gefahren, und mehr Geld bedeute auch mehr Optionsmöglichkeiten. Außerdem habe die Bildungsexpansion dazu geführt, dass die Individuen zunehmend unabhängig von Klassen- und Schichtenzugehörigkeit wie auch von herkömmlichen Normen handeln. Die Individualisierung äußert sich laut Beck u.a. in der Entstandardisierung von Biografien. Als ein Beispiel von Individualisierung führte Beck die Arbeitslosigkeit an, die von den Betroffenen still und individuell ertragen wird. Sie gilt weitgehend als individuelles Problem, was kollektive Aktionen gegen diesen Zustand behindert.

Zusammenfassung

Charakteristische Tendenzen in der soziologischen Theorieentwicklung der letzten Jahrzehnte

- Es hat sich ein *Pluralismus unterschiedlicher soziologischer Theorieansätze* etabliert. Manche sehen das als Zeichen fortbestehender wissenschaftlicher Unreife. Aber vielleicht ist er eher Ausdruck der Tatsache, dass man Gesellschaft aus unterschiedlichen Blickwinkeln beobachten und interpretieren kann.
- Die *Bedeutung der subjektiven Dimension* hat zugenommen. Das manifestiert sich besonders in der kulturwissenschaftlichen Wende, dem Aufstieg interpretativ orientierter Theorien. Aber auch ursprünglich einmal eher »objektiv« orientierte Ansätze wie die Systemtheorie, die Rational Choice-Theorie oder die an Marx anschließende Lehre von Pierre Bourdieu haben sich, jede auf ihre Art, bemüht, interpretative Elemente einzubauen.
- Kommunikation hat sich alternativ zu Handlung als zweiter, Gesellschaft definierender Schlüsselbegriff etabliert, insbesondere durch Garfinkel und Luhmann.
- Als Gesellschaftsebenen werden im Anschluss an Luhmann die *Mikroebene der Interaktionen, die Mesoebene der Organisationen und die Makroebene der Funktionssysteme* unterschieden. Diese Trias hat die alte Vorstellung von Gesellschaft, die aus Individuen besteht, abgelöst.
- Die *Bedeutung Europas* in der Theorie ist nach Parsons wieder gewachsen. Dafür stehen u.a. die Theorien von Pierre Bourdieu, Michel Foucault, Anthony Giddens, Jürgen Habermas und Niklas Luhmann.

- In der älteren Soziologie wurde Gesellschaft räumlich häufig mit Nationalstaaten gleichgesetzt. Dagegen gewinnt seit den 1970er Jahren die Einsicht an Boden, dass die moderne Gesellschaft als *Weltgesellschaft* begriffen werden muss. Protagonisten dafür sind mit sehr unterschiedlichen theoretischen Perspektiven Peter Heintz, John W. Meyer, Niklas Luhmann sowie Immanuel Wallerstein.

Man darf gespannt sein, welche der aktuell diskutierten soziologischen Theorien in zwanzig oder dreißig Jahren noch gelehrt werden – und aus welchen wissenschaftsgeschichtlichen Ressourcen sich die soziologische Theorie dann erneuert haben wird.

Literatur

Hans Joas/Wolfgang Knöbl, **Sozialtheorie. Zwanzig einführende Vorlesungen.** Frankfurt am Main 2004.
Wolfgang Schneider, **Grundlagen der soziologischen Theorie**, 3 Bände. Wiesbaden 2002–2004.

Personenindex

Adenauer, Konrad 288
Adler, Alfred 71
Adorno, Theodor W. 16, 24, 25, 27, 71, 217, 218, 252, 277, **278**, 279, 280, 283, 284–286, 287, 289, 292–295
Albert, Hans 260, 290
Albrecht, Clemens 273
Alexander, Jeffrey C. 25, 228
Aristoteles 17, 31
Aron, Raymond 24
Augustin 44

Bahrdt, Hans Paul 260, 268, 272–273
Bauer, Otto 71, 121
Bebel, August 183
Beck, Ulrich 26, 308
Becker, Carl Heinrich 165
Becker, Gary 25, 305
Bellah, Robert 307
Bendix, Reinhard 307
Bentham, Jeremy 60, 229
Berger, Peter L. 25, 301
Bernstein, Eduard 71
Blanc, Louis 53
Blanqui, Luis-Auguste 53
Blumer, Herbert 110, 117
Böhm-Bawerk, Eugen 121, 143
Bouglé, Celestin 76
Boulanger, George Erneste 77
Bourdieu, Pierre 26, 28, 72, 306, 308
Bourgeois, Léon 88
Brickner, Richard 248
Bucharin, Nikolaj 71
Burckhardt, Jacob 210

Churchill, Winston 247
Coleman, James S. 25, 26, 305
Comte, Auguste 18, 26, **29–40**, 47, 48, 51, 61, 74, 119, 120, 121, 128, 138, 144, 147, 160, 191, 307
Condorcet, Antoine 44

Dahrendorf, Ralf 23, 25, 28, 100, 101, 227, 242, **261**, **264–267**, 299
Darwin, Charles 41
Descartes, René 31
Dewey, John 104
Dilthey, Wilhelm 188
Dreyfuss, Alfred 77
Durkheim, Emile 21, 27, 46, 49, 51, **76–90**, 111, 117, 128, 144, 147, 160, 228
Dutschke, Rudi 292–293, 297

Einstein, Albert 15
Eisenstadt, Shmuel N. 307
Elias, Norbert 16, 22, 27, 166, 167, **217–226**, 307
Engels, Friedrich 27, **51–73**
Erhard, Ludwig 172
Esser, Hartmut 25

Feyerabend, Paul 303
Fichte, Johann Gottlieb 111
Flora, Peter 307
Foucault, Michel 301, 308
Fourier, Charles 53
Freud, Sigmund 111
Freyer, Hans 20, 22, 125, 166, 167, 209, 211, **212**

Personenindex

Friedländer, Julius 127
Fromm, Erich 280, 283, 294

Galilei, Galileo 31
Garfinkel, Harold 25–26, 242, 243, 302
Geertz, Clifford 301
Geiger, Theodor 72, 165, 166, **180–182**, 217, 253, 268, **269–270**
Giddens, Anthony 26, 308
Giddings, Franklin H. 105–106
Goethe, Johann Wolfgang 56, 111
Goffman, Erving 26, 301
Gramsci, Antonio 71
Grossmann, Hendryk 277
Grünberg, Carl 71, 277, 294
Gumplowicz, Ludwig 120

Habermas, Jürgen 16, 24, 25, 26, 28, 279, 290, 293–295, 304, 308
Halbwachs, Maurice 76, 83–84
Haubach, Theodor 210
Hegel, Georg Friedrich Wilhelm 54, 55, 56, 60
Heimann, Eduard 165, 166, 167, **183–186**, 217
Heimann, Hugo 183
Heintz, Peter 309
Hess, Moses 53
Heuss, Theodor 288
Hilferding, Rudolf 71, 121
Hilton, Paris 233
Hitler, Adolf 145, 146, 147, 208, 210, 247
Hobbes, Thomas 229–230
Höhn, Reinhard 214
Homann, Harald 280
Homans, George C. 24
Horkheimer, Max 16, 22, 24, 25, 27, 71, 166, 217, 218, 252, **277**, 278, 279–282, 284–286, 292–294
Humboldt, Wilhelm von 56
Huntington, Samuel 307
Husserl, Edmund 187, 300, 304

Jaffé, Edgar 139, 143
James, William 104

Jaspers, Karl 160
Jaurès, Jean 76
Jesus 116
Johnson, Alvin S. 217
Jüres, Ernst August 260, 272–273

Kaiser, Philip N. 249
Kautsky, Karl 70, 71
Kesting, Hanno 260, 272–273
Kirchheimer, Otto 280
Kolb, Walter 288
König, René 23, 24, 25, 28, 72, 211, 217; **255–257**, 268, **270–271**, 299
Kracauer, Siegfried 165
Kuhn, Thomas 303
Kun, Béla 188

Lakatos, Imre 303
Lazarsfeld, Paul 22, 120, 217
Lazarus, Moritz 128
Le Bon, Gustave 20
Lederer, Emil 120, 165, 166, **178–180**, 217
Lenin, Wladimir I. 20, 70, 71
Lerner, David 307
Levi-Strauss, Claude 301
Löwenthal, Leo 280, 294
Luckmann, Thomas 25, 26
Ludwig XVI. 37
Luhmann, Niklas 15, 25, 26, 28, 46, 49, 50, 147, 228, 243, 260, **304–305**, 307–309
Luther, Martin 152
Luxemburg, Rosa 71
Lynd, Helen M. 107, 109
Lynd, Robert S. 107, 109

Malinowski, Bronislaw 228, 235, **236**, 237, 238
Mann, Michael 307
Mannheim, Karl 15, 21, 23, 27, 120, 136, 165, 166, 187–188, 192–206, 215, 217, 218, 219, 253, 281, 303
Marcuse, Herbert 24, **278–279**, 280, **290–292**, 293–294
Marshall, Alfred 228

Martin, Alfred von 22, 209–211, 253
Marx, Karl 14, 18, 25, 27, 29, **51–73**, 74, 133, 160, 178, 183, 194, 213, 228, 261, 266, 267, 268, 306, 308
Massin, Caroline 31
Matthes, Joachim 302
Mauss, Marcel 76
Mayntz, Renate 254
Mayo, Elton 266
McCloy, John 249
Mead, George Herbert 21, 25, 27, 55, 103, 107, **110–117**, 299
Menger, Carl 121, **141–143**
Merton, Robert K. 22, 24, 27, 117, 206, **244–245**, 266, 304
Meyer, John W. 309
Michels, Robert 21, **91–93**, 94
Mierendorff, Carlo 210
Mill, John Stuart 60, 229
Mills, C. Wright 101
Mises, Ludwig von 143
Moore, Barrington 25, 307
Morgenthau, Henry 247
Mosca, Gaetano 21, 91, 97, 100
Müller-Armack, Alfred 210–211
Münch, Richard 25, 228
Mussolini, Benito 91, 93, 94, 100

Napoleon I. 30, 32
Neumann, Franz L. 280, 283
Newton, Isaac 15
Nietzsche, Friedrich 116, 190, 210
Nikolaus I. 31

Ogburn, William 15
Ohlendorf, Otto 214
Ohnesorg, Benno 293
Oppenheimer, Franz 165, 166, 167, **168–173**, 183
Ortega y Gasset 20
Owen, Robert 53

Pareto, Vilfredo 20, 21, 27, 51, 91, **94–100**
Park, Robert E. 107, 109
Parsons, Talcott 16, 2, 24, 25, 27, 46, 49, 117, 147, 161, 208, 226, **227–243**, 244, **247–249**, 266, 304, 307, 308
Peirce, Charles S. 104
Pfeffer, Karl Heinz 214
Polanyi, Karl 22, 217, 218
Pollock, Friedrich 71, 277, 280, 283, 287
Popitz, Heinrich 260, 268, 272–273
Popper, Karl 260, 289

Radcliffe-Brown, Alfred R. 235, **236–237**
Rehberg, Karl-Siegbert 274
Renner, Karl 71, 121
Ricardo, David 54, 55, 66, 141
Richter, Wilhelm 288
Rickert, Heinrich 144
Roosevelt, Franklin D. 247, 268
Rousseau, Jean-Jacques 18

Saint-Simon, Henry de 26, **30**, 31, 38, 47, 53
Scheler, Max 165, 166, 187–188
Schelsky, Helmut 23, 24, 25, 28, 72, **255–259**, 268, 297, 299
Scheuch, Erwin Kurt 260
Schiller, Friedrich 56, 111
Schluchter, Wolfgang 154
Schmalenbach, Herman **125**, 166, 167
Schmidt, Helmut 298
Schmoller, Gustav **140–143**, 174, 178
Schütz, Alfred 16, 21, 25, 27, 55, 120, 160, 217, 242, **299–301**
Schumpeter, Joseph A. 120, 121, 143
Simiand, Francois 76
Simmel, Georg 21, 25, 119, **127–137**, 145, 188, 253, 299
Small, Albion 105–106, 107, 109
Smith, Adam 54, 55, 66, 104, 141
Sombart, Werner 21, 23, 71, 139, 143, 156, 161, 166, 167, 211, 213, 228, 253
Spann, Ottmar 211

Spencer, Herbert 18, 26, 29, **40–50**, 51, 61, 74, 119, 120, 121, 128, 138, 144, 147, 160, 235, 237
Stalin, Josef Wissarionowitsch 71
Stammer, Otto 100
Stein, Lorenz von 27, 122
Steinthal, Heymann 128
Sumner, William G. 105–106

Tenbruck, Friedrich 302
Thomas, William Isaac 107, 108, 109
Tönnies, Ferdinand 21, 22, 119, **122–126**, 166, 209, 211, 253
Turgot, Anne Robert 44

Vaux, Clothilde de 31, 38
Vierkandt, Alfred 166
Voltaire 18

Wallerstein, Immanuel 25, 71, 309
Walther, Andreas 166
Ward, Lester F. 105–106
Watson, John 110–111

Weber, Alfred 21, 22, 136, 165, 166, 167, **173–177**, 188, 189, 205, 209–211, 219, 253, **263–264**
Weber, Helene 138
Weber, Marianne 155
Weber, Max 14, 21, 23, 25, 27, 51, 55, 72, 111, 136, **138–162**, 166, 167, 188, 191, 209, 215, 228, 242, 243, 253, 281, 299, 307
Weber, Max senior 138
Weil, Fellix 276–277, 294
Weil, Hermann 276–277, 294
Weitling, Wilhelm 53
Wiese, Leopold von 22, 166, 180, 209, 211, 253
Wieser, Friedrich von 143
Wittfogel, Karl August 277, 280

Yahoda, Marie 217

Zapf, Wolfgang 100, 307
Ziegenfuß, Werner 214
Zinn, Georg August 288
Znaniecki, Florian 107, 108, 109

Sachindex

Absolutismus/Absolutistische Monarchie/
 Absolutistischer Staat 224, 225, 229, 230
Adel/Adlige 35, 74, 75, 91, 189, 198, 221,
 222, 225, 234, 264
AGIL-Schema 238–241
Akkumulation des Kapitals 63
Aktive Professionalisierung 298
Alltagswelt 300–301
Alltagswissen 192
Altruistischer Selbstmord **82–83**
Angestellte 165, **178–180**, 181, 268, 271,
 272–273
Anomie 83, 87
Anthropologie 55, 112
Antipositivistische Wende in der Wissen-
 schaftstheorie 206, **302–303**
Antisemitismus 127, 152
Arbeit 54–56, 64, 150, 178, 259, 264, 272
Arbeiter 57, 69, 88,122, 148, 170, 171, 178,
 179, 184, 185, 205, 264, 267, 269, 272–273
Arbeiterbewegung 51, 52, 70, 75, 91, 92, 104,
 276, 290
Arbeitskraft, Ware Arbeitskraft **66**, 184
Arbeitsmarkt 171
Arbeitsteilung 45, 61, 84, 85–87, 131, 133,
 224, 306
 – anomische **86–88**
 – aufgezwungene 87
Askese/Asketische Lebensführung 153, 154
Aspektstruktur 204–205
Aufklärung 18, 74, 176, 189, 191, 263, **284–286**
Ausbeutung 57, 70, 183
Austromarxismus 121
Autoritärer Charakter 283–284

Basis **59–61**
Basis-Überbau-Modell **59–61**, 277
Bauer(n) 234
Beamte(r) 176, 181
Behaviorismus **110–112**
Berufsgruppen 87–88
Bewusstsein 56, 58, **59**, 79, 111, 113,
 114–115, 117, 178, 195, 307
 – amerikanisches **199–200**, 201
 – utopisches 53, **195–200**
Bildungswissen 191, 192
Blasiertheit 134
Bodenmonopol/Bodensperre 169, 173
Bourgeoise 58, 60, 61, 69, 178, 180, 201, 203,
 264, 306
Bürgertum 164, 180, 198, 222, 224
Bürokratisierung (der Gesellschaft) 171, 176,
 263–264
Bund **125**

Calvinismus 152, 153, **154**
Chicago-Schule 21, 25, 74, 103, 105, 106,
 107–109, 110
Christentum 189, 193, 263

Demokratie(n) 52, 201, 233, 265, 274, 287,
 288
Demokratische Bewegungen 74, 91
Denken **115**
Derivationen 95–97
Deutsche Gesellschaft für Soziologie 20, 122,
 209, 212
»Deutscher Geist« 121
Deutscher Idealismus 51, 55, 56, 111

Deutscher Kulturraum 120
Dialektik **53–54**, 55
Differenzierung, Soziale Differenzierung
   44–46, 49, 97, 128, 135, 224, 304
– funktionale 42, **45**, 85, 174, 225
– segmentäre **45**, 85
– stratifikatorische **45**
Differenzierungstheorie 46
Diktatur des Proletariats **61–62**, 99
Dorf 124, 134
Dreistadiengesetz 19, **33–35**, 48
Dreißigjähriger Krieg 104
Dreyfuss-Affäre **77**
Dritte Republik 76, 77, 91
Drittes Reich 16, 21, 22, 25, 108, 174, 209,
   211, 212, 213, 215, 216, 227, 228, 233,
   248, 261, 262, 263, 264
Durkheim-Schule 20, 74, 75, 76, 107, 166
Dysfunktion 244, 266

Ehernes Gesetz der Oligarchie **92–93**
Eindimensionaler Mensch **290–292**
Elite(n) 21, 74, 75, 91, 93, **97–101**, 252, 260
– alte, traditionelle 74, 91
– Funktions- 101
– Macht- 101
– Zirkulation der **98**
Elitensoziologie/Elitentheorie 21, 27, 74,
   91–102
Emigration 188, 208, 215, 278
Emigrationsquote 208
Empirische Sozialforschung 24, 213, 215, 216,
   227, 255, 260, 262, 266, 289, 302–303
Entfremdung **57**
Erklärung 146
Erlösungswissen 191, 192
Erster Weltkrieg 20, 91, 139, **164–165**, 174,
   175, 183, 187, 213, 219, 247, 276
Evolution 41, 45, 49, 228, 305
Evolutionstheorie 242
Exil 22, 23, 52, 180, 183, 208, **217–219**, 277

Fallibilismus 260, 289
Familie 55, 83, 86, 234, 248, 265, 292

Faschismus/faschistische Bewegungen 20, 21,
   22, 87, 99–100, 179, 188, 189, 190, 286
Figuration **220–221**
Fortschritt 15, **37**, **44**, **46**
Fortschrittsbewusstsein, -glaube, -optimismus
   19–20, 24, 26, 75, 74, 104
Frankfurter Schule 252, 256, 275, 276,
   287–288, 304
Französische Revolution 25, 30, 31, 33, 38,
   145, 220
Freischwebende Intelligenz 190, **200–203**,
   205, 282
(Der) Fremde **131–132**, 301
Fremdzwang 224
Frühsozialismus 53, 122
Führer, Führertum, Führerschaft 93, 21, 212
Funktion(en) 43, 49, 224, 236, 237, 239–240,
   243–245
– latente 244–245
– manifeste 244–245
Funktionales Äquivalent 245
Funktionalismus, funktionalistische Denkweise
   43, 49, 89, 227, 228, **235–237**, 238,
   244–245, 266
Funktionssystem(e) 45, 235, 304, 308

Game 115–116
Gebärdenvermittelte Interaktion 112, 114
Gebrauchswert **64–66**, 133
Gegenwartskrise 77, 165, 167–168, 173, 175
Geist 55, 111, **115**, **117**, 133
– kapitalistischer **150–151**, 154
– traditionalistischer 151–152
Geisteswissenschaften 190, 204
Geistige Krise 21, 187, **189–190**, 192, 200, 202
Geistige Schichten (Mannheim) 194–195
Geld/Geldwirtschaft **64–66**, 67, 128–129,
   131, 132, **134–135**, 224
Gemeinschaft (Tönnies) **122–126**, 129, 180,
   212, 234
Genossenschaft(en) 170, 173
Geschichte 54, 55–58, 61, 98–99, 129, 130,
   144, 145, 198–199

Geschichte der Soziologie **13–17**, 227
Geschichts- und Sozialphilosophie 256
Gesellschaft
– als allumfassendes Kommunikationssystem 304
– als Mechanismus 41
– als Organismus **41–44**, 128, 160, 235, 238
– als soziales System **238–241**
– als Totalität 54, 282, 289
– höfische **220–222**
– industrielle 19, 26, 29, 32, **34–36**, 39, 74, 129, 212
– kapitalistische 18, 29, 59, 69, 282
– moderne 37, 39, 63–65, 74, 75, 79, 82, 85–87, 116–117, 132, 136, 201, 213, 233, 234, 270, 304
– vormoderne 63, 65, 82–83, 116, 158, 234
Gesellschaft (Tönnies) **122–126**, 129, 180, 234
Gesellschaft (Alfred Weber) 174–177
Gesellschaftstypus
– einfacher 46
– militärischer **46–49**
– industrieller **46–49**
Gesetz(e) 18, 34, 36, 37, 53, 61, 63, 92, 93, 97, 129, 130, 140, 143–144, 146, 147, 285
Gesetzeswissenschaft **145–147**, 161
Geste(n) 113
Gewalt 99, 100, 230, 263
Gewerkschaften 176, 179, 183, 267, 268
Gewinnstreben 150–152
Godesberger Programm der SPD 290
Große Weigerung (Marcuse) 291–292
Großgrundeigentum 168–169
Großstadt 74, 123, 124, **132–135**
Großunternehmen 176, 178

Habitus 306
Handeln 96–97, 117, 123, 157, 159, 228, 230, 231, 233–235, **238**, **241**, 305, 307, 308
– affektuelles 157, 159
– logisches **94–96**
– nichtlogisches **94–97**

– rationales 94, 305
– soziales **156–157**, 159, 243
– traditionales 157–158, 159
– wertrationales 157, 159
– zweckrationales 157, 159
Handlung 232, 233
Handlungsakt/unit act 231–232
Handlungstheorie 110, 228, 229, 230, **235**, 238, 241, 242
Handwerk/Handwerker 57, 124, 178
Herrschaft 45, 46, 60, 61, 71, 97, 99, 131, 158, 266–267
– charismatische 158–159, 248
– legale 158–159, 248
– traditionale 158, 248
Herrschaftsfreier Diskurs 304
Herrschaftswissen 191, 192
Historische Konstellation 146
Historische Sozialwissenschaft (Max Weber) **147**, 161
Historisches Individuum 145
Historismus 19, 138, **144**
Hitlerjugend 123
Hobbes'sches Problem 229, **231**
Holocaust 108, 143
Homo oeconomicus 95

I 115–117
Idealtypus **147–148**
Idee(n) 60, 193, 195, 196, 199, 232
Ideologie 193, 194
Ideologiebegriff
– allgemeiner totaler 193–194
– partikularer 193–194
– spezieller totaler 193–194, 200
Identität 111, **115–117**
Ideologie **193**, **195–196**
Indigenisierung 25
Individualisierung 308
Individualismus 135
Industrialisierung 29, 52, 62, 87, 267
Industrielle Reservearmee 168–169
Industrielle Revolution 63
Innere Emigration 22, 174, **209–211**, 212

Sachindex

Institut für Sozialforschung **275–280**, **287**, 292, 294–295
Institutionen (Parsons) 239
Instrumentelle Vernunft 285–286
Integration 33, 38, 82, 83, 86, 212
Intellektuelle 74, 121, 123, 164, 175, 176, 198, 201, 205, 212, 222, 259, 282–283, 292, 294
Interaktion(en) 111, 113, 114, 117, 136, 308
– gebärdenvermittelte 112, 114
– symbolische,
 symbolisch vermittelte 111–113
Interesse 58, 95, 122, 174

Jugendbewegung **122–123**, 125

Kapital **64–69**, 176, 183, 306
Kapitalismus/moderner Kapitalismus 61, 72, 139, 147–148, 150, 153, 154, 161, 165, 170–173, 175, 176, 183–185, 210, 268, 277, 283, 290, 306
Kapitalist(en) 57, 63, **65–66**, 170, 181
Kapitalistisches Weltsystem 306
Kapitalistische Zwischenschichten 179
Kapitalprofit 65, 170, 171
Katholizismus 152, **154**
Kibbuz 172
Kirche(n) 35, 74, 83, 91, 101, 189, 190, 265
Klasse(n) 42, **57–59**, 60, 61, 80, 122, 148, 168, 174, 179, 194, 195, 201, 202, 203, 205, 269, 270, 271, 306, 307–308
– an sich 58
– für sich 58
Klassengesellschaft 180, 201, 205, 212, 259, 267–268, 269, 272
Klassenbewusstsein 104, 272
Kölner Schule 258
Kollektivbewusstsein **79–80**
Kollektives Gedächtnis 76, **83–84**
Kommunikation 45, 111, 243, 308
Kommunismus 57, 61–62, 130, 171, 190, 200
Konflikt(e)/Klassenkonflikt(e) 86, 104, 173, 212, 242, **266–267**, 307
Konfliktsoziologie 261

Konzentration des Kapitals 69
Krieg(e) 36, **46–48**, 49, 104, 105, 230, 247, 253
Krisenbewusstsein 104
Kritische Theorie 16, 24, 26, 216, 256, **275–295**, 297
Kritizismus 289
Kürwillen 123–124, 126
Kultur 60, 61, 133, 156, 174–177, 232, 236, 252
– objektive 133–134
– subjektive 133
Kulturanthropologie 235
Kulturkrise 173–174, 176–177
Kulturkritik 213, 256, 257–258
Kultursystem 232
Kulturwissenschaftliche Wende 25, 117, 299, 301

Legitimität 158
Leistungswissen 191, 192
Liberalismus 88, 190, 197–198
Lohnarbeiter 66, 6–69
Lutheranismus 152, **154**

Macht(e) 93, 97, 99, **158–159**, 260, 307
Marginal Man 107–108
Markt/Marktwirtschaft 64, 68, 86, 88, 133, 173, 185, 269
Marxismus 88, 196, 280, 307
Masse/Massengesellschaft 21, 74, 91, 93, 99, 180, 269
Massenwohlstand 171
Materialistische Geschichtsauffassung 51, **55–61**
Me 115–117
Mehrwert **65–67**
Mensch 34, **55**, 56, 57, 74, 78, **111–112**, **116**, **133–134**, 140, 151, 155, 225, 248, 263, 285–286
– Dritter 263–264
– Vierter 264
Marshall-Plan 249
Methodenstreit (in der deutschsprachigen Nationalökonomie) **140–143**

Medien 124
Mentalität 150, 174, 181, 182, 263
Militär 47, 74, 75, 91, 101, 252
Mitbestimmung 183
Mittelalter 189, 196, 198, 223, 224
Mittelschicht(en) 176, 264, 269, 270, 271
Mittelstand 181, 265, 268, 269–272
– alter 69, 91, 178, 181
– neuer 178–179
Mobilisierung 47
(Soziale) Mobilität 199, 270, 271
Modernisierungstheorie 44, 307
Moral 77, 78, 87
Morgenthau-Plan 247–249
Mythos 284–286

Nachkriegsprosperität 23–24, 26, 71, 183
Napoleonische Kriege 31
Nationalökonomie
– ethische 140
– historische 121, **140–143**, 161
– theoretische 121, **140–143**
Nationalsozialismus/Nationalsozialisten 22, 123, 125, 146, 189, 208, 211, 211, 212, 214, 217, 283
Nationalsozialistische Soziologie/Soziologen 213–215
Natur 54, 55, 56, 144, 145, 285
Naturwissenschaften 32, 189, 204, 206, 255
Naturwissenschaftliche Methode 32
Neofunktionalismus 26, 228
Neue Unübersichtlichkeit 25
New School of Social Research/University in Exile 217
Nivellierte Mittelstandsgesellschaft 259, **271–272**
Norm(en) 78, 82, 221, 231–232, 233, 237, 239, 242, 260, 266

Oberschicht 97, 221, 224, 225
Objektivität 204–205
Ökonomischer Rationalismus 150–151, 152
Oligarchisierung **92**
Organisation(en) 92, 93, 264, 285, 308

Pattern Variables **233–235**
Pauperismus 62
Persönlichkeitssystem 232
Play 115
Politik 196
Positivismus, Positive Methode 29, 31, **36–37**, 38
Positivismusstreit 278, **289–290**
Prädestinationslehre **153–154**
Pragmatismus 20, 107, **104–105**
Produktion 55, 56, 59
Produktionsmittel 58, 60, 63, 68, 69, 70, 170, 173, 182, 194, 285
Produktionsverhältnisse **59–61**, 150
Produktionsweise 61, 62, 63
Produktivkräfte 54, **59–61**, **62**, 63, 150
Proletariat/Proletarier 52, 58, 61, 69, 99, 122, 170, 178, 179, 180, 181, 198. 201, 203, 268, 270, 283, 306
– Verelendung des 69, 269
Protestbewegung der 1960er Jahre 16, 24, 242, 261, 274, 290, 292–294, 297
Protestantische Ethik 149, 156
Protestantismus-These **149**, 210
Psychogenese 224–225
Pünktlichkeit 133

Rational Choice-Theorie (RC) 25, 305, 308
Rationalismus/Okzidentaler Rationalismus 154
Recht 60, 61, 78, 80, 86, 133, 155, 304
Reformation 33, 145, 150, 151, 153, 189
Reine Ökonomie 170–173
Relativismusproblem 204
Religion 33, 36, 38, 39, 56, 60, 77, 80, 81, 84, 86, 96, 124, 139, 150, 175, 190, 191, 193, 194, 210, 232, 237, 304
Reproduktion
– einfache **63–64**
– erweiterte **63–64**
Reserviertheit 134
Residuen 95–97, 99
Revolution 52, 59, 98–99, 179, 197, 252, 266, 272, 276

Revolutionärer Attentismus 70
Risikogesellschaft 307
Rolle, soziale Rolle 114, 115, **239**, 240, 260
Rollenübernahme 114, 117
Russische Revolution 189

Schatzbildung 65, 66
Schicht/Schichten/Schichtung/Soziale
    Schichtung 165, 174, **181–182**, 194, 195,
    198, 201, 202, 261, 264, 291, 307–308
Sein 56, 59, 192, 195
Seinsgebundenheit/Seinsverbundenheit des
    Wissens 15, 192, 193, 195, 200, 201,
    204–206
Seinslage 200, 204
Selbstmord/Selbstmordrate 78, 80, **81–83**
– altruistischer 82–83
– anomischer 82–83
– egoistischer 81–83
Selbstzwang 224
Siedlungsgenossenschaften 172
Sinn 11, 157, 159, 242
Sklaverei 17, 18
Solidarismus/Solidaristische Bewegung
    88–89
Solidarität 85, **86–88**
– mechanische **84–85**
– organische **84–85**
Sozialbehaviorismus 110
Sozialcharakter 174, 263, 283
Soziale Beziehung 157, 158, 159
Soziale Frage 168–169
Soziale Kreise 135, 136
Soziale Marktwirtschaft 168, 172, 202, 210
Soziale Ordnung 229–231, 241, 300
Sozialer Tatbestand 27, **78–84**
Sozialer Wandel 106, 242, 244, 266–267
Soziales System 232, 238, 241, 244, 266
Sozialisation 110
Sozialismus 53, 62, 105, 185, 190, 200, 276, 277
– liberaler **170–173**
– »realer« 71
– utopischer **53–55**
– wissenschaftlicher 51, 52, **53–55**, 70, 71

Sozialpolitik 48, 122, 140, 165, 179, **183–185**
Sozialtechnik der Einzelprobleme 105, 260,
    289
Soziogenese 224–225
Soziologie
– als empirisch-analytische Einzelwissenschaft
    256–257
– als Geisteswissenschaft 255–256
– als Naturwissenschaft der Geschichte 18,
    138
– als »Schlüsselwissenschaft« des 20. Jahr-
    hunderts 25, 297–298
– als »soziale Physik« 32
– als »verstehende Soziologie« 138
– deutsche 120, 162, 215, 252, 255
– »deutsche« 209, **211–213**, 214, 215
– empirische 23, 25, 180, **252–274**, 289, 297
– formale **192–131**, 132, 180
– geisteswissenschaftliche 21, 215
– historische 23, 25, 26, 161, 166, 167, 215,
    256, 262, 305
– kulturwissenschaftliche 55, 112
– nationalsozialistische 213–215
– systematische 166, 167, 180
Soziologische Grundbegriffe (Max Weber)
    156–160
Staat 47, 48, 54, **60–61**, 86, 155, 171, 173,
    176, 230, 263, 292
Stadium
– metaphysisches **33–34**
– positives **34**, 129
– theologisches **33–34**
Ständegesellschaft 17, 103, 104
Statuskonsum 221
Studentenbewegung 292–294
Struktur 49, 239, 241, 245
Strukturfunktionalismus/Strukturfunktionale
    Theorie 16, 23, 117, 240
Subsistenzbetrieb 68
Subsystem 235, 238, 240, 241, 248
Symbol, Signifikantes Symbol 110, 112, 114
Symbolische Interaktion/Symbolisch ver-
    mittelte Interaktion 111–115
Symbolischer Interaktionismus 27, 110

Synthese/Dynamische Synthese/Geistige Synthese (Mannheim) **200–203**, 205
System 43–44, 49, 235, 237, **238–241**, 244, 304
– soziales 232, 238, 241–242, 244, 266
Systemtheorie 25, 26, 49, 227, 241–243, 304–305, 308

Tarifvertragssystem 165, 184–186, 269
Tauschwert/Wert **64–66**, 133
Theorien mittlerer Reichweite 244
Thomas-Theorem **108–109**
Totalität 282, 289
Totalitäre Diktaturen 263–264
Traditionsbruch in der deutschen Nachkriegssoziologie 255–256
Tragödie der Kultur **133–134**

Überbau **59–61**
Ungleichheit, Soziale Ungleichheit 65, 106, 184, 266
Unterklasse 98, 99
Unternehmer(schicht) 86, 88, 176, 178, 204, 234, 267, 272–273
Unterschicht(en) 97, 261, 265
Urgesellschaft 61
Utilitarismus 60, 229
Utopie(n), Utopisches Bewusstsein 53, **195–200**

Verein für Sozialpolitik 140–141, 143
Vergangenheitsbewältigung 24, 252, **262–263**
Verhalten 111–113, 117, 157, 159, 224
Vertrauen 86, 230

Völkerpsychologie 128
Volk, Volkswerdung 124, 212, 213, 214
Volksgemeinschaft 123, 125

Wahrheit 194, **204–205**
Ware **64–66**
Wechselwirkung 130, 131, 136
Weimarer Republik 165, 180, 208, 211, 255, 264
Weltgeist 54
Weltgesellschaft 309
Weltsystem 306
Weltsystemtheorie 71, 307
Weltwirtschaftskrise 268
Werte/Wertideen/Werturteile (in der Wissenschaft) 143, 150, 281
Wertgesetz 64, **66**
Wesenwillen 123–124, 126
Wiedertäufer 196–197
Wirklichkeitswissenschaft **145–147**
Wissen 33, 190, 192, 193, 194, 203, 250, 285
Wissenschaft(en) 34–35, 106, 124, 133, 140, 155, 190, 191, 208, 289, 304
Wissensformen (Max Scheler) 191
Wissenssoziologie 165, **187–206**, 218

Zeitdiagnose/Soziologische Zeitdiagnose/Zeitdiagnostik 165, 172
Zivilisation/Zivilisationsprozess (Norbert Elias) 223–226
Zivilisation/Zivilisationsprozess (Alfred Weber) 174–177
Zweiter Weltkrieg 15, 21, 22, 23, 71, 143, 164, 183, 215, 216, 219, 247, 250, 262, 268, 278, 290